Allgemeines Berggesetz

für die Preußischen Staaten

in seiner jetzigen Fassung

nebst

kurzgefaßtem vollständigen Kommentar

den Ergänzungsgesetzen

und Auszügen aus den einschlägigen Nebengesetzen.

Vierte verbesserte und vermehrte Auflage

von

Dr. Adolf Arndt

Geheimer und Ober-Bergrat, o. ö. Professor zu Königsberg i. Pr.

Leipzig

Verlag von C. E. M. Pfeffer

1906.

Maschinensatz von Oscar Brandstetter in Leipzig.

Vorwort zur vierten Auflage.

Die der Öffentlichkeit hiermit übergebene neue Auflage enthält auch die seit Erscheinen der dritten Auflage (1904) erschienenen Novellen über die Mutungssperre, Arbeitsverhältnis und Knappschaftswesen. Namentlich durch die gütige Unterstützung des Herrn Revierbureau-Assistenten Jahn in Koblenz ist das Werk von Druckfehlern befreit. Für Mitteilung etwa sonst vorkommender Irrtümer werde ich jedermann dankbar sein. Die Anmerkungen sind von neuem durchgesehen, verbessert und vermehrt worden. Selbstredend sind dabei die neueste Gerichts- und Verwaltungspraxis wie die Literatur sorgfältig berücksichtigt, so daß diese Auflage als ein vollständiger Kommentar in knappster Form für Theorie und Praxis, für Behörden und Interessenten, gelten darf. Da die Knappschaftsnovelle einerseits erst am 1. Januar 1908 in Kraft treten wird und andererseits wegen der inzwischen nötigen Änderung der Knappschaftssatzungen schon jetzt aktuelles Interesse hat, so ist der VII. Titel (vom Knappschaftswesen) unverändert im Gesetzestexte und die Novelle in der Form wie sie vom Landtage endgültig verabschiedet wurde, und wie sie ganz unzweifelhaft demnächst als Gesetz verkündet werden wird, als Anlage mit sorgfältigem und vollständigem Kommentar abgedruckt.

Der Verfasser gibt sich der Hoffnung hin, daß auch diese Auflage eine wohlwollende Aufnahme finden wird.

Königsberg, im Juni 1906.

Geheimer Bergrat Professor Dr. **Arndt.**

Abkürzungen.

Abg.H. = Abgeordnetenhaus.
A.B.G. = Allgemeines Berggesetz für die Preußischen Staaten.
Abs. = Absatz.
A.G. = Preußisches Ausführungsgesetz.
A.L.R. = Allgemeines Landrecht für die Preußischen Staaten.
B. = Bekanntmachung.
B.G.B. = Bürgerliches Gesetzbuch.
B.G.Bl. = Bundesgesetzblatt.
E. oder Erk. = Erkenntnis.
E. oder Entsch. = Entscheidungen des bezüglichen Gerichts.
E.G. = Einführungsgesetz.
G. oder Ges. = Gesetz.
Gew.O. = Gewerbeordnung.
G.V.G. = Gerichtsverfassungsgesetz.
Herr.H. = Herrenhaus.
H.G.B. = Handelsgesetzbuch.
Jahrb. = Jahrbuch.
J.M.Bl. = Justizministerialblatt.
Instr. = Instruktion.
K.G. = Kammergericht.
Komm.Ber. = Kommissionsbericht.
M. oder Mot. = Motive.
O.Tr. = Obertribunal.
O.V.G. = Oberverwaltungsgericht.
R.B. = Rekursbescheid.
R.C.Bl. = Zentralblatt für das Deutsche Reich.
R.G. = Reichsgericht.
R.O.H.G. = Reichs-Oberhandelsgericht.
R.V.A. = Reichsversicherungsamt.
Str.G.B. = Strafgesetzbuch.
Str.P.O. = Strafprozeßordnung.
V.M.Bl. = Ministerialblatt für die gesamte innere Verwaltung.
Z. = Zeitschrift für Bergrecht.
Z.P.O. = Zivilprozeßordnung in der Fassung R.G.Bl. 1898 S. 410.

Inhalts-Verzeichnis.

Vorbemerkung.

Mit dem 1. Januar 1900 ist das Bürgerliche Gesetzbuch vom 18. August 1896 mit einem Einführungsgesetze vom gleichen Tage, ferner mit einem Gesetze, betreffend Änderungen des Gerichtsverfassungsgesetzes vom 17. Mai 1898 (R. G. Bl. S. 252), der Zivilprozeßordnung vom 17. Mai 1898 (R. G. Bl. S. 332) und der Konkursordnung vom 17. Mai 1898 (R. G. Bl. S. 248), einem Gesetz über die Zwangsversteigerung und die Zwangsverwaltung vom 24. März 1897 (R. G. Bl. S. 97, endgültige Fassung, R. G. Bl. 1898 S. 713), einer Grundbuchordnung vom 24. März 1897 (R. G. Bl. S. 139, endgültige Fassung R. G. Bl. 1898 S. 754), und einem Gesetze über die Angelegenheiten der freiwilligen Gerichtsbarkeit vom 17. Mai 1898, (Fassung R. G. Bl. 1898 S. 771), in Kraft getreten.

Alle diese Gesetze sind Reichsgesetze und gehen daher nach Artikel 2 der Reichsverfassung vom 16. April 1871 von Rechts wegen (ipso jure) dem Landesrecht vor.

Nun bestimmt Artikel 55 des Einführungsgesetzes zum B. G. B., daß die privatrechtlichen Vorschriften der Landesgesetze außer Kraft treten, soweit nicht im Einführungsgesetze oder im Bürgerlichen Gesetzbuche ein anderes bestimmt ist. Eine solche Bestimmung ist in Artikel 67 des Einführungsgesetzes enthalten:

(Abs. 1.) „Unberührt bleiben die landesgesetzlichen Vorschriften, welche dem Bergrecht angehören."

Dies bedeutet, daß das Bürgerliche Gesetzbuch, das Einführungsgesetz dazu, überhaupt alle Reichsgesetze auch auf das Bergwesen Anwendung finden, soweit es sich nicht um spezifisch bergrechtliche Normen handelt. Soweit als Grundlage und zur Ergänzung der landesberggesetzlichen Vorschriften bisher die allgemeinen Landesgesetze (in Preußen das Allgemeine Landrecht, wie das gemeine oder das rheinische Recht) zur Anwendung kamen, vgl. Motive z. A. B. G. in Z. VI. 65 f., sind an Stelle der letzteren seit dem 1. Januar 1900 das B. G. B. und die übrigen vorerwähnten Reichsgesetze getreten, z. B. über Form und Gültigkeit der Rechtsgeschäfte, über das Recht der juristischen Personen, über Geschäftsfähigkeit, über Art und Höhe des Schadenersatzes. Es gelten daher u. a. für Gewerkschaften und Knappschaftsvereine, soweit nicht spezielle oder entgegengesetzte landesgesetzliche Vorschriften bestehen oder ergehen, die Vorschriften in den §§ 25 bis 53 B. G. B., namentlich über Aufhebung, Liquidation u. dergl. Soweit das B. G. B. und die übrigen Reichsgesetze auf das Bergwesen Anwendung finden, gelten sie nicht bloß für die nach dem 1. Januar 1900 verliehenen Bergwerke, entstandenen Gewerkschaften u. s. w., sondern auch für die damals schon vorhandenen.

Soweit zur Ergänzung der bergrechtlichen Vorschriften das Handelsrecht dient, gelten vom 1. Januar 1900 ab die Vorschriften des Handelsgesetzbuchs vom 10. Mai 1897 (R. G. Bl. 219). Alle darin gegebenen Vorschriften, z. B. die §§ 2, 33 bis 35, 369, 397, gelten vor dem Landesrecht, also namentlich, ob Bergwerksbesitzer und Gewerkschaften als Kaufleute gelten und ins Handelsregister einzutragen sind, über die Führung von Handlungsbüchern, Bestellung und Vertretungsmacht von Prokuristen und Handlungsbevollmächtigten, über das der Schriftform nicht erfordernde Pfand- und Zurückbehaltungsrecht von Kaufleuten bzw. Kommissionären an Kuxen.

Der Vorbehalt der landesgesetzlichen Vorschriften, welche dem Bergrecht angehören, ist einerseits mit deren vorwiegend öffentlich-rechtlichen Charakter und andererseits durch die Schwierigkeiten des Auseinanderreißens der privat- von den öffentlich-rechtlichen Bestimmungen in den Motiven zum B. G. B. III S. 4 gerechtfertigt. Der Vorbehalt bezieht sich auch auf diejenigen landesgesetzlichen Vorschriften, welche sich auf dem Verfügungsrechte des Grundeigentümers nicht entzogene, aber hinsichtlich ihrer Gewinnung den bergrechtlichen Normen und Beschränkungen (z. B. A. B. G. §§ 210—214d, Gesetz vom 22. Februar 1869, Gesetz vom 8. April 1894, Gesetz vom 14. Juli 1895, Gesetz vom 7. Juli 1902) unterworfene Mineralien beziehen.

Soweit die bergrechtlichen Vorschriften der Landesgesetze durch das Reichsrecht unberührt geblieben sind, können nach den Art. 3 und 218 des Einführungsgesetzes zum B. G. B. auch neue bergrechtliche landesgesetzliche Vorschriften erlassen werden, also z. B. über Mutungs-, Schürf-, Verleihungs-, Knappschaftswesen, Gewerkschaftsrecht, auch über selbständige Kohlen- und Kali-Gewinnungsgerechtigkeiten, Grundeigentümerbergbau.

Artikel 67 Absatz 2 im E. G. z. B. G. B.: „Ist nach landesgesetzlicher Vorschrift wegen Beschädigung eines Grundstückes durch Bergbau eine Entschädigung zu gewähren, so finden die Vorschriften der Art. 52, 53" (des E. G. z. B. G. B.) „Anwendung, soweit nicht die Landesgesetze ein anderes bestimmen," bezieht sich auf die Entschädigung für Beschädigung §§ 148ff., nicht wegen Enteignung § 135ff. Im übrigen ist der Ausdruck Entschädigung im Sinne des Absatz 2 im weitesten Sinne aufzufassen und umfaßt auch die Ersatzpflicht wegen Wertminderung durch Schürfarbeiten.

Allgemeines Berggesetz für die Preußischen Staaten.

Vom 24. Juni 1865.

(Gesetz-Sammlung 1865, S. 705.)

Erster Titel.

Allgemeine Bestimmungen.

§ 1.

Die nachstehend bezeichneten Mineralien sind von dem Verfügungsrechte des Grundeigentümers ausgeschlossen.

Die Aufsuchung und Gewinnung derselben unterliegt den Vorschriften des gegenwärtigen Gesetzes.

Diese Mineralien sind:

Gold, Silber, Quecksilber, Eisen mit Ausnahme der Raseneisenerze, Blei, Kupfer, Zinn, Zink, Kobalt, Nickel, Arsenik, Mangan, Antimon, und Schwefel, gediegen und als Erze,

Alaun- und Vitriolerze,

Steinkohle, Braunkohle und Graphit,

Steinsalz nebst den mit demselben auf der nämlichen Lagerstätte vorkommenden Salzen und die Solquellen.

1. **Alle anderen als die in § 1 namentlich angeführten Mineralien z. B. Platin, Strontianit, Phosphorit, Marmor, Edelsteine, Erdöl, nicht aber Waschgold, gehören dem Grundeigentümer. Bernstein ist in der Regel pars fundi, außer im Geltungsgebiete des ostpreußischen Provinzialrechts, G. v. 22./2. 67 (G. S. 272); für das Gebiet des westpreußischen s. G. v. 4./8. 65 III. (G. S. 873). Über „alte Halden" s. Abs. 2 in § 54. Vor dem A. G. B. auf solche Mineralien, welche in § 1 nicht genannt sind, z. B. Raseneisen-**

erz, erteilte Verleihungen, auch Distriktsverleihungen (R. G. 20./3. 1901 Z. Bd. 43 S. 53), desgleichen jura excludendi alios sind in Kraft geblieben, O. T. 6./2. 72, Entsch. Bd. 67 S. 147, v. 14./7. 76, Z. XVIII. 121.

2. Bezüglich des Rechts an den in § 1 genannten Mineralien vor ihrer Verleihung überwiegt die Ansicht, daß sie herrenlose Sachen sind.

3. Die in § 1 genannten Mineralien sind nur dann vom Verfügungsrechte des Grundeigentümers ausgeschlossen und verleihbar, wenn sie sich nach Menge, Beschaffenheit und Lagerung zur bergmännisch-technischen Verwendung eignen, s. u. a. R. G. v. 8./5. 1901, E. in Zivils. Bd. IL. 228, Z. XLIII. 66. Ist dies der Fall, so kommt es nicht darauf an, daß das Mineral nicht bergmännisch, sondern anders verwertet wird, z. B. Sole zu Bädern, Eisenerze zu Farbstoffen.

4. Steinsalz und Solquellen sind in dem Sinne verschiedene Mineralvorkommen, daß sie nach dem A. B. G. nebeneinander gemutet und verliehen werden, R. G. 2./2. 83, Daubenspeck Samml. bergrechtl. Entsch. I. S. 6, Z. XXIV. 517, s. auch Z. VI. 299. Die mit Steinsalz auf der nämlichen Lagerstätte vorkommenden (Abraum-Kali-) Salze sind, trotzdem sie die wertvolleren, nach A. B. G. rechtliches Zubehör zum Steinsalz; allein für sich sind sie nicht verleihbar, dagegen sind sie mit dem Steinsalz verliehen, auch wenn sie nicht besonders gemutet noch nachgewiesen wurden, Z. XIII. 284.

5. Raseneisenerze sind auch die alluvialen Eisenerze, „les minérais de fer dits d'alluvion".

6. Provinzialrechtliche Erweiterungen des § 1, z. B. Dachschiefer in Nassau, Schwerspat in Schmalkalden, oder Einschränkungen des § 1, z. B. Salz und Sole in Hannover, Kohlen in den vormals kursächsischen Landesteilen, s. zu §§ 210 ff.

7. Die unbefugte Zueignung verliehener oder verleihbarer oder dem Staate vorbehalten gewesener und der ausschließlichen Berechtigung eines dritten (jus excludendi) übertragener Mineralien ist strafbar nach dem Gesetz über die Bestrafung unbefugter Gewinnung oder Aneignung von Mineralien v. 26./3. 56 (G. S. 203).

8. Wegen Steinkohle, Steinsalz und beibrechender Salze s. unten Ges. v. 5. Juli 1905.

§ 2.

Der Erwerb und Betrieb von Bergwerken für Rechnung des Staates ist den Bestimmungen des gegenwärtigen Gesetzes ebenfalls unterworfen.

An den Rechten des Staates bezüglich des Salzhandels wird durch dieses Gesetz nichts geändert.

1. Abs. 1 hebt das bis dahin dem Staate zugestandene Recht, ohne Mutung und durch bloße Erklärung jedes beliebige Feld sich oder einem dritten zum eigenen, ausschließlichen Bergwerksbetriebe zu reservieren, vom 1. Oktober 1865 — ohne rückwirkende Kraft — auf.
2. Durch Ges. vom 21. März 1902 (G. S. S. 29) ist der Staatsregierung zum Erwerbe von gewissen Bergwerken im Oberbergamtsbezirk Dortmund für den Staat der Betrag von 58 Millionen Mark zur Verfügung gestellt.
3. Steinsalz und Solquellen waren sowohl nach gemeinem Recht wie nach den meisten in Preußen geltenden Bergordnungen vorbehaltenes Eigentum des Staates, sowie sie das in vielen deutschen Staaten (Bayern, Sachsen, Baden, Braunschweig u. s. w.), Österreich, Italien und in den meisten Schweizer Kantonen noch bezw. wieder geworden sind. Das Steinsalz (sal) umfaßte zugleich die Sole, die Sole das Steinsalz, s. Arndt in der Zeitschr. f. Rechtsgeschichte 1904 S. 69. Das Salzhandelsmonopol ist durch G. betr. die Erhebung einer Abgabe vom Salz v. 12./10. 67 (B. G. Bl. 41) vom 1. Oktober 1868 ab aufgehoben.

Zweiter Titel.

Von der Erwerbung des Bergwerkeigentums.

Erster Abschnitt.

Vom Schürfen.

§ 3.

Die Aufsuchung der im § 1 bezeichneten Mineralien auf ihren natürlichen Ablagerungen — das Schürfen — ist unter Befolgung der nachstehenden Vorschriften einem jeden gestattet.

Schürfen ist nicht Bergbau, nur dessen Vorbereitung.

Schürfen ist das Suchen nach verleihbaren, aber noch nicht verliehenen Mineralien mit der Absicht, deren Verleihung nachzusuchen, also fallen Bohrungen im bereits verliehenen Felde zur weiteren Untersuchung der Lagerverhältnisse des bereits verliehenen Minerals nicht unter §§ 3 ff., vgl. R. B. 24./7. 1886 in Z. XXVII. 399. Das Recht zum Schürfen (an sich ein Ausfluß der Bergbau-Freiheit, R. G. 17./12. 1898 Zivils. XLIII. 198) auch innerhalb desselben Feldes ist nach dem A. B. G. (abweichend in Österreich und Sachsen) kein ausschließliches. Es steht Inländern wie Ausländern, physischen wie juristischen Personen zu. Eine besondere staatliche Erlaubnis zum Schürfen (Schürfschein) ist nach dem A. B. G. nicht mehr erforderlich. Wegen der Polizei s. §§ 4, 5 und Vorbem. zum IX. Titel.

§ 4.

Auf öffentlichen Plätzen, Straßen und Eisenbahnen, sowie auf Friedhöfen ist das Schürfen unbedingt untersagt.

Auf anderen Grundstücken ist das Schürfen unstatthaft, wenn nach der Entscheidung der Bergbehörde überwiegende Gründe des öffentlichen Interesses entgegenstehen.

Unter Gebäuden und in einem Umkreise um dieselben bis zu zweihundert Fuß, in Gärten und eingefriedigten Hofräumen darf nicht geschürft werden, es sei denn, daß der Grundbesitzer seine ausdrückliche Einwilligung hierzu erteilt hat.

1. In den Fällen des Abs. 1 und 2 ist das Schürfen selbst dem Grundbesitzer und selbst bei Einwilligung des Grundbesitzers, über wie unter Tage, untersagt. Auf Grund Abs. 2 kann die Bergbehörde Schürfarbeiten, welche Deichen, Mineralquellen nachteilig sind, verbieten, auch hinterherige Zufüllung u. s. w. gebieten; s. R. G. 17./12. 98, E. in Zivils. XLIII. 198, Z. XL. 225. Das Verbot erläßt nach § 189 der Bergrevierbeamte. Es kommt vor, daß die Oberbergämter auf Grund der §§ 196, 197 A. B. G. allgemeine Polizeiverordnungen erlassen, welche überwiegenden Gründen des öffentlichen Interesses widersprechende Schürfarbeiten verbieten (vgl. Z. XXXIX. 68, s. hiergegen die Vorbemerkung zum IX. Titel). Für Mineralquellen in Nassau s. Verf. 7./6. 1860 in Z. IV. 20; s. auch O. Tr. 30./4. 78 in Z. XX. 104. Das Schürfverbot kann vor dem Schürfen und während desselben ergehen. Ein Schadensersatzanspruch des Unternehmers, dem auf Grund § 4 Abs. 2 Schürfarbeiten verboten sind, gegen den, in dessen Interesse das Verbot ergeht, besteht nicht (R. G. 17./12. 98 Zivils. XLIII. 198, Z. XL. 225), weil durch dieses Verbot nicht in ein bestehendes Recht des Schürfers eingegriffen und dieses Verbot vielmehr Fälle betrifft, in welchen das Recht zum Schürfen fehlt, and. Ans. Westhoff, Bergbau und Grundbesitz II. S. 380. Bezüglich der Aufsuchung der zum Grundeigentum gehörigen Mineralien steht die Polizei den Orts- und Landespolizeibehörden zu und es finden nicht die §§ 4 ff. A. B. G., sondern die allgemeinen Vorschriften, z. B. A. L. R. II. 17 § 10, Anwendung, O. V. G. XXXVIII. 291, 295, Z. XLIII. 94. Ausnahmen bezüglich Erdöl und in Hannover bezüglich Salz und Salzquellen, s. unten im G. v. 6./6. 04 (G. S. S. 105) und 4./8. 04 (G. S. S. 235).
2. Bei Abs. 3 wird vorausgesetzt, daß der Umkreis dem Eigentümer des Gebäudes gehört. Nicht bloß Wohn- sondern auch Fabrikgebäude, Lagerhäuser u. a. m. gehören hierher.
3. 200 Fuß = 62,8 Meter.
4. Zuwiderhandlungen sind strafbar nach § 207.

§ 5.

Wer zur Ausführung von Schürfarbeiten fremden Grund und Boden benutzen will, hat hierzu die Erlaubnis des Grundbesitzers nachzusuchen.

Mit Ausnahme der im § 4 bezeichneten Fälle muß der Grundbesitzer, er sei Eigentümer oder Nutzungsberechtigter, das Schürfen auf seinem Grund und Boden gestatten.

1. Nicht zur Vornahme von Schürfarbeiten, sondern nur zur Benutzung fremden Grund und Bodens ist die Erlaubnis des Grundbesitzers nötig. Schürfarbeiten in solcher Tiefe, daß er an der Ausschließung kein Interesse hat, kann der Grundeigentümer nach § 905 B. G. B. nicht verbieten; der Schürfer braucht in diesem Falle seine Genehmigung nicht erst nachzusuchen.

2. Je nachdem Schürfarbeiten ihrer Beschaffenheit nach in die Rechte des Eigentümers oder des Nutzungsberechtigten oder beider eingreifen, ist nach Zivilrecht zu bestimmen, ob der Schürfer sich mit dem Eigentümer oder mit dem Nutzungsberechtigten oder mit beiden wegen Vornahme der Schürfarbeiten zu benehmen hat, O. Tr. 13./11. 76 Z. XVIII. 407.

3. Das Schürfrecht ist eine Personalservitut, ein dingliches Recht, welches, um gegen dritte wirksam zu werden, der Eintragung in das Grundbuch nicht bedarf s. Art. 22 A. G. z. B. G. B. v. 20/9. 1899 (G. S. S. 177), auch im Falle der Zwangsvollstreckung auf jeden Ersteher des Grundstücks übergeht, Art. 6 des A. G. z. Zwangsvollstreckungsges. v. 23. Septbr. 1899 (G. S. 291). Unerheblich ist dabei, ob das Schürfrecht freiwillig oder durch Oberbergamtsbeschluß erworben ist; nötig ist dagegen der Besitz, um gegen dritte wirksam zu sein.

4. Die allgemeinen Reichs- und Landesgesetze, z. B. das Festungsrayongesetz v. 21./12. 71 (R. G. Bl. S. 459) s. z. B. § 17 A, Ziff. 4, B Ziff. 4, das Feld- und Forstpolizeigesetz v. 15./4. 78 (G. S. 222), (§ 29) sind auch vom Schürfer zu beachten.

§ 6.

Der Schürfer ist verpflichtet, dem Grundbesitzer für die entzogene Nutzung jährlich im voraus vollständige Entschädigung zu leisten und das Grundstück nach beendigter Benutzung zurückzugeben, auch für den Fall, daß durch die Benutzung eine Wertsverminderung des Grundstücks eintritt, bei der Rückgabe den Minderwert zu ersetzen.

Für die Erfüllung dieser letzteren Verpflichtung kann der Grundbesitzer schon bei der Abtretung des Grundstücks die

Bestellung einer angemessenen Kaution von dem Schürfer verlangen.

1. Nicht für das Schürfen an sich, nur für die Benutzung des Grund und Bodens ist Entschädigung zu leisten.

2. Die Kaution bezieht sich nur auf den Minderwert. Wegen der Kautionsbestellung s. §§ 232—240 B. G. B. Hinterlegungsstelle ist die Regierungshauptkasse; s. auch Art. 84 A. G. z. B. G. B. v. 20. Sept. 1899 (G. S. S. 177). Vgl. auch Anm. 2 zu § 9.

§ 7.

Die dem Grundeigentümer im letzten Satze des § 137 und in den §§ 138, 139 und 141 eingeräumten Rechte stehen demselben auch gegen den Schürfer zu.

§ 8.

Kann der Schürfer sich mit dem Grundbesitzer über die Gestattung der Schürfarbeiten nicht gütlich einigen, so entscheidet das Oberbergamt durch einen Beschluß darüber, ob und unter welchen Bedingungen die Schürfarbeiten unternommen werden dürfen.

Das Oberbergamt darf die Ermächtigung nur in den Fällen des § 4 versagen.

Dasselbe setzt beim Mangel einer Einigung unter den Beteiligten die Entschädigung und die Kaution (§ 6) in Gelde fest. Gegen diese Festsetzung findet der Rekurs nicht statt.

Wegen der Kosten kommt der § 147 zur Anwendung.

Der Beschluß des O. B. A. hat sich auf Art und Ort, Zeit und Umfang des Schürfens, Sicherung der Oberfläche, die Höhe der Entschädigung, die Stellung einer geforderten Kaution und die Frage, ob Schürfer wegen Minderwerts das Eigentum am Schürffelde erwerben muß, zu erstrecken. Gegen den Beschluß steht — abgesehen von der Frage der Entschädigung und der Kaution, über welche der Rechtsweg offen ist — beiden Teilen der Rekurs zu. Die Kosten der oberbergamtlichen Instanz trägt stets der Schürfer, die der Rekursinstanz der unterliegende Teil. Außerdem ist der Rechtsweg dem Grundbesitzer gegen den Schürfer in den Fällen des § 4, Abs. 1 und 3, nicht aber in den Fällen des § 4 Abs. 2, gestattet. Dem Schürflustigen steht der Rechtsweg auf Gestattung des Schürfens nicht zu (and. Ans. Westhoff, Bergbau und Grundbesitz II. S. 385).

§ 9.

Durch Beschreitung des Rechtsweges wird, wenn dieselbe nur wegen der Festsetzung der Entschädigung oder der Kaution erfolgt, der Beginn der Schürfarbeiten nicht aufgehalten, vorausgesetzt, daß die Entschädigung an den Berechtigten gezahlt oder bei verweigerter Annahme gerichtlich deponiert, desgleichen die gerichtliche Deposition der Kaution geschehen ist.

1. Hindert der Grundbesitzer gegen § 9 das Schürfen, so kann der Schürfer sowohl das O. B. A. um Zwangsvollstreckung (§ 190) ersuchen, als bei Gericht klagend beantragen, daß dem Grundbesitzer hindernde Handlungen bei Strafe untersagt werden.

2. Die Hinterlegung erfolgt nach der Hinterlegungsordnung vom 14./3. 79 (G. S. 249, Art. 84 A. G. z. B. G. B. v. 20. Septbr. 1899 G. S. S. 177) bei der Regierungs-Hauptkasse als Hinterlegungsstelle; vgl. auch §§ 372 ff. B. G. B. u. Art. 144 E. G. z. B. G. B.

§ 10.

In den Feldern fremder Bergwerke darf nach denjenigen Mineralien geschürft werden, auf welche der Bergwerkseigentümer Rechte noch nicht erworben hat.

Bedrohen jedoch solche Schürfarbeiten die Sicherheit der Baue oder den ungestörten Betrieb des Bergwerks, so hat die Bergbehörde dieselben zu untersagen.

Der Bergwerksbesitzer kann verlangen, daß der Schürfer ihm vor Beginn der Schürfarbeiten eine angemessene Kaution für die etwa zu leistende Entschädigung bestellt.

Auf diese Kaution finden die §§ 8 und 9 Anwendung.

Einer Erlaubnis des Bergwerkseigentümers bedarf der Schürfer nicht; s. auch Anm. 1 und 4 zu § 4. Betreffs Kautionsbestellung vgl. Anm. 2 zu § 6 und Anm. 2 zu § 9.

§ 11.

Der Schürfer ist befugt, über die bei seinen Schürfarbeiten geförderten Mineralien (§ 1) zu verfügen, insofern nicht bereits dritte Rechte auf dieselben erworben haben.

Hinsichtlich der Entrichtung der Bergwerksabgaben kommen die für die Bergwerke maßgebenden Vorschriften zur Anwendung.

1. Die verleihbaren, aber noch nicht verliehenen Mineralien erwirbt er mit der Besitzergreifung, die verleihbaren und einem dritten verliehenen muß er auf Verlangen diesem, die nicht verleihbaren muß er auf Verlangen dem Grundeigentümer herausgeben, ohne Anspruch auf Ersatz der Förderkosten zu haben. Aus § 812 B. G. B. folgt nicht, daß der Grundeigentümer die Förderkosten erstatten muß (Ans. Westhoffs Grundbesitz und Bergbau II. S. 379). Denn 1. er „erlangt" nicht die Mineralien, sondern zunächst erlangt sie der Schürfer, 2. erlangt er sie nicht „ohne rechtlichen Grund", sondern aus der Vorschrift in § 11, da er bereits Rechte auf dieselben als Grundeigentümer erworben hatte.

2. Bergwerksabgaben und Aufsichtssteuern an den Staat sind durch G. wegen Aufhebung direkter Staatssteuern vom 14. Juli 1893 (G. S. S. 119) außer Hebung gesetzt; vgl. Anm. 2 zu § 245.

Zweiter Abschnitt.

Vom Muten.

§ 12.

Das Gesuch um Verleihung des Bergwerkseigentums in einem gewissen Felde — die Mutung — muß bei dem Oberbergamte angebracht werden.

Das Oberbergamt hat die Befugnis, für bestimmte Reviere die Annahme der Mutungen den Revierbeamten zu überweisen.

Dieser Auftrag muß durch das Regierungsamtsblatt und den Staatsanzeiger bekannt gemacht werden.

1. Die Mutung, d. i. der Antrag auf Verleihung des Bergwerkseigentums, ist kein dingliches Recht (Arndt, Bergregal S. 266 ff., Stobbe, Deutsches Privatr. II, S. 592, Anm. 2); sie kann dies auch schon deshalb nicht sein, weil bis zur Verleihung der Muter die Mutung beliebig zurücknehmen und auf denselben Fund ein ganz anderes Feld begehren kann. Anderer Ansicht sind Achenbach, Deutsches Bergrecht I, S. 426, und Klostermann, Lehrb. S. 148. R. G. 14/4. 1888 Zivils. XXI. 225 Z. XXIX. 405, bezeichnet sie als einen „spezifisch bergmännischen Akt". Klagen über Mutungen nach Bergrecht (Gegensatz in Anm. 6 zu § 15) finden im dinglichen Gerichtsstande statt, R. G. 14./4. 88, Daubenspeck, Sammlung I. S. 12 Z. XXIX. 401. Inländer wie Ausländer, auch juristische Personen des Auslandes ohne königliche Genehmigung, Z. XX. 306, desgleichen ältere wie neuere Berggewerkschaften, s. Z. Bd. XLI. S. 362,

können muten. Selbstredend können juristische Personen nur, wenn ihre Rechtsfähigkeit soweit reicht, muten, also z. B. nicht unbedingt Eisenbahngesellschaften (Z. I. 640, XI. 349).

2. Jede Mutung braucht nicht notwendig in einem besonderen Schriftstück eingereicht zu werden (streitig).

3. Die Mutungen sind überall bei den Bergrevierbeamten einzulegen, bei dem, in dessen Bezirk der Fundpunkt, § 14, bezw. der frühere Aufschluß § 16 Abs. 1 A. B. G., liegt.

§ 13.

Die Mutung ist schriftlich in zwei gleichlautenden Exemplaren einzulegen.

Jedes Exemplar wird mit Tag und Stunde der Präsentation versehen, und sodann ein Exemplar dem Muter zurückgegeben.

Es ist statthaft, die Mutung bei der zur Annahme derselben befugten Behörde zu Protokoll zu erklären.

Auch durch einen Stellvertreter, sowie telegraphisch kann die Mutung eingelegt werden, Z. VII. 256, 258. Fehlt das zweite Exemplar, so ist es auf Kosten des Muters anzufertigen. Die Mutung ist stempelfrei. Für das zweite (Neben-)Exemplar, das stets das Präsentatum des Hauptexemplars erhalten muß, — mithin ein amtliches Zeugnis in Privatsachen (Tarifsatz 77 z. Stempelsteuergeſ. v. 31. Juli 1895, G. S. 413ff.) ist — sind 1,5 M. Stempel zu verwenden. Gehen in einer Stunde mehrere Mutungen auf dasselbe Vorkommen ein, so kommt es auf die Minute des Eingangs an. Mit derselben Post eingegangene Mutungen gelten als gleichzeitige. Die Präsentation und Annahme der Mutungen finden nur in den Geschäftsstunden und Geschäftsräumen der Bergbehörde statt. S. auch Allgem. V. über die Annahme von Mutungen Z. VII. 536. Wegen der Privatregalbezirke s. § 250.

§ 14.

Jede Mutung muß enthalten:

1) den Namen und Wohnort des Muters,
2) die Bezeichnung des Minerals, auf welches die Verleihung des Bergwerkseigentums verlangt wird,
3) die Bezeichnung des Fundpunktes,
4) den dem Bergwerke beizulegenden Namen.

Wird eine Mutung auf das Mineralvorkommen eines verlassenen Bergwerks eingelegt, so muß dieselbe statt des Erforderniſſes unter 3 eine Angabe über die Lage dieſes Bergwerks enthalten.

Fehlt der Mutung die eine oder andere dieſer Angaben, ſo hat der Muter dem Mangel auf die Aufforderung der Bergbehörde innerhalb einer Woche abzuhelfen. Geſchieht dies nicht, ſo iſt die Mutung von Anfang an ungültig.

1. § 14 betrifft die formalen, § 15 die materiellen Erforderniſſe der Mutung.

2. Zur Bezeichnung des Fundpunktes gehört, daß die Identität des Fundpunkts feſtſteht, bei Bohrlochsfunden die Teufe angegeben wird; ſ. auch R. G. 8./5. 1901, E. in Zivilſ. IL. 228; Z. XLIII. S. 66. Gegenſtand der Mutung iſt nicht eine beſtimmte Lagerſtätte, ſondern das am Fundpunkte entdeckte Mineral, R. G. 19./6. 1901 E. in Zivilſ. Bd. IL. 268. Die unmittelbare Umgebung des Fundpunkts iſt für die Frage der Fündigkeit zu berückſichtigen, vergl. R. G. 8./5. 1901, E. in Zivilſ. Bd. IL. S. 228, Z. XLIII. 66.

3. Von Anfang an ungültig iſt gleichbedeutend mit „nichtig" und will hier ſagen, daß die Mutung rechtlich ſo anzuſehen iſt, als ob ſie niemals eingelegt wäre.

4. Als verlaſſenes Bergwerk gilt hier jedes aufläſſige Bergwerk, gleichgültig ob in ihm Betrieb umgegangen iſt; vgl. Anm. 2 zu § 16.

§ 15.

Die Gültigkeit einer Mutung iſt dadurch bedingt, daß das in derſelben bezeichnete Material an dem angegebenen Fundpunkte (§ 14) auf ſeiner natürlichen Ablagerung vor Einlegung der Mutung entdeckt worden iſt und bei der amtlichen Unterſuchung nachgewieſen wird, und daß außerdem nicht beſſere Rechte dritter auf den Fund entgegenſtehen.

1. Das Vorhandenſein des gemuteten Minerals an einem anderen als dem angegebenen Fundpunkte iſt ohne Bedeutung, O. Tr. vom 12./2. 75 E. Bd. 74, S. 202, Z. XVI. 398, ſ. auch Anm. 2 zu § 14. Der Fund muß ein ſelbſtändiger ſein, auf Grund eines Funds kann nur eine Mutung eingelegt werden; dagegen kann nicht gefordert werden, daß jeder Fundpunkt auf einer beſonderen Lagerſtätte liegt (vergl. O. Tr. 16./2. 79, Z. X. 376, 7./9. 69, Z. XI. 281).

2. Obgleich nach dem A. B. G. der Nachweis der finanziellen Vorteilhaftigkeit des Betriebes zur Gültigkeit der Mutung nicht gefordert wird, ſo gehört dazu doch der Nachweis, daß eine berg-

männische Verwertung des Minerals möglich ist; s. Anm. 3 zu § 1; Anm. 2 zu § 14.

3. Entdecken im rechtlichen Sinne ist nicht bloß das mechanische Antreffen einer Minerallagerstätte, sondern auch das Bewußtsein, einen mutungsfähigen Fund gemacht zu haben, O. Tr. 29./1. 61, Z. II. 205. Die Entdeckung, der Fund, muß vor Einlegung der Mutung gemacht sein. Unerheblich ist, ob der Muter später fündig geworden ist, O. Tr. 23./3. 73, Z. XVIII. 248. Der Fund bedeutet die Entdeckung, nicht die Besitzergreifung oder die Entblößung oder Zugänglichmachung der Lagerstätte, R. G. 23./5. 82, Entsch. VIII. 197, Z. XXIV. 497; s. jedoch auch Anm. 2 zu § 14. Soweit nicht das Vorrecht des § 24 in Frage kommt, ist es für das bergrechtliche Verleihungsverfahren unerheblich, ob der Fund vom Muter oder einem dritten, öffentlich oder heimlich, in erlaubter oder verbotener Weise geschehen ist, O. Tr. 12./2. 75, E. Bd. 74, S. 201, Z. XVI. 389; s. auch Anm. 6.

4. Obgleich Ergänzung des Beweises auch noch nach dem Feststellungstermine von der Behörde gefordert werden kann, so kann Grundlage der Entscheidung (auch der gerichtlichen) nur sein, was vor der Mutung entdeckt war, R. G. 23./5. 82, Entsch. VIII. 197, Z. XXIV. 497, s. jedoch auch Anm. 2 zu § 14. Über die Beweisfrage entscheidet die Bergbehörde, angerufenen Falls (§ 23) das Gericht.

5. Das bessere Recht des dritten, die Feldesfreiheit, aber nur die des Fundpunkts, nicht die des übrigen Feldes, ist nach dem Zeitpunkte der Mutung (Motive S. 47) zu beurteilen. Die Mutung, der bei ihrer Einlegung das bessere Recht eines dritten bezüglich ihres Fundpunkts entgegenstand, bleibt ungültig, wenn dieses Recht durch Verzicht später fortfällt, sie ist aber gültig, wenn z. B. wegen nicht rechtzeitiger Einreichung des Risses § 18 oder mangelnden Fundes die ältere Mutung „als von Anfang an ungültig" erklärt wird, E. d. O. Tr. Bd. 79 S. 294, Z. XVIII. 248.

6. § 15 betrifft lediglich das bergrechtliche Verleihungsverfahren Die Gültigkeit einer Mutung nach § 15 hindert nicht, daß die Mutung bezw. die darauf erfolgte Verleihung nach den Vorschriften des B. G. B. (s. Vorbemerkung S. 2) angefochten werden kann. Z. B. der Bote mutet für sich selbst; wer sich zur Abtretung verpflichtet hat, weigert diese; der Repräsentant einer bohrenden Gewerkschaft, der Treuhänder bei einer Gemeinschaft, legt für sich die Mutung ein und verweigert die Abtretung an die Gewerkschaft oder die Mutungseinlegung widerspricht einem Demarkationsvertrage des Muters u. s. w. In diesen Fällen kann auf Abtretung der Mutung bezw. Verleihung zivilrechtlich geklagt werden. Das Gleiche wird gelten, wenn jemand ohne Recht auf einen fremden (nicht derelinquierten) Fund Mutung einlegt. Häufig wird hier § 826 B. G. B.: „Wer in einer gegen die guten Sitten verstoßenden Weise einem anderen vorsätzlich Schaden zufügt, ist dem anderen zum Ersatze des Schadens verpflichtet", zur Anwendung kommen. Auch die Vorschriften über ungerechtfertigte Bereicherung, B. G. B. § 812, können

Platz greifen. Im bergrechtlichen Verleihungsverfahren können derartige persönliche Ansprüche von den Bergbehörden nicht berücksichtigt werden, s. Z. V. 125. Der Gerichtsstand ist in solchen Fällen nicht der dingliche, Anm. 1 zu § 12.

§ 16.

Wird eine Mutung auf das Mineralvorkommen eines verlassenen Bergwerks eingelegt (§ 14), so bedarf es zur Gültigkeit derselben keiner vorherigen neuen Aufschlüsse.

War jedoch das Mineral erwiesenermaßen bereits bei dem Verlassen des Bergwerks gänzlich abgebaut, so ist eine solche Mutung von Anfang an ungültig.

1. Abgesehen davon, daß ein Fundesnachweis regelmäßig im Falle des § 16 nicht erfordert wird, ist eine solche Mutung, namentlich auch in Ansehung der Feldesstreckung, wie jede andere Mutung, zu behandeln, vergl. Z. XXIV. 395. Das Mineralvorkommen muß verliehen gewesen sein.

2. Ein unter Herrschaft des A. B. G. verliehenes Bergwerk gilt nur dann als „verlassen" im Sinne des § 16, wenn das Eigentum daran aufgegeben ist gemäß §§ 161 ff.; s. Z. XLIV. 158. Vgl. Anm. 4 zu § 14.

§ 17.

Der Muter hat die Lage und Größe des begehrten Feldes (§ 27), letztere nach Quadratlachtern, anzugeben und einen von einem konzessionierten Markscheider oder Feldmesser angefertigten Situationsriß in zwei Exemplaren einzureichen, auf welchem der Fundpunkt, die Feldesgrenzen, die zur Orientierung erforderlichen Tagesgegenstände und der Meridian angegeben sein müssen.

Der bei Anfertigung dieses Situationsrisses anzuwendende Maßstab wird durch das Oberbergamt festgesetzt und durch die Regierungsamtsblätter bekannt gemacht.

1. Nach der Maß- und Gewichtsordnung v. 17./8. 68 (B. G. Bl. 473) wird nach Metern, Aren und Hektaren gerechnet. Die Fehlergrenzen sind in Betracht zu ziehen. Auch die Landmesser (C. R. 12./4. 85, B. M. Bl. S. 193) können Situationsrisse anfertigen.

2. Die Risse müssen so beschaffen sein, daß sie das nach § 17 Anzugebende genügend erkennen lassen. Ein Riß, der nicht mit Sicherheit erkennen läßt, ob der Fundpunkt innerhalb des begehrten Feldes liegt, ist kein Riß im Sinne des § 17, O. Tr. 4./6. 75

E. Bd. 75 S. 227, Z. XVI. 509. Mängel, welche nicht die in § 17 benannten Gegenstände betreffen, haben die Ungültigkeit des Risses nicht zur Folge. An Stelle des Meridians kann die magnetische Nordlinie aufgetragen sein, Z. XIII. 561.

3. Der Maßstab ist für die Oberbergämter Dortmund und Breslau auf 1:10000 (in den Fällen des § 27 Z. 1 auf 1:2000), für das Oberbergamt Halle auf 1:6400, Clausthal 1:6250 (für die Ämter Zellerfeld und Elbingerode und die bei Osterode und Lauterberg belegenen Eisenerzmutungen 1:3125) festgesetzt, s. Z. VI 503, IX. 42, 44, XVI. 339, VII. 130, 131, IX. 47, X. 269, IX. 45, 298, XXXII. 274, 467. Ein dem oberbergamtlich festgesetzten Maßstab nicht entsprechender Riß ist kein Situationsriß im Sinne des § 17. Die Fehlergrenzen sind in Betracht zu ziehen.

S. auch Anweisung des Oberbergamts Bonn v. 24./5. 1902 über die Anfertigung der Mutungsrisse in Z. für Berg-, Hütten- u. Salinenwesen Bd. 50 A S. 79.

§ 18.

Die Angabe der Lage und Größe des Feldes, sowie die Einreichung des Situationsrisses (§ 17) müssen binnen sechs Wochen nach Präsentation der Mutung bei der zur Annahme der letzteren befugten Bergbehörde erfolgen.

Geschieht dies nicht, so ist die Mutung von Anfang an ungültig.

Unterläßt der Muter die Einreichung eines zweiten Exemplars des Situationsrisses, so kann die Bergbehörde dasselbe auf Kosten des Muters anfertigen lassen.

Fristverlängerung ist unstatthaft. Der letzte Tag der Frist kommt dem Muter voll zustatten.

§ 19.

Die Lage und Größe des begehrten Feldes können nur innerhalb der auf dem Situationsrisse (§ 17) angegebenen Grenzen abgeändert werden.

Gegen Mutungen dritter ist das gesetzlich begehrte, auf dem Situationsrisse angegebene Feld einer Mutung für die Dauer ihrer Gültigkeit geschlossen.

Diese Wirkung tritt mit dem Zeitpunkte der Präsentation der Mutung ein und wird auf diesen Zeitpunkt auch dann zurückbezogen, wenn der Situationsriß erst später innerhalb der im § 18 vorgeschriebenen Frist eingereicht worden ist.

1. Der Muter kann bis zur Verleihung auf seine Mutung nicht bloß teilweise, sondern ganz verzichten und durch Neumutung und Andersstreckung fremde Bohrpunkte überdecken, R. G. 27./11. 95, Zivils. Bd. XXXVI. 253, Z. XXXVII. 230, R. G. 19./6. 95, Zivils. XXXV. 277, Z. XXXVII. 107. Schikane im Sinne des § 226 B. G. B. kann hierin nicht in dem Falle gefunden werden, wenn jemand sich der Konkurrenz erwehren will, sondern nur, wenn seine Handlungsweise gar keinen anderen Zweck haben kann, als einem andern Schaden zuzufügen. Darnach erscheint die Ansicht (Z. XLI. 247), daß die mit Hilfe einer schikanösen Änderung des Mutungsfeldes auf einen fremden Fund eingelegte Mutung bergrechtlich ungültig sei, nicht zutreffend und für die Geltendmachung im Verleihungsverfahren nicht geeignet. Dem Geschädigten können in solchen Fällen nur die Gerichte durch die Anwendung des § 812 bzw. § 826 B. G. B. helfen; s. Anm. 6 zu § 15; insofern er Schadensersatz, namentlich die Erstattung der Bohrkosten, unter Umständen die Abtretung der auf die fremden Funde eingelegten Mutungen verlangen kann. Der Verzicht wirkt, sobald er der Bergbehörde zugegangen ist (als empfangsbedürftige Erklärung im Sinne des B. G. B.), nicht erst wenn die Verzichterklärung präsentiert ist.

2. Nur das den gesetzlichen Erfordernissen (§§ 14, 15, 16, 24, 25) entsprechende Feld ist gegen Mutungen dritter gesperrt. Von Anfang an ungültige Mutungen haben in keinem Punkte, und solche Mutungen, deren Felder zu groß oder nicht mit geraden Linien begrenzt oder in denen zwei Punkte der Begrenzung zu weit von einander entfernt sind, haben bis zur Beseitigung des Fehlers, nur im Fundpunkte, sonst nicht die Sperrung des Feldes zur Folge; s. auch O. Tr. 13./5.78, Z. XX. 108, R. G. 27./2. 04 in Z. XLV. 218, Zivils. LVII. 147.

3. Die Feldessperrung erstreckt sich nur auf das in der Mutung bezeichnete Mineral, R. G. 2./2. 83, Z. XXIV. 517. Ein Freiwerden des Fundpunktes nach der Mutungseinlegung im Unterschiede vom Freiwerden des übrigen Feldes ist unerheblich; Anm. 5 zu § 15.

§ 20.

Das Feld einer jeden Mutung wird gleich nach Einreichung des Situationsrisses (§ 17) von der Bergbehörde auf die Mutungsübersichtskarte aufgetragen.

Die Einsicht dieser Karte ist einem jeden gestattet.

Die Mutungs-Übersichtskarte ist für die Feldesfreiheit u. s. w. nicht entscheidend, R. B. 31./10. 68, Z. X. 265.

§ 21.

Versuchsarbeiten, welche der Muter etwa noch vor der Verleihung ausführt, unterliegen denselben Vorschriften, wie die Arbeiten des Schürfers (§§ 3 bis 11).

Dritter Abschnitt.

Vom Verleihen.

§ 22.

Die den gesetzlichen Erfordernissen entsprechende Mutung begründet einen Anspruch auf Verleihung des Bergwerkseigentums in dem im § 27 bestimmten Felde.

Daß bergpolizeilich die Ausübung des Bergwerkseigentums verboten oder beschränkt werden muß, steht der Verleihung an sich nicht entgegen, Z. XII. 403, XIII. 87.

§ 23.

Dieser Anspruch kann jedoch auf dem Rechtswege nicht gegen die verleihende Bergbehörde, sondern nur gegen diejenigen Personen verfolgt werden, welche dem Muter die Behauptung eines besseren Rechts entgegensetzen.

1. Nur gegen die verleihende Behörde als solche ist der Rechtsweg ausgeschlossen; ist dagegen der andere Teil der Bergfiskus, so muß die Klage gegen das Oberbergamt, als den gesetzlichen Vertreter des Bergfiskus, angestellt werden.

2. Die Verfolgung ist älteren Mutungen gegenüber nur in den Fällen und Fristen der §§ 31, 35, 36 und 55 A. B. G. zulässig; s. auch R.G. 13./4. 1901, Zivils. IL. 214; wann sie zulässig ist gegen ältere Verleihungen, s. in den §§ 31 und 34.

3. Das Gericht ist bei Entscheidung eines solchen Anspruchs zur Nachprüfung aller auf die Verleihung einflußhabender Umstände (Fündigkeit u. s. w.) befugt und dabei nicht an die Annahmen der Bergbehörden gebunden, R. G. 23./5. 82, Z. XXIV. 497 VIII. 197.

4. Der Gerichtsstand ist der dingliche, s. Anm. 1 zu § 12, jedoch auch Anm. 6 zu § 15.

§ 24.

Wer auf eigenem Grund und Boden oder in seinem eigenen Grubengebäude oder durch Schürfarbeiten, welche nach Vorschrift der §§ 3 bis 10 unternommen worden sind, ein Mineral (§ 1) auf seiner natürlichen Ablagerung entdeckt, hat als Finder das Vorrecht vor anderen nach dem Zeitpunkte seines Fundes eingelegten Mutungen.

Der Finder muß jedoch innerhalb einer Woche nach Ablauf des Tages der Entdeckung Mutung einlegen, widrigenfalls sein Vorrecht erlischt.

1. Der gesetzwidrige Fund hat nie, der zufällige nur, wenn er auf eigenem Grund und Boden oder im eigenen Grubengebäude gemacht ist, das Vorrecht. Das Vorrecht besteht darin, daß der Finder mit seiner Mutung denjenigen Mutungen vorgeht, welche in der Zeit zwischen seinem Funde und der Einlegung der Mutung gemacht sind, Motive S. 37. Mit Ablauf der Frist des Abs. 2 hört das Finderrecht auf, gleichviel aus welchen Gründen die Einlegung der Mutung unterblieben ist, O. Tr. 10./1. 76, Z. XVII. 99, Strieth. Arch. Bd. 94 S. 345. Das Finderrecht ist ein im Augenblick der Entdeckung erworbenes Vermögensrecht, R. G. 19./6. 01 Entsch. XLIV. 286, Z. XLII. 480.

2. Bei Kollision zweier an sich bevorrechtigter Finder entscheidet das Alter des Fundes, nicht das der Mutung, R. G. 19./6. 1901, E. in Ziv. XLIX. 281, Z. XLII. 480. Kollidiert ein bevorrechtigter mit einem anderen Finder, so entscheidet zwischen ihnen der frühere Fund, auch wenn der Zeitunterschied weniger als eine Woche (§ 24 Abs. 2) beträgt, da sich das Vorrecht nur auf die **nach** dem Funde eingelegten Mutungen erstreckt, eine **vor** seinem Funde eingelegte Mutung also durch die Vorschrift in § 24 Abs. 1 nicht betroffen wird; s. jedoch Anm. 6 zu § 15.

§ 25.

In allen übrigen Fällen geht die ältere Mutung der jüngeren vor. Das Alter wird durch das Präsentatum der zur Annahme befugten Bergbehörde (§ 12) bestimmt.

Wenn zwei Funde gleichzeitig gemacht sind (es läßt sich die Priorität nicht beweisen), so soll nach Komm. Ber. des Abg. H. S. 20 die Zeit der Mutung entscheiden, ebenso Hake § 156 für das ältere Recht. Nach anderer (und wohl richtigerer Ansicht) haben die gleichzeitigen Finder, wenn sie innerhalb einer Woche muten, **gleiche** Rechte; s. **Achenbach**, deutsches Bergrecht, S. 390, **Klostermann**, **Arndt**. Muter, die gleiches Recht haben, müssen sich über die Feldesstreckung einigen.

§ 26.

Das Bergwerkseigentum wird für Felder verliehen, welche, soweit die Örtlichkeit es gestattet, von geraden Linien an der Oberfläche und von senkrechten Ebenen in die ewige Teufe begrenzt werden.

Der Flächeninhalt der Felder ist nach der horizontalen Projektion in Quadratlachtern festzustellen.

1. Das Gewinnungsrecht des Bergwerkseigentümers ist ein ausschließliches, R. G. 27./10. 83, bei Daubenspeck Samml. I. S. 25.
2. Die Berechnung erfolgt jetzt nach der Maß- und Gewichtsordnung v. 17./8. 1868 (B. G. Bl. S. 473).

§ 27.

Der Muter hat das Recht,

1) in den Kreisen Siegen und Olpe des Regierungsbezirks Arnsberg und in den Kreisen Altenkirchen und Neuwied des Regierungsbezirks Coblenz ein Feld bis zu 25 000 Quadratlachtern,
2) in allen übrigen Landesteilen ein Feld bis zu 500 000 Quadratlachtern zu verlangen.

In dieser Ausdehnung kann dem Felde jede beliebige, den Bedingungen des § 26 entsprechende Form gegeben werden. Jedoch muß der Fundpunkt (§ 15), beziehungsweise der frühere Aufschluß des Mineralvorkommens eines verlassenen Bergwerks (§ 16) stets in dieses Feld eingeschlossen werden. Auch dürfen je zwei Punkte der Begrenzung bei 25 000 Quadratlachtern (Nr. 1) nicht über 500 Lachter, und bei 500 000 Quadratlachtern (Nr. 2) nicht über 2000 Lachter voneinander entfernt liegen.

1. 25000 Quadratlachter = 109450, 500000 = 2189000 Quadratmeter (qm), 500 Lachter = 1046,2 und 2000 Lachter = 4184,8 Meter.
2. Die Messung der Entfernung zweier Begrenzungspunkte soll nach R. B. 16./8. 81, Z. XXIII. 126 nicht nach der Luftlinie, sondern durch das Grubenfeld hindurch erfolgen. Nur solche Felder und Feldesteile sind verleihbar, in denen Bergbau z. B. wegen zu geringer Breite nicht ausgeschlossen ist. Ein Feldesminimum ist gesetzlich nicht vorgeschrieben.
3. Wenn das Mutfeld das Maximum der Feldesgröße (§ 27) oder wenn die Entfernung zweier Begrenzungspunkte die in diesem Paragraphen vorgeschriebene Entfernung übersteigt, so ist der Muter zum Fallenlassen eines entsprechenden Feldesteiles aufzufordern. Bis der Aufforderung nachgekommen, bzw. der Fehler beseitigt ist, gilt das Feld, abgesehen vom Fundpunkte, gleichviel ob das Versehen entschuldbar oder nicht, R. G. Zivils. LVII. 147, in keinem Teile als geschlossen (§ 19) und kann die Verleihung nicht stattfinden, s. auch Anm. 2 zu § 19.

§ 28.

Ehe die Verleihung des Bergwerkseigentums erfolgt, hat der Muter in einem vor der Bergbehörde anzusetzenden, ihm mindestens vierzehn Tage vorher bekannt zu machenden Termine seine Schlußerklärung über die Größe und Begrenzung des Feldes, sowie über etwaige Einsprüche und kollidierende Ansprüche dritter abzugeben.

Auf den Antrag des Muters kann der Termin verlegt, auch kann zur Fortsetzung des Verfahrens ein fernerer Termin angesetzt werden.

Erscheint der Muter im Termine nicht, so wird angenommen, derselbe beharre bei seinem Anspruche auf Verleihung des Bergwerkseigentums in dem auf dem Situationsrisse (§ 17) angegebenen Felde und erwarte die Entscheidung der Bergbehörde über seinen Anspruch, sowie über die etwaigen Einsprüche und Ansprüche dritter.

Abkürzung der Frist 14 Tage auf Antrag des Muters ist statthaft.

§ 29.

Zu dem Termine (§ 28) werden

1) diejenigen Muter, deren Rechte vermöge der Lage ihrer Fundpunkte oder Felder mit dem begehrten Felde bereits kollidieren oder doch in Kollision geraten können,
2) die Vertreter der durch das begehrte Feld ganz oder teilweise überdeckten und der benachbarten Bergwerke

zur Wahrnehmung ihrer Rechte mit dem Eröffnen vorgeladen, daß im Falle ihres Ausbleibens die Bergbehörde lediglich nach Lage der Verhandlungen entscheiden werde.

§ 29 ist eine instruktionelle Vorschrift, deren Nichtbeachtung die Ungültigkeit des Verfahrens nicht zur Folge hat. Auch im Falle des unentschuldigten Ausbleibens im Termine können die in § 29 bezeichneten Interessenten innerhalb der Fristen §§ 31, 35 Einspruch und eine gerichtliche Klage erheben.

§ 30.

Liegen Einsprüche und Kollisionen mit den Rechten dritter nicht vor und findet sich auch sonst gegen die Anträge des

Muters gesetzlich nichts zu erinnern, so fertigt das Oberbergamt ohne weiteres die Verleihungsurkunde aus.

Die Ausfertigung der Verleihungsurkunde darf, außer im Falle des § 31, sofort und vor Ablauf der Frist des § 35 gefordert werden. Ein formeller Beschluß ist nicht erforderlich.

§ 31.

Liegen Einsprüche oder Kollisionen mit den Rechten dritter vor, oder kann aus anderen gesetzlichen Gründen den Anträgen des Muters gar nicht oder nicht in ihrem ganzen Umfange entsprochen werden, so entscheidet das Oberbergamt über die Erteilung oder Versagung der Verleihung durch einen Beschluß, welcher dem Muter und den beteiligten Dritten in Ausfertigung zugestellt wird.

Einsprüche und Ansprüche, welche durch den Beschluß des Oberbergamts abgewiesen werden, müssen, insofern wegen derselben der Rechtsweg zulässig ist, binnen drei Monaten, vom Ablauf des Tages, an welchem der Beschluß beziehungsweise der Rekursbescheid (§ 191) zugestellt ist, durch gerichtliche Klage verfolgt werden.

Wer von dieser Frist keinen Gebrauch macht, ist seines etwaigen Rechtes verlustig.

Die in dem Verleihungsverfahren durch unbegründete Einsprüche entstehenden Kosten hat der Widersprechende zu tragen.

1. Auf diejenigen Ein- und Ansprüche, über welche das Oberbergamt nicht beschlossen hat, findet die Vorschrift in Abs. 3 keine Anwendung, wohl aber die in §§ 35, 36 und 55; s. auch R. G. 13./4. 1901, Zivils. II. 214.

Das Oberbergamt hat auch ihm nicht angemeldete, wohl aber aktenmäßig bekannte Ansprüche, z. B. solche, die auf Verleihungen, älteren und schwebenden oder überhaupt besseren Mutungen beruhen, von Amts wegen zu berücksichtigen; s. auch § 35.

Was für den Beschluß des Oberbergamts in § 31 bestimmt ist, gilt auch für den Bescheid des Ministers.

Das O. B. A. entscheidet nur über spezifisch bergrechtliche (dingliche) An- und Einsprüche; diese dürfen erst nach der oberbergamtlichen Entscheidung im Rechtswege verfolgt werden, s. R. G. Zivils. II. 216. Andere (s. Anm. 6 zu § 15) sind nur auf den Rechtsweg zu verweisen. Die Geltendmachung solcher anderen An- und Einsprüche im Rechtswege hindert nicht die Ausfertigung der Verleihungsurkunde.

Der Rekurs braucht vor Anstellung der Klage nicht eingelegt zu werden, ist er eingelegt, muß vor Anstellung der Rekursbescheid abgewartet werden. Die Entscheidungen der Bergbehörden müssen im verfügenden Teile bestimmen, ob und welches Mineral verliehen und in welchem Felde die Verleihung stattfinden soll.

2. Die Vorschrift in § 31 bezieht sich nur auf einen Muter, nicht auf den eingetragenen Bergwerkseigentümer, dessen Rechte durch spätere Mutungen und Verleihungen nicht geändert werden; O. Tr. 23./3. 77 E. Bd. 79, S. 290, Z. XVIII. 248, R. G. 16./3. 81, Z. XXIII. 110; s. auch § 36 Abs. 2.

3. Das Gericht erkennt in solchem Falle event. dahin, daß der von dem O. B. A. oder Minister Beliehene schuldig, das bessere Recht des Klägers anzuerkennen. Das O. B. A. hat danach die Verleihung für den auszufertigen, dem das Gericht rechtskräftig das bessere Recht zugesprochen hat. Eine etwa schon ausgefertigte Verleihung ist zurückzuziehen; s. auch zu § 50.

§ 32.

Sind die der Verleihung entgegenstehenden Hindernisse (§ 31) durch die Entscheidung der Bergbehörde oder durch Richterspruch beseitigt, so fertigt das Oberbergamt die Verleihungsurkunde aus.

S. Anm. 1 und 3 zu § 31.

§ 33.

Bei Ausfertigung der Verleihungsurkunde werden die beiden Exemplare des Situationsrisses (§ 17) von dem Oberbergamte beglaubigt, erforderlichenfalls aber vorher berichtigt und vervollständigt.

Das eine Exemplar des Risses erhält der Bergwerkseigentümer, das andere wird bei der Bergbehörde aufbewahrt.

Die Berichtigung bezieht sich auf die Feldesgrenzen, Angabe der Gemeinden, Markscheiden benachbarter Bergwerke, genaue Angabe der Feldesgröße u. dergl.

§ 34.

Die Verleihungsurkunde muß enthalten:

1) den Namen, Stand und Wohnort des Berechtigten,
2) den Namen des Bergwerks,
3) den Flächeninhalt und die Begrenzung des Feldes unter Verweisung auf den Situationsriß (§ 33),

4) den Namen der Gemeinde, des Kreises, des Regierungs- und Oberbergamtsbezirks, in welchen das Feld liegt,
5) die Benennung des Minerals oder der Mineralien, auf welche das Bergwerkseigentum verliehen wird,
6) Datum der Urkunde,
7) Siegel und Unterschrift des verleihenden Oberbergamts.

1. Die Verleihungen erfolgen nicht mehr, wie nach älterem Rechte, „unbeschadet der Rechte dritter," sondern unbedingt. Nach fruchtlosem Ablauf der in den §§ 35 und 55 bezeichneten Frist ist das verliehene Bergwerkseigentum allen späteren Mutern gegenüber unanfechtbar und kann z. B. wegen angeblichen Mangels der Fündigkeit nicht mehr angegriffen werden; O. Tr. 23./3. 77 E. 79 S. 290, Z. XVIII. 248, R. G. 16./3. 81, Z. XXIII. 110. Etwaige Irrtümer in der Urkunde sind durch förmlichen Beschluß (Deklaration) zu ändern und ist der Beschluß wie die Urkunde gemäß § 35 bekannt zu machen.

2. Zur Verleihungsurkunde ist ein Stempel in Höhe von 50 Mk. zu verwenden, Stempelsteuerges. v. 31./7. 95 (G. S. S. 465), Tarif Nr. 68.

3. Über Situationsrisse s. R. G. 1./11. 99 in Z. XLI. 113.

§ 35.

Die Verleihungsurkunde ist binnen sechs Wochen nach der Ausfertigung durch das Amtsblatt der Regierung, in deren Bezirk das Bergwerk liegt, unter Verweisung auf diesen und den folgenden Paragraphen zur öffentlichen Kenntnis zu bringen.

Muter, welche auf das in der Bekanntmachung bezeichnete Feld oder auf Teile desselben ein Vorzugsrecht zu haben glauben, können dieses Recht, insofern über dasselbe nicht bereits in dem Verleihungsverfahren verhandelt und in dem Beschlusse des Oberbergamts (§ 31) entschieden worden ist, noch binnen drei Monaten vom Ablaufe des Tages, an welchem das die Bekanntmachung enthaltende Amtsblatt ausgegeben worden ist, durch gerichtliche Klage gegen den Bergwerkseigentümer verfolgen.

Wer von dieser Frist keinen Gebrauch macht, ist seines etwaigen Vorzugsrechts verlustig.

Wird das Vorzugsrecht des Widersprechenden durch Richterspruch anerkannt, so hat das Oberbergamt die Verleihungsurkunde je nach Lage des Falles gänzlich aufzuheben oder abzuändern.

1. Die Klage aus § 35 kann nur ein älterer Muter, also nur der anstellen, welcher bereits früher Mutung eingelegt hatte, nicht ein bloßer Schürfer, da dieser nur eine Expektanz, noch kein Recht besitzt, s. auch O.Tr. 23./3. 77 E. 79 S. 290, Z. XVIII. 248 und R.G. 16./3. 81, Z. XXIII. 110.

2. Eine präklusivische Kraft des Verleihungsverfahrens über das Verleihungsverfahren hinaus läßt sich nicht aus den Vorschriften des A.B.G. herleiten. In dem Verleihungsverfahren selbst kann inbetreff der ursprünglichen Mutung nach Abhaltung des Schlußtermins ein neuer An- oder Einspruch nicht mehr erhoben werden. Die erfolgte Verleihung kann von einem der zum Schlußtermin zugezogenen (oder auch nicht zugezogenen) Interessenten (nur älteren Mutern) in der Frist des § 35 im Wege der gerichtlichen Klage angefochten werden, sofern nur über das geltend gemachte bessere Recht nicht bereits entschieden ist, R.G. 3./1. 1901, Zivils. XLV. 252, Z. XLI. 223.

3. § 35 wirkt auch gegen den, der keine Kenntnis von der Bekanntmachung erlangt hat.

§ 36.

Der § 35 findet auch auf solche Bergwerkseigentümer Anwendung, welche nach § 55 ein Vorzugsrecht auf die in der publizierten Verleihungsurkunde bezeichneten Mineralien zu haben glauben, insofern dieses Recht nach § 55 nicht schon erloschen, auch über dasselbe nicht bereits in dem Verleihungsverfahren verhandelt und in dem Beschlusse des Oberbergamts (§ 31) entschieden worden ist.

Im übrigen werden die Rechte des verliehenen Bergwerkseigentums durch die Aufforderung und Präklusion des § 35 nicht betroffen.

§ 37.

Während der dreimonatlichen Frist des § 35 ist die Einsicht des Situationsrisses (§ 33) bei der Bergbehörde einem jeden gestattet.

§ 38.

Die Kosten des Verleihungsverfahrens hat mit Ausschluß der durch unbegründete Einsprüche entstandenen (§ 31) der Muter zu tragen.

S. Anm. 2 zu § 34.

Vierter Abschnitt.

Vom Vermessen.

§ 39.

Der Bergwerkseigentümer ist befugt, die amtliche Vermessung und Verlochsteinung des durch die Verleihungsurkunde bestimmten Feldes zu verlangen.

Dieselbe Befugnis steht den Eigentümern angrenzender Bergwerke zu.

Dieses Geschäft wird unter Leitung der Bergbehörde durch einen konzessionierten Markscheider oder Feldmesser ausgeführt.

Die Kosten hat der Antragsteller zu tragen.

Die Vermessung und Verlochsteinung hat nicht die Wirkung einer gerichtlichen Grenzregulierung, O. Tr. 21./3. 79. Z. XXII. 520.

§ 40.

Zu der Vermessung und Verlochsteinung werden außer dem Bergwerkseigentümer die Vertreter der angrenzenden Bergwerke und die Besitzer derjenigen Grundstücke, auf welchen Lochsteine zu setzen sind, zugezogen.

Die Grundbesitzer sind verpflichtet, das Betreten ihrer Grundstücke und das Setzen der Lochsteine gegen vollständigen Ersatz des Schadens zu gestatten.

Abs. 1 hat rein instruktionelle Bedeutung.

Fünfter Abschnitt.

Von der Konsolidation.

§ 41.

Die Vereinigung zweier oder mehrerer Bergwerke zu einem einheitlichen Ganzen — Konsolidation — unterliegt der Bestätigung des Oberbergamts (§ 49).

Nur verliehene Bergwerke, nicht Mutungen können miteinander konsolidiert werden. Die Bedeutung der Konsolidation besteht darin, daß die alten Berechtigungen untergehen und an dem konsolidierten Werke eine neue Berechtigung entsteht, welche nur durch Teilung, § 51, also nur mit Willen des Oberbergamtes, wieder zerstört werden kann. Die tatsächliche Vereinigung verschiedener Bergwerke in bezug auf Betrieb, Verwaltung, Besteuerung und Statistik ist auch ohne Konsolidation statthaft, R. B. 3./10. 90, Z. XXXII. 262. Die Bestätigung des Oberbergamtes, nicht der Konsolidationsbeschluß oder Vertrag, schafft das neue Rechtsobjekt. Diese Bestätigung ist ein konstitutiver Akt, Ges. v. 5./5. 72 (G. S. 433 § 68), R. O. H. G. v. 21./10. 75, 21./12. 75 E. Bd. 18 S. 261, Bd. 21 S. 269 Z. XVII. 506, 29./1. 79 E. Bd. 79 S. 269 Z. XIX. 114, R. G. 30./6. 80 E. II 299, Z. XXIII. 330, ebenso nach Art. 37 A. G. z. B. G. B. v. 20. Sept. 1899 (G. S. S. 177) bezw. nach § 50 A. B. G. in der Fassung dieses Ges.; (auch Anm. 1 zu § 50). Die Zuschreibung eines Bergwerks als Zubehör zu einem anderen ist zwar zulässig, hat aber nicht die Wirkung der Konsolidation. § 890 Abs. 1 B. G. B. gilt nicht für Bergwerke, s. Anm. 2 und 3 zu § 50.

§ 42.

Zur Konsolidation ist erforderlich:

1) ein notariell oder gerichtlich beglaubigter Konsolidationsakt — je nach Beschaffenheit des Falles ein Vertrag oder Beschluß der Mitbeteiligten oder eine Erklärung des Alleineigentümers,
2) ein von einem konzessionierten Markscheider oder Feldmesser in zwei Exemplaren angefertigter Situationsriß des ganzen Feldes,
3) die Angabe des dem konsolidierten Bergwerke beigelegten Namens.

Der Konsolidationsakt selbst muß beglaubigt, d. h. gerichtlich oder notariell aufgenommen sein, die Beglaubigung der Unterschriften genügt nicht.

§ 43.

Kann das durch die Konsolidation entstehende (konsolidierte) Werk nur als Ganzes mit Hypotheken und dinglichen Lasten beschwert werden (vergl. § 98), so muß für den Fall, daß auf den einzelnen Bergwerken Hypotheken oder andere Realrechte, oder daß auf denselben Privilegien des Rheinischen Rechts haften, außer dem Konsolidationsakte eine mit den Berechtigten vereinbarte Bestimmung darüber beigebracht werden, daß und in welcher Rangordnung die Rechte derselben auf das konsolidierte Werk als Ganzes übergehen sollen.

1. § 43 trifft zu, wenn das konsolidierte Werk einer Gewerkschaft neueren Rechts gehören wird, wenn also an dem konsolidierten Werk mehrere Mitbeteiligte vorhanden sind, ohne daß sie die Form der Gewerkschaft gerichtlich oder notariell ausgeschlossen haben, §§ 94 ff. Die in einem solchen Falle nach Geltung des A. B. G. — also seit 1./10. 65 — entstehende Gewerkschaft ist, abgesehen von dem Falle, daß eine und dieselbe Gewerkschaft älteren Rechts mehrere ihr gehörige Bergwerke miteinander konsolidieren will, stets eine solche des neueren Rechts, auch wenn die Einzelwerke vor Geltung des A. B. G. verliehen waren und bis dahin Gewerkschaften des älteren Rechts gehört haben; dieser Ansicht sind auch Turnau, Grundbuchordnung II. S. 124, Westhoff, das preußische Gewerkschaftsrecht S. 315 und Fleischhauer in Z. XXXVI. 215, anderer Achenbach I. S. 275 ff., Oppenhoff, Anm. 281, Klostermann, Anm. 96. Der Ansicht von Westhoff a. a. O., daß die neuere Gewerkschaft auch dann eintritt, wenn eine Gewerkschaft alten Rechts zwei ihr selbst gehörige Bergwerke konsolidiert, kann jedoch nicht beigetreten werden; s. unten Anm. zu § 226 und Fleischhauer l. c.

2. Da an einem seit 1. Okt. 1865 konsolidierten Werke, abgesehen von dem Falle, daß eine und dieselbe Gewerkschaft älteren Rechts mehrere ihr gehörige Bergwerke miteinander konsolidiert, nur eine Gewerkschaft neueren Rechts entstehen kann, so folgt daraus, daß die Konsolidation, den angegebenen Fall ausgenommen, nur unter gleichzeitiger Umwandlung, §§ 235 ff., einer etwa an einem Einzelwerke bestehenden älteren Gewerkschaft möglich ist.

3. Sind nur auf einem der zu konsolidierenden Werke Lasten vorhanden, so bedarf es der Vereinbarung mit dem Berechtigten nicht, and. Ans. Brassert S. 157, Turnau-Förster, Liegenschaftsrecht, 2. Aufl. S. 444.

§ 44.

In allen übrigen Fällen muß in dem Konsolidationsakte eine Bestimmung des Anteilsverhältnisses, nach welchem jedes einzelne Bergwerk in das konsolidierte Werk eintreten soll, enthalten sein. Auf diese Fälle finden alsdann die besonderen Vorschriften der §§ 45 bis 48 Anwendung.

§ 44 trifft z. B. zu, wenn das konsolidierte Werk einer physischen Person, oder einer Gewerkschaft älteren Rechts, oder endlich mehreren, welche die Gewerkschaftsform gerichtlich oder notariell ausgeschlossen haben, gehören wird.

§ 45.

Der wesentliche Inhalt des Konsolidationsaktes, insbesondere die Bestimmung des Anteilsverhältnisses (§ 44), wird durch das Oberbergamt den aus dem Hypothekenbuche ersichtlichen Hypothekengläubigern und anderen Realberechtigten, insofern deren ausdrückliches Einverständnis mit dem Anteilsverhältnisse nicht beigebracht ist, unter Verweisung auf diesen und die beiden folgenden Paragraphen bekannt gemacht.

Außerdem erfolgt diese Bekanntmachung durch das Amtsblatt der Regierung, in deren Bezirk das Bergwerk liegt.

Nur das Anteilsverhältnis an dem konsolidierten Werke, nicht die Konsolidation selbst, kann Gegenstand der Klage sein. Die Klage richtet sich gegen den, dessen Handlung den Realberechtigten verkürzt, d. i. gegen den Besitzer des verpflichteten Einzelwerkes. Der Klageantrag geht dahin, die Konsolidation dem Kläger gegenüber für unwirksam zu erklären.

§ 46.

Hypothekengläubiger und andere Realberechtigte, sowie privilegierte Gläubiger des Rheinischen Rechts, welche durch die Bestimmung des Anteilsverhältnisses (§ 44) an ihren Rechten verkürzt zu sein glauben, sind befugt, gegen diese Bestimmung Einspruch zu erheben.

Dieses Einspruchsrecht muß binnen drei Monaten nach Ablauf des Tages, an welchem die Bekanntmachung zugestellt, beziehungsweise das die Bekanntmachung enthaltende Amtsblatt ausgegeben worden ist (§ 45), durch gerichtliche Klage geltend gemacht werden.

Wer von dieser Frist keinen Gebrauch macht, ist seines Einspruchsrechts verlustig.

§ 47.

Statt diese Klage zu erheben, können die vorbezeichneten Gläubiger und anderen Realberechtigten ihre Befriedigung vor der Verfallzeit verlangen, soweit dies die Natur des versicherten Anspruchs gestattet.

Dieses Recht muß jedoch ebenfalls bei Vermeidung des Verlustes desselben innerhalb der im § 46 bestimmten Frist geltend gemacht werden.

§ 48.

Mit der Bestätigung der Konsolidation (§ 49) geht das Realrecht ohne weiteres auf den entsprechenden, nach Maßgabe der vorstehenden Bestimmungen (§§ 44 bis 46) festgestellten Anteil an dem konsolidierten Werke über.

Mit der Bestätigung der Konsolidation sind die Verpflichtungen auf den Einzelwerken erloschen, s. Anm. zu § 41, O. Tr. 29./1. 77 E. Bd. 79 S. 39, Z. XIX. 114. Die persönlichen Verpflichtungen der Eigentümer der Einzelwerke gehen ohne einen besonderen Rechtsgrund auf den Eigentümer des konsolidierten Werkes nicht über, R. G. 30./6. 80 E. in Civ. II. 301, Z. XXIII. 339.

§ 49.

Sind Hypothekengläubiger und andere Realberechtigte, sowie privilegierte Gläubiger des Rheinischen Rechts nicht vorhanden, oder ist in den Fällen des § 43 die dort bezeichnete Vereinbarung beigebracht, oder sind in den Fällen des § 44 Einsprüche nicht erhoben, oder die erhobenen Einsprüche (§§ 46, 47) erledigt, so entscheidet das Oberbergamt über die Bestätigung der Konsolidation.

Die Bestätigung darf nur versagt werden, wenn die Felder der einzelnen Bergwerke nicht aneinandergrenzen oder wenn Gründe des öffentlichen Interesses entgegenstehen.

Der Bestätigungsurkunde werden die Verleihungsurkunden der einzelnen Bergwerke beigefügt.

Hinsichtlich der Beglaubigung, Aushändigung und Aufbewahrung der Risse finden die Bestimmungen des § 33 Anwendung.

1. Auch die Konsolidation von Längen- mit Geviertfeldern ist an sich nicht unstatthaft, Z. IX. 227. Als Gründe des öffentlichen Interesses, welche der Konsolidation entgegenstehen können, bezeichnen die Motive S. 31 die Herbeiführung einer Feldessperre. Die Beifügung der Verleihungsurkunden ist seit dem G. v. 5./5. 72 (G. S. 433) bezw. A. G. z. B. G. B. v. 20./9. 99 (G. S. 177) nicht mehr wesentlich.

2. Zur Bestätigungsurkunde ist, je nachdem der Wert des konsolidierten Bergwerks unter oder über 10000 Mk. beträgt, ein Stempel von 10 oder 100 Mk. zu verwenden, Stempelsteuerges. vom 31. Juli 1895 (G. S. S.452) Tarifposition 33 „Konsolidation"; s. auch Min.-Erl. v. 25./7. 96 in Z. XXXVIII. 2.

Dritter Titel.

Von dem Bergwerkseigentume.

Erster Abschnitt.

Von dem Bergwerkseigentume im allgemeinen.

§ 50 ist Fassung des Art. 37 I des Ausführungsgesetzes zum B. G. B. v. 20. Septbr. 1899 (G. S. 177).

Zum Vorbilde haben dem Art. 37 Nr. 1 die Normen über das Erbbaurecht (§ 1017 B. G. B.) gedient (Begründung S. 58 f.). Die Begründung des Bergwerkseigentums geschieht durch die Verleihung, diese vollzieht sich durch Aushändigung der Verleihungsurkunde an den Muter.

§ 50.

Das Bergwerkseigentum wird durch die Verleihung begründet, sowie durch Konsolidation, Teilung von Grubenfeldern oder Austausch von Feldesteilen erworben.

Für das Bergwerkseigentum gelten die sich auf Grundstücke beziehenden Vorschriften des Bürgerlichen Gesetzbuchs, soweit nicht aus diesem Gesetze sich ein Anderes ergibt.

Mit der gleichen Beschränkung finden die für den Erwerb des Eigentums und die Ansprüche aus dem Eigentum an Grundstücken geltenden Vorschriften auf das Bergwerkseigentum entsprechende Anwendung.

1. Das Eigentum wird erst durch die Zustellung der Verleihungs- bzw. Deklarationsurkunde erworben. Die Verleihung wie die Bestätigung der Konsolidation, der Teilung und des Feldaustausches sind konstitutive Akte, s. Anm. zu § 41, Turnau-Förster, Liegenschaftsrecht, 2. Aufl. II. S. 440, Werner, Mot. z. Ges. v. 5./5. 72 II. S. 34, jedoch erfolgt die Übertragung des begründeten Bergwerkseigentums durch Auflassung und Eintragung, Turnau-Förster l. c. An den einzelnen Mineralien erwirbt der Bergwerkseigentümer nicht schon durch die Verleihung, sondern erst durch die Gewinnung Eigentum, Entsch. des O. Tr., Bd. 9 S. 110, Bd. 41 S. 360, Bd. 71 S. 298, des R. G. in Zivilsachen X. 210, Z. XXVI. 103.

2. Die Worte, „soweit nicht aus diesem Gesetze sich ein anderes ergibt", und die „mit der gleichen Beschränkung" bedeuten z. B., daß statt § 890 Abs. 1 B. G. B. über Vereinigung die §§ 41 ff. des A. B. G. gelten.

3. Die sich auf Grundstücke beziehenden Vorschriften des B. G. B. sind hauptsächlich §§ 94—96 Bestandteile, vgl. auch Z. XLIV. 363, § 313 Veräußerungsvertrag (gerichtliche oder notarielle Form nötig!), § 416 Hypothekenübernahme §§ 435, 436, 439 Abs. 2, 444—446, 449, 463, 477, 493, 503, 509 Abs. 2, 515 (Kauf und Tausch), §§ 580, 544, 551 Abs. 2, 556 Abs. 2, 559—563, 565, 595, 566, 570—573, 537, 1056, 1663, 1686 (Miete und Pacht), §§ 859, 861, 867, 303, (Besitz) §§ 873—902, (Allgemeine Vorschriften über Rechte an Grundstücken) §§ 905—924, (Inhalt des Eigentums an Grundstücken) §§ 1009—1011 Miteigentum (unbeschadet des Gewerkschaftsrechts) §§ 1031—1062, 1037 Abs. 2, 1043, 1044, 1038, 1048, 1055 (Nießbrauch). Abgeleiteter Erwerb des bereits begründeten Bergwerkseigentums erfolgt durch Auflassung (§§ 925, 873); auch kann Bergwerkseigentum durch Buchersitzung erworben werden (§ 900), nicht durch 30jährigen Eigenbesitz (§ 927), noch durch Aneignung nach erfolgtem Verzicht (§ 928). Als Vorschriften über den Verlust des Bergwerkseigentums gelten nicht die des B. G. B. z. B. § 928, sondern §§ 161 des A. B. G. Verträge über Bergwerkseigentum und Kuxe älteren Rechts müssen nach § 313 bzw. § 925 B. G. B. gerichtlich oder notariell sein bei Nichtigkeit, § 890 Abs. 1 B. G. B. (Vereinigung) gilt nicht für Bergwerke, es gelten hier §§ 41 ff. A. B. G., s. Begründung des Art. 37 A. G. z. B. G. B. Nr. 1, Abs. 3 und es können Bergwerke, die verschiedenen Eigentümern gehören, nicht auf dem nämlichen Grundbuchblatt eingetragen werden, K. G. 16./5. 05 in Johow Jahrb. XXX. A. 180.

4. Die sich auf Grundstücke beziehenden Vorschriften der Reichsgrundbuchordnung v. 24. März 1897 (R. G. Bl. S. 139, 1898 S. 754) und des Preuß. Ausführungsgesetzes dazu v. 26. Sept. 1899 finden, soweit nicht ein anderes bestimmt ist, auf Bergwerke Anwendung; s. auch Art. 22—26, 27 Abs. 1, 28 und 34 Abs. 2 des A. G. vom 26. September 1899 (G. S. S. 307).

5. Bezüglich der Zwangsversteigerung sind im A. G. zum R. G. über die Zwangsversteigerung und Zwangsvollstreckung v. 23. Sept. 1899 (G. S. S. 291) Art. 15—27 verbunden mit Reichsgesetz über die Zwangsversteigerung und Zwangsverwaltung v. 24. März 1897 (R. G. Bl. S. 97) Sondervorschriften enthalten, s. hierzu § 2 E. G. v. 24. März 1897 R. G. Bl. 1897 S. 135, R. G. Bl. 1898 S. 750); vgl. auch die Reichskonkursordnung in der Fassung der Bek. v. 20. Mai 1898 (R. G. Bl. S. 612).

6. Die in Betracht kommenden Artikel des A. G. z. Grundbuchordnung vom 26. Septbr. 1899 (G. S. 307) lauten:

„Art. 22. Die sich auf Grundstücke beziehenden Vorschriften der Grundbuchordnung und dieses Gesetzes finden, soweit nicht ein anderes bestimmt ist, auf Bergwerke, selbständige Kohlenabbaugerechtigkeiten und andere selbständige Gerechtigkeiten Anwendung.

Art. 23. Ist das Bergwerkseigentum durch Verleihung begründet, oder durch Konsolidation, Teilung von Grubenfeldern oder Austausch von Feldesteilen erworben, so hat das Oberbergamt das Grundbuchamt unter Mitteilung einer beglaubigten Abschrift der Verleihungsurkunde oder einer Ausfertigung des bestätigten Konsolidations-, Teilungs- oder Austauschakts um die Bewirkung der erforderlichen Eintragungen zu ersuchen.

Art. 24. Wird die Verleihungsurkunde geändert, so hat das Oberbergamt das Grundbuchamt unter Mitteilung der Urkunde über die Änderung um die Eintragung der Änderung zu ersuchen.

Art. 25. Wird das Bergwerkseigentum oder die Verleihungsurkunde aufgehoben, so hat das Oberbergamt das Grundbuchamt unter Mitteilung einer Ausfertigung des Aufhebungsbeschlusses um die Schließung des über das Bergwerk geführten Grundbuchblatts zu ersuchen. Bei der Schließung sind die eingetragenen Belastungen von Amts wegen zu löschen. Grundstücke, die dem Bergwerk als Bestandteil zugeschrieben sind, werden mit den darauf haftenden Belastungen in das über die Grundstücke ihres Bezirks geführte Grundbuch eingetragen.

Art. 26. Soweit in den Fällen der Artikel 23—25 Hypotheken, Grundschulden, oder Rentenschulden von den Eintragungen betroffen werden, finden die Vorschriften der §§ 42—44 der Grundbuchordnung keine Anwendung. Das Grundbuchamt hat den Besitzer des Hypotheken-, Grundschuld- oder Rentenschuldbriefs zur Vorlegung anzuhalten, um nach den Vorschriften des § 62 Abs. 1, des § 69 und des § 70 Abs. 1 der Grundbuchordnung zu verfahren.

Art. 27. Auf die Anlegung eines Grundbuchblatts für eine selbständige Kohlenabbaugerechtigkeit finden die für das Erbbaurecht geltenden Vorschriften des § 7 der Grundbuchordnung entsprechende Anwendung.

Für andere selbständige Gerechtigkeiten wird ein Grundbuchblatt nur auf Antrag des Berechtigten angelegt, soweit sich nicht aus den für die Anlegung der Grundbücher geltenden Vorschriften ein anderes ergibt.

Art. 28. Die für das Erbbaurecht geltenden Vorschriften des § 20 und des § 22 Abs. 2 der Grundbuchordnung finden auf das Bergwerkseigentum, auf unbewegliche Bergwerksanteile und selbständige Gerechtigkeiten entsprechende Anwendung.

Art. 34. Dieses Gesetz tritt gleichzeitig mit der Grundbuchordnung in Kraft.

Auf Bergwerke, die nach dem Inkrafttreten des Bürgerlichen Gesetzbuchs verliehen werden, finden die Vorschriften dieses Gesetzes sofort Anwendung."

Hieraus ist u. a. zu entnehmen, daß das Grundbuchamt die erforderlichen Eintragungen des Bergwerkseigentums nunmehr von Amts wegen auf Ersuchen des Oberbergamts zu bewirken hat. Selbständige Kohlenabbauberechtigungen sind auch auf dem Grundbuchblatte des

Grundstücks zu vermerken, von dem sie abgezweigt sind. Andere können als dingliche Last beim belasteten Grundstücke zugunsten der Person des Abbauberechtigten seit Geltung des B. G. B. nicht mehr eingetragen werden, da das B. G. B. nur eine beschränkte Zahl dinglicher Rechte und darunter nicht das in Frage stehende kennt und zuläßt s. K. G., bei Johow XXIII. S. 226—230, XXIV. S. 141f., ferner Z. XLIII. S. 369—373, Turnau-Förster, Das Liegenschaftsrecht I, S. 2, Dernburg, Sachenrecht, 2. Aufl. S. 184f., S. 460f. Wegen der Salzabbaugerechtigkeiten in Hannover s. w. unten und Z. XLV. 12.

7. Für den Arrest bei Bergwerkseigentum gelten die Vorschriften der Z. P. O. (R. G. Bl. 1898 S. 410), besonders § 932. Vgl. auch Allgem. Verfügung v. 20. Nov. 1899 zur Ausführung der Grundbuchordnung, §§ 22—25 J. M. Bl. S. 354.

§ 51.

Die reale Teilung des Feldes eines Bergwerks in selbständige Felder, sowie der Austausch von Feldesteilen zwischen angrenzenden Bergwerken unterliegt der Bestätigung des Oberbergamts.

Dieselbe darf nur versagt werden, wenn überwiegende Gründe des öffentlichen Interesses entgegenstehen.

Hypothekengläubiger und andere Realberechtigte, sowie privilegierte Gläubiger des Rheinischen Rechts, welche durch die Feldesteilung oder durch den Feldesaustausch an ihren Rechten verkürzt zu sein glauben, können ihre Befriedigung vor der Verfallzeit verlangen, soweit dies die Natur des versicherten Anspruchs gestattet. Dieses Recht muß bei Vermeidung des Verlustes desselben innerhalb der im § 46 bestimmten Frist geltend gemacht werden. Die Bestätigung wird unter Beobachtung des Verfahrens erteilt, welches sich aus der Anwendung der §§ 42, 45 und 49 auf die vorstehenden Fälle ergibt.

Bei dem Austausche von Feldesteilen geht das Recht der erwähnten Gläubiger und anderen Realberechtigten mit der Bestätigung der Bergbehörde ohne weiteres auf den zu dem belasteten Bergwerke hinzutretenden Feldesteil über, wogegen der abgetretene Feldesteil von der dinglichen Belastung befreit wird.

Vor der Bestätigung gelten die Feldesteilung und der Feldesaustausch als rechtlich noch nicht geschehen, die Bestätigung schafft wie die der Konsolidation neues Bergwerkseigentum, Anm. zu §§ 41 und 50. Die Ersitzung eines Feldteiles ist unstatthaft. Nach bestätigter Konsolidation können die Einzelwerke nur durch Bestätigung der Teilung des konsolidierten Werkes rechtlich wieder erstehen. Die Bestätigungsurkunde einer Feldesteilung oder eines Feldesaustausches unterliegt einem Stempel von 1,5 Mk. Austauschverträge sind als Verträge über unbewegliches Eigentum mit 1% zu versteuern. Die Teile sind bei der realen Teilung mit den darauf haftenden Lasten ab und auf neue Blätter zu schreiben, R. G. in Johow Jahrb. XXX. 340, beim Feldaustausch dagegen lastenfrei, Turnau und Förster, Liegenschaftsrecht II. S. 446.

§§ 52 und 53

sind gestrichen durch Art. 37 II des Preuß. Ausführungsgesetzes zum Bürgerlichen Gesetzbuche vom 20. September 1899 (G. S. S. 177).

§ 54.

Der Bergwerkseigentümer hat die ausschließliche Befugnis, nach den Bestimmungen des gegenwärtigen Gesetzes das in der Verleihungsurkunde benannte Mineral in seinem Felde aufzusuchen und zu gewinnen, sowie alle hierzu erforderlichen Vorrichtungen unter und über Tage zu treffen.

Diese Befugnis erstreckt sich auch auf die innerhalb des Feldes befindlichen Halden eines früheren Bergbaues.

1. Die in § 54 beschriebene Befugnis besteht vom Zeitpunkte der Ausfertigung der Verleihungsurkunde an. Die in Ausübung des Bergwerkseigentums gewonnenen Mineralien bilden heute gemäß B. G. B. §§ 99, 100 (im Unterschiede von A. L. R. Tl. I Tit. 21 § 27) eine Frucht des Eigentums, keinen bloßen Teil desselben. Folglich sind auch die an den Eigentümer für den Verkauf solcher Mineralien gezahlten Beträge (Ausbeute) Nutzung, und nicht bloß Bezahlung eines Substanzteiles, und folglich gebührt dem Nutznießer eines Bergwerks nicht nur die Nutzung der Ausbeute, sondern diese selbst, anders früher, vgl. O. Tr. 4./1. 69, Z. X. 443.

2. Unmittelbar in fremdes Grundeigentum kann der Bergwerkseigentümer nicht — also nur auf Grund zuvoriger Zwangsenteignung (§§ 135 ff.) — eingreifen. Grubenwasser kann er nur, wenn ihre Zuführung das Maß des Gemeinüblichen nicht überschreitet, ohne zuvorige Zwangsenteignung auf fremde Grundstücke, also auf fremde Privatgewässer (Seen, Privatflüsse, obgleich die Flußläufe die natürlichen Rezipienten aller Abwässer sind) abfließen lassen, R. G. 2./6. 80, XVI. 178, Z. XXXII. 359, s. auch R. G. 5./7. 90, Z. XXXII. 121 und Z. XXXIII. 402, XXXVIII. 234, 467. R. G. 12./3. 1904 in Zivils. LVII. 191, Z. XLV. 228. Das B. G. B.

drückt denselben Gedanken in § 906 dahin aus, daß der Grundstückseigentümer die Zuführung von Gasen, Dämpfen, Gerüchen, Ruß, Wärme, Geräusch, Erschütterungen und ähnliche Einwirkungen insoweit nicht verbieten kann, als die Einwirkung die Benutzung seines Grundstückes nicht oder nur unwesentlich beeinträchtigt oder durch eine Benutzung herbeigeführt wird, die nach den örtlichen Verhältnissen bei Grundstücken dieser Art gewöhnlich ist. Die Zuführung durch eine besondere Leitung ist unzulässig. Die Klage ist die Eigentumsfreiheitsklage (negatoria), nicht die Schadensklage aus § 148 A. B. G. Ist die Einwirkung durch Bergbaubetrieb hervorgerufen, so kann die Klage nicht auf Einstellung, sondern nur auf Schadenersatz gehen, wenn sonst der Bergbaubetrieb unmöglich ist, R. G. 14./5. 95 Z. XXXVII. 104, ebenso wie im Falle des § 26 der Reichsgewerbeordnung. § 904 B. G. B. kommt nur bei gegenwärtiger Gefahr zur Anwendung, R. G. 12./3. 04 in Z. XLV. 228, Entsch. LVII. 191.

§ 55.

Auf Mineralien, welche mit dem in der Verleihungsurkunde benannten Mineral innerhalb der Grenzen des Feldes in einem solchen Zusammenhange vorkommen, daß dieselben nach der Entscheidung des Oberbergamts aus bergtechnischen oder bergpolizeilichen Gründen gemeinschaftlich gewonnen werden müssen, hat der Bergwerkseigentümer in seinem Felde vor jedem dritten ein Vorrecht zum Muten.

Legt ein dritter auf solche Mineralien Mutung ein, so wird dieselbe dem Bergwerkseigentümer mitgeteilt. Letzterer muß alsdann binnen vier Wochen nach Ablauf des Tages dieser Mitteilung Mutung einlegen, widrigenfalls sein Vorrecht erlischt.

Auf andere Mineralien, welche nicht in dem vorbezeichneten Zusammenhange vorkommen, hat der Bergwerkseigentümer kein Vorrecht.

1. Das Vorrecht des § 55 kann nur der Bergwerkseigentümer, gleichviel ob die Verleihung vor oder unter der Herrschaft des A. B. G. stattgefunden hat, Z. XXXIV. 266, aber nur der beliehene Eigentümer, nicht ein Abbauberechtigter, O. Tr. 23./6. 76 Z. XIX. 79, auch nicht schon der Muter geltend machen. Die Entscheidung des Oberbergamtes bezw. Ministers über den Zusammenhang bindet den Richter, Motive S. 57, O. Tr. 25./6. 77, Z. XIX. 99. Der Zusammenhang muß an irgend einem Punkte innerhalb der Feldesgrenzen des Bergwerks stattfinden, und zwar vor Einlegung der Mutung; alsdann erstreckt sich das auf Grund des Vorrechts ge-

mutete Feld über das Bergwerksfeld hinaus, nie aber über ein Maximalfeld (§ 27). Die Mutung auf Grund des § 55 muß, abgesehen davon, daß ein neuer Fund nicht vorzuliegen braucht, den allgemeinen Erfordernissen für Mutungen entsprechen, § 14.

2. Wird von dem Vorrechte des § 55 kein, oder sei es selbst wegen schuldhafter Unterlassung der Anzeige, kein rechtzeitiger Gebrauch gemacht, so kommt § 56 zur Anwendung, O. Tr. Bd. 83 S. 254, R. G. 3./6. 85 Z. XXVII. 97, Daubenspeck I. S. 22.

§ 56.

Steht das Recht zur Gewinnung verschiedener Mineralien innerhalb derselben Feldesgrenzen verschiedenen Bergwerkseigentümern zu, so hat jeder Teil das Recht, bei einer planmäßigen Gewinnung seines Minerals auch dasjenige des anderen Teils insoweit mit zu gewinnen, als diese Mineralien nach der Entscheidung des Oberbergamts aus den im § 55 angegebenen Gründen nicht getrennt gewonnen werden können.

Die mitgewonnenen, dem anderen Teile zustehenden Mineralien müssen jedoch dem letzteren auf sein Verlangen gegen Erstattung der Gewinnungs- und Förderungskosten herausgegeben werden.

1. Das Alter der Verleihung ist unerheblich.

Die mitgewonnenen, dem anderen Teile zustehenden Mineralien, gehören (R. G. Erk. v. 6./10. 83, Z. XXVI. 103, Entsch. X. 210) dem, der sie gewonnen hat, der zur Rechnungslegung nicht und zur Herausgabe nur persönlich verpflichtet ist.

2. Streitigkeiten gehören, abgesehen von der Frage, ob die Gewinnung sich nicht trennen läßt, vor die ordentlichen Gerichte.

§ 57.

Der Bergwerkseigentümer ist befugt, die durch den Betrieb des Bergwerks gewonnenen, nicht unter den § 1 gehörigen Mineralien zu Zwecken seines Betriebes ohne Entschädigung des Grundeigentümers zu verwenden.

Soweit diese Verwendung nicht erfolgt, ist der Bergwerkseigentümer verpflichtet, die bezeichneten Mineralien dem Grundeigentümer auf sein Verlangen gegen Erstattung der Gewinnungs- und Förderungskosten herauszugeben.

1. § 57 bezieht sich auf die dem Grundeigentümer gehörigen Mineralien. Die Verwendung derselben kann, wenn sie einen verhältnismäßig hohen Wert haben (Strontianit, Phosphorit), durch die

Bergbehörde aus dem Gesichtspunkte der Gemeinschädlichkeit verboten werden, Z. XXIV. 16. Die in Abs. 2 ausgesprochene Verpflichtung ist nur durch die Gerichte zu erzwingen.

2. Umgekehrt kann der Grundeigentümer bei der Gewinnung ihm gehöriger Mineralien (Kalk, Ton, Sandstein u. dgl.) unter § 1 fallende nicht mitgewinnen noch für seinen Betrieb verwenden.

3. Anm. 1 und 2 zu § 56 finden entsprechende Anwendung.

§ 58.

Dem Bergwerkseigentümer steht die Befugnis zu, die zur Aufbereitung seiner Bergwerkserzeugnisse erforderlichen Anstalten zu errichten und zu betreiben.

§ 58 will zunächst besagen, daß nur die vom Bergwerkseigentümer zur Aufbereitung eigener Bergwerksprodukte an deren Gewinnungsorte errichteten oder benutzten Anlagen Aufbereitungsanstalten im Sinne der §§ 59, 135, 165, 196 a. a. O. A. B. G. sind. Die Aufbereitung hatte ursprünglich nur die Reinigung, Zerkleinerung und Konzentrierung der Bergwerksprodukte auf mechanischem Wege (im Gegensatze zur chemischen Zer- und Umsetzung) zum Gegenstande. Dahin gehören Poch-, Quetsch-, Mahl- und Gradierwerke. Allmählich wurde und wird der Begriff weiter ausgedehnt, sei es, daß man auch andere Arten von Anstalten zu den Aufbereitungsanstalten rechnet, oder daß man diese Anstalten als „Zubehörungen" zum Bergbau erklärt — was praktisch fast auf dasselbe herauskommt. So sind als Aufbereitungsanstalten oder Zubehörungen zum Bergbau angesehen, d. h. dem Berggesetze, der Knappschaftspflichtigkeit, der Bergpolizei, dem Berggewerbegericht unterstellt worden: Röst- und Glühöfen, Kokereien, Teerschwälereien und Brikettfabriken — indes nur unter der Voraussetzung, daß sie vom Bergwerkseigentümer und am Gewinnungsorte des Rohproduktes errichtet sind (s. auch § 16 Gew. O.). Hüttenwerke sind weder Aufbereitungsanstalten noch im vorbezeichneten Sinne Zubehörungen zur Grube, sie fallen daher unter die Gewerbe-Ordnung und nicht unter das Berggesetz. Das gleiche gilt für Chlorkalium- und andere chemische Fabriken.

§ 59.

Die zum Betriebe auf Bergwerken und Aufbereitungsanstalten (§ 58) dienenden Dampfkessel und Triebwerke unterliegen den Vorschriften der Gewerbegesetze.

Sofern zur Errichtung oder Veränderung solcher Anlagen nach den Vorschriften der Gewerbegesetze eine besondere polizeiliche Genehmigung erforderlich ist, tritt jedoch an die Stelle der Ortspolizeibehörde der Revierbeamte und an die Stelle der Regierung das Oberbergamt.

Über die Zulässigkeit der Wassertriebwerke entscheiden das Oberbergamt und die Regierung durch einen gemeinschaftlichen Beschluß.

1. Das Dampfkesselwesen ist in der Gew. O. § 24 geregelt. Soweit Dampfkessel in Betrieben verwandt werden, welche der Bergpolizei unterworfen sind, hat sie das Oberbergamt (Ausführungsanweisung zur Gew. O. v. 9. März 1900 B.M.Bl. S. 142 u. v. 1./5.04 in Z. XLV. 168), sonst der Kreis- oder Stadt-Ausschuß zu konzessionieren (Zuständigkeitsgesetz v. 1./8. 83 (G. S. 237) § 109).

2. Bergwerk im Sinne des § 59 ist nicht bloß ein verliehenes, sondern jede der Bergpolizei unterstehende Anlage (s. auch für Erdöl und Arbeiten zur Aufsuchung von Salz und Salzquellen in Hannover Z. XLV. 1 und 25, sowie w. u.).

3. Bei Stauanlagen für Wassertriebwerke haben nunmehr Oberbergamt und Bezirksausschuß (Zust.-G. v. 1./8. 83, G. S. 237 § 110 Abs. 2) die Genehmigung zu erteilen.

§ 60.

Der Bergwerkseigentümer ist befugt, im freien Felde Hilfsbaue anzulegen.

Dieselbe Befugnis steht ihm im Felde anderer Bergwerkseigentümer zu, sofern die Hilfsbaue die Wasser- und Wetterlösung oder den vorteilhafteren Betrieb des Bergwerks, für welches die Anlage gemacht werden soll, bezwecken und der eigene Bergbau des anderen dadurch weder gestört noch gefährdet wird.

Der Hilfsbau gilt als Bestandteil des berechtigten Bergwerks oder, wenn die Eigentümer mehrerer Bergwerke sich zur gemeinschaftlichen Anlage eines Hilfsbaues vereinigt und keine anderweitige Vereinbarung getroffen haben, als Bestandteil der berechtigten Bergwerke. Er bedarf, wenn der Hilfsbauberechtigte den Besitz erlangt hat, zur Wirksamkeit gegenüber dem öffentlichen Glauben des Grundbuchs nicht der Eintragung in das Grundbuch.

1. Abs. 3 beruht auf Art. 37 III. A. G. z. B. G. B. v. 20./9. 99 (G. S. S. 177). Der Hilfsbau war früher Zubehör und ist jetzt Bestandteil des Bergwerks. Der letzte Satz in Abs. 3 entspricht dem

bisherigen Recht. § 60 gestattet dem Bergwerkseigentümer nur die Anlage von selbständigen Hilfsbauen im fremden Felde, nicht aber die Mitbenutzung einer dem benachbarten Bergwerkseigentümer gehörigen Betriebsanlage, Z. XLI. 120.

Hilfsbau im weitesten Sinne (Abs. 1) ist jeder von Menschenhand geschehene Bau, der zum Betrieb des Bergwerks erforderlich ist.

2. Nur der Eigentümer, nicht der Pächter des Bergwerks kann Hilfsbaue anlegen. Freies Feld = unverliehenes Feld. Hilfsbaue sind Grubenbaue, die zum vorteilhaftesten Betriebe eines Bergwerks außerhalb der Grenzen desselben entweder im Bergfreien oder in einem fremden Grubenfelde angelegt werden (O. Tr. 20./11. 71 E. Bd. 67 S. 213). Zum Begriffe gehört eine Tätigkeit; ein stehengebliebener Sicherheitspfeiler ist kein Hilfsbau; O. Tr. 21./12. 74 E. Bd. 74 S. 97 Z. XVI. 242, auch keine Wasserversorgungsanstalt zu dem Zwecke, Ersatz für das durch Bergbau entzogene Wasser zu leisten, Z. XXVI. 356. Ob die Anlegung vom Berechtigten oder einem dritten erfolgt, ist unerheblich; daher kann die Benutzung bereits vorhandener Hilfsbaue z. B. eines auflässigen Erbstollens gefordert werden, Z. XII. 138.

3. Der Hilfsbau braucht nicht gerade notwendig zu sein, es genügt, daß er vorteilhaft, gleichviel unmittelbar oder nur mittelbar, z. B. wegen besseren Transportes, ist, O. Tr. 20./2. 74 E. Bd. 71 S. 299, Z. XV. 392.

4. In Ansehung des verpflichteten Bergwerks hat der Hilfsbau die Eigenschaft einer dinglichen Last (Motive S. 60).

§ 61.

Bestreitet der Bergwerkseigentümer, in dessen Felde ein Hilfsbau angelegt werden soll, seine Verpflichtung zur Gestattung desselben, so entscheidet hierüber das Oberbergamt mit Ausschluß des Rechtsweges.

Das Oberbergamt hat nur über die Gestattung des Hilfsbaues, dessen Richtung, Größe, die zur Sicherung des anderen Bergwerks oder der Oberfläche erforderlichen Maßnahmen u. s. w., nicht über die Entschädigung zu beschließen, welche im Streitfalle das Gericht festzusetzen hat.

§ 62.

Wird ein Hilfsbau in dem Felde eines anderen Bergwerkseigentümers angelegt, so muß der Hilfsbauberechtigte für allen Schaden, welcher dem belasteten Bergwerke durch seine Anlage zugefügt wird, vollständige Entschädigung leisten.

Der Hilfsbauberechtigte hat nicht für die Gestattung des Hilfsbaues an sich, sondern nur für den Schaden Ersatz zu leisten, welchen er dem Verpflichteten zufügt, indes für den ganzen Schaden, z. B. auch für den, der daraus entsteht, daß zum Schutze des Hilfsbaues ein Sicherheitspfeiler stehen bleiben muß, O. Tr. 21./12. 74 f., Bd. 74 S. 33, Z. XVI. 242.

§ 63.

Die bei Ausführung eines Hilfsbaues im freien Felde gewonnenen Mineralien (§ 1) werden als Teil der Förderung des durch den Hilfsbau zu lösenden Bergwerks behandelt.

Werden bei Ausführung eines Hilfsbaues im Felde eines anderen Bergwerkseigentümers Mineralien gewonnen, auf welche der letztere berechtigt ist, so müssen diese Mineralien demselben auf sein Verlangen unentgeltlich herausgegeben werden.

Der Eigentümer des verpflichteten Bergwerks kann, statt die unentgeltliche Herausgabe, Schadenersatz nach § 62 fordern. Wenn der Hilfsbauberechtigte die Aufforderung zur Herausgabe der im fremden Felde gewonnenen Mineralien unbeachtet läßt, hat er das volle Interesse zu vergüten und keinen Anspruch auf Anrechnung der Gewinnungs- und Förderungskosten, R. G. 12./10. 95 Z. XXXVII. 221.

§ 64.

Der Bergwerkseigentümer hat die Befugnis, die Abtretung des zu seinen bergbaulichen Zwecken (§§ 54 bis 60) erforderlichen Grund und Bodens nach näherer Vorschrift des fünften Titels zu verlangen.

Nur der Eigentümer, nicht z. B. der Pächter, hat die in § 64 bezeichnete Befugnis. Diese Befugnis steht ersterem auch nur nach näherer Vorschrift des fünften Titels zu, d. h. er kann nicht unmittelbar und ohne weiteres, sondern nur nach zuvoriger Zwangsenteignung fremdes Oberflächeneigentum für seine bergbaulichen Zwecke benutzen. § 905 B. G. B. kommt nicht zur Anwendung, Art. 67 E. G. z. B. G. B., d. h. der Oberflächeneigentümer kann unter Tage vorgenommene Einwirkungen des Bergbaues selbst dann nicht verbieten, wenn er an der Ausschließung ein Interesse hat.

Zweiter Abschnitt.

Von dem Betriebe und der Verwaltung.

§ 65.

Der Bergwerksbesitzer ist verpflichtet, das Bergwerk zu betreiben, wenn der Unterlassung oder Einstellung des Betriebes nach der Entscheidung des Oberbergamts überwiegende Gründe des öffentlichen Interesses entgegenstehen.

Das Oberbergamt hat in diesem Falle die Befugnis, den Eigentümer, nach Vernehmung desselben, zur Inbetriebsetzung des Bergwerks oder zur Fortsetzung des unterbrochenen Betriebes binnen einer Frist von sechs Monaten aufzufordern und für den Fall der Nichtbefolgung dieser Aufforderung, die Entziehung des Bergwerkeigentums nach Maßgabe des sechsten Titels anzudrohen.

1. § 65 sollte (nach der bisherigen Praxis) nur dann zur Anwendung kommen, wenn aus dem Nichtbetriebe eines Bergwerks eine allgemeine Notlage wegen des Mangels an dem bezüglichen Mineral eintritt, Z. VIII. 126, XII. 142, welcher Fall bisher noch nicht eingetreten ist. Richtig ist, daß § 65 auch unter Umständen dann zur Anwendung kommen kann und muß, wenn die durch die Unterlassung oder Einstellung des Betriebes dem Gemeinwohl durch das Brotloswerden von zahlreichen Arbeitern oder durch die Entvölkerung und Verarmung größerer Ortschaften entstehenden Nachteile den Vorteil überwiegen, welchen der Bergwerksbesitzer durch die Unterlassung oder die Einstellung des Betriebes erlangt. Es handelt sich um eine Frage der Billigkeit und der Abwägung kollidierender Interessen.

2. Nach dem klaren Wortlaut des § 65 Abs. 1 und den Motiven S. 94, Z. VI, 136, 184 unterliegt die Entscheidung des Oberbergamts bezw. des Handelsministers nicht der Anfechtung durch gerichtliche Klage; s. auch § 157.

§ 66.

Der Bergwerksbesitzer ist verpflichtet, der Bergbehörde von der beabsichtigten Inbetriebsetzung des Bergwerks mindestens vier Wochen vorher Anzeige zu machen.

Jeder, der das Bergwerk für eigene Rechnung betreibt, auch der Pächter oder sein gesetzlicher Vertreter muß die in § 66 vorgeschriebene Anzeige dem Revierbeamten machen bei der In- wie der Wiederinbetriebsetzung. Strafbestimmung in § 207 Abs. 1.

§ 67.

Der Betrieb darf nur auf Grund eines Betriebsplans geführt werden.

Derselbe unterliegt der Prüfung durch die Bergbehörde und muß der letzteren zu diesem Zwecke vor der Ausführung vorgelegt werden.

Die Prüfung hat sich auf die im § 196 festgestellten polizeilichen Gesichtspunkte zu beschränken.

Auch der Betriebsplan ist von jedem, der das Bergwerk für eigene Rechnung betreibt, oder von dessen gesetzlichem Vertreter (nicht vom Betriebsführer) einzureichen. Der Betriebsplan muß sich auch auf die Aufbereitungsanstalten und Zubehörungen, s. Anm. zu § 58, sowie Hilfsbaue, miterstrecken. Der Betriebsplan muß so vollständig sein, daß die ordnungsmäßige Prüfung möglich ist. Durch Polizeiverordnung des Oberbergamtes (§§ 196, 197) kann vorgeschrieben werden, daß die Pläne gewisser Anlagen (Seilfahrten, Grubenbahnen) durch den Revierbeamten an das Oberbergamt einzureichen sind und erst nach dessen Genehmigung ausgeführt werden dürfen. Strafbestimmung in § 207 Abs. 1 und 2. Wenn planmäßiges Zubruchebauen der Oberfläche voraussichtlich, soll der Bergwerksbesitzer den Nachweis der Einigung mit dem Grundeigentümer oder die Einleitung des Enteignungsverfahrens nachweisen; vgl. Min.-Erl. v. 6./4. 98 in Z. XL. 492.

§ 68.

Erhebt die Bergbehörde nicht binnen vierzehn Tagen nach Vorlegung des Betriebsplans Einspruch gegen denselben, so ist der Bergwerksbesitzer zur Ausführung befugt.

Wird dagegen innerhalb dieser Frist Einspruch von der Bergbehörde erhoben, so ist der Bergwerksbesitzer gleichzeitig zur Erörterung der beanstandeten Betriebsbestimmungen zu einem Termine vorzuladen.

Insoweit auf diesem Wege keine Verständigung erzielt wird, hat das Oberbergamt diejenigen Abänderungen des Betriebsplans, ohne welche derselbe nicht zur Ausführung gebracht werden darf, durch einen Beschluß festzusetzen.

Die Genehmigung des Betriebsplans erfolgt somit durch Nichtbeanstandung binnen 14 Tagen. Wird der Betrieb vor der Genehmigung oder nach erfolgtem Einspruch begonnen oder fortgesetzt, so tritt Bestrafung aus § 207 ein. Rechtsmitteleinlegung hebt die Strafbarkeit nicht auf. Auch nach der Genehmigung kann und muß gegen einen Betrieb vorgeschritten werden, wenn Gefahr im Sinne der §§ 196—198 besteht.

§ 69.

Die §§ 67 und 68 finden auch auf die späteren Abänderungen der Betriebspläne Anwendung.

Werden jedoch infolge unvorhergesehener Ereignisse sofortige Abänderungen eines Betriebsplans erforderlich, so genügt es, wenn dieselben binnen den nächsten vierzehn Tagen der Bergbehörde durch den Betriebsführer angezeigt werden.

1. Anzeige auch durch den Bergwerksbesitzer genügt.

2. Die Frist der 14 Tage beginnt mit der Änderung des Betriebsplans. Zuwiderhandlungen gegen § 69 sind nach § 207 Abs. 1 und 2 strafbar.

§ 70.

Wird ein Betrieb den Vorschriften der §§ 67 bis 69 zuwider geführt, so ist die Bergbehörde befugt, nötigenfalls einen solchen Betrieb einzustellen.

Die in § 70 der Bergbehörde zur Betriebseinstellung gegebene Befugnis kann durch Verwaltungszwangsvollstreckung (Anm. zu § 190 und § 202) durchgeführt werden. Außerdem tritt gerichtliche Strafe ein nach den §§ 67—69, bezw. 207.

§ 71.

Will der Bergwerksbesitzer den Betrieb des Bergwerks einstellen, so hat derselbe der Bergbehörde hiervon mindestens vier Wochen vorher Anzeige zu machen.

Muß der Betrieb infolge unvorhergesehener Ereignisse schon in kürzerer Frist oder sofort eingestellt werden, so ist die Anzeige binnen längstens vierzehn Tagen nach erfolgter Betriebseinstellung nachzuholen.

Als Bergwerksbesitzer gilt hier jeder Betreiber, auch der Pächter. Strafbestimmung in § 207.

§ 72.

Der Bergwerksbesitzer hat auf seine Kosten ein Grubenbild in zwei Exemplaren durch einen konzessionierten Markscheider anfertigen und regelmäßig nachtragen zu lassen.

In welchen Zeitabschnitten die Nachtragung stattfinden muß, wird durch das Oberbergamt vorgeschrieben.

Das eine Exemplar des Grubenbildes ist an die Bergbehörde zum Gebrauche derselben abzuliefern, das andere auf dem Bergwerke oder, falls es daselbst an einem geeigneten Orte fehlt, bei dem Betriebsführer aufzubewahren.

Die Einsicht des bei der Bergbehörde befindlichen Exemplars steht demjenigen zu, welcher einen Schadenersatzanspruch (§§ 148, 149) erheben will, wenn er einen solchen Anspruch der Bergbehörde glaubhaft macht. Dem Bergwerksbesitzer soll Gelegenheit gegeben werden, bei dieser Einsichtnahme zugegen zu sein.

1. Auch in § 72 ist unter dem Bergwerksbesitzer jeder zu verstehen, der das Bergwerk für eigene Rechnung betreibt. Die Anfertigung und Nachtragung des Grubenbildes durch Feld- oder Landmesser ist nicht zulässig.

2. Abs. 4 beruht auf Art. 1 des Ges. betr. die Abänderung einzelner Bestimmungen des Allgemeinen Berggesetzes v. 7./7. 1902 (G. S. S. 255).

3. Strafbestimmung in § 207.

§ 73.

Der Betrieb darf nur unter Leitung, Aufsicht und Verantwortlichkeit von Personen geführt werden, deren Befähigung hierzu anerkannt ist.

1. Für die Befolgung des § 73 ist jeder verantwortlich, der das Bergwerk für eigene Rechnung betreibt, auch der Pächter.

2. Strafbestimmung in § 207.

3. Die §§ 73 ff. gelten nur für Bergbau, nicht für bloße Schürfarbeiten, s. Z. XLII. 368.

§ 74.

Der Bergwerksbesitzer hat die zur Leitung und Beaufsichtigung des Betriebes angenommenen Personen, wie Betriebsführer, Steiger, technische Aufseher rc., der Bergbehörde namhaft zu machen.

Diese Personen sind verpflichtet, ihre Befähigung zu den ihnen zu übertragenden Geschäften nachzuweisen und sich zu diesem Zwecke auf Erfordern einer Prüfung durch die Bergbehörde zu unterwerfen.

Erst nachdem letztere die Befähigung anerkannt hat, dürfen die genannten Personen die ihnen übertragenen Geschäfte übernehmen.

1. Bei Übertretung des § 74 sind sowohl der Betreiber des Bergwerks wie der von der Bergbehörde nicht anerkannte Betriebsführer,

Steiger u. s. w. verantwortlich. Übrigens bezieht sich § 74 nur auf technische, nicht geschäftliche (Rechnungs-) Beamten. Aber nicht bloß die technische, sondern auch die moralische Fähigkeit ist bei den technischen Beamten zu prüfen, Z. XV. 136. Leitet der Besitzer bezw. Repräsentant oder Grubenvorstand selbst den Betrieb, oder führt er technische Beaufsichtigung des Betriebes, so ist er strafrechtlich verantwortlich, auch wenn er einen verantwortlichen Betriebsführer bestellt hat.

2. Strafbestimmung in § 207.

§ 75.

Wird der Betrieb von einer Person geleitet oder beaufsichtigt, welche das erforderliche Anerkenntnis ihrer Befähigung (§ 74) nicht besitzt oder welche diese Befähigung wieder verloren hat, so ist die Bergbehörde befugt, die sofortige Entfernung derselben zu verlangen und nötigenfalls den in Betracht kommenden Betrieb so lange einzustellen, bis eine als befähigt anerkannte Person angenommen ist.

1. Vor der Aberkennung der Befähigung wird der Revierbeamte den Aufseher und den Grubenvertreter hören müssen, Z. XII. 533.
2. Strafbestimmung in § 207.

§ 76.

Die Personen, welche die Leitung oder Beaufsichtigung des Betriebes übernommen haben, sind für die Innehaltung der Betriebspläne, sowie für die Befolgung aller im Gesetze enthaltenen oder auf Grund desselben ergangenen Vorschriften und Anordnungen verantwortlich.

Die in § 76 bezeichneten Personen sind auch dafür verantwortlich, daß der Grubenbetrieb sich nicht unbefugt auf fremde Mineralien miterstreckt, R. G. 26./11. 81, Z. XXIII. 518. Die in § 76 den Betriebsbeamten auferlegte Verantwortlichkeit hebt die sonst nach allgemeinen Rechtsgrundsätzen bestehende strafrechtliche Verantwortlichkeit nicht auf und hindert nicht, daß der Bergwerksbesitzer oder dessen Vertreter für die unmittelbar ihrer Verpflichtung unterstellten Handlungen und Unterlassungen strafrechtlich verantwortlich sind. S. auch K. G. 9./10. 05. Johow Jahrb. XXX. C. 7 und unten zu §§ 197, 198.

§ 77.

Dieselben sind verpflichtet, die Bergbeamten, welche im Dienste das Bergwerk befahren, zu begleiten und denselben auf Erfordern Auskunft über den Betrieb, über die Ausführung der Arbeitsordnung und über alle sonstigen der Aufsicht der Bergbehörde unterliegenden Gegenstände zu erteilen.

Die jetzige Fassung des § 77 und die Strafbarkeit der Nichtbefolgung des § 77 gemäß § 207 beruhen auf der Novelle vom 24. Juni 1892.

§ 78.

Der Bergwerksbesitzer muß den mit Fahrscheinen des Oberbergamts versehenen Personen, welche sich dem Bergfache gewidmet haben, zum Zwecke ihrer Ausbildung die Befahrung und Besichtigung des Werkes gestatten.

Gerichtliche Bestrafung wegen Übertretung des § 78 tritt nicht ein, Verwaltungszwangsvollstreckung ist zulässig.

§ 79.

Der Bergwerksbesitzer ist verpflichtet, in den dafür festgesetzten Zeiträumen und Formen der Bergbehörde die vom Handelsminister vorgeschriebenen statistischen Nachrichten einzureichen.

Die Anm. zu § 78 gilt auch hier.

Dritter Abschnitt.

Von den Bergleuten und den Betriebsbeamten.

Nach den älteren Bergordnungen und dem Tit. 16 Teil II. A. L. R. § 307 a. a. O. hatten die Bergbehörden in den rechtsrheinischen Landesteilen die Befugnis, die Bergarbeiter anzunehmen, zu verlegen und zu entlassen, die Disziplin über die Bergarbeiter auszuüben, die Einhaltung der Anfahrtszeit und Schichtdauer zu überwachen, das Gedinge zu stellen oder dessen Stellung zu überwachen und für die richtige Auszahlung des Lohnes Sorge zu tragen. Das G. v. 12./5. 51 (G. S. 265) übertrug in § 18 dem Repräsentanten oder Grubenvorstande:

Ziffer 4. „Die Annahme und Entlassung der Arbeiter, insoweit diese nicht durch die Bergbehörde erfolgt, die Teilnahme an der Normierung des Normallohns der Arbeiter, auch die Anweisung außerordentlicher Krankenlöhne und besonderer Unterstützungen für dieselben aus der Grubenkasse."

Das G. v. 21./5. 60 (G. S. 201) schrieb vor:

§ 2. „Die Abschließung der Verträge zwischen dem Bergwerkseigentümer . . und den Bergleuten ist nach näherer Bestimmung dieses Gesetzes lediglich dem freien Ermessen derselben überlassen; eine Mitwirkung der Bergbehörde bei der Annahme und Entlassung sowie bei der Festsetzung des Schicht- und Gedingelohnes findet ferner nicht statt.

§ 3. Die Bergbehörde bestätigt die von den Bergwerkseigentümern für ihre Werke erlassenen Arbeitsordnungen."

Ein Zwang zum Erlasse von Arbeitsordnungen war im G. v. 21./5. 60 nicht ausgesprochen. Ein solcher Zwang fehlte auch im A. B. G., welches nicht mehr die Bestätigung der Arbeitsordnungen durch die Bergbehörde, sondern nur noch deren Kenntnisgebung an die Bergbehörde forderte (s. Mot. S. 65ff.). Demgegenüber gebietet die Novelle zum A. B. G. vom 24. Juni 1892 (G. S. 131) wie die Novelle zur Gewerbeordnung vom 1. Juni 1891 (R. G. Bl. 261) den Erlaß von Arbeitsordnungen und deren Prüfung durch die Bergbehörde in dem Sinne,

„daß die Arbeitsordnungen, die zwischen dem Bergwerksbesitzer und dem Bergmann vertragsmäßig bestehenden Beziehungen zur Vermeidung von Mißverständnissen, welche zu einer Quelle von Streitigkeiten werden können, möglichst vollständig umfassen". (Begründung zum Regierungs-Entwurfe S. 20.)

Die Novelle vom 24. Juni 1892 enthält auch sonstige Abänderungen des A. B. G., welche sich vielfach an die Vorschriften des Reichsgesetzes vom 1. Juni 1891 (R. G. Bl. 261) anschließen. Die Novelle trat gemäß Art. VIII am 1. Januar 1893 in Kraft.

Ergänzend gelten die Vorschriften des B. G. B. über den Dienstvertrag, §§ 611 bis 630 und über den Werkvertrag, §§ 671 bis 691 u. a., also auch der durch Vertrag abänderbare § 616: „Der zur Dienstleistung Verpflichtete wird des Anspruchs auf die Vergütung nicht dadurch verlustig, daß er für eine verhältnismäßig nicht erhebliche Zeit durch einen in seiner Person liegenden Grund ohne sein Verschulden an der Dienstleistung verhindert wird. Er muß sich jedoch den Betrag anrechnen lassen, welcher ihm für die Zeit der Verhinderung aus einer auf Grund gesetzlicher Verpflichtung bestehenden Kranken- oder Unfallversicherung zukommt;" s. hierzu Z. XLI. 471.

Eine fernere Ergänzung enthalten die §§ 105b Abs. 1, 105c—f, 105h Abs. 2, 115—119a, 135—139b, endlich §§ 152, 153 der Gewerbeordnung.

§ 80.

Das Vertragsverhältnis zwischen den Bergwerksbesitzern und den Bergleuten wird nach den allgemeinen gesetzlichen

Bestimmungen beurteilt, soweit nicht nachstehend etwas anderes bestimmt ist.

Den Bergwerksbesitzern ist untersagt, für den Fall der rechtswidrigen Auflösung des Arbeitsverhältnisses durch den Bergmann die Verwirkung des rückständigen Lohnes über den Betrag des durchschnittlichen Wochenlohnes hinaus auszubedingen.

1. Die Berg-Gewerbegerichte sind, wo sie bestehen, nach § 3 Abs. 1 des G., betreffend Gewerbe-Gerichte, v. 29./7. 90 (R. G. Bl. 141) in der Fassung des G. vom 30./6. 1901 (R. G. Bl. S. 249) „ohne Rücksicht auf den Wert des Streitgegenstandes zuständig für Streitigkeiten u. a.: 1. über den Antritt, die Fortsetzung oder die Auflösung des Arbeitsverhältnisses, sowie über die Aushändigung oder den Inhalt des Arbeitsbuches, Zeugnisses; 2. über die Leistungen aus dem Arbeitsverhältnisse, 3. über die Rückgabe von Zeugnissen 2c., 4. über Ansprüche auf Schadensersatz oder — Vertragsstrafe".

2. Abs. 2 beruht auf Gesetz v. 24./6. 92 und entspricht § 134 Abs. 2 der Gew. O. Die Gesamthöhe desjenigen Lohnes, welcher dem Arbeiter in irgend einer Form z. B. in der Form wöchentlicher Lohnabzüge auch mit seiner Zustimmung vorenthalten und dem Werksbesitzer verfallen im Falle des Kontraktbruchs erklärt werden kann, darf den Betrag des durchschnittlichen Wochenlohnes nicht überschreiten. (Ber. der Komm. des Abg. H. Drucks. Nr. 146 von 1892 S. 4.) Verletzung des § 80 hat nur zivilrechtliche Folgen.

3. Zu beachten ist Ges. betr. die Beschlagnahme des Arbeits- oder Dienstlohns vom 21. Juni 1869 (B. G. Bl. S. 242) abgeändert durch R. G. v. 29./3. 97 (R. G. Bl. S. 159) und durch Art. 3 des E. G. zu dem Ges., betr. Änderung der Zivilprozeßordnung, v. 17. Mai 1898 (R. G. Bl. S. 332).

„§ 1. Die Vergütung (Lohn, Gehalt, Honorar u. s. w.) für Arbeiten oder Dienste, welche auf Grund eines Arbeits- oder Dienstverhältnisses geleistet werden, darf, sofern dieses Verhältnis die Erwerbstätigkeit des Vergütungsberechtigten vollständig oder hauptsächlich in Anspruch nimmt, zum Zwecke der Sicherstellung oder Befriedigung eines Gläubigers erst dann mit Beschlag belegt werden, nachdem die Leistung der Arbeiten oder Dienste erfolgt und nachdem der Tag, an welchem die Vergütung gesetzlich, vertrags- oder gewohnheitsmäßig zu entrichten war, abgelaufen ist, ohne daß der Vergütungsberechtigte dieselbe eingefordert hat.

§ 2. Die Bestimmungen des § 1 können nicht mit rechtlicher Wirkung durch Vertrag ausgeschlossen oder beschränkt werden.

Soweit nach diesen Bestimmungen die Beschlagnahme unzulässig ist, ist auch jede Verfügung durch Zession, Anweisung, Verpfändung oder durch ein anderes Rechtsgeschäft ohne rechtliche Wirkung.

§ 3. Als Vergütung ist jeder dem Berechtigten gebührende Vermögensvorteil anzusehen. Auch macht es keinen Unterschied, ob dieselbe nach Zeit oder Stück berechnet wird.

Ist die Vergütung mit dem Preise oder Wert für Material oder mit dem Ersatz anderer Auslagen in ungetrennter Summe bedungen, so gilt als Vergütung im Sinne dieses Gesetzes der Betrag, welcher nach Abzug des Preises oder des Wertes der Materialien und nach Abzug der Auslagen übrig bleibt.

§ 4. Das gegenwärtige Gesetz findet keine Anwendung:

1. auf das Gehalt und die Dienstbezüge der öffentlichen Beamten;
2. auf die Beitreibung der direkten persönlichen Staatssteuern und Kommunalabgaben (die derartigen Abgaben an Kreis-, Kirchen-, Schul- und sonstige Kommunalverbände mit eingeschlossen), sofern diese Steuern und Abgaben nicht seit länger als drei Monaten fällig geworden sind;
3. auf die Beitreibung der den Verwandten, dem Ehegatten und dem früheren Ehegatten für die Zeit nach Erhebung der Klage und für das diesem Zeitpunkt vorausgehende letzte Vierteljahr kraft Gesetzes zu entrichtenden Unterhaltsbeiträge;
4. insoweit der Gesamtbetrag der Vergütung (§§ 1, 3) die Summe von fünfzehnhundert Mark für das Jahr übersteigt.*)

§ 4a. Auf die Beitreibung der zugunsten eines unehelichen Kindes von dem Vater für den in § 4 Nr. 3 bezeichneten Zeitraum kraft Gesetzes zu entrichtenden Unterhaltsbeiträge findet dieses Gesetz nur insoweit Anwendung, als der Schuldner zur Bestreitung seines notdürftigen Unterhalts und zur Erfüllung der ihm seinen Verwandten, seiner Ehefrau oder seiner früheren Ehefrau gegenüber gesetzlich obliegenden Unterhaltspflicht der Vergütung (§§ 1, 3) bedarf. Hierbei werden ausschließlich die Leistungen berücksichtigt, welche vermöge einer solchen Unterhaltspflicht für den nämlichen Zeitraum, oder, falls die Klage zugunsten des unehelichen Kindes nach der Klage eines Unterhaltsberechtigten erhoben ist, für die Zeit von dem Beginne des der Klage dieses Berechtigten vorausgehenden letzten Vierteljahrs ab zu entrichten sind."

(Anm. Lohnforderungen verjähren nach B. G. B. § 196 Nr. 8.)

4. Zu § 80 A. B. G. ist noch zu beachten § 850 Z. P. O.:

„Der Pfändung sind nicht unterworfen:

1. der Arbeits- oder Dienstlohn nach den Bestimmungen des Reichsgesetzes vom 21. Juni 1869. — — —
4. die aus Kranken-, Hilfs- oder Sterbekassen, insbesondere aus Knappschaftskassen und Kassen der Knappschaftsvereine zu beziehenden Hebungen."

---

*) Die Unterscheidung zwischen den dauernd und nicht dauernd angestellten Personen ist beseitigt. Damit deckt sich Z. P. O. § 850.

5. Zu §§ 80 f. ist ferner das sog. Haftpflichtgesetz, nämlich Ges. betr. die Verbindlichkeit zum Schadensersatz für die bei dem Betriebe von Eisenbahnen, Bergwerken u. s. w. herbeigeführten Tötungen und Körperverletzungen vom 7. Juni 1871 (R. G. Bl. S. 207), abgeändert durch E. G. z. B. G. B. Art. 42 (R. G. Bl. S. 616) zu berücksichtigen:

„§ 1. Wenn bei dem Betriebe einer Eisenbahn ein Mensch getötet oder körperlich verletzt wird, so haftet der Betriebsunternehmer für den dadurch entstandenen Schaden, sofern er nicht beweist, daß der Unfall durch höhere Gewalt oder durch eigenes Verschulden des Getöteten oder Verletzten verursacht ist.

§ 2. Wer ein Bergwerk, einen Steinbruch, eine Gräberei (Grube) oder eine Fabrik betreibt, haftet, wenn ein Bevollmächtigter oder ein Repräsentant oder eine zur Leitung oder Beaufsichtigung des Betriebs oder der Arbeiter angenommene Person durch ein Verschulden in Ausführung der Dienstverrichtungen den Tod oder die Körperverletzung eines Menschen herbeigeführt hat, für den dadurch entstandenen Schaden.

§ 3. Im Falle der Tötung ist der Schadensersatz (§§ 1 und 2) durch Ersatz der Kosten einer versuchten Heilung sowie des Vermögensnachteils zu leisten, den der Getötete dadurch erlitten hat, daß während der Krankheit seine Erwerbsfähigkeit aufgehoben oder gemindert oder eine Vermehrung seiner Bedürfnisse eingetreten war. Der Ersatzpflichtige hat außerdem die Kosten der Beerdigung demjenigen zu ersetzen, dem die Verpflichtung obliegt, diese Kosten zu tragen.

Stand der Getötete zur Zeit der Verletzung zu einem dritten in einem Verhältnisse, vermöge dessen er diesem gegenüber kraft Gesetzes unterhaltspflichtig war oder unterhaltspflichtig werden konnte, und ist dem dritten infolge der Tötung das Recht auf den Unterhalt entzogen, so hat der Ersatzpflichtige dem dritten insoweit Schadensersatz zu leisten, als der Getötete während der mutmaßlichen Dauer seines Lebens zur Gewährung des Unterhalts verpflichtet gewesen sein würde. Die Ersatzpflicht tritt auch dann ein, wenn der dritte zur Zeit der Verletzung erzeugt, aber noch nicht geboren war.

§ 3a. Im Falle einer Körperverletzung ist der Schadensersatz (§§ 1 und 2) durch Ersatz der Kosten der Heilung sowie des Vermögensnachteils zu leisten, den der Verletzte dadurch erleidet, daß infolge der Verletzung zeitweise oder dauernd seine Erwerbsfähigkeit aufgehoben oder gemindert oder eine Vermehrung seiner Bedürfnisse eingetreten ist.

§ 4. War der Getötete oder Verletzte unter Mitleistung von Prämien oder anderen Beiträgen durch den Betriebs-Unternehmer bei einer Versicherungsanstalt, Knappschafts-, Unterstützungs-, Kranken- oder ähnlichen Kasse gegen den Unfall versichert, so ist die Leistung der letzteren an den Ersatzberechtigten auf die Entschädigung einzurechnen, wenn die Mitleistung des Betriebs-Unternehmers nicht unter einem Drittel der Gesamtleistung beträgt.

§ 5. Die in den §§ 1 und 2 bezeichneten Unternehmer sind nicht befugt, die Anwendung der in den §§ 1 bis 3a enthaltenen Bestimmungen zu ihrem Vorteil durch Verträge — — — im voraus auszuschließen oder zu beschränken.

Vertragsbestimmungen, welche dieser Vorschrift entgegenstehen, haben keine rechtliche Wirkung.

§ 7. Schadensersatz — ist für die Zukunft durch Entrichtung einer Geldrente zu leisten.

§ 8. Die Forderungen auf Schadensersatz (§§ 1 bis 3a) verjähren in zwei Jahren. — — —"

Anm. Die Haftung des Betriebsunternehmers aus dem Haftpflichtgesetz und die Haftung der Betriebsbeamten auf Ersatz des infolge eines Betriebsunfalls erlittenen Schadens können jedoch nach § 135 des Gewerbe-Unfallversicherungsges. vom 30. Juni 1900 nur dann von den nach Maßgabe dieses Gesetzes Versicherten und ihren Hinterbliebenen geltend gemacht werden, wenn durch strafgerichtliches Urteil festgestellt worden ist, daß der in Anspruch Genommene den Unfall vorsätzlich herbeigeführt hat, in welchem Fall sich der Anspruch auf die Differenz zwischen Unfall- und Haftpflichtentschädigung beschränkt.

§ 80a.

Für jedes Bergwerk und die mit demselben verbundenen unter der Aufsicht der Bergbehörden stehenden Anlagen ist innerhalb vier Wochen nach Inkrafttreten dieses Gesetzes oder nach der Eröffnung des Betriebes eine Arbeitsordnung von dem Bergwerksbesitzer oder dessen Stellvertreter zu erlassen. Für die einzelnen Abteilungen des Betriebes, für einzelne der vorbezeichneten Anlagen oder für die einzelnen Gruppen der Arbeiter können besondere Arbeitsordnungen erlassen werden. Der Erlaß erfolgt durch Aushang (§ 80g Abs. 2).

Die Arbeitsordnung muß den Namen des Bergwerks oder die Bezeichnung der besonderen Betriebsanlage sowie den Zeitpunkt, mit welchem sie in Wirksamkeit treten soll, angeben und von dem Bergwerksbesitzer oder dessen Stellvertreter unter Angabe des Datums unterzeichnet sein.

Abänderungen ihres Inhalts können nur durch den Erlaß von Nachträgen oder in der Weise erfolgen, daß an Stelle der bestehenden eine neue Arbeitsordnung erlassen wird.

Die Arbeitsordnungen und Nachträge zu denselben treten frühestens zwei Wochen nach ihrem Erlaß in Geltung.

Die Bergbehörde kann den Bergwerksbesitzer auf Antrag von dem Erlaß einer Arbeitsordnung oder von der Aufnahme einzelner der im § 80b bezeichneten Bestimmungen entbinden, wenn der Betrieb nur von geringem Umfange oder seiner Natur nach von kurzer Dauer ist.

1. § 80a beruht auf Gesetz v. 24./6. 92, s. zu §§ 80a—80k den Abschn. B. der Ausführ.-Anw. v. 27./12. 92 (B. M. Bl. 1893 S. 13), s. auch Z. XXXIV. 51. Die Abänderungen durch G. v. 14. Juli 1905 zu § 80b ff. sind dabei zu beachten.

Die entsprechende Vorschrift in der G. O. § 134a gilt ebenso wie § 134 Abs. 2 abweichend von § 80a nur für solche Fabriken, in denen in der Regel mindestens 20 Arbeiter beschäftigt werden.

Die Arbeitsordnung wird errichtet durch ihren Aushang, § 80g Abs. 3, der durch G. v. 14./7. 05 an die Stelle v. § 80g Abs. 2 getreten ist. Die ausdrückliche Unterwerfung unter dieselbe ist zur Rechtsgültigkeit nicht erforderlich. Betrieb ohne Arbeitsordnung ist nach § 207b strafbar.

2. Die Arbeitsordnung ist dem Revierbeamten in zwei Ausfertigungen einzureichen. Die eine hat dieser dem Oberbergamt vorzulegen.

3. Darüber, ob die im 5. Abs. bezeichneten Voraussetzungen für die Entbindung von dem Erlaß einer Arbeitsordnung oder von der Aufnahme einzelner der im § 80b bezeichneten Bestimmungen vorliegen, ist, sobald dahingehende Anträge gestellt werden, — gemäß der minist. Ausführungsanweisung v. 27./12. 1892 — die Entscheidung des Oberbergamts einzuholen.

Die §§ 80b bis 80g sind nachstehend in der Fassung abgedruckt, die sie durch Ges. betr. die Abänderung einzelner Bestimmungen des Allgemeinen Berggesetzes vom 24. Juni 1865/1892, vom 14. Juli 1905 (G. S. S. 307) Art. I erhalten haben. S. hierzu den Aufsatz von Reuß in Z. XLVI. 478.

§ 80b.

Die Arbeitsordnung muß Bestimmungen enthalten:

1) über Anfang und Ende der regelmäßigen täglichen Arbeitszeit, über die Zahl und Dauer der für die erwachsenen Arbeiter etwa vorgesehenen Pausen und darüber, unter welchen Voraussetzungen und in

welchem Maße, abgesehen von Fällen der Beseitigung von Gefahren und der Ausführung von Notarbeiten, die Arbeiter verpflichtet sind, die Arbeit über die ordentliche Dauer der Arbeitszeit hinaus fortzusetzen oder besondere Nebenschichten zu verfahren, bei Arbeiten unter Tage über die Regelung der Ein- und Ausfahrt und über die Überwachung der Anwesenheit der Arbeiter in der Grube;

§ 80b entspricht § 134b der Gew.O. Nicht bloß die Dauer, sondern auch Anfang und Ende der regelmäßigen täglichen Arbeitszeit müssen angegeben werden. Als Arbeitszeit gilt unter Beseitigung der bisherigen Vorschriften jetzt für Steinkohlenbergwerke, die Zeit von der Beendigung der Seilfahrt bis zu ihrem Wiederbeginn s. § 93b Abs. 2. Für die andern Bergwerke ist im Abg. H. Sten. Ber. 1892 S. 1540 unwidersprochen die Zeit von der begonnenen Einfahrt bis zur beendeten Ausfahrt und im Kom. Ber. S. 7 die Zeit von Beendigung der Einfahrt bis zum Wiederbeginn der Ausfahrt (also einschließlich der Wege vom Schachte zum Arbeitsort und zurück) bezeichnet.

2) über die zur Festsetzung des Schichtlohnes und zum Abschlusse sowie zur Abnahme des Gedinges ermächtigten Personen, über den Zeitpunkt, bis zu welchem nach Übernahme der Arbeit gegen Gedingelohn das Gedinge abgeschlossen sein muß, über die Beurkundung des abgeschlossenen Gedinges und die Bekanntmachung an die Beteiligten, über die Voraussetzungen, unter welchen der Bergwerksbesitzer oder der Arbeiter eine Veränderung oder Aufhebung des Gedinges zu verlangen berechtigt ist, sowie über die Art der Bemessung des Lohnes für den Fall, daß eine Vereinbarung über das Gedinge nicht zustande kommt;

Ziffer 2 vom § 80b ist dem Gesetze eigentümlich; gleiche oder ähnliche Vorschriften fehlen in der Gew.O. Beurkundung des Gedinges ist jede schriftliche, wenn auch nur einseitig beurkundete, Feststellung (im Gedingebuch, im Notizbuche des Steigers). Die Bekanntmachung kann je nach Vorschrift der Arbeitsordnung durch Aushang oder durch Aushändigung eines Gedingezettels oder auch nur durch Verlesen des niedergeschriebenen Gedinges erfolgen (Sten. Ber. Abg. H. 1892, S. 1492 und 1705). Für die Lohnberechnung, falls ein Gedinge nicht vereinbart ist, kann „der in voraufgegangener Lohnperiode verdiente Lohn des Arbeiters, der ortsübliche Lohn oder ein Vielfaches desselben, der durchschnittliche Lohn der betreffenden Arbeiterkategorie im letzten Vierteljahre, der für die Festsetzung des Krankengeldes maßgebende Durchschnittslohn der einzelnen Lohnklassen zum Anhalt genommen werden," Komm. Ber. des Abg. H. S. 11. Über den Rechtscharakter des Gedinges vgl. Hense Z. XXXI. 355.

3) über Zeit und Art der Abrechnung und Lohnzahlung, über das Verfahren zur Feststellung des bei der Lohnberechnung zu berücksichtigenden Teiles ungenügend oder vorschriftswidrig beladener Fördergefäße und über die Überwachung dieses Verfahrens durch Vertrauensmänner der Arbeiter (§ 80c Abs. 2), sowie über die Vertreter des Bergwerksbesitzers bei diesem Verfahren und über den gegen die Feststellung des Lohnanteils zulässigen Beschwerdeweg;

Diese Fassung von Ziff. 3 beruht auf Gesetz v. 14. Juli 1905 (G. S. 307) und hat ebenso wie § 80c Abs. 2 in jetziger Fassung zum Hauptgegenstande die Beseitigung des „Nullens", d. i. die Nichtanrechnung einer Förderleistung wegen ungenügender oder vorschriftswidriger Beladung der Fördergefäße.

4) sofern es nicht bei den gesetzlichen Bestimmungen (§§ 81, 82, 83) bewenden soll, über die Frist der zulässigen Aufkündigung, sowie über die Gründe, aus welchen die Entlassung und der Austritt aus der Arbeit ohne Aufkündigung erfolgen darf;

Ziffer 4 gestattet die Fristen und Gründe der Entlassung oder des Austritts abweichend vom Gesetze §§ 81, 82, 83 zu regeln, desgleichen die Fälle der sofortigen Auflösung des Arbeitsverhältnisses. Eine besondere Aufnahme der diesbezüglichen gesetzlichen Vorschriften in die Arbeitsordnung, welche keinerlei Abänderung von denselben vorschreibt, ist nach dem Wortlaute der Ziffer 4 unnötig; doch wird es (nach dem Reg. Entw. S. 27) zweckmäßig sein, (auch) die gesetzlichen Bestimmungen aufzunehmen, um dem Arbeiter die Kenntnis derselben möglichst nahezulegen.

5) sofern Strafen vorgesehen werden, über die Art und Höhe derselben, über die Art ihrer Festsetzung, über die hierzu bevollmächtigten Vertreter des Bergwerksbesitzers und den Beschwerdeweg gegen diese Festsetzung, sowie, wenn die Strafen in Geld bestehen,

über deren Einziehung und über den Zweck, für welchen sie verwendet werden sollen;

In Ziffer 5 bedeutet „Strafen“ soviel wie „Ordnungsstrafen“ (Komm. Ber. d. Abg. H. S. 12).

6) sofern die Verwirkung von Lohnbeträgen nach Maßgabe der Bestimmung des § 80 Absatz 2 durch Arbeitsordnung oder Arbeitsvertrag ausbedungen wird, über die Verwendung der verwirkten Beträge;

Zu Ziffer 5 und 6 ist das Motiv zum entsprechenden § 134b der Gew. O. zu bemerken: „Um dieses den Arbeitgebern nahezulegen“ (nämlich die Verwendung der Strafen zu Wohlfahrtseinrichtungen) „und ihnen Gelegenheit zu bieten, den Arbeitern gegenüber jeden Gedanken einer persönlichen Bereicherung abzuschneiden“ (Komm. Ber. des R. T. zur Gew.-Nov. von 1./6. 91, S. 71, Reg. Ent. zur Berg.-Nov. v. 24./6. 92, S. 28). Zuwiderhandlungen gegen Z. 6 sind strafbar nach § 207c Abs. 1.

7) über die etwaige Verabfolgung und Berechnung der Betriebsmaterialien und Werkzeuge.

Im Reg. Entw. zum Ges. v. 24. Juni 1892 S. 28 ist noch bemerkt: „Der größere Teil derjenigen Gegenstände, über welche die Arbeitsordnung Bestimmungen enthalten muß, betrifft nur den eigentlichen Bergbaubetrieb unter Tage. Es bedarf kaum eines besonderen Hinweises darauf, daß Arbeitsordnungen für Betriebsabteilungen über Tage, sowie für die mit Bergwerken verbundenen Nebenanlagen über derartige Gegenstände keine Bestimmung zu enthalten brauchen.“

§ 80c.

Ist im Falle der Fortsetzung der Arbeit vor demselben Arbeitsort das Gedinge nicht bis zu dem nach § 80b Nr. 2 in der Arbeitsordnung zu bestimmenden Zeitpunkte abgeschlossen, so ist der Arbeiter berechtigt, die Feststellung seines Lohnes nach Maßgabe des in der vorausgegangenen Lohnperiode für dieselbe Arbeitsstelle gültig gewesenen Gedinges zu verlangen.

Genügend und vorschriftsmäßig beladene Fördergefäße bei der Lohnberechnung in Abzug zu bringen, ist verboten. Ungenügend oder vorschriftswidrig beladene Fördergefäße müssen insoweit angerechnet werden, als ihr Inhalt vorschriftsmäßig ist. Der Bergwerksbesitzer ist verpflichtet, zu gestatten, daß die Arbeiter auf ihre Kosten durch einen aus ihrer Mitte von dem ständigen Arbeiterausschuß oder, wo ein solcher nicht besteht, von ihnen gewählten Vertrauensmann das Verfahren bei Feststellung der ungenügenden oder vorschriftswidrigen Beladung und des bei der Lohnberechnung anzurechnenden Teiles der Beladung überwachen lassen. Durch die Überwachung darf eine Störung des Betriebs nicht herbeigeführt werden; bei Streitigkeiten hierüber trifft auf Beschwerde des Vertrauensmanns die Bergbehörde die entsprechenden Anordnungen. Der Vertrauensmann bleibt im Arbeitsverhältnisse des Bergwerks. Mit der Beendigung desselben erlischt sein Amt. Der Bergwerksbesitzer ist ferner verpflichtet, den Lohn des Vertrauensmanns auf Antrag des ständigen Arbeiterausschusses oder der Mehrzahl der beteiligten Arbeiter vorschußweise zu zahlen. — Er ist berechtigt, den vorschußweise gezahlten Lohn den beteiligten Arbeitern bei der Lohnzahlung in Abzug zu bringen.

1. § 80c, Abs. 1 beruht auf Gesetz v. 24./6. 92 (G. S. S. 191), Absatz 2 auf Gesetz v. 14. Juli 1905 (G. S. S. 307).

2. Der Vorschlag, das festgesetzte Gedinge in ein zur Einsicht für jeden Arbeiter offenliegendes Gedingbuch einzutragen und abschriftlich der beteiligten Kameradschaft mitzuteilen, wurde in der Kommission des Abg. H. abgelehnt (Ber. S. 14). Die Feststellung des Lohnes im Falle ungebührlich verzögerten Gedingabschlusses gemäß § 80c Abs. 1 soll das gerichtliche Feststellungsverfahren entbehrlich machen (Komm. Ber. des Abg. H. S. 15). Strafbestimmung fehlt für die Übertretung des § 80c Abs. 1; auch ist nicht gesagt, wer denn die Feststellung des Lohnes vornehmen darf. Die Sache ist so aufzufassen, daß die für die frühere Zeit getroffenen Vereinbarungen über den Lohn als auch für die spätere Zeit gültig angesehen werden müssen.

3. Wie schon in Anm. zu § 80b Ziff. 3 bemerkt ist, verbietet das Ges. vom 14. Juli 1905 das sog. Nullen durch die Vorschrift, daß ungenügend oder vorschriftswidrig beladene Fördergefäße insoweit angerechnet werden müssen (dies ist zwingende Norm!), als ihr Inhalt vorschriftsmäßig ist; doch können Strafen für die ungenügende oder vorschriftswidrige Beladung der Fördergefäße durch die Arbeitsordnung vorgeschrieben werden (§ 80d in jetziger Fassung). Erscheinen diese Strafen nicht ausreichend, so erübrigt die Kündigung. Strafbestimmungen zu § 80c Abs. 2 finden sich in § 207c Ziffer 2.

4. Neu ist namentlich, daß der Vertrauensmann der Arbeiter von dem ständigen Arbeiterausschusse aus ihrer Mitte gewählt wird, und daß die Arbeitgeber den Lohn dieses Vertrauensmannes auf Antrag des ständigen Arbeiterausschusses oder der beteiligten Arbeiter vorschußweise zu zahlen haben. Auch wenn nur die Mehrheit, nicht die Gesamtheit

der Arbeiter den Vertrauensmann gewählt hat, so hat doch die Gesamtheit der beteiligten Arbeiter die Kosten zu tragen (Oberberghauptmann v. Velsen in den Sten. Ber. des Abg.H. 1905 S. 13492).

5. Die Bestrafung der Arbeiter wegen ungenügender oder vorschriftswidriger Beladung der Fördergefäße verpflichtet nicht, die bemängelten Wagen am Schachte aufzustellen, damit die Arbeiter durch die etwaige Besichtigung derselben sich überzeugen können, ob die Streichung dieser Wagen berechtigt sei (Komm. Ber. d. Abg.H. 1892 S. 16). Es genügt aber nicht mehr, wenn das Verzeichnis der während einer Schicht bemängelten Wagen in geeigneter Weise, wie etwa durch Aushang oder durch Vermerk auf einer dazu bestimmten besonderen Tafel bekannt gegeben wird, damit die betroffenen Arbeiter nach beendigter Schicht davon Kenntnis nehmen können, ob und wieviel ihnen etwa von den in der Schicht geförderten Wagen gestrichen worden ist (Komm. Ber. des Abg.H. 1892 S. 16); vielmehr muß der Vertrauensmann der Arbeiter die Gelegenheit haben, das Verfahren bei Feststellung der ungenügenden oder vorschriftswidrigen Beladung und des bei der Lohnberechnung anzurechnenden Teiles der Beladung zu überwachen. Im Falle des Streits entscheidet die Bergbehörde, vgl. auch Spahn in den Sten. Ber. d. Abg.H. 1905 S. 13458. Die bloße Schätzung des reinen Inhalts ist unzulässig; Kom.Ber. des Herr.H. 1905 S. 16, 25, 92. Die Kosten der Feststellung hat, falls die Arbeitsordnung nichts anderes vorschreibt, der Arbeitgeber zu tragen. Bei unvollständig beladenen Wagen ist die Herausnahme des Wagens aus dem Betriebe nicht erforderlich. Wegen der Feststellung des vorschriftsmäßigen Inhalts der Fördergefäße ist Beschwerde und der Rechtsweg zulässig.

6. Gegenüber dem Arbeitgeber enthält § 80c nur zivilrechtliche Vorschriften.

§ 80d.

Strafbestimmungen, welche das Ehrgefühl oder die guten Sitten verletzen, dürfen in die Arbeitsordnung nicht aufgenommen werden. Geldstrafen dürfen in jedem einzelnen Falle die Hälfte des für die vorhergegangene Lohnperiode ermittelten durchschnittlichen Tagesarbeitsverdienstes derjenigen Arbeiterklasse nicht übersteigen, zu welcher der Arbeiter gehört; jedoch können Tätlichkeiten gegen Mitarbeiter, erhebliche Verstöße gegen die guten Sitten, sowie gegen die zur Aufrechterhaltung der Ordnung des Betriebes, zur Sicherung gegen Betriebsgefahren oder zur Durchführung der Bestimmungen dieses Gesetzes und der Reichsgewerbeordnung erlassenen Vorschriften mit Geldstrafen bis zum vollen Betrage dieses durchschnittlichen Tagesarbeitsverdienstes belegt werden; die im Laufe eines Kalendermonats gegen einen Arbeiter wegen ungenügender oder vorschriftswidriger Beladung von Fördergefäßen verhängten Geldstrafen dürfen in ihrem Gesamtbetrage fünf Mark nicht übersteigen. Das Recht des Bergwerksbesitzers, Schadensersatz zu fordern, wird durch diese Bestimmung nicht berührt.

Alle Strafgelder müssen zum Besten der Arbeiter des Bergwerks verwendet werden. Wenn für das Bergwerk ein ständiger Arbeiterausschuß vorgeschrieben ist, müssen die Strafgelder einer Unterstützungskasse zugunsten der Arbeiter überwiesen werden, an deren Verwaltung der ständige Arbeiterausschuß mit der Maßgabe beteiligt sein muß, daß den von den Arbeitern gewählten Mitgliedern mindestens die Hälfte der Stimmen zusteht. Die Grundsätze für die Verwendung und Verwaltung müssen nach Anhörung der volljährigen Arbeiter oder des ständigen Arbeiterausschusses in der Arbeitsordnung oder in besonderen Satzungen festgelegt werden. Eine Übersicht der Einnahmen und Ausgaben und des Vermögens dieser Kasse ist alljährlich in einer vom Oberbergamte vorgeschriebenen Form aufzustellen und diesem, nachdem sie zwei Wochen durch Aushang zur Kenntnis der Belegschaft gebracht ist, einzureichen.

Dem Bergwerksbesitzer bleibt überlassen, neben den im § 80b bezeichneten noch weitere die Ordnung des Betriebes und das Verhalten der Arbeiter im Betriebe betreffende Bestimmungen in die Arbeitsordnung aufzunehmen. Mit Zustimmung des ständigen Arbeiterausschusses können in die Arbeitsordnung Vorschriften über das Verhalten der Arbeiter bei Benutzung der zu ihrem Besten getroffenen, auf dem Bergwerke bestehenden Einrichtungen, sowie Vorschriften über das Verhalten der minderjährigen Arbeiter außerhalb des Betriebes aufgenommen werden.

1. § 80d entspricht im allgemeinen dem § 134b der Gew.O., die Worte „die im Laufe eines Kalendermonats usw." im zweiten Satze des Abs. 1 beruhen auf Ges. v. 14. Juli 1905 und stehen in Zusammenhang mit dem Verbote des „Nullens"; s. Anm. zu § 80b Z. 3 und Anm. 3 zu § 80c. § 80d Abs. 2 beruht auf Ges. v. 14. Juli 1905;

desgleichen die heutige Fassung des § 80d Abs. 3 Satz 2. Strafen können in der Arbeitsordnung auch gegen ganze Kameradschaften verhängt werden. Auch kann die Arbeitsordnung bestimmen, daß Arbeiter wegen ungenügender oder vorschriftswidriger Beladung abgelegt werden können.

2. Abs. 1 will die Vermischung von Ordnungs- oder Disziplinarstrafen mit Schadensersatzleistungen durch die Begrenzung der zulässigen Höhe einerseits, durch den Vorbehalt des Rechts des Arbeitgebers auf Schadensersatz andererseits für die Folge ausschließen (Begründung der Gewerbeordnungsnovelle v. 1./6. 91 S. 44). Die unter Beobachtung des § 80 Abs. 2 ausbedungenen Entschädigungen sind nicht Strafgelder im Sinne des § 80d; sie gehören dem Werksbesitzer; s. jedoch Anm. zu § 80b Z. 6.

3. In Abs. 2 ist nicht mehr die Knappschaftskasse gemeint, zu welcher neben noch anderen das einzelne Werk gehört; vielmehr müssen die Strafgelder nach dem Ges. v. 14. Juli 1905 einer nur zum Besten der Arbeiter des fr. Bergwerkes dienenden Unterstützungskasse zufließen, an deren Verwaltung der ständige Arbeiterausschuß nach näherer Vorschrift des Abs. 2 beteiligt sein muß. Solche Werks-Unterstützungskassen müssen eine besondere Organisation haben und sich nicht lediglich als Teile der Werksverwaltung darstellen, Z. XXXVII. 500, XXXVIII. 54, sie unterstehen unbeschadet der Erfüllung der in § 80d Abs. 2 auferlegten Pflichten nicht der Aufsicht der Bergbehörde; aber abgesehen etwa von der Provinz Hannover, wo die Landräte zugleich Ortspolizeibehörden sind, auch nicht der Aufsicht der Landräte. Solche Kassen fallen, wenn sie einen Rechtsanspruch den Kassenmitgliedern geben, unter das Ges. v. 17./5. 53 (G. S. 223), über die Zuständigkeit s. M. Bl. 1861 S. 103, und jetzt dem R. G. über die privaten Versicherungsunternehmungen v. 12./5. 01 R. G. Bl. 139. Zuwiderhandlungen gegen Abs. 2 sind strafbar nach § 207c Z. 1; s. auch § 80e Abs. 2.

§ 80e.

Der Inhalt der Arbeitsordnung ist, soweit er den Gesetzen nicht zuwiderläuft, für die Arbeitgeber und Arbeiter rechtsverbindlich.

Andere als die in der Arbeitsordnung oder in den §§ 82 und 83 vorgesehenen Gründe der Entlassung und des Austritts aus der Arbeit dürfen im Arbeitsvertrage nicht vereinbart werden. Andere als die in der Arbeitsordnung vorgesehenen Strafen dürfen über den Arbeiter nicht verhängt werden. Die Strafen müssen ohne Verzug festgesetzt und dem Arbeiter zur Kenntnis gebracht werden.

Die verhängten Geldstrafen sind in ein Verzeichnis einzutragen, welches den Namen des Bestraften, den Tag der Bestrafung, sowie den Grund und die Höhe der Strafe ergeben und auf Erfordern dem Revierbeamten jederzeit zur Einsicht vorgelegt werden muß.

1. § 80e entspricht dem § 134c der Gew. O. und beruht auf Gesetz v. 24./6. 92. Die Arbeitsordnung begründet den sog. kollektiven Arbeitsvertrag.

2. Gesetz ist hier gleichbedeutend mit Rechtsnorm. Die Arbeitsordnung ist auch ungültig, soweit sie den gültig erlassenen (Berg-) oder anderen Polizeiordnungen widerspricht (s. auch Reg. Entw. S. 32). Die gesetzlich gültigen Bestimmungen eines Knappschaftsstatuts sind der Abänderung durch die Arbeitsordnung gleichfalls entzogen, R. G. 7./3. 91, Z. XXXII. 381.

3. Zuwiderhandlungen gegen Abs. 2 sind strafbar nach § 207c Z. 1, gegen Abs. 3 nach § 207e Z. 5.

§ 80f.

(Abs. 1.) Auf denjenigen Bergwerken, auf welchen in der Regel mindestens 100 Arbeiter beschäftigt werden, muß ein ständiger Arbeiterausschuß vorhanden sein. Ihm liegt es ob, darauf hinzuwirken, daß das gute Einvernehmen innerhalb der Belegschaft und zwischen der Belegschaft und dem Arbeitgeber erhalten bleibt oder wiederhergestellt wird.

(Abs. 2.) Der ständige Arbeiterausschuß hat die in den §§ 80c Abs. 2, 80d Abs. 2, 3 und 80g Abs. 1 bezeichneten Aufgaben. Durch die Arbeitsordnung können ihm noch weitere Aufgaben zugewiesen werden. Außerdem hat er Anträge, Wünsche und Beschwerden der Belegschaft, die sich auf die Betriebs- und Arbeitsverhältnisse des Bergwerks beziehen, zur Kenntnis des Bergwerksbesitzers zu bringen und sich darüber zu äußern.

(Abs. 3.) Ein Arbeiterausschuß, der seine im Abs. 2 begrenzte Zuständigkeit überschreitet, kann nach fruchtloser Verwarnung aufgelöst werden. Die Auflösung erfolgt durch das Oberbergamt. Nach wiederholter Auflösung kann das Oberbergamt für das betroffene Bergwerk die Vorschrift des Abs. 1 Satz 1 auf die Dauer von höchstens einem Jahre außer Kraft setzen.

(Abs. 4.) Als ständige Arbeiterausschüsse im Sinne des Gesetzes gelten nur:

1. die Vorstände der für die Arbeiter eines Bergwerks bestehenden Krankenkassen oder anderer für die Arbeiter des Bergwerks bestehender Kasseneinrichtungen, deren Mitglieder in ihrer Mehrheit von den Arbeitern aus ihrer Mitte zu wählen sind, sofern sie als ständige Arbeiterausschüsse bestellt werden;
2. die Knappschaftsältesten von Knappschaftsvereinen und Knappschaftskrankenkassen, welche nur die Betriebe eines Bergwerksbesitzers umfassen, sofern sie aus der Mitte der Arbeiter gewählt sind und als ständige Arbeiterausschüsse bestellt werden;
3. die bereits vor dem 1. Januar 1892 errichteten ständigen Arbeiterausschüsse, deren Mitglieder in ihrer Mehrzahl von den Arbeitern aus ihrer Mitte gewählt werden;
4. solche Vertretungen, deren Mitglieder in ihrer Mehrzahl von den Arbeitern des Bergwerks, der betreffenden Betriebsabteilung oder der mit dem Bergwerke verbundenen Betriebsanlagen aus ihrer Mitte in unmittelbarer und geheimer Wahl gewählt werden. Die Wahl der Vertreter kann auch nach Arbeiterklassen oder nach besonderen Abteilungen des Betriebes erfolgen. Die Verhältniswahl ist zulässig.

Zur Wahl berechtigt sind nur volljährige Arbeiter, welche seit Eröffnung des Betriebes oder mindestens 1 Jahr ununterbrochen auf dem Bergwerke gearbeitet haben. Die Vertreter müssen mindestens 30 Jahre alt sein und seit der Eröffnung des Betriebes oder mindestens 3 Jahre ununterbrochen auf dem Bergwerke gearbeitet haben. Wähler und Vertreter müssen die bürgerlichen Ehrenrechte und die deutsche Reichsangehörigkeit besitzen, die Vertreter überdies der deutschen Sprache mächtig sein.

Die Zahl der Vertreter soll mindestens 3 betragen.

Die Arbeiterausschüsse sind mindestens alle 5 Jahre neu zu wählen. Der Wahltermin ist 4 Wochen vor der Wahl bekannt zu geben.

Das Amt eines Vertreters erlischt, sobald er aus dem Arbeitsverhältnisse ausscheidet oder eine andere Voraussetzung der Wählbarkeit verliert.

Die Bergbehörde hat darüber zu wachen, daß die ständigen Arbeiterausschüsse stets vorschriftsmäßig besetzt sind und daß die erforderlich werdenden Neuwahlen schleunigst erfolgen. Über die Gültigkeit einer Wahl und über das Erlöschen des Amtes eines Mitgliedes eines ständigen Arbeiterausschusses entscheidet das Oberbergamt.

Über die Organisation, Wahl, Zuständigkeit und Geschäftsführung des ständigen Arbeiterausschusses sind in der Arbeitsordnung oder in besonderen Satzungen nähere Bestimmungen zu treffen.

1. § 80f beruht auf Ges. v. 14. Juli 1905. Der Zweck der Neuerung ist die obligatorische Einführung von ständigen Arbeiterausschüssen auf denjenigen Bergwerken, auf welchen in der Regel mindestens 100 Arbeiter beschäftigt werden. Im allgemeinen haben die Arbeiterausschüsse nur beratende, nicht entscheidende Mitwirkung (v. Bülow, Sten.Ber. d. Abg.H. 1905 S. 13445). Sie sollen die Organisation der Werksarbeiter bei ihren Verhandlungen mit dem Werksbesitzer und den Behörden repräsentieren. Die Wahl erfolgt in den Fällen des vierten Absatz Ziff. 4 durch unmittelbare und geheime Wahl.

2. Was „ununterbrochene Arbeitszeit" als Voraussetzung für das aktive und passive Wahlrecht ist, s. Erklärung des Handelsministers im Komm.Ber. des Herr.H. 1905, danach ist Krankheit als eine Unterbrechung des Arbeitsverhältnisses nicht anzusehen, wohl aber Abkehr des Arbeiters und Streichung desselben aus der Arbeiterliste, wenn er unter Kontraktbruch streikt. Danach würde es allerdings zweifelhaft sein (Berichterstatter v. Burgsdorff am 28. Juni 1905 in den Sten. Ber. d. Herr.H. S. 1069), „ob auf vielen Zechen in Westfalen überhaupt ein Arbeiterausschuß zustande kommen wird, und wenn ein Arbeiterausschuß zustande kommt, so besteht er dann aus den Leuten, die nicht gestreikt haben und ordentlich geblieben sind". Richtiger ist es, die Frage als Tatfrage für jeden Fall anzusehen und kurze Unterbrechungen des Arbeitsverhältnisses nicht zu rechnen. Nach Reuß Z. XLVI. 495 handelt es sich lediglich um die Rechtsfrage, ob das Arbeitsverhältnis aufgehoben war.

3. Gegen die Entscheidung des Oberbergamts in den Fällen des § 80f Abs. 3 und Abs. 4 Ziff. 4 findet die in § 192a Abs. 1 näher bezeichnete Klage statt. Bis zur rechtskräftigen Entscheidung bleibt der Gewählte in Funktion.

4. Über Verhältniswahl (Proporz) vgl. Z.M.Bl. 1902 S. 165, 1904 S. 412; ferner Ges. betr. Gewerbegerichte in der Fassung v. 30./6. 1901 (R.G.Bl. S. 249) und Ges. über Kaufmannsgerichte v. 6./7. 04 (R. G. Bl. S. 266) § 12.

Den kleineren Teil der Mitglieder der Arbeiterausschüsse können die Arbeitnehmer bestellen.

§ 80fa.

Die in den Arbeitsordnungen oder in besonderen Satzungen enthaltenen Bestimmungen über die Verwendung der Strafgelder und die Verwaltung der Unterstützungskassen sowie über die Organisation, Wahl, Zuständigkeit und Geschäftsführung des ständigen Arbeiterausschusses unterliegen der Genehmigung des Oberbergamts. Die Genehmigung darf nur versagt werden, wenn die Bestimmungen gegen die Gesetze verstoßen.

§ 80g.

(Abs. 1.) Vor dem Erlasse der Arbeitsordnung oder eines Nachtrags zu derselben ist auf denjenigen Bergwerken, für welche ein ständiger Arbeiterausschuß besteht, dieser über den Inhalt der Arbeitsordnung oder des Nachtrags zu hören; auf den übrigen Bergwerken ist den volljährigen Arbeitern Gelegenheit zu geben, sich über den Inhalt der Arbeitsordnung oder des Nachtrags zu äußern.

(Abs. 2.) Die Arbeitsordnung, sowie jeder Nachtrag zu derselben, ist unter Mitteilung der seitens des Arbeiterausschusses oder der Arbeiter geäußerten Bedenken, soweit die Äußerungen schriftlich oder zu Protokoll erfolgt sind, binnen drei Tagen nach dem Erlaß in zwei Ausfertigungen, unter Beifügung der Erklärung, daß und in welcher Weise der Vorschrift des Abs. 1 genügt ist, der Bergbehörde einzureichen.

(Abs. 3.) Die Arbeitsordnung ist an geeigneter, allen beteiligten Arbeitern zugänglicher Stelle auszuhängen. Der Aushang muß stets in lesbarem Zustand erhalten werden. Die Arbeitsordnung ist jedem Arbeiter bei seinem Eintritt in die Beschäftigung zu behändigen.

§ 80g entspricht § 134e der Gew.O. und beruht auf Ges. v. 24./6 1892 und v. 14./7. 05. Unterlassung der in Abs. 2 vorgeschriebenen Einreichung ist strafbar nach § 207c Ziff. 2, und die der in Abs. 3 begründeten Verpflichtung nach § 207d.

§ 80h.

Arbeitsordnungen und Nachträge zu denselben, welche nicht vorschriftsmäßig erlassen sind, oder deren Inhalt den gesetzlichen Bestimmungen zuwiderläuft, sind auf Anordnung der Bergbehörde durch gesetzmäßige Arbeitsordnungen zu ersetzen oder den gesetzlichen Vorschriften entsprechend abzuändern.

Gegen diese Anordnungen findet der Rekurs nach näherer Bestimmung der §§ 191 bis 193 statt.

1. § 80h beruht auf Gesetz v. 24./6. 92 und entspricht § 134f der Gew. O. mit der Maßgabe, daß die Rekursfrist gemäß den §§ 191 bis 193 A. B. G. 4 statt 2 Wochen beträgt. Die Arbeitsordnung wird von der Bergbehörde zwar geprüft, indes nicht genehmigt, „weil die Regierung auch den Schein vermeiden müsse, als ob die Aufsichtsbehörde mit der Genehmigung der Arbeitsordnung eine Verantwortlichkeit für deren Inhalt übernehme". (Erklärung des Handelsministers im Komm. Ber. d. Abg. H., S. 21.) Die Ausübung der in § 80h der Bergbehörde gegebenen Befugnis kann jederzeit erfolgen (Reg. Entw. S. 33.) Zuwiderhandlungen gegen die endgültige Anordnung der Bergbehörde wegen Ersetzung oder Abänderung der Arbeitsordnung sind strafbar nach § 207b. Rekurs wegen der Anordnung hat hier aufschiebende Wirkung.

2. Die Aufsicht über die Ausführung der Bestimmungen, betreffend die Arbeitsbücher (§§ 85b bis 85h) steht, soweit nicht die Tätigkeit bei der Ausstellung, Wiederausstellung und Aushändigung der Arbeitsbücher der Ortspolizei- und der Gemeindebehörde ausdrücklich übertragen ist, dem Revierbeamten zu, der dabei die Befugnisse eines Aufsichtsbeamten im Sinne des § 139b der Gewerbeordnung hat.

§ 80i.

Arbeitsordnungen, welche vor dem Inkrafttreten dieses Gesetzes erlassen worden sind, unterliegen den Bestimmungen der §§ 80a bis e, 80g Absatz 2, 80h und sind binnen vier Wochen der Bergbehörde in zwei Ausfertigungen einzureichen. Auf spätere Abänderungen dieser Arbeitsordnungen und auf die seit dem 1. April 1892 erstmalig erlassenen Arbeitsordnungen finden die §§ 80f und 80g Absatz 1 Anwendung.

Strafbest. s. in § 207c Ziff. 2.

§ 80k.

Erfolgt die Lohnberechnung auf Grund abgeschlossener Gedinge, so ist der Bergwerksbesitzer zur Beobachtung nachstehender Vorschriften verpflichtet:

1) Wird die Leistung aus Zahl und Rauminhalt der Fördergefäße ermittelt, so muß dieser am Fördergefäße selbst dauernd und deutlich ersichtlich gemacht werden, sofern nicht Fördergefäße von gleichem Rauminhalt benutzt werden und letzterer vor dem Beginn des Gebrauches bekannt gemacht wird.

2) Wird die Leistung aus dem Gewichtsinhalt der Fördergefäße ermittelt, so muß das Leergewicht jedes einzelnen derselben vor dem Beginn des Gebrauchs und später in jedem Betriebsjahre mindestens einmal von neuem festgestellt und am Fördergefäße selbst dauernd und deutlich ersichtlich gemacht werden.

Der Bergwerksbesitzer ist verpflichtet, die Einrichtungen zu treffen und die Hilfskräfte zu stellen, welche die Bergbehörde zur Überwachung der Ausführung vorstehender Bestimmungen erforderlich erachtet.

Für Waschabgänge, Halden und sonstige beim Absatz der Produkte gegen die Fördermenge sich ergebende Verluste dürfen dem Arbeiter Abzüge von der Arbeitsleistung oder dem Lohne nicht gemacht werden. Ausnahmen hiervon bedürfen der Genehmigung der Bergbehörde.

1. § 80k schließt nicht aus, daß die Gedinge anders wie nach Raum oder Gewichtsinhalt des Haufwerks (Rohprodukts) berechnet werden. So erklärte es widerspruchslos die Staatsregierung zulässig, daß „für die Tonne der von den Arbeitern zutage geschickten oder (von ihnen dort meist selbst) aufbereiteten reinen Erze“ die Gedinge abgeschlossen werden (Sten. Ber. des Abg. H. 1892 S. 1521).

2. Abs. 3 des § 80k bezweckt die Beseitigung des sogenannten Füllkohlenabzuges.

3. Da § 80k zwingendes Recht darstellt, sind ihn ausschließende oder abändernde Bestimmungen der Arbeitsordnung ungültig.

4. Zuwiderhandlungen gegen § 80k sind strafbar nach § 207c Z. 2.

§ 81.

Das Vertragsverhältnis kann, wenn nicht ein anderes verabredet ist, durch eine jedem Teile freistehende, vierzehn Tage vorher zu erklärende Aufkündigung gelöst werden.

Werden andere Aufkündigungsfristen vereinbart, so müssen

sie für beide Teile gleich sein. Vereinbarungen, welche dieser Bestimmung zuwiderlaufen, sind nichtig.

Abs. 1 entspricht dem älteren Recht, Abs. 2, der auf Gesetz vom 24./6. 92 beruht, den letzten Sätzen des § 122 der Gew. O.

§ 82.

Vor Ablauf der vertragsmäßigen Arbeitszeit und ohne Aufkündigung können Bergleute entlassen werden:

1) wenn sie bei Abschluß des Arbeitsvertrages den Arbeitgeber durch Vorzeigung falscher oder verfälschter Abkehrscheine, Zeugnisse oder Arbeitsbücher hintergangen oder ihn über das Bestehen eines anderen sie gleichzeitig verpflichtenden Arbeitsverhältnisses in einen Irrtum versetzt haben;
2) wenn sie eines Diebstahls, einer Entwendung, einer Unterschlagung, eines Betruges oder eines liederlichen Lebenswandels sich schuldig machen;
3) wenn sie die Arbeit unbefugt verlassen haben oder sonst den nach dem Arbeitsvertrage ihnen obliegenden Verpflichtungen nachzukommen beharrlich verweigern;
4) wenn sie eine sicherheitspolizeiliche Vorschrift bei der Bergarbeit übertreten oder sich groben Ungehorsams gegen die den Betrieb betreffenden Anordnungen des Bergwerksbesitzers, dessen Stellvertreter oder der ihnen vorgesetzten Beamten schuldig machen;
5) wenn sie sich Tätlichkeiten oder grobe Beleidigungen gegen den Bergwerksbesitzer, dessen Stellvertreter oder die ihnen vorgesetzten Beamten oder gegen die Familienangehörigen derselben zuschulden kommen lassen;
6) wenn sie einer vorsätzlichen und rechtswidrigen Sachbeschädigung zum Nachteil des Bergwerksbesitzers, dessen Stellvertreters, der ihnen vorgesetzten Beamten oder eines Mitarbeiters sich schuldig machen;
7) wenn sie die Vertreter des Bergwerksbesitzers, die ihnen vorgesetzten Beamten, die Mitarbeiter oder die Familienangehörigen dieser Personen zu Handlungen

verleiten oder zu verleiten versuchen, welche wider die Gesetze oder die guten Sitten verstoßen;

8) wenn sie zur Fortsetzung der Arbeit unfähig oder mit einer abschreckenden Krankheit behaftet sind.

In den unter Nr. 1 bis 7 gedachten Fällen ist die Entlassung nicht mehr zulässig, wenn die zugrunde liegenden Tatsachen dem Bergwerksbesitzer oder dessen Stellvertreter länger als eine Woche bekannt sind.

Inwiefern in den unter Nr. 8 gedachten Fällen dem Entlassenen ein Anspruch auf Entschädigung zustehe, ist nach dem Inhalte des Vertrages und nach den allgemeinen gesetzlichen Vorschriften zu beurteilen.

§ 82 entspricht dem § 123 der Gew.O., vgl. auch Anm. zu § 83.

§ 83.

Vor Ablauf der vertragsmäßigen Arbeitszeit und ohne vorhergegangene Aufkündigung können Bergleute die Arbeit verlassen:

1) wenn sie zur Fortsetzung der Arbeit unfähig werden;

2) wenn der Bergwerksbesitzer, dessen Stellvertreter oder die ihnen vorgesetzten Beamten sich Tätlichkeiten oder grobe Beleidigungen gegen die Bergleute oder gegen ihre Familienangehörigen zuschulden kommen lassen;

3) wenn der Bergwerksbesitzer, dessen Stellvertreter oder Beamte oder Familienangehörige derselben die Bergleute oder deren Familienangehörige zu Handlungen verleiten, oder zu verleiten versuchen, oder mit den Familienangehörigen der Bergleute Handlungen begehen, welche wider die Gesetze oder die guten Sitten laufen;

4) wenn der Bergwerksbesitzer den Bergleuten den schuldigen Lohn nicht in der bedungenen Weise auszahlt, bei Gedingelohn nicht für ihre ausreichende Beschäftigung sorgt, oder wenn er sich widerrechtlicher Übervorteilungen gegen sie schuldig macht.

In den unter Nr. 2 gedachten Fällen ist der Austritt aus der Arbeit nicht mehr zulässig, wenn die zugrunde liegenden Tatsachen dem Arbeiter länger als eine Woche bekannt sind.

§ 82 und § 83, welche in der Fassung des Gesetzes v. 24./6. 92 wiedergegeben sind, führen die Gründe der sofortigen Auflösung des Arbeitsverhältnisses so vollständig an, daß (die rechtlich zulässige) Vereinbarung anderer Gründe möglichst ausgeschlossen ist. Es ist jedoch rechtens nicht ausgeschlossen, daß beide Teile sich jederzeit das Recht zur sofortigen Auflösung des Arbeitsverhältnisses ausbedingen.

§ 83 entspricht § 124 der Gew.O.

§ 83a.

Außer den in den §§ 82 und 83 bezeichneten Fällen kann jeder der beiden Teile aus wichtigen Gründen vor Ablauf der vertragsmäßigen Zeit und ohne Innehaltung der Kündigungsfrist die Aufhebung des Arbeitsverhältnisses verlangen, wenn dasselbe mindestens auf vier Wochen oder wenn eine längere als vierzehntägige Kündigungsfrist vereinbart ist.

§ 83a beruht auf Gesetz v. 24./6. 92 und entspricht § 124a d. Gew. O.

§ 84.

Der Bergwerksbesitzer oder dessen Stellvertreter ist verpflichtet, dem abkehrenden großjährigen Bergmanne ein Zeugnis über die Art und Dauer seiner Beschäftigung und auf Verlangen auch ein Zeugnis über seine Führung und seine Leistungen auszustellen. Die Unterschrift dieser Zeugnisse hat die Ortspolizeibehörde kosten- und stempelfrei zu beglaubigen.

Wird die Ausstellung des Zeugnisses verweigert, so fertigt die Ortspolizeibehörde dasselbe auf Kosten des Verpflichteten aus.

Werden dem abkehrenden Bergmanne in dem Zeugnisse Beschuldigungen zur Last gelegt, welche seine fernere Beschäftigung hindern würden, so kann er auf Untersuchung bei der Ortspolizeibehörde antragen, welche, wenn die Beschuldigung unbegründet befunden wird, unter dem Zeugnisse den Befund ihrer Untersuchung zu vermerken hat.

Den Arbeitgebern ist untersagt, die Zeugnisse mit Merkmalen zu versehen, welche den Zweck haben, den Arbeiter in einer aus dem Wortlaut des Zeugnisses nicht ersichtlichen Weise zu kennzeichnen.

1. § 84, dessen jetziger Abs. 4 neu ist, wird in der Fassung des G. v. 24./6. 92 vorstehend wiedergegeben. Führungs- und Befähigungszeugnis sind zusammen auf demselben Blatte auszufertigen, Komm. Ber. d. Abg. H. S. 34, dagegen ist das Führungs- und Befähigungszeugnis getrennt von dem Zeugnis über die Art und Dauer der Beschäftigung (d. i. dem Abkehrschein) auszustellen.

2. Der Abkehrschein muß dem Bergmann unbedingt, auch wenn er unter Vertragbruch die Arbeit niederlegt oder wegen eigenen Verschuldens aus der Arbeit sofort entlassen wird, verabfolgt werden (siehe auch Sten. Ber. d. Abg. H. 1892 S. 1524).

3. Über Streitigkeiten, welche Aushändigung und Inhalt des Zeugnisses oder Abkehrscheins betreffen, sind, wo sie bestehen, die Berggewerbegerichte zuständig, Anm. 1 zu § 80.

4. S. über Merkmal Anm. 2 zu § 85 f.

5. Zuwiderhandlungen gegen Abs. 4 sind nach § 207 a strafbar. Geldstrafen fließen zur Knappschaftskasse, § 92.

6. Zu §§ 84 bis 85 h s. den Abschn. A der Ausführungs-Anw. v. 27./12. 92 (B. M. Bl. 1893 S. 13 in der Fass. des Erl. v. 5./3. 1901 B. M. Bl. S. 235), s. auch Z. XLII. 250, Z. XXXIV. 51.

§ 85.

Bergwerksbesitzer oder deren Stellvertreter dürfen großjährige Arbeiter, von denen ihnen bekannt ist, daß sie schon früher beim Bergbau beschäftigt waren, nicht eher zur Bergarbeit annehmen, bis ihnen von denselben das Zeugnis des Bergwerksbesitzers oder Stellvertreters, bei dem sie zuletzt in Arbeit gestanden, beziehungsweise das Zeugnis der Ortspolizeibehörde (§ 84) vorgelegt ist.

Zuwiderhandlungen sind nach § 207 e Z. 1 strafbar.

§ 85 a.

Minderjährige Arbeiter können beim Abgange ein Zeugnis über die Art und Dauer ihrer Beschäftigung fordern, dessen Unterschrift die Ortspolizeibehörde kosten- und stempelfrei zu beglaubigen hat.

Dieses Zeugnis ist auf Verlangen der Arbeiter auch auf ihre Führung und ihre Leistungen auszudehnen.

Auf die Ausstellung dieses Zeugnisses finden die Absätze 2, 3 und 4 des § 84 entsprechende Anwendung.

Der gesetzliche Vertreter des Minderjährigen kann die Ausstellung des Zeugnisses fordern, auch verlangen, daß dasselbe nicht an den Minderjährigen, sondern an ihn ausgehändigt werde. Mit Genehmigung der Gemeindebehörde des Arbeitsortes kann auch gegen den Willen des gesetzlichen Vertreters die Aushändigung unmittelbar an den Arbeiter erfolgen.

Die §§ 85a, 85b, 85c, 85d, 85e, 85f, 85g und 85h enthalten die der Gewerbeordnung (§ 113, §§ 107 bis 112 und § 114) nachgebildeten Bestimmungen über das Zeugnis und Arbeitsbuch der minderjährigen Bergleute. Die gen. §§ wie die §§ 86 bis 92 beruhen auf G. v. 24./6. 92. Die Worte „gesetzlicher Vertreter" beruhen auf Art. 37 Z. IV. des Ausf. Ges. z. B. G. B. v. 20. Septbr. 1899 (G. S. 177).

§ 85b.

Minderjährige Personen dürfen auf den den Bestimmungen dieses Gesetzes unterworfenen Anlagen als Arbeiter nur beschäftigt werden, wenn sie mit einem Arbeitsbuche versehen sind. Bei der Annahme solcher Arbeiter hat der Bergwerksbesitzer das Arbeitsbuch einzufordern. Er ist verpflichtet, dasselbe zu verwahren, auf amtliches Verlangen vorzulegen und nach rechtmäßiger Lösung des Arbeitsverhältnisses wieder auszuhändigen. Die Aushändigung erfolgt an den gesetzlichen Vertreter[1], sofern dieser es verlangt oder der Arbeiter das sechzehnte Lebensjahr noch nicht vollendet hat, anderenfalls an den Arbeiter selbst. Mit Genehmigung der Gemeindebehörde des im § 85c bezeichneten Ortes kann die Aushändigung des Arbeitsbuches auch an die zur gesetzlichen Vertretung nicht berechtigte[1] Mutter oder einen sonstigen Angehörigen oder unmittelbar an den Arbeiter erfolgen.

1. Diese Fassung beruht auf Art. 37 V A. G. z. B. G. B. vom 20. Septbr. 1899.

2. Zuwiderhandlungen gegen § 85b sind nach § 207e Z. 1 u. 2 strafbar.

3. § 85b bezieht sich wie die entsprechende Vorschrift der Gew. O. auch auf minderjährige Betriebsleitende, Werkmeister und Techniker.

§ 85c.

Das Arbeitsbuch wird dem Arbeiter durch die Polizeibehörde desjenigen Ortes, an welchem er zuletzt seinen dauernden Aufenthalt gehabt hat, wenn aber ein solcher innerhalb des Staatsgebiets nicht stattgefunden hat, von der Polizeibehörde des von ihm zuerst erwählten Arbeitsortes kosten- und stempelfrei ausgestellt. Die Ausstellung erfolgt auf Antrag oder mit Zustimmung des gesetzlichen Vertreters; ist die Erklärung des gesetzlichen Vertreters nicht zu beschaffen, oder verweigert er die Zustimmung ohne genügenden Grund und zum Nachteile des Arbeiters, so kann die Gemeindebehörde die Zustimmung ergänzen. Vor der Ausstellung ist nachzuweisen, daß der Arbeiter zum Besuche der Volksschule nicht mehr verpflichtet ist, und glaubhaft zu machen, daß bisher ein Arbeitsbuch für ihn noch nicht ausgestellt war.

1. Fassung Art. 37 VI A. G. z. B. G. B. v. 20. Septbr. 1899.
2. Strafbestimmung s. in § 207e Z. 2; s. auch die Anm. 3 zu § 85b.

§ 85d.

Wenn das Arbeitsbuch vollständig ausgefüllt oder nicht mehr brauchbar, oder wenn es verloren gegangen oder vernichtet ist, so wird an Stelle desselben ein neues Arbeitsbuch ausgestellt. Die Ausstellung erfolgt durch die Polizeibehörde desjenigen Ortes, an welchem der Inhaber des Arbeitsbuches zuletzt seinen dauernden Aufenthalt gehabt hat. Das ausgefüllte oder nicht mehr brauchbare Arbeitsbuch ist durch einen amtlichen Vermerk zu schließen.

Wird das neue Arbeitsbuch an Stelle eines nicht mehr brauchbaren, eines verloren gegangenen oder vernichteten Arbeitsbuches ausgestellt, so ist dies darin zu vermerken. Für die Ausstellung kann in diesem Falle eine Gebühr bis zu fünfzig Pfennig erhoben werden.

§ 85e.

Das Arbeitsbuch (§ 85b) muß den Namen des Arbeiters, Ort, Jahr und Tag seiner Geburt, Namen und letzten Wohnort seines gesetzlichen Vertreters und die Unterschrift des

Arbeiters enthalten. Die Ausstellung erfolgt unter dem Siegel und der Unterschrift der Behörde. Letztere hat über die von ihr ausgestellten Arbeitsbücher ein Verzeichnis zu führen.

Die Einrichtung der Arbeitsbücher wird durch den Minister für Handel und Gewerbe bestimmt.

1. Fassung Art. 37 VII. A. G. z. B. G. B. v. 20./9. 99.

2. Strafbestimmung in § 207e Z. 2; s. auch Anm. 3 zu § 85b.

3. Betreffs Einrichtung der Arbeitsbücher s. Ziffer 183 der Ausführungsanweisung zur Gew. O. v. 1./5. 04, Z. XLV. 163.

§ 85f.

Bei dem Eintritt des Arbeiters in das Arbeitsverhältnis hat der Bergwerksbesitzer an der dafür bestimmten Stelle des Arbeitsbuches die Zeit des Eintritts und die Art der Beschäftigung, am Ende des Arbeitsverhältnisses die Zeit des Austritts und, wenn die Beschäftigung Änderungen erfahren hat, die Art der letzten Beschäftigung des Arbeiters einzutragen.

Die Eintragungen sind mit Tinte zu bewirken und von dem Bergwerksbesitzer oder dem dazu bevollmächtigten Betriebsleiter zu unterzeichnen.

Die Eintragungen dürfen nicht mit einem Merkmal versehen sein, welches den Inhaber des Arbeitsbuches günstig oder nachteilig zu kennzeichnen bezweckt.

Die Eintragung eines Urteils über die Führung oder die Leistungen des Arbeiters und sonstige durch dieses Gesetz nicht vorgesehene Eintragungen oder Vermerke in oder an dem Arbeitsbuche sind unzulässig.

1. Die Unterschrift kann durch Aufdruck des Firmenstempels nicht ersetzt werden, Erklärung des Regierungsvertreters, Komm. Ber. des Abg. H. S. 25.

2. Auch die Kennzeichnung im günstigen Sinne ist verboten. „Merkmale" sind nicht Sätze oder Worte, sondern z. B. verabredete Zeichen, Punkte, Striche, Farbe der Tinte, bestimmte Stelle, durch welche Arbeitgeber sich über die Persönlichkeit des Arbeiters verständigen, R. G. 6./11. 91 Strafs. XXII. 200.

3. Strafbestimmung zu Abs. 3 in § 207a, im übrigen s. § 207e Z. 2 und Anm. 3 zu § 85b.

§ 85g.

Ist das Arbeitsbuch bei dem Bergwerksbesitzer unbrauchbar geworden, verloren gegangen oder vernichtet, oder sind von dem Bergwerksbesitzer unzulässige Merkmale, Eintragungen oder Vermerke in oder an dem Arbeitsbuche gemacht, oder wird von dem Bergwerksbesitzer ohne rechtmäßigen Grund die Aushändigung des Arbeitsbuches verweigert, so kann die Ausstellung eines neuen Arbeitsbuches auf Kosten des Bergwerksbesitzers beansprucht werden. Ein Bergwerksbesitzer, welcher das Arbeitsbuch seiner gesetzlichen Verpflichtung zuwider nicht rechtzeitig ausgehändigt oder die vorschriftsmäßigen Eintragungen zu machen unterlassen oder unzulässige Merkmale, Eintragungen oder Vermerke gemacht hat, ist dem Arbeiter entschädigungspflichtig. Der Anspruch auf Entschädigung erlischt, wenn er nicht innerhalb vier Wochen nach seiner Entstehung im Wege der Klage oder Einrede geltend gemacht ist.

Strafbestimmung s. in § 207e Z. 2; s. auch Anm. 3 zu § 85b.

§ 85h.

Auf Antrag des Minderjährigen oder seines gesetzlichen Vertreters hat die Ortspolizeibehörde die Eintragung in das Arbeitsbuch kosten- und stempelfrei zu beglaubigen.

Fassung Art. 37 VIII. A. G. z. B. G. B. v. 20./9. 99.

§ 86.

Bergwerksbesitzer, welche einen Bergmann verleiten, vor rechtmäßiger Beendigung des Arbeitsverhältnisses die Arbeit zu verlassen, sind dem früheren Arbeitgeber für den entstandenen Schaden als Selbstschuldner mitverhaftet. In gleicher Weise haftet der Bergwerksbesitzer, welcher einen Bergmann annimmt, von dem er weiß, daß derselbe einem anderen Arbeitgeber zur Arbeit noch verpflichtet ist.

In dem im vorstehenden Absatze bezeichneten Umfange ist auch derjenige Bergwerksbesitzer mitverhaftet, welcher einen Bergmann, von dem er weiß, daß derselbe einem anderen Arbeitgeber zur Arbeit noch verpflichtet ist, während der

Dauer dieser Verpflichtung in der Beschäftigung behält, sofern nicht seit der unrechtmäßigen Lösung des Arbeitsverhältnisses bereits vierzehn Tage verflossen sind.

§ 86 deckt sich mit § 125 der Gew. O.

§ 87.

Die Bergwerksbesitzer sind verpflichtet, ihren Arbeitern unter achtzehn Jahren, welche eine von der Gemeindebehörde oder vom Staate als Fortbildungsschule anerkannte Unterrichtsanstalt besuchen, hierzu die erforderlichenfalls von der Bergbehörde festzusetzende Zeit zu gewähren. Am Sonntage darf der Unterricht nur stattfinden, wenn die Unterrichtsstunden so gelegt werden, daß die Schüler nicht gehindert werden, den Hauptgottesdienst oder einen mit Genehmigung der kirchlichen Behörden für sie eingerichteten besonderen Gottesdienst ihrer Konfession zu besuchen. Ausnahmen von dieser Bestimmung kann der Minister für Handel und Gewerbe für bestehende Fortbildungsschulen, zu deren Besuch keine Verpflichtung besteht, bis zum 1. Oktober 1894 gestatten.

Als Fortbildungsschulen im Sinne dieser Bestimmungen gelten auch Anstalten, in welchen Unterricht in weiblichen Hand- und Hausarbeiten erteilt wird.

Durch statutarische Bestimmung einer Gemeinde oder eines weiteren Kommunalverbandes, welche nach Maßgabe des § 142 der Gewerbeordnung erlassen wird, kann mit Zustimmung des Oberbergamts für männliche Arbeiter unter achtzehn Jahren die Verpflichtung zum Besuche einer Fortbildungsschule begründet werden. Auf demselben Wege können die zur Durchführung dieser Verpflichtung erforderlichen Bestimmungen getroffen werden. Insbesondere können durch statutarische Bestimmung die zur Sicherung eines regelmäßigen Schulbesuches den Schulpflichtigen, sowie deren Eltern, Vormündern und Arbeitgebern obliegenden Verpflichtungen bestimmt und diejenigen Vorschriften erlassen werden, durch welche die Ordnung in der Fortbildungsschule und ein gebührliches Verhalten der Schüler gesichert wird. Von der durch statutarische Bestimmung begründeten Verpflichtung zum Besuch einer

Fortbildungsschule sind diejenigen befreit, welche eine andere Fortbildungs- oder Fachschule (Steigerschule, Bergvorschule, Bergschule) besuchen, sofern der Unterricht dieser Schule von dem Oberbergamt als ausreichender Ersatz des durch statutarische Bestimmung geregelten Fortbildungsschulunterrichts anerkannt wird.

§ 87 entspricht im allgemeinen dem § 120 der Gew. O. Zuwiderhandlungen gegen Abs. 1 sind strafbar nach § 207e Z. 4, ebenso Übertretungen gegen Abs. 3.

§ 88.

Das Dienstverhältnis der von den Bergwerksbesitzern gegen feste Bezüge zur Leitung und Beaufsichtigung des Betriebes nach Maßgabe der §§ 73 und 74 angenommenen oder dauernd mit höheren technischen Dienstleistungen betrauten Personen (Maschinen- und Bautechniker, Chemiker, Zeichner und dergleichen) kann, wenn nicht etwas anderes verabredet ist, von jedem Teile mit Ablauf jedes Kalendervierteljahres nach sechs Wochen vorher erklärter Aufkündigung aufgehoben werden.

Jeder der beiden Teile kann vor Ablauf der vertragsmäßigen Zeit und ohne Innehaltung einer Kündigungsfrist die Aufhebung des Dienstverhältnisses verlangen, wenn ein wichtiger, nach den Umständen des Falles die Aufhebung rechtfertigender Grund vorliegt.

Die §§ 88 bis 91 entsprechen im allgemeinen den §§ 133a bis d der Gew. O. Doch fehlt im Berggesetz und gilt nicht für die in § 88 bezeichneten Personen die sog. Konkurrenzklausel (Art. 9 E. G. z. H. G. B. v. 10./5. 97 R. G. Bl. 497).

§ 89.

Gegenüber den im § 88 bezeichneten Personen kann die Aufhebung des Dienstverhältnisses insbesondere verlangt werden:

1) wenn sie beim Abschluß des Dienstvertrages den Bergwerksbesitzer durch Vorbringen falscher oder verfälschter Zeugnisse hintergangen oder ihn über das Bestehen eines anderen sie gleichzeitig verpflichtenden Dienstverhältnisses in einen Irrtum versetzt haben;

2) wenn sie im Dienste untreu sind oder das Vertrauen mißbrauchen;
3) wenn sie ihren Dienst unbefugt verlassen oder den nach dem Dienstvertrage ihnen obliegenden Verpflichtungen nachzukommen beharrlich verweigern;
4) wenn sie eine sicherheitspolizeiliche Vorschrift bei der Leitung oder Beaufsichtigung der Bergarbeit übertreten oder wenn ihnen durch die Bergbehörde die Befähigung zum Aufsichtsbeamten aberkannt ist;
5) wenn sie durch anhaltende Krankheit oder durch eine längere Freiheitsstrafe oder Abwesenheit an der Verrichtung ihrer Dienste verhindert werden;
6) wenn sie sich Tätlichkeiten oder Ehrverletzungen gegen den Bergwerksbesitzer oder seine Vertreter zuschulden kommen lassen;
7) wenn sie sich einem unsittlichen Lebenswandel ergeben.

In dem Falle zu 5 bleibt der Anspruch auf die vertragsmäßigen Leistungen des Bergwerksbesitzers für die Dauer von sechs Wochen in Kraft, wenn die Verrichtung der Dienste durch unverschuldetes Unglück verhindert worden ist. Jedoch mindern sich die Ansprüche in diesem Falle um denjenigen Betrag, welcher dem Berechtigten aus einer auf Grund gesetzlicher Verpflichtung bestehenden Kranken- oder Unfallversicherung oder aus einer Knappschaftskasse zukommt.

§ 90.

Die im § 88 bezeichneten Personen können die Aufhebung des Dienstverhältnisses insbesondere verlangen:
1) wenn der Bergwerksbesitzer oder seine Stellvertreter sich Tätlichkeiten oder Ehrverletzungen gegen sie zuschulden kommen lassen;
2) wenn der Bergwerksbesitzer die vertragsmäßigen Leistungen nicht gewährt;
3) wenn der Bergwerksbesitzer oder dessen Stellvertreter Anordnungen ergehen läßt, welche gegen den Betriebsplan oder gegen sicherheitspolizeiliche Vorschriften verstoßen, oder wenn er die Mittel zur Aus-

führung der von der Bergbehörde getroffenen polizeilichen Anordnungen verweigert.

1. Die Ziffer 5 des § 124 der Gew. O. ist in § 83 und ebenso ist die Ziffer 3 in § 133d der Gew. O. in § 90 nicht aufgenommen, weil sich der Bergmann der Betriebsgefahren seines Berufs stets bewußt sein muß und aus denselben keinen Grund zur sofortigen Auflösung des Arbeitsverhältnisses hernehmen darf, Reg. Entw. S. 43.

2. Zu Z. 3 vgl. Entsch. d. R. G. in Straff. V. 182.

§ 91.

Unter den im § 86 aufgestellten Voraussetzungen tritt die daselbst bestimmte Haftung des Bergwerksbesitzers auch für den Fall ein, wenn die im § 88 bezeichneten Personen zur Aufgabe des Dienstverhältnisses verleitet, in Dienst genommen oder im Dienst behalten werden.

§ 92.

Die wegen Übertretungen der §§ 84 Absatz 4, 85 und 85f Absatz 3 festgesetzten Geldstrafen fließen zu der Knappschaftskasse, welcher das betreffende Werk angehört.

§ 93.

Auf jedem Bergwerke ist über die daselbst beschäftigten Arbeiter eine Liste zu führen, welche die Vor- und Zunamen, das Geburtsjahr, den Wohnort, den Tag des Dienstantritts und der Entlassung, sowie das Datum des letzten Arbeitszeugnisses enthält.

Die Liste muß der Bergbehörde auf Verlangen vorgelegt werden.

1. Strafbest. im § 207 Abs. 1.

2. Für jugendliche Arbeiter ist durch § 138 Gew. O. noch ein besonderes Verzeichnis vorgeschrieben.

3. Ein besonderes Arbeitszeugnis ist für jugendliche Bergarbeiter nicht mehr obligatorisch.

§ 93a.

Für die Arbeitszeit der in Steinkohlenbergwerken unterirdisch beschäftigten Arbeiter gelten, unbeschadet der den Bergbehörden in den §§ 196—199 beigelegten Befugnis zum Erlasse weitergehender Anordnungen, die Vorschriften der §§ 93b, 93c und 93e.

Die §§ 93a—93e beruhen auf Art. II Ges. v. 14. Juli 1905 (G. S. S. 307).

§ 93b.

(Abs. 1.) Die regelmäßige Arbeitszeit darf für den einzelnen Arbeiter durch die Ein- und Ausfahrt nicht um mehr als $^1/_2$ Stunde verlängert werden. Ein etwaiges Mehr der Ein- oder Ausfahrt ist auf die Arbeitszeit anzurechnen. Eine Verlängerung der Arbeitszeit, welche zur Umgehung der vorstehenden Bestimmungen erfolgt, ist unzulässig.

(Abs. 2.) Als Arbeitszeit gilt die Zeit von der Beendigung der Seilfahrt bis zu ihrem Wiederbeginn.

1. § 93b entscheidet bezw. ändert für Steinkohlenbergwerke eine Streitfrage, s. oben S. 54 und Anm. zu § 80b Ziff. 1. Strafbestimmung findet sich in § 207f; die Vorschriften in § 93b bis g sind zwingend.

2. Was regelmäßige Arbeitszeit, ergibt sich aus der Arbeitsordnung. Eine allgemeine gesetzliche Festlegung der Arbeitszeit ist nicht erfolgt.

§ 93c.

(Abs. 1.) Für Arbeiter, welche an Betriebspunkten, an denen die gewöhnliche Temperatur mehr als + 28° C beträgt, nicht bloß vorübergehend beschäftigt werden, darf die Arbeitszeit 6 Stunden täglich nicht übersteigen.

(Abs. 2.) Als gewöhnliche Temperatur gilt diejenige Temperatur, welche der Betriebspunkt bei regelmäßiger Belegung und Bewetterung hat.

S. Anm. 1 zu § 93b.

§ 93d.

(Abs. 1.) Es darf nicht gestattet werden, an Betriebspunkten, an denen die gewöhnliche Temperatur mehr als + 28° C beträgt, Über- oder Nebenschichten zu verfahren.

(Abs. 2.) Vor dem Beginn sowohl einer regelmäßigen Schicht als einer Nebenschicht muß für den einzelnen Arbeiter eine mindestens achtstündige Ruhezeit liegen.

S. Anm. 1 zu § 93b.

§ 93e.

Auf jedem Bergwerke müssen Einrichtungen vorhanden sein, welche die Feststellung der Zahl und Dauer der von den einzelnen Arbeitern in den letzten zwölf Monaten verfahrenen Über- und Nebenschichten ermöglichen.

Strafbestimmung in § 207g.

Vierter Titel.

Von den Rechtsverhältnissen der Mitbeteiligten eines Bergwerks.

Ein Bergwerk kann für Rechnung einer einzelnen (physischen oder juristischen) Person oder für Rechnung mehrerer betrieben werden. In letzterem Falle heißen die Mitbesitzer „Gewerken", ihre Gesamtheit „Gewerkschaft". Die Gewerkschaft war nach älterem Recht eine communio: das Bergwerksunternehmen gehörte den Gewerken pro partibus indivisis, zur gesamten Hand. Nach A.L.R. Teil II, Tit. 16, § 268 waren die Gewerken in Ermangelung eines unter ihnen bestehenden, zunächst maßgebenden Vertrages nach den Grundsätzen zu behandeln, welche das A.L.R. in Teil I, Tit. 17 über Mit- (Gesamt-) Eigentum aufstellt. Die Gewerken sind hiernach pro partibus indivisis, zur gesamten Hand, Miteigentümer ihres Bergwerks, indes solche, welche, da der Staat den Bergwerksbetrieb bis ins kleinste dirigierte, in Wirklichkeit weiter nichts zu tun hatten, als die von der Staatsbehörde beschlossene Ausbeute in Empfang zu nehmen oder die ausgeschriebene Zubuße zu bezahlen. Das für das rechtsrheinische Recht erlassene Gesetz über die Verhältnisse der Miteigentümer eines Bergwerks u. s. w. v. 12./5. 51 (G. S. 265) gab den Gewerkschaften (abgesehen von der Annahme, Ablegung und Löhnung der Bergarbeiter) die Selbstverwaltung und behandelte dieselben (nicht als juristische Personen, sondern) nach der s. Z. verbreitetsten Ansicht als erlaubte Gesellschaften (A.L.R. Teil II, Tit. 6, §§ 11ff.) mit den inneren Rechten einer Korporation, richtiger wohl als eine durch die Spezialvorschriften des Bergrechts eigenartig gestaltete Gesellschaft von Miteigentümern im Sinne des A. L. R. I, 17 Abschn. 3 (vergl. v. d. Bercken in Z. I. 82 und Westhoff, Gewerkschaftsrecht S. 311, vergl. auch R. G. 12./12. 81 bei Daubenspeck I, S. 80) während nach außen hin die Gewerken als die Rechtssubjekte erschienen (A. L. R. Teil II, Tit. 6, § 12) und durch den Repräsentanten gemäß § 18 des Gesetzes vertreten wurden. Daher hafteten die Gewerken im landrechtlichen Gebiete nach Zivilrecht, nämlich jeder mit seinem ganzen Vermögen und jeder aufs ganze für die namens der Gewerkschaft gemachten Schulden (O.Tr. 5./7.

58, Entsch. Bd. 39, S. 340, 24./11. 68, Z. X. 370, 26./6. 72, Entsch. Bd. 67, S. 239, Z. XIII. 547 u. s. w.). Dieser Rechtszustand ist durch die §§ 226, 227 A. B. G. auch in Ansehung der vor dem Inkrafttreten des A. B. G. entstandenen Gewerkschaften in betreff der nach diesem Inkrafttreten kontrahierten Schulden dahin abgeändert, daß für diese nur noch mit dem Gewerkschafts- (Gruben-) Vermögen gehaftet wird. Im übrigen gilt das Recht der bloßen communio im Sinne des deutschrechtlichen Miteigentums zur gesamten Hand, im Gegensatze zur juristischen Person, für die älteren Gewerkschaften im wesentlichen noch heute, s. §§ 226 ff. Die neueren, d. i. nach dem Inkrafttreten des A. B. G. entstandenen Gewerkschaften sind dagegen juristische Personen, siehe in Z. VI, S. 143, die Gewerken sind also nicht (mehr) Eigentümer des Bergwerks, sondern wie die Aktionäre einer Aktiengesellschaft nur nach Maßgabe des Gesetzes und Statuts am Gewinn und Verlust des Unternehmers beteiligt. Von der Aktiengesellschaft unterscheidet sich dagegen die neuere Gewerkschaft hauptsächlich dadurch, daß jene als solche nicht vor der Eintragung in das Handelsregister (§ 200 des Handelsgesetzbuchs v. 10. Mai 1897), diese dagegen formlos durch die bloße Tatsache entsteht, daß mehrere Mitbeteiligte am Bergwerke vorhanden sind (§ 94), daß jene notwendig eines Gesellschaftsvertrages bedarf (H. G. B. § 182), diese dagegen desselben entraten kann (§ 94), daß jene zu ihrem Entstehen ein bestimmtes Grundkapital voraussetzt (§§ 175, 182), diese dagegen ohne Rücksicht darauf entsteht, ob ein Betriebskapital vorhanden ist, welches erst allmählich, je nach Bedarf, durch Beiträge oder Überschüsse gesammelt wird, daß endlich die Aktien auf einen bestimmten Betrag lauten (§ 180 des H. G. B.), der Gewerkschaftsanteil (Kux) dagegen nur einen aliquoten Teil am Bergwerksunternehmen ausdrückt.

Durch die Veräußerung des Bergwerks oder durch den Konkurs über die Gewerkschaft oder durch den Übergang aller Kuxe in eine Hand wird nach der neueren Rechtsprechung und nach B. G. B. z. B. § 49 Abs. 2 die Gewerkschaft nicht ohne weiteres von selbst aufgehoben, s. z. B. R. G. Zivils. XXVIII. 358, XLVIII. 301, Z. XXIV. 118, Entsch. d. R. G. in Ziv. Z. XLVIII. 311, Z. XLI. 354, XLII. 435, XLIV. 370, J. M. Bl. 1892 S. 189, Gruchot Beiträge XXXIII. 1055.

Für die Liquidation gelten die Vorschriften des B. G. B. §§ 48 ff., insbesondere gemäß § 49 Abs. 2, daß die Gewerkschaft bis zur Beendigung der Liquidation als fortbestehend gilt, soweit der Zweck der Liquidation es erfordert; s. auch Entsch. d. R. G. in Zivils. XLVIII 312 u. bei Gruchot XXXIII 1055.

§ 94.

Zwei oder mehrere Mitbeteiligte eines Bergwerks bilden eine Gewerkschaft.

Die Gewerkschaft kann ihre besondere Verfassung durch

ein notariell oder gerichtlich zu errichtendes Statut regeln, welches der Zustimmung von wenigstens drei Vierteilen aller Anteile und der Bestätigung des Oberbergamts bedarf.

Die Bestimmungen der §§ 95 bis 110, 114 Absatz 2, und 123 bis 128 dürfen durch das Statut nicht abgeändert werden.

1. Auch durch einen mit $^3/_4$ Mehrheit (A. B. G. § 114) zu fassenden Beschluß auf Auflösung hört die Gewerkschaft noch nicht ohne weiteres auf. Vielmehr besteht sie in diesen wie in den anderen Fällen bis zur Beendigung der Liquidation bezw. bis gänzlicher Aufteilung oder Veräußerung des Gewerkschaftsvermögens fort.

2. Da beim Fehlen speziell berggesetzlicher Vorschriften das B. G. B. zur Anwendung kommt, so gelten für die Liquidation der Gewerkschaft die §§ 48 bis 53 B. G. B. Vgl. hierzu oben S. 2 und Westhoff, Das preußische Gewerkschaftsrecht S. 36ff.

3. Die Gewerkschaft entsteht ipso jure, also stillschweigend, wo ihre Voraussetzungen gegeben sind (Ausnahmen s. §§ 133, 134 A. B. G.), grundbuchamtlich entsteht sie nur und hört sie nur auf, wenn solches ausdrücklich von den Beteiligten oder dem Oberbergamte (Anm. 3. zu § 50) beantragt ist, s. auch K. G. 16./5. 05 in Johow Jahrb. XXX. A. 180. Die Mitbeteiligung (gleichviel physische oder juristische Personen) muß in bezug auf das Eigentum, nicht z. B. bezüglich eines Pachtverhältnisses, vorliegen, R. G. 11./3. 82, Z. XXIV. 118, 12./11. 84 Z. XXVII. 211. Ob der Erwerb aller Anteile durch einen die Gewerkschaft aufhebt, ist streitig, dafür Brassert, Z. XXVII. 333, Klostermann, Anm. 218 und O. Trib. 21./1. 78, Z. XX. 353, dagegen Oppenhoff, Anm. 566, Werner in Gruchots Beiträgen XX. 483 und meist die neuere Rechtsprechung, z. B. R. G. Entsch. XXXII. 383 u. J. M. Bl. 1893 S. 48, ferner Z. XXXV. 378, ebenso Turnau-Förster, Liegenschaftsrecht, 2. Aufl. II. S. 449 f., and. Ans. O. Tr. Entsch. Bd. 81, S. 137. Gewiß ist (s. auch Arndt, Komm. S. 119 u. K. G. in Johow Jahrb. XII. 87, Z. XXVIII. 50, vgl. auch K. G. in Johow XXX. A. 180), daß nach außen hin und dritten gegenüber die Gewerkschaft solange vorhanden ist, wie sie als Eigentümerin des Bergwerks im Grundbuche vermerkt ist, s. auch R. G. 11./3. 82, Z. XXIV. 118.

4. Nicht bloß die Errichtung, sondern auch jede Abänderung des Statuts bedarf der oberbergamtlichen Bestätigung. Über die Wirkung der im Statut erfolgten Abänderung nicht abänderbarer Bestimmungen siehe R. G. 14./12. 81, Entsch. VI. 284f., Z. XXIII. 352, Westhoff, S. 124f. Das Oberbergamt hat zu prüfen, ob das Statut formell gültig zustande gekommen ist, im übrigen hat es sich lediglich mit der Frage zu befassen, ob öffentliche Interessen verletzt sind; dazu gehören der Schutz der Minderheit gegen eine Vergewaltigung durch die Mehrheit, der Schutz des Publikums z. B. dagegen, daß bei geringwertigen

Bergwerken die Kuxzahl nicht auf 1000 festgesetzt wird. Durch die oberbergamtliche Bestätigung werden ungültige (zwingenden Vorschriften z. B. des A. B. G. widersprechende) Bestimmungen nicht gültig.

5. Nur an einem verliehenen, nicht aus dem Rechte des Grundeigentums betriebenen, Bergwerke kann eine Gewerkschaft errichtet werden, siehe auch R. G. 20./4. 80, Z. XXII. 111, vgl. ferner Anm. 3 zu § 96.

6. Ältere Gewerkschaften können kein Statut errichten.

7. Was den Stempel anlangt, vergl. Ges. vom 31. Juli 1895 Tarifnr. 25 und 45f. auch Z. XXXVI. 478. Der Stempel beträgt demnach 1,5 Mk.

§ 95.

Die Gewerkschaft führt den Namen des Bergwerks, sofern sie nicht in dem Statut einen anderen Namen gewählt hat.

§ 95 entspricht der analogen Vorschrift im § 20 des Handelsgesetzbuchs v. 10. Mai 1897 (für Aktiengesellschaften). Erfordert der Bergwerksbetrieb der (neueren) Gewerkschaft nach Art und Umfang einen in kaufmännischer Weise eingerichteten Geschäftsbetrieb, so ist sie da zum Handelsregister anzumelden, wo ihre Hauptniederlassung ist, H. G. B. §§ 33 ff., Westhoff, Gewerkschaftsrecht S. 76f.

§ 96.

Die Gewerkschaft kann unter ihrem Namen Rechte erwerben und Verbindlichkeiten eingehen, Eigentum und andere dingliche Rechte an Bergwerken und Grundstücken erwerben, vor Gericht klagen und verklagt werden.

(Ihr ordentlicher Gerichtsstand ist bei dem Gerichte, in dessen Bezirk das Bergwerk liegt.)

1. Anstatt Abs. 2 gilt jetzt, was durch Statut nicht abänderbar R. G. Zivils. XXXII. 384, aus § 17 der Zivilprozeßordnung

> „Gewerkschaften" (und zwar ältere wie neuere) „haben den allgemeinen Gerichtsstand bei dem Gerichte, in dessen Bezirke das Bergwerk liegt — —."
>
> „Neben dem durch die Vorschriften dieses Paragraphen bestimmten Gerichtsstande ist ein durch Statut oder in anderer Weise besonders geregelter Gerichtsstand zulässig."

2. Besonderer Gerichtsstand ist bei Klagen aus § 148 A. B. G. der, in dem der Schaden entstanden ist; Klagen gegen die Gewerkschaft aus Geschäften, die für beide Kontrahenten Handelsgeschäfte sind, gehören vor die Handelsgerichte, § 101 G. V. G.

3. § 96 gibt den Gewerkschaften neueren Rechts alle Rechte einer juristischen Person. Sie ist in ihrer Rechts- und Handlungsfähigkeit

nicht auf das verliehene Bergwerk beschränkt und kann daher auch Abbauberechtigungen erwerben und — anerkannt durch O. H. G. 12./10. 74, Entsch. Bd. 14, S. 244, Z. XVI. 226 — auch Wechselverbindlichkeiten eingehen, ferner Kaligewinnungsrechte in der Provinz Hannover besitzen, R. G. 28./9. 1901, Zivils. IL. 293, Z. XLIII. 87, Jur. Wochenschr. 1902, S. 86, und zwar selbst wenn die Gewerkschaft ihr eigentliches Bergwerk nicht betreibt. Andrerseits wird das Oberbergamt nicht gehindert, einem Gewerkschaftsstatut die Bestätigung zu versagen, welches darauf abzielt, die Gewerkschaftsform auf dem Betriebe des verliehenen Bergwerks fernliegende Zwecke auszudehnen, z. B. wenn für ein wertloses verliehenes Bergwerk eine Gewerkschaft gebildet ist und diese Abbauberechtigungen, Fabriken, Hütten u. s. w. erwirbt, um letztere unter der Gewerkschaftsform zu betreiben. Zivilrechtlich sind derartige Rechtsgeschäfte indes gültig. Vgl. auch Westhoff, Gewerkschaftsrecht S. 16 f., Hense in Z. XL. 327.

4. Nur die in Preußen nicht ansässigen Gewerkschaften bedürfen zum entgeltlichen Erwerb von Grundstücken im Werte von mehr als 5000 Mk. der staatlichen Genehmigung nach Art. 7 A. G. vom 20. Sept. 1899 zum B. G. B., K. G. 10./2. 02 Joh. Jahrb. XXIV. A. 98, s. auch Jur. Woch. 1902, S. 86, Z. XLIII. 373, 380.

5. Die neueren Gewerkschaften sind sog. Vollkaufleute im Sinne des § 2 des Handelsgesetzbuchs v. 10. Mai 1897, aber nur, wenn das bergbauliche Unternehmen sowohl nach Art wie nach Umfang einen in kaufmännischer Weise eingerichteten Betrieb erfordert. Ob dies der Fall, ist Tatfrage, die nicht überall zu bejahen. Event. können sie nach Handelsrecht Prokuristen und Handelsbevollmächtigte bestellen; sie müssen Handlungsbücher führen u. s. w. Daß § 2 des Handelsgesetzbuchs auf ältere Gewerkschaften nicht Anwendung findet, ergibt sich aus Art. 5 E. G. z. H. G. B. (R. G. Bl. 1897 S. 438).

6. Über die Staatseinkommensteuer der Gewerkschaften s. Z. XXXVIII. 344.

7. Über Umwandlung von Gewerkschaften in Aktiengesellschaften s. Westhoff, Gewerkschaftsrecht S. 42.

§ 97.

Das Bergwerk wird, soweit die Einrichtung des Hypothekenwesens dies gestattet, auf den Namen der Gewerkschaft in das Hypothekenbuch eingetragen.

Muten mehrere, so stellt das Oberbergamt die Verleihungsurkunde diesen aus, das Grundbuchamt trägt aber auf den diesbezüglichen Antrag die Gewerkschaft als Eigentümerin ein, Anm. 3 zu § 94, and. Ans. Westhoff, Gewerkschaftsrecht S. 85; s. auch Z. XLII. 493.

§ 98.

Das Bergwerk kann nur von der Gewerkschaft und nur als Ganzes mit Hypotheken und dinglichen Lasten beschwert werden.

Besitzt eine Gewerkschaft mehrere (nicht miteinander konsolidierte) Bergwerke, so kann sie diese einzeln und verschieden beschweren.

§ 99.

Für die Verbindlichkeiten der Gewerkschaft haftet nur das Vermögen derselben.

1. Der im § 99 ausgesprochene Satz, wonach die Gewerken für Gewerkschaftsschulden nicht persönlich haften, ergibt sich aus der Eigenschaft der Gewerkschaft als juristische Person, s. Z. VI. 144.

Die Haftung des Gewerkschaftsvermögens für die Verbindlichkeiten der Gewerkschaft ist nicht dinglich (O. Tr. 15./11. 70, Z. XII. 184, 26./1. 72, Z. XIII. 547, Entsch. Bd. 67, S. 248, R. G. II. 301). Hieraus folgt, daß die an dem konsolidierten Bergwerke entstehende (neue) Gewerkschaft nicht ohne weiteres für die Schulden haftet, welche die (früheren) Gewerkschaften an den Einzelbergwerken in Ansehung der Bergwerke kontrahiert oder ex lege zu tragen hatten.

2. Zum Vermögen der Gewerkschaft gehören auch die von den Gewerken zur Tilgung der Schulden der Gewerkschaft zu leistenden Beiträge, sobald die Einziehung von der Gewerkschaft gültig beschlossen ist, s. auch Westhoff, Gewerkschaftsrecht S. 88.

§ 100.

Durch das Ausscheiden einzelner Mitglieder — Gewerken — wird die Gewerkschaft nicht aufgelöst. Auch können einzelne Gewerken nicht auf Teilung klagen.

Die Auflösung der Gewerkschaft erfolgt erst, wenn das Gewerkschaftsvermögen vollständig aufgeteilt ist, nicht schon durch Übergang aller Kuxe in eine Hand u. s. w.; s. Anm. 1, 2 und 3 zu § 94. § 100 ist durch Statut unabänderbar.

§ 101.

Die Zahl der gewerkschaftlichen Anteile — Kuxe — beträgt hundert.

Durch das Statut kann die Zahl auf tausend bestimmt werden.

Die Kuxe sind unteilbar. Sie gehören zum beweglichen Vermögen.

1. Solange ein Bergwerk rechtlich nicht vorhanden ist, kann auch kein Kux an demselben bestehen. Daher kann vor der Verleihung, bestätigten Konsolidation oder Teilung an dem Bergwerke, dem konsolidierten, geteilten Bergwerke kein Kux bestehen, O. Tr. 9./10. 77, Z. XIX. 257, 21./1. 78, Z. XIX. 395, siehe auch Entsch. des O. H. G. Bd. 18, S. 262, Z. XVII. 506, XIX. 253 und XIX. 523.

2. Die Bestätigung der Kuxzahl 1000 erfolgt nur bei betriebenen und wertvolleren Bergwerken Z. XX. 260.

3. Geht ein Kux in das Eigentum mehrerer, so ist ein gemeinschaftlicher Bevollmächtigter zu bestellen.

4. Die Worte: „Sie gehören zum beweglichen Vermögen" beruhen auf Art. 37 des preuß. A. G. z. B. G. B. v. 20./9. 99, G. S. 177 IX. Kuxe neueren Rechts sind Wertpapiere, Anweis. an Gerichtsvollzieher v. 1./12. 99 § 67 (J. M. Bl. 665), Entsch. d. R. G. in Zivils. XLVII. 106, LII. 178, LIV. 350, and. Ans. Westhoff und Staub, Komm. z. H. G. B. § 369 a. a. O. Früher gehörten sie zu den „beweglichen Sachen". Das B. G. B. § 90 kennt nur noch körperliche Sachen. Die Vorschriften der §§ 932 f. B.G.B. finden auf den Kux keine Anwendung. Auch die Kuxe von Gewerkschaften, die vor dem 1. Jan. 1900 entstanden sind, gelten nicht mehr als bewegliche Sachen (Motive S. 617, Habicht, Einwirkung des B.G.B. auf vorher begründete Rechtsverhältnisse S. 345).

5. Dagegen kann ein Kux mehreren Mitberechtigten zu ideellem Miteigentum oder zur gesamten Hand zustehen, Westhoff S. 94.

6. Preußische Kuxe neueren Rechts gehören zu den im § 50 des Börsengesetzes v. 27. April 1894 (Fass. R. G. Bl. 1900 S. 275) bezeichneten Anteilen an Bergwerksunternehmungen, Entsch. d. R. G. in Zivils. XLVII. 104. Der Reichsstempel beträgt nach Tarifnummer 1c für Anteilscheine gewerkschaftlich betriebener Bergwerke (neue Kuxe, Kuxscheine) 1,5 Mk., vgl. auch Anm. 2 zu § 129. Außerdem ist die Gewerkschaft verpflichtet, spätestens 2 Wochen nach dem Einzahlungstermine für alle nach dem 1. Juli 1900 ausgeschriebenen Einzahlungen, soweit solche nicht zur Deckung von Betriebsverlusten dienen oder zur Erhaltung des Betriebs im bisherigen Umfange bestimmt und verwendet werden, 1 % vom Betrage der Einzahlung in Abstufungen von 1 Mk. für je 100 oder in Bruchteilen dieses Betrages zu entrichten. Die landesgesetzliche Besteuerung ist aufgehoben. Ferner unterliegen nach Nr. 4a 3 des Tarifs Kux- und sonstige Anschaffungsgeschäfte über bewegliche Kuxe, Kuxscheine und Abtretungsscheine einem Stempel von einem Tausendstel des Werts, in Abstufungen von 1 Mk. für je 1000 Mk. oder in Bruchteilen dieses Betrags; s. auch Z. XLIII. 14.

§ 102.

Die Gewerken nehmen nach dem Verhältnis ihrer Kuxe an dem Gewinne und Verluste teil.

Sie sind verpflichtet, die Beiträge, welche zur Erfüllung der Schuldverbindlichkeiten der Gewerkschaft und zum Betriebe erforderlich sind, nach Verhältnis ihrer Kuxe zu zahlen (§§ 129, 130).

1. Die Gewerken nehmen zwar an dem Gewinne und Verluste teil, aber sie haben weder an dem Gewinne einen unmittelbaren Anspruch, noch besteht gegen sie aus dem Verluste ein unmittelbarer Anspruch. Die Teilnahme am Gewinne besteht in dem nur gegen die Gewerkschaft und nur nach Maßgabe der gewerkschaftlichen Verfassung geltend zu machenden Anspruche auf Ausbeute. Die Teilnahme am Verluste besteht nur in der Verpflichtung, Beiträge zu zahlen gemäß den §§ 102 Abs. 2, 129 und 130, vgl. R. G. Entsch. LIX. 387. § 102 ist unabänderbar.

2. Der Gewinn (die Ausbeute) ist erst fällig, wenn er nach dem Gewerkenbeschluß zur Auszahlung kommen soll, nicht schon an dem Tage, an dem der Beschluß gefaßt ist. Der früher bestandene Unterschied zwischen Verlagserstattung und Ausbeute ist fortgefallen, vgl. Motive S. 69 f. Die Verpflichtung zur Zahlung der Zubuße besteht schon vom Tage des fr. Gewerkenbeschlusses, R. G. 18./2. 05 in Entsch. LX. 160.

3. Nach § 99 Abs. 2 B. G. B. gilt im Unterschiede von A. L. R. I Tit. 21 § 27 die Ausbeute selbst als Frucht des Rechts, folglich gebührt dem Nutznießer an Kuxen die Ausbeute, nicht bloß deren Zins, s. auch Anm. 1 zu § 54.

§ 103.

Über sämtliche Mitglieder der Gewerkschaft und deren Kuxe wird von der Gewerkschaft ein Verzeichnis — das Gewerkenbuch — geführt. Auf Grund desselben wird einem jeden Gewerken, welcher es verlangt ein Anteilschein — Kuxschein — ausgefertigt.

Die Kuxscheine sind nach der Wahl des Gewerken über die einzelnen Kuxe oder über eine Mehrheit derselben auszustellen.

Die Kuxscheine dürfen nur auf einen bestimmten Namen, niemals auf den Inhaber lauten.

Die Erneuerung eines Kuxscheines ist nur gegen Rückgabe oder nach erfolgter Amortisation desselben zulässig.

1. Führung des Gewerkenbuchs und Ausstellung der Kuxscheine sind (abgesehen von § 239) Sache des Repräsentanten oder Grubenvorstandes, welche (auch wenn sie das Geschäft einem Gehilfen überlassen), für jedes Versehen (auch des Gehilfen) haften und die im

Verkehr erforderliche Sorgfalt zu prästieren haben, Westhoff S. 101. Durch das Statut kann die Führung des Gewerkenbuches anderweit geregelt werden.

2. Der Kuxschein ist kein Inhaberpapier, auch nicht Ware im Sinne des H. G. B. Er ist nicht Träger des Rechts und lediglich eine Beweisurkunde, vgl. auch R. G. E. Zivilſ. VIII. 12.; ſ. jedoch Anm. 4 zu § 101 u. Anm. zu § 109. Er wird durch die Abtretung des Kuxes ohne weiteres Eigentum des neuen Gewerken, B. G. B. § 952. Die Amortisation erfolgte gemäß § 110.

3. In Anwendung u. a. der zu § 110 angezogenen Vorschriften muß die Gewerkschaft als verpflichtet gelten, einen beschädigten Kuxschein umzutauschen und einen neuen anstatt eines kraftlos erklärten zu erteilen.

4. Schemata für Gewerkenbücher und Kuxscheine ſ. u. a. Z. VII. 377, XL. 99 f.

§ 104.

Die Kuxe können ohne Einwilligung der Mitgewerken auf andere Personen übertragen werden.

Ein gesetzliches Vorkaufsrecht steht den Mitgewerken nicht zu.

1. Die Übertragung erfolgte durch einfache schriftliche Zession. Auf Verlangen (B. G. B. § 403) hat der bisherige Gewerke dem neuen auf Kosten des letzteren eine öffentlich beglaubigte Urkunde über die Abtretung auszustellen; die Annahmeerklärung des Zessionars ist zur Gültigkeit der Übertragung nicht notwendig, B. G. B. § 398. Abredegemäße Ausfüllung von Blankozessionen ist zulässig, vgl. R. G. Zivilſ. XXXVI. 941, LVII. 66, Eccius, Preuß. Privatrecht I. S. 190 (and. Anſ. u. a. Turnau-Förster II. 456, Dernburg, Staudinger), doch erst nach erfolgter Ausfüllung dritten gegenüber wirksam. Auch die Nießbrauchbestellung am Kuxe gilt als Übertragung und bedarf der schriftlichen Form, Turnau-Förster, Liegenschaftsrecht II. 456. Für die Stempelpflicht gilt die Übertragung des Kuxes als Kaufgeschäft, Entsch. d. R. G. in Zivilſ. XXVIII. 251, Entsch. d. K. G. X. 213.

2. Auch § 104 ist durch Statut unabänderbar. Statutarische Vorschriften, wonach die Übertragung von der Zustimmung der Gewerkschaft abhängig ist, sind ungültig.

§ 105.

Zur Übertragung der Kuxe ist die schriftliche Form erforderlich.

Der Übertragende ist zur Aushändigung des Kuxscheins und, wenn dieser verloren ist, zur Beschaffung der Amortisationserklärung auf seine Kosten verpflichtet.

Die Umschreibung im Gewerkenbuche darf nur auf Grund der Übertragungsurkunde und gegen Vorlegung des Kuxscheins oder der Amortisations-Erklärung erfolgen.

1. Die Übergabe des Kuxscheins, die übrigens auch aus § 402 B. G. B. gefordert werden kann, ist zur Gültigkeit des Eigentumsüberganges nicht notwendig (O. Tr. 14./9. 77, Entsch. Bd. 80 S. 290 Z. XIX. 103; s. auch § 398 B. G. B.); doch kann der neue Gewerke seine Rechte der Gewerkschaft gegenüber nicht schon auf Grund dieser Zession geltend machen; s. § 106, vgl. auch B. G. B. § 410 und Anm. 1 zu § 103. Der dem dinglichen Abtretungsvertrage zugrunde liegende obligatorische Schuldbegründungsakt richtet sich nach Form, Inhalt und Wirkung nach B. G. B.; s. Westhoff, Gewerkschaftsrecht S. 197, vgl. auch R. G., Zivils. LIV. 352.

2. Nach Erwerb des Kuxes hat der neue Gewerke, auch wenn er noch nicht in das Gewerkenbuch eingetragen, noch ihm der Kuxschein übergeben ist, seinem Zessionar (nicht der Gewerkschaft) gegenüber Anspruch auf die seitdem fällige Ausbeute, bezw. ist er zur Erstattung der seitdem fälligen Zubuße verpflichtet, s. Anm. 3 zu § 102, B. G. B. §§ 100 f.; vgl. auch Westhoff S. 119.

3. Der Gewerke kann die Herausgabe des Kuxscheins von dem Inhaber fordern, B. G. B. § 952, soweit dieser kein Pfand- oder Rückbehaltungsrecht hat, z. B. nach H. G. B. §§ 369, 397.

§ 106.

Wer im Gewerkenbuche als Eigentümer der Kuxe verzeichnet ist, wird der Gewerkschaft gegenüber bei Ausübung seiner Rechte als solcher angesehen.

1. Bei den älteren Gewerkschaften ist die Eintragung im Grundbuche zur Ausübung der Gewerkenrechte notwendig, Reichsgrundbuchordnung v. 24. März 1897 (R. G. Bl. 1897 S. 139, 1898 S. 754), s. auch O. Tr. 17./12. 75 Entsch. Bd. 76 S. 205, Z. XVII. 92. Dritten gegenüber ist die Eintragung im Gewerkenbuch unerheblich, s. B. G. B. §§ 398, 402 ff.

2. Durch die Eintragung in das Gewerkenbuch tritt der neue Gewerke in das genannte Rechtsverhältnis ein, so daß die rückständige Zubuße sowohl von ihm wie von dem bisherigen Gewerken gefordert werden kann; vgl. Zivils. XLV. 352, LI. 74, LX. 160; and. Ans. Westhoff S. 118, Brassert, Klostermann-Fürst.

§ 107.

Bei freiwilligen Veräußerungen von Kuxen bleibt der seitherige Eigentümer derselben der Gewerkschaft für die Beiträge (§ 102) verpflichtet, deren Erhebung die Gewerkschaft beschlossen hat, bevor die Umschreibung der Kuxe im Gewerkenbuche gesetzlich (§ 105) beantragt ist.

1. S. Anm. 2 zu § 102 u. Anm. 4 zu § 130. Es haften der seitherige, d. i. der bis dahin eingetragene und der neue Gewerke, vgl. auch Westhoff S. 122 f. Ist ein Gewerkenbuch nicht gebildet, so haftet jeder Gewerke nur für die während seiner Berechtigungszeit beschlossenen Zubußen. Bei zwangsweisen Veräußerungen haftet der neue Gewerke nur für die nach dem Zuschlage beschlossene Zubuße.

2. Die Gewerkschaft kann gegenüber der Ausbeuteforderung (bei der freiwilligen Veräußerung) des neuen Gewerken mit der Zubuße (sonst nicht) kompensieren, welche ihr gegenüber den früheren Gewerken zusteht, da die fr. Forderungen gleichartig sind, B. G. B. § 387, s. auch Anm. 3 zu § 130.

§ 108.

Die Verpfändung der Kuxe geschieht durch Übergabe des Kuxscheins auf Grund eines schriftlichen Vertrages.

1. Verpfändung richtet sich nach B. G. B., abgesehen davon, daß sie schriftlich erfolgen muß. In den Fällen der §§ 369, 397 H. G. B. entsteht das Pfand- bezw. Zurückbehaltungsrecht an Kuxen ohne schriftliche Form, da das H. G. B. gemäß Art. 2 der Reichsverf. dem A. B. G. vorgeht, s. Vorbem. S. 2. Die Übergabe des Kaufscheins ist zum Entstehen des Pfandrechts nötig, falls ein solcher besteht. Anzeige der Verpfändung an die Gewerkschaft empfiehlt sich mit Rücksicht auf § 407 B. G. B., Westhoff, Gewerkschaftsrecht S. 128. Die Ausbeute gilt im Zweifel als nicht mit verpfändet, s. auch ebendort S. 131. Der Verpfänder behält jedenfalls das Stimmrecht.

2. Die Verpfändung unterliegt einem Stempel von 0,5 bis 5 Mk. nach Tarifstelle 34, 59 des Stempeltarifs.

3. Wem am Kux gemäß § 108 ein Pfandrecht bestellt ist, oder als Kommissionär gemäß § 397 H. G. B. (am Kommissionsgute) ein Pfandrecht zusteht, hat wegen der Kosten, der Zinsen und des Kapitals das Vorrecht im Konkurse (Konkursordnung § 49), bei der Pfändung und beim Arrest (Z. P. O. §§ 804, 930). Auch das kaufmännische Zurückbehaltungsrecht an von Kaufleuten im Geschäftsverkehr hingegebenen Kuxen ist dritten gegenüber im Konkurse wirksam (H. G. B. § 369, Konk.-Ordn. § 49, Z. P. O. § 804).

§ 109.

(Die Exekution in den Anteil eines Gewerken wird durch Abpfändung seines Kuxscheins und Verkauf desselben im Wege der Mobiliarversteigerung vollstreckt.)

Es kommen statt § 109 die §§ 803, 808, 821 und 857 der Z. P. O zur Anwendung. Der Kux gilt hierbei als Wertpapier und wird bei der Zwangsvollstreckung als solches, also wie eine körperliche Sache behandelt, s. Anweis. für Gerichtsvollzieher v. 1./2. 99, § 67 (J.M.Bl. 665), ferner Turnau-Förster II. 456, and. Ans. Westhoff S. 134. Die Pfändung geschieht, wenn ein Kurschein gebildet, durch Inbesitznahme von seiten des Gerichtsvollziehers, Z. P. O. § 808, sonst (nach Westhoff stets) durch Zustellung des Gebots an den Schuldner (also die Gewerkschaft), Z. P. O. § 857 Abs. 2.

§ 110.

(Amortisation eines verloren gegangenen Kurscheins.)

Das Aufgebots- (Amortisations-) Verfahren regelt sich jetzt gemäß Art. I Z. V des preuß. Ausführungsgesetzes zur Z. P. O. vom 22./9. 1899 G. S. 284 nach den Vorschriften der Zivilprozeßordnung, nämlich den §§ 1004 bis 1009, 1015 bis 1018.

§ 111.

Die Gewerken fassen ihre Beschlüsse in Gewerkenversammlungen.

Das Stimmrecht wird nach Kuxen, nicht nach Personen ausgeübt.

1. Beschlußfassung durch Zirkular oder Briefwechsel ist ausgeschlossen; doch genügt die einstimmige schriftliche Erklärung aller Gewerken; and. Ans. Westhoff, Gewerkschaftsrecht S. 139.

2. § 111 kann durch Statut abgeändert, also auch Stimmrecht nach Personen festgesetzt werden.

§ 112.

Zur Gültigkeit eines Beschlusses ist erforderlich, daß alle Gewerken anwesend oder unter Angabe des zu verhandelnden Gegenstandes zu einer Versammlung eingeladen waren.

Einladungen durch die Post erfolgen gegen Post-Insinuationsschein.

Gewerken, welche weder im Inlande noch in einem Deutschen Bundesstaate wohnen, haben zur Empfangnahme der Einladungen einen Bevollmächtigten im Inlande zu bestellen. Ist dies nicht geschehen, so reicht ein vierzehntägiger Aushang am Amtslokale des Revierbeamten aus.

Dasselbe gilt bei Gewerken, deren Wohnort unbekannt ist.

1. Nur die Gewerken kommen gemäß § 106 in Betracht, welche im Gewerken- (bezw. Grund-) Buche als solche verzeichnet sind, O. Tr. 17./12. 75 Entsch. Bd. 76 S. 205, Z. XVII. 92. Ist noch kein Gewerkenbuch angelegt, sind alle Gewerken zu laden, Z. XXV. 108.

2. Sind alle Gewerken anwesend, so ist, wenn auch nicht alle Kuxe vertreten sind, der Nachweis der Ladung unnötig, Z. XXIII. 529.

3. Die Beschlußfähigkeit, welche die Gewerkschaft nachweisen muß, hat das Gericht im Streitfalle zu prüfen, O. Tr. 18./3. 78 Entsch. Bd. 81 S. 279 Z. XX. 346.

4. Auch wenn ein Grubenvorstand oder Repräsentant fehlen oder noch nicht bestellt sind, kann ein Gewerke die Gewerkenversammlung nicht einberufen.

5. Inland im Sinne des § 112 ist das Deutsche Reich.

6. Unbekannt im Sinne des § 112 ist auch, wer der Gewerkschaftsvertretung unbekannt ist (O. Tr. 18./3. 78 Entsch. Bd. 81 S. 284 Z. XX. 344); ist ein Gewerke verstorben und sind seine Erben der Gewerkschaftsvertretung unbekannt, so ist die Ladung durch Aushang gleichfalls zulässig, O. Tr. 17./12. 75 Entsch. Bd. 76 S. 205, Z. XVII. 92.

7. Post-Insinuationsscheine sind ersetzt durch Post-Zustellungsurkunden (Behändigungsscheine, Postordnung v. 20. März 1900 [R. G. Bl. 53]). Da § 112 zu den abänderbaren Bestimmungen des A. B. G. gehört, so kann im Statut die Vorladung in anderer Weise, z. B. mittelst eingeschriebener Briefe vorgeschrieben werden.

8. Die Ladung muß rechtzeitig erfolgen.

§ 113.

Die Beschlüsse werden in der beschlußfähigen Gewerkenversammlung mit einfacher Stimmenmehrheit gefaßt.

Beschlußfähig ist die erste Versammlung, wenn die Mehrheit aller Kuxe vertreten ist.

Ist die Mehrheit aller Kuxe nicht vertreten, so sind sämtliche Gewerken zu einer zweiten Versammlung einzuladen. Die zweite Versammlung ist ohne Rücksicht auf die Zahl der vertretenen Kuxe beschlußfähig. Diese Folge muß indes, wenn sie eintreten soll, in der Einladung angegeben werden.

Über jede Gewerkenversammlung ist ein Protokoll aufzunehmen.

1. Auch § 113 ist durch Statut abänderbar; es kann daher z. B. notarielle Vollmacht für die Vertretung vorgeschrieben werden.

2. Vertreten ist nur, wer vorher Vollmacht zur Vertretung ausgestellt hat O. Tr. 12./7. 75, Entsch. Bd. 75 S. 248, Z. XVII. 66; O. Tr. 11./7. 79, Z. XXI. 525, und zwar muß die beglaubigte Vollmacht schon in der Gewerkenversammlung nachgewiesen sein, wenn die Unterschrift nicht von allen Gewerken anerkannt wird (O. Tr. 11./7. 79, Z. XXI. 525). Nachträgliche Vollmacht genügt nicht. Für die Form der Vollmacht gilt B. G. B. § 167, also genügt an sich mündliche Form,

doch kann die Gewerkenversammlung Vertreter ohne schriftliche Vollmacht zurückweisen.

3. Die Form des Protokolls ist außer den Fällen der §§ 94 (Statut), 118 und 235 b die einfache, schriftliche, O. Tr. 3./7. 68, Z. X. 413.

4. Nicht begebene oder sonst ruhende Kuxe werden nicht mitgerechnet (Westhoff, Gewerkschaftsrecht S. 156).

§ 114.

Eine Mehrheit von wenigstens drei Vierteilen aller Kuxe ist erforderlich zu Beschlüssen, durch welche über den Gegenstand der Verleihung — Substanz des Bergwerks — ganz oder teilweise verfügt werden soll. Dies gilt insbesondere von den Fällen des Verkaufes, des Tausches, der Verpfändung oder der sonstigen dinglichen Belastung des Bergwerks, sowie der Überlassung der Ausbeutung gegen Entgelt (Verpachtung).

Zu Verfügungen über das verliehene Bergwerkseigentum durch Verzicht oder Schenkung ist Einstimmigkeit erforderlich.

1. Gemeint sind $^3/_4$ aller überhaupt vorhandenen, auch der ruhenden, nicht bloß der in der Gewerkenversammlung vertretenen Kuxe. Die Überlassung der Ausbeutung eines Bergwerks oder der Ausübung der Bergbauberechtigung gegen Entgelt gilt rechtlich als Verpachtung (vgl. R.G. 7./3. 1901 Z. XLIII. 52, R.G. 25./11. 87 bei Daubenspeck I. S. 63 und 26./2. 92, ebenda S. 61).

2. „Verfügt" im Sinne des § 114 wird nicht bloß durch den Verkauf, Tausch u.s.w., sondern auch durch einen Vertrag, mittelst dessen sich die Gewerkschaft zum Verkaufe u.s.w. verpflichtet. Eine Verfügung über andere Bergwerke, über andere als über die, für welche die Gewerkschaft errichtet ist, d. i. für welche die Gewerkschaft entstanden ist, fällt nicht unter § 114.

3. Abs. 1 ist durch Statut abänderbar; Abs. 2 ist nicht abänderbar.

§ 115.

Binnen einer Präklusivfrist von vier Wochen vom Ablaufe des Tages, an welchem ein Gewerkschaftsbeschluß gefaßt ist, kann jeder Gewerke die Entscheidung des ordentlichen Richters, in dessen Bezirk das Bergwerk liegt, darüber, ob der Beschluß zum Besten der Gewerkschaft gereiche, anrufen und gegen die Gewerkschaft auf Aufhebung des Beschlusses klagen.

Durch das Statut kann bestimmt werden, daß die Entscheidung dieser Frage in Streitfällen durch ein Schiedsgericht erfolgen, wie das Schiedsgericht gebildet und unter welchen Formen von demselben verfahren werden soll.

Diese Bestimmungen finden auf einen in Gemäßheit des § 94 gefaßten Beschluß keine Anwendung.

1. Nur ein solcher Beschluß ist anfechtbar, durch den in der Rechtslage etwas geändert wird, O. Tr. 12./7. 75, Entsch. Bd. 75 S. 229, Z. XVII. 66. R. G. 27./4. 81, Entsch. IV. 296, Z. XXIII. 110; auch R. G. 4./11. 85, Z. XXVII. 103; R. G. 20./11. 1902, Zivils. XLIII. 50, s. auch ebendort XLIII. 293, and. Ans. Westhoff, Brassert, Fürst. Die Klage ist gegen die Gewerkschaft zu richten, nicht gegen die Gewerken, welche den Beschluß gefaßt haben. Der Beweis, ob ein Beschluß zum Besten der Gewerkschaft gereiche, liegt der Gewerkschaft ob, O. Tr. 21./5. 69, Entsch. Bd. 61 S. 306, Z. XI. 295, bei freiem richterlichen Ermessen.

2. Das Streitobjekt eines Prozesses im Falle des § 115 ist das Interesse des anfechtenden Gewerken (R. G. in Zivils. XLV. 402, XLVIII. 381, Z. XLIV. 354) nicht das der Gewerkschaft. Die Aufhebung des Gewerkenbeschlusses wirkt zugunsten aller Gewerken. Das Einspruchsrecht des § 115 kann auch im Wege der Einrede geltend gemacht werden, aber nur innerhalb der vierwöchentlichen Frist des § 115, O. Tr. 11./7. 79, Z. XXI. 525. Klagen kann jeder im Gewerkenbuche eingetragene Gewerke, auch derjenige, welcher dem Beschlusse zugestimmt hat.

3. Schiedsgerichtliches Verfahren s. Z. P. O. §§ 1025 ff. Der Gerichtsstand ist der allgemeine Gerichtsstand, zuständig ist das ordentliche Gericht, nicht etwa die Kammer für Handelssachen.

4. Wenn der Gewerkschaftsbeschluß ein Immobile betrifft, können gemäß §§ 115, 116 Abs. 3, 120 das Oberbergamt (z. B. wenn es sich um Bestätigung eines Beschlusses über Konsolidation handelt), und die Grundbuchrichter die Bescheinigung der Gerichtsschreiberei fordern, daß eine Klage innerhalb der vier Wochen nicht eingegangen bezw. daß die eingegangene Klage rechtskräftig zurückgewiesen ist.

5. Nur im Falle des § 120 (114) hat die Klage Suspensivwirkung. Hat die Klage Erfolg, so gilt in den übrigen Fällen der aufgehobene Beschluß erst vom Tage der Rechtskraft des gerichtlichen Erkenntnisses an als nicht erfolgt.

§ 116.

Durch die Anstellung der Klage auf Aufhebung des Gewerkschaftsbeschlusses wird die Ausführung desselben nicht aufgehalten.

Wird der Beschluß aufgehoben, so verliert derselbe erst von der Rechtskraft der richterlichen Entscheidung an seine rechtliche Wirksamkeit.

Diese Bestimmungen finden keine Anwendung, wenn der Beschluß die im § 120 bezeichneten Gegenstände betrifft.

S. Anm. 5 zu § 115.

§ 117.

Jede Gewerkschaft ist verpflichtet, einen im Inlande wohnenden Repräsentanten zu bestellen und der Bergbehörde namhaft zu machen.

Statt eines einzelnen Repräsentanten kann die Gewerkschaft jedoch einen aus zwei oder mehreren Personen bestehenden Grubenvorstand bestellen.

Als Repräsentanten oder Mitglieder des Grubenvorstandes können auch Personen bestellt werden, welche nicht Gewerken sind.

1. Inland im Sinne des § 117 ist nach der preußischen Praxis das Deutsche Reich, Z. XX. 264, Bayern fordert, daß der Repräsentant in Bayern wohnt. Der Repräsentant muß eine physische (keine juristische) Person und nicht geschäftsunfähig sein; bedingt geschäftsfähige, z. B. Personen zwischen dem 7. Jahre und der Großjährigkeit, bedürfen zur Übernahme des Auftrags bezw. zum Abschluß des Dienstvertrages der Zustimmung des gesetzlichen Vertreters (B. G. B. § 108); es kann ein Ausländer, auch eine Frau, ein Gewerke oder ein Nichtgewerke sein. Wegen des Widerrufs s. § 128.

2. Da § 117 zu den durch Statut abänderbaren Gesetzesvorschriften gehört, kann im Statut (§ 94) bestimmt werden, daß neben dem Repräsentanten noch ein Grubenvorstand oder ein Aufsichtsrat fungieren soll. In allen Fällen muß der Repräsentant oder Grubenvorstand die in §§ 123, 124 aufgezählten Befugnisse haben.

3. Repräsentant oder Grubenvorstand einer Gewerkschaft sind als Gewerbetreibende im Sinne der Gew. O. anzusehen, s. Z. XLI. 492.

§ 118.

Die Wahl erfolgt in einer nach § 113 beschlußfähigen Versammlung durch absolute Stimmenmehrheit. Ist eine solche bei der ersten Abstimmung nicht vorhanden, so werden diejenigen beiden Personen, welche die meisten Stimmen erhalten haben, in die engere Wahl gebracht. Bei Stimmengleichheit entscheidet das Los.

Bei Ausmittelung der in die engere Wahl zu bringenden zwei Personen entscheidet im Falle der Stimmengleichheit ebenfalls das Los.

Das Protokoll über die Wahlverhandlung ist notariell oder gerichtlich aufzunehmen. Eine Ausfertigung desselben wird dem Repräsentanten oder dem Grubenvorstande zu seiner Legitimation erteilt.

1. Die Beschlußfähigkeit ist nur, wenn besondere Anstände vorliegen, von der Bergbehörde zu prüfen, Z. IX. 212. Die Anerkennung der Wahl durch die Bergbehörde bedeutet nur, daß diese keine Bedenken trägt, mit dem gewählten Repräsentanten oder Grubenvorstand zu verhandeln. Die Legitimation unterliegt einem Stempel von 1,5 Mk., s. Z. XXXVI. 481. Für die ins Handelsregister eingetragenen Gewerkschaften kommen die §§ 15, 33, 34 des Handelsgesetzbuchs vom 10. Mai 1897 zur Anwendung.

2. Das Protokoll muß die Angaben enthalten, welche zur Prüfung der Gültigkeit der erfolgten Wahl nötig sind (also Bescheinigung, daß alle Gewerken geladen sind, wieviel mit wieviel Kuxen erschienen oder vertreten waren, Abstimmung u. dgl.).

3. § 118 kann durch Statut geändert werden.

§ 119.

Der Repräsentant oder Grubenvorstand vertritt die Gewerkschaft in allen ihren Angelegenheiten gerichtlich und außergerichtlich.

Eine Spezialvollmacht ist nur in den im § 120 bezeichneten Fällen erforderlich.

(Eide namens der Gewerkschaft werden durch ihn geleistet.)

Beschränkt oder erweitert die Gewerkenversammlung die Befugnisse des Repräsentanten oder Grubenvorstandes, so müssen die betreffenden Festsetzungen in die Legitimation (§ 118) aufgenommen werden.

1. Die Vollmacht des Repräsentanten oder Grubenvorstandes bezieht sich auf alle Gegenstände, die nicht in § 120 (114) bezeichnet und nicht in der Legitimationsurkunde ausgenommen sind, also auch z. B. auf Erwerb und Veräußerung von Grundstücken Z. VIII. 107, XXVII. 94. Die Vollmacht des Vorstandes einer Aktiengesellschaft kann im Unterschiede von der des Repräsentanten oder Grubenvorstandes mit Rechtswirksamkeit gegen dritte nicht überhaupt beschränkt werden.

Die Strafvorschriften in §§ 239 bis 241 der Konkursordnung beziehen sich nicht auf die Vertreter bergrechtlicher Gewerkschaften, R. G. IV. Straf.-Sen. 17./10. 05, Jur. Wochenschr. 1905 S. 761.

2. Sofern im Statute nichts anderes bestimmt ist, sind nicht einzelne Mitglieder des Grubenvorstandes, sondern nur dieser selbst befugt, die Gewerkschaft zu verpflichten, O. H. G. 12./10. 74, Entsch. Bd. 14 S. 249, Z. XVI. 226, R. G. 21./1. 80, Z. XXI. 392, 21./9. 81, Z. XXIV. 249, 15./5. 86, Z. XXVII. 531. Doch genügt zu den Beschlüssen des Grubenvorstandes in Ermangelung statutarischer Festsetzung die einfache Mehrheit. Für die Einladungen zu den Sitzungen des Grubenvorstandes ist § 112 nicht maßgebend, R. G. 30./10. 80, Z. XXII. 360.

3. Mit sich selbst können Repräsentant oder Grubenvorstand namens der Gewerkschaft in der Regel nicht kontrahieren, A. B. G. § 128 in Verbindung mit § 181 B. G. B. Für Eidesleistungen gelten jetzt §§ 472 bis 477 Z. P. O.

4. Auch die Gewerken sind befugt, in einer beschlußfähigen Gewerkenversammlung unmittelbar rechtsverbindliche Erklärungen abzugeben, R. G. 4./4. 81, Z. XXIII. 250.

5. Auch für deliktische Handlungen wie Unterlassungen des Repräsentanten und Grubenvorstandes haftet zivilrechtlich die Gewerkschaft, s. auch B. G. B. § 31. Im Sinne § 151 der Gew. O. gelten diese als Gewerbetreibende, R. G. 3./5. 1900, Z. XLI. 492.

6. Die Substitutionsbefugnis haben Repräsentant und Grubenvorstand nicht, doch können sie sich Gehilfen bestellen, Handlungsbevollmächtigte u. dgl.; s. Anm. 1 zu § 125.

§ 120.

Der Repräsentant oder Grubenvorstand bedarf eines besonderen Auftrages der Gewerkenversammlung:

1) wenn es sich um Gegenstände handelt, welche nur von einer Mehrheit von wenigstens drei Vierteilen aller Kuxe oder nur mit Einstimmigkeit beschlossen werden können;
2) wenn Beiträge von den Gewerken erhoben werden sollen.

1. Der besondere Auftrag, jetzt Vollmacht im Sinne des B. G. B., liegt in dem Gewerkenbeschlusse, der die Maßregel anordnet, O. Tr. 18./3. 78, Entsch. Bd. 81 S. 279, Z. XX. 344. Nur zur Ausschreibung, nicht z. B. zur Einziehung, Einklagung oder Empfangnahme der Beiträge bedarf der Repräsentant oder Grubenvorstand des besonderen Auftrages. Der Auftrag kann nur durch Statut generell erteilt werden.

2. § 120 kann durch Statut geändert werden.

§ 121.

Der Repräsentant oder Grubenvorstand führt das Gewerkenbuch und fertigt die Kuxscheine aus (§ 103).

Er ist verpflichtet, für die Führung der übrigen erforderlichen Bücher der Gewerkschaft Sorge zu tragen und jedem Gewerken auf Verlangen die Bücher zur Einsicht offen zu legen.

Streitigkeiten gehören vor die ordentlichen Gerichte. § 121 kann durch Statut geändert werden. S. auch Anm. 2 zu § 126.

§ 122.

Der Repräsentant oder Grubenvorstand beruft die Gewerkenversammlungen.

Er muß, wenn das Bergwerk im Betriebe ist, alljährlich eine Gewerkenversammlung berufen und derselben eine vollständig belegte Verwaltungsrechnung vorlegen.

Der Repräsentant ist zur Berufung einer Gewerkenversammlung verpflichtet, wenn dies die Eigentümer von wenigstens einem Viertel aller Kuxe verlangen. Unterläßt er die Berufung, so erfolgt dieselbe durch die Bergbehörde auf den an sie gerichteten Antrag.

Zur Vornahme der Wahl eines Repräsentanten oder Grubenvorstandes oder zur Beschlußfassung über den Widerruf der erfolgten Bestellung kann die Bergbehörde auf den an sie gerichteten Antrag eine Gewerkenversammlung berufen.

1. Auch wenn Repräsentant oder Grubenvorstand fehlen, kann ein einzelner Gewerke nicht eine Generalversammlung berufen.

2. Soweit Gewerkschaften als Kaufleute ins Handelsregister eingetragen sind, kommt der § 39 des Handelsgesetzbuchs v. 10. Mai 1897 zur Anwendung.

3. Auch auf Antrag eines dritten, der ein Interesse nachweist, z. B. der die Gewerkschaft verklagen will, kann die Bergbehörde zur Vornahme der Wahl eine Gewerkenversammlung berufen, Z. XVII. 123, XXI. 397. Zur Vornahme anderer Geschäfte bei Gelegenheit der Versammlung zur Vornahme der Wahl, z. B. Zubußausschreibung, kann der Bergrevierbeamte nicht laden, Z. XLI. 121. Wenn Abs. 3 vorliegt, d. h. wenn $1/4$ der Kuxe die Berufung verlangt hat, kann alles Gegenstand der Verhandlung sein.

4. Vorladungen sind mangels „Vorhandenseins einer Urschrift" stempelfrei, Z. XXXVIII. 1.

5. § 122 kann durch Statut abgeändert werden.

§ 123.

Der Repräsentant ist berechtigt und verpflichtet, alle Vorladungen und andere Zustellungen an die Gewerkschaft mit voller rechtlicher Wirkung in Empfang zu nehmen.

Bestellt die Gewerkschaft einen Grubenvorstand, so muß ein Mitglied desselben mit dieser Empfangnahme beauftragt und in der Legitimation des Grubenvorstandes bezeichnet werden. Wenn dies nicht geschehen ist, so kann die Zustellung an jedes Mitglied des Grubenvorstandes erfolgen.

§ 123 kann durch Statut nicht abgeändert werden; s. § 94. Für prozessuale Zustellungen gelten die §§ 171 ff. der Z. P. O. Als Zustellungen gelten nur Ladungen und Erklärungen, nicht Übersendung oder Übergabe von anderen Dingen, z. B. Geld.

§ 124.

Die Bestimmungen der §§ 120, 121 und 122 dürfen nur durch ein förmliches Statut (§ 94), diejenigen des § 123 aber gar nicht abgeändert werden.

In keinem Falle darf dem Repräsentanten oder Grubenvorstande die Vertretung der Gewerkschaft bei den Verhandlungen mit der Bergbehörde, mit dem Knappschaftsvereine und mit anderen auf den Bergbau bezüglichen Instituten, sowie in den gegen sie angestellten Prozessen und die Eidesleistung in letzteren entzogen werden.

1. Auch alle übrigen (überhaupt abänderbaren) Bestimmungen des A. B. G., nicht bloß §§ 120, 121, 122 können nur durch ein förmliches Statut abgeändert werden; vgl. auch § 94.

2. Es steht mit § 124 nicht in Widerspruch, daß durch Statut noch andere Zustellungsbevollmächtigte bestellt werden.

§ 125.

Die Gewerkschaft wird durch die von dem Repräsentanten oder Grubenvorstande in ihrem Namen geschlossenen Rechtsgeschäfte berechtigt und verpflichtet.

Es ist gleichgültig, ob das Geschäft ausdrücklich im Namen der Gewerkschaft geschlossen worden ist, oder ob die Umstände ergeben, daß es nach dem Willen der Kontrahenten für die Gewerkschaft geschlossen werden sollte.

1. Voraussetzung ist, daß das Geschäft innerhalb der Befugnisse des Repräsentanten oder Grubenvorstandes liegt, vgl. §§ 119, 120, 126. Die Verpflichtung der Gewerkschaft liegt nur auf zivilrechtlichem Gebiete. Der Repräsentant kann Bevollmächtigte bestellen, z. B. für Verkauf der Bergwerksprodukte, Annahme und Entlassung von Steigern, Arbeitern, Anschaffung von Materialien, Holz, Öl u. s. w. Solches erfordert die Ausführung des ihm von der Gewerkschaft erteilten Auftrags. Auch die Handlungen solcher Personen berechtigen und verpflichten die Gewerkschaft. Haben der Repräsentant oder Grubenvorstand unter Überschreitung ihrer Befugnisse oder unter Nichtbeachtung der ihnen von der Gewerkenversammlung oder dem Aufsichtsrat erteilten Direktiven namens der Gewerkschaft Rechtsgeschäfte abgeschlossen, so sind diese für die Gewerkschaft verbindlich, falls nicht die etwaige Beschränkung in der Legitimation § 118 vermerkt ist. Selbstredend bleibt der Gewerkschaft der Rückgriff gegen den Repräsentanten oder Grubenvorstand vorbehalten. S. auch § 119.

2. § 125 entspricht dem Art. 230 des alten Handelsgesetzbuchs und dem § 164 B. G. B.

§ 126.

Der Repräsentant oder die Mitglieder des Grubenvorstandes sind aus den von ihnen im Namen der Gewerkschaft vorgenommenen Rechtshandlungen dritten gegenüber für die Verbindlichkeiten der Gewerkschaft persönlich nicht verpflichtet.

Handeln dieselben außer den Grenzen ihres Auftrages oder den Vorschriften dieses Titels entgegen, so haften sie persönlich, beziehungsweise solidarisch für den dadurch entstandenen Schaden.

1. Im Falle des Abs. 2, also auch bei Vorliegen der Voraussetzungen der §§ 829, 828 B. G. B. sind sie je nach Umständen der Gewerkschaft oder dem dritten zum Schadensersatze verpflichtet, vgl. R. G. Zivils. V. 19, VII. 105. Es kommen die §§ 179, 180 B. G. B. hierbei zur Anwendung.

2. Rechtshandlungen im Sinne des § 126 Abs. 1 sind nur positive Handlungen, nicht Unterlassungen oder Säumnis, anders im Sinne des Abs. 2, R. G. 21./1. 1903, Zivils. LIII. 330, letzteres jedoch nur, wenn die durch G e s e t z auferlegten Pflichten nicht erfüllt werden; daher sind Repräsentant und Grubenvorstand für die versäumte Einziehung von Zubußen nur der Gewerkschaft, nicht dem Gläubiger haftbar. Für Zuwiderhandlungen innerhalb der Grenzen ihres Auftrags, insbesondere bei Führung des Gewerkenbuchs, haftet neben ihnen auch die Gewerkschaft, R. G. 8./11. 1902, Zivils. LIII. 27.

§ 127.

Die Bergbehörde ist befugt, eine Gewerkschaft aufzufordern, innerhalb drei Monaten einen Repräsentanten oder einen Grubenvorstand zu bestellen.

Wird dieser Aufforderung nicht entsprochen, so kann die Bergbehörde bis dahin, daß dies geschieht, einen Repräsentanten bestellen und demselben eine angemessene, von der Gewerkschaft aufzubringende und nötigenfalls im Verwaltungswege exekutivisch einzuziehende Belohnung zusichern.

Dieser interimistische Repräsentant hat die in den §§ 119 bis 123 bestimmten Rechte und Pflichten, insofern die Bergbehörde keine Beschränkungen eintreten läßt.

1. Die Aufforderung kann gültig auch an einen einzelnen Gewerken erfolgen.

2. Die Bestellung eines Repräsentanten durch die Bergbehörde empfiehlt sich in allen Fällen, wo ein öffentliches Interesse vorliegt, also z. B. auch, wenn ein dritter gegen die Gewerkschaft sonst nicht klagen könnte, Z. XXI. 357.

3. Auch dem Antragsteller kann die Bergbehörde die Zahlung einer angemessenen Kaution aufgeben, Z. XXI. 397.

4. Für die Belohnung haftet das Gewerkschaftsvermögen.

§ 128.

Soweit der gegenwärtige Titel nichts anderes bestimmt, sind die durch die Bestellung eines Repräsentanten oder Grubenvorstandes entstehenden Rechtsverhältnisse nach den allgemeinen Vorschriften über die Vollmacht und den Auftrag zu beurteilen.

1. Fassung gemäß Art. 37 X A. G. z. B. G. B. v. 20./9. 99.

2. Vollmacht s. B. G. B. §§ 164 bis 181, Auftrag B. G. B. §§ 662 bis 674. Erstere betrifft das Verhältnis zu dritten, letzterer das zwischen Auftraggeber und Bevollmächtigten. Wenn nach § 664 B. G. B. der Beauftragte im Zweifel die Ausführung des Auftrags einem dritten nicht übertragen kann, so kann sich dies nur auf die Vertretung im ganzen, nicht auf die einzelnen Geschäfte (An- und Verkauf der Produkte, Materialien, Arbeiterannahme u. s. w. beziehen), da die Vornahme solcher Geschäfte bei jedem größeren Bergwerk vom Repräsentanten oder Grubenvorstand gar nicht geleistet oder erwartet werden kann; s. auch Anm. 1 zu § 125 A. B. G.

3. Nach näherer Vorschrift des § 671 B.G.B. kann der Auftrag des Repräsentanten oder Grubenvorstandes jederzeit widerrufen, von dem Beauftragten jederzeit gekündigt werden, unbeschadet der Vermögensansprüche derselben aus bestehenden Verträgen; s. auch Planck, Komm. zum B.G.B. Anm. 3 zu § 2226.

§ 129.

Die Klage gegen einen Gewerken auf Zahlung seines durch Gewerkschaftsbeschluß bestimmten Beitrages kann nicht vor Ablauf der in dem § 115 bestimmten Präklusivfrist von vier Wochen erhoben werden. Ist innerhalb dieser Frist von dem Gewerken auf Aufhebung des Beschlusses Klage erhoben worden (§ 115), so findet vor rechtskräftiger Entscheidung über dieselbe die Klage gegen den Gewerken nicht statt.

Die Klage gegen den Gewerken kann nur bei dem ordentlichen Richter angestellt werden, in dessen Bezirk das Bergwerk liegt.

(Das Verfahren über beide Klagen richtet sich nach den für schleunige Sachen bestehenden Vorschriften.)

1. Abs. 2 und 3 sind durch die Z. P. O. ersetzt. Abs. 2 durch § 12 und § 17. Ein schleuniges Verfahren im Sinne des dritten Absatzes besteht nicht mehr; s. § 226 Z. P. O. Der ausschließliche Gerichtsstand des Abs. 2 ist durch § 14 E. G. z. Z. P. O. aufgehoben. Gerichtsstand ist der persönliche des Gewerken bezw. der Gewerkschaft, Z. P. O. § 22.

2. Für ausgeschriebene Einzahlungen, soweit sie nicht zur Deckung von Betriebsunkosten oder zur Erhaltung des Betriebes in seinem bisherigen Umfange bestimmt sind, ist 1 % vom Betrage der Einzahlung von der Gewerkschaft als Reichsstempel zwei Wochen nach dem festgesetzten Einzahlungstermine zu entrichten, Reichsges. v. 4./6. 1900 (R. G. Bl. 275) 1c, s. auch Z. XLIV. 255.

3. Ein Pfand- oder Vorrecht steht der Gewerkschaft wegen Zubußen an beweglichen oder unbeweglichen Kuxen nicht mehr zu, s. auch Anm. zu § 130, 131, ferner R. G. 29./6. 92 Zivils. XXIX. 285, Z. XXXIII. 539.

§ 130.

Der Gewerke kann seine Verurteilung und die Exekution dadurch abwenden, daß er unter Überreichung des Kuxscheins den Verkauf seines Anteils behufs Befriedigung der Gewerkschaft anheimstellt.

1. Soweit der Gewerke das in § 130 ihm gegebene Recht nicht ausübt, haftet er persönlich für die Beiträge (O. Tr. 11./9. 71, Entsch. Bd. 66 S. 22, Z. XII. 512, 30./11. 74, Entsch. Bd. 79 S. 219, Z. XVI. 117). Nach dem älteren gemeinen und preußischen Bergrechte erfolgte die Beitreibung der rückständigen Beiträge durch das Retardat- und Kaduzierungsverfahren; der Gewerke wurde, falls er die Zahlungsfristen nicht innehielt, in das Retardat gesetzt und, falls er auch dann nicht zahlte, durch Beschluß des Bergamts seiner Kuxe verlustig erklärt; persönlich haftete er nicht (A. L. R. II. 16 § 274, O. Tr. 18./2. 59, Entsch. Bd. 41 S. 376). Nach dem Ges. v. 12./5. 51 (G. S. 265) hafteten die Gewerken (rechtsrheinisch) mit ihrem ganzen Vermögen. Das A. B. G. beseitigte die solidarische Haftbarkeit und das Kaduzierungsverfahren und führte die persönliche Haftbarkeit ein, welche es durch das in den §§ 130 und 132 enthaltene Abandonrecht milderte.

2. Das Recht aus § 130 steht den Gewerken bis zur und bei der Zwangsvollstreckung zu, O. Tr. 23./10. 76, Entsch. Bd. 78 S. 233, Z. XVIII. 131, auch dem Verkäufer, wenn Käufer in Annahme- und Zahlungsverzug, R. G. XL. 160, auch wenn über das Gewerkschaftsvermögen der Konkurs eröffnet ist, R. G. 30./12. 04, Zivils. LIX. 359, doch muß er selbst den Verkauf anheimstellen, O. Tr. 11./9. 71, Entsch. Bd. 66 S. 22, 30./11. 74, Entsch. Bd. 79 S. 219, Z. XVI. 117. Die Pfandfreiheit des Kuxes ist für die Befugnis zur Anheimstellung des Verkaufs zwecks Befreiung von der persönlichen Haftbarkeit nicht vorgeschrieben (O. Tr. 12./11. 77, Z. XIX. 388, 20./4. 79, Z. XXI. 378). Der Mehrerlös kommt dem Gewerken zu.

3. Die Gewerkschaft ist nicht befugt, gegen Forderungen, die der Gewerke an die Gewerkschaft erhebt, mit dessen Zubußen aufzurechnen, R. G. 29./6. 92, Zivils. XXIX. 281, Z. XXXIII. 535; umgekehrt kann der Gewerke gegen Zubußen aufrechnen; s. auch Anm. 2 zu § 107.

4. Durch die Zurverfügungstellung von Kuxen gemäß § 130 wird auch ein früherer Eigentümer dieser Kuxe von der Haftung aus § 107 a. a. O. befreit, R. G. 8./3. 1902, Zivils. L. 73, Z. XLIII. 364, ebenso durch deren Zwangsversteigerung.

§ 131.

(Der Verkauf des Anteils erfolgt im Wege der Mobiliarversteigerung nach Vorschrift des § 109.)

Aus dem gelösten Kaufpreise werden zunächst die Verkaufskosten und sodann die schuldigen Beiträge gezahlt.

Ist der Anteil unverkäuflich, so wird derselbe den anderen

Gewerken nach Verhältnis ihrer Anteile in ganzen Kuxen, soweit dies aber nicht möglich ist, der Gewerkschaft als solcher im Gewerkenbuche lastenfrei zugeschrieben.

1. Die Mobiliarversteigerung erfolgt jetzt nach der Z. P. O., s. § 109 A. B. G.

2. Fraglich war, ob die rückständigen Gewerkschaftsbeiträge ein Vorzugs-, Pfand- bezw. Absonderungsrecht nach dem A. B. G. hatten. Diese Frage ist heute gegenstandslos, da ein in dem A. B. G. etwa begründetes Vorrecht der Konkursordnung §§ 47ff. und der Z. P. O. §§ 804 Abs. 2 gegenüber unwirksam ist; s. auch Anm. 3 zu § 129.

3. Werden die Kuxe der Gewerkschaft zugeschrieben, so ist die Kuxzahl als gemindert anzusehen, s. auch Z. XXVII. 80. Die Gewerkschaft als solche wird nicht Gewerkin.

4. Die §§ 129—131 können durch Statut abgeändert werden, also z. B. die freihändige Veräußerung der Kuxe bei Verzug vorgeschrieben werden.

§ 132.

Jeder Gewerke ist befugt, auf seinen Anteil freiwillig zu verzichten, wenn auf dem Anteile weder schuldige Beiträge noch sonstige Schuldverbindlichkeiten haften, oder die ausdrückliche Einwilligung der Gläubiger beigebracht wird, und außerdem die Rückgabe des Kuxscheins an die Gewerkschaft erfolgt.

Der Anteil soll alsdann, sofern die Gewerkschaft nicht anderweitig über denselben verfügt, durch den Repräsentanten zugunsten der Gewerkschaft verkauft werden.

Ist der Anteil unverkäuflich, so findet die für diesen Fall in § 131 getroffene Bestimmung Anwendung.

S. auch Anm. 2 zu § 130. Der Verkauf gemäß Abs. 2 kann freihändig erfolgen.

§ 133.

Die Bestimmungen der §§ 94 bis 132 kommen nicht zur Anwendung, wenn die Rechtsverhältnisse der Mitbeteiligten eines Bergwerks durch Vertrag oder sonstige Willenserklärung anderweitig geregelt sind. Ein solches Rechtsgeschäft bedarf zu seiner Gültigkeit der notariellen oder gerichtlichen Form. Die Urkunde über dasselbe ist der Bergbehörde einzureichen.

Mitbeteiligte eines Bergwerks im Sinne des § 94 sind nicht die Teilhaber an einer ungeteilten Erbschaft oder an einer sonstigen gemeinschaftlichen Masse, zu welcher ein Bergwerk gehört.

1. Der Vertrag muß von sämtlichen Beteiligten bezw. Gewerken (einstimmig) beschlossen sein.

2. Wenn die Mitbeteiligten eines Bergwerks in Ausübung der ihnen in § 133 eingeräumten Freiheit Bestimmungen treffen, die mit unabänderbaren Vorschriften des A. B. G. in Widerspruch stehen, so kann unter ihnen ein gewerkschaftliches Verhältnis nicht bestehen und kommen die §§ 94—132 auch nicht subsidiär zur Anwendung, R. G. 14./12. 81, Entsch. VI. 285, Z. XXIV. 352.

3. Sonstige gemeinschaftliche Massen sind die Konkursmasse und die eheliche Gütergemeinschaft.

4. Betreffs Stempelpflichtigkeit der Urkunde s. Nr. 25e des Tarifs zum Stempelsteuergesetze v. 31. Juli 1895.

§ 134.

In den Fällen des § 133 muß, wenn die Mitbeteiligten eines Bergwerks nicht eine Gesellschaft bilden, deren Vertretung durch die allgemeinen Gesetze geordnet ist, ein im Inlande wohnender Repräsentant bestellt und der Bergbehörde namhaft gemacht werden, widrigenfalls letztere nach § 127 zu verfahren befugt ist.

Dasselbe gilt, wenn der Alleineigentümer eines Bergwerks im Auslande wohnt.

Dieser Repräsentant hat diejenigen Geschäfte zu besorgen, welche im § 124 als solche bezeichnet sind, die dem Repräsentanten oder Grubenvorstande einer Gewerkschaft niemals entzogen werden dürfen. Eine Abänderung ist auch hier unzulässig.

1. Gesellschaften, deren Vertretung durch die allgemeinen Gesetze geordnet ist, sind z. B. die Offene Handelsgesellschaft, Kommanditgesellschaft, Aktiengesellschaft, Genossenschaft, Gesellschaft mit beschränkter Haftung.

2. Im Sinne des § 134 gilt das Deutsche Reich als Inland. § 134 Abs. 2 gilt auch für den Fall, daß der Alleineigentümer ein Inländer ist.

3. Ein Grubenvorstand kann anstatt eines Repräsentanten nicht bestellt werden.

Fünfter Titel.

Von den Rechtsverhältnissen zwischen den Bergbautreibenden und den Grundbesitzern.

Erster Abschnitt.

Von der Grundabtretung.

Der Bergbau gilt innerhalb derselben Raumgrenzen der Gesetzgebung wertvoller als das Grundeigentum. Dieses muß also jenem in der Regel weichen. Dagegen hat der Bergwerkseigentümer nicht das Recht, unmittelbare Eingriffe in das Oberflächeneigentum vorzunehmen (O. Tr. 30./11. 74, Entsch. Bd. 73 S. 205, Z. XVI. 238, 26./6. 76, Entsch. Bd. 78 S. 81, Erk. v. 10./2. 1888, Z. XXIII. 278 R. G. 18./11. 93 Zivilf. XXXII. 241, Z. XXXV. 365); er muß daher, wenn der Grundeigentümer nicht freiwillig die Benutzung der Oberfläche gestattet, diese Benutzung sich durch Zwangsenteignung abtreten lassen. Die §§ 135 ff. kommen regelmäßig nur zur Anwendung, wenn der Bergwerkseigentümer das Recht zur Benutzung erst erlangen will. Ist er bereits in die Benutzung eingetreten, so ist das Enteignungsverfahren auf seinen Antrag nur statthaft, wenn diese Benutzung gefährdet wird (durch Kündigung, Drohung, mit Klage u. s. w.). Ist die Benutzung bereits beendet, so kann (nur) noch der Grundeigentümer im Enteignungsverfahren den Eigentumserwerb in den Fällen der §§ 137 bis 139 fordern.

Die Abtretung in den Fällen der §§ 135 ff. stellt sich als Zwangsverkauf dar, auch wenn es sich nicht um Eigentumserwerb handelt, vgl. Westhoff, Bergbau und Grundbesitz II. S. 78 f.

Die Gebrauchs- und Nutzungsrechte, welche nach den Vorschriften des § 142 A. B. G. im Wege des Zwangsverfahrens erworben werden können (auch wenn sie tatsächlich ohne ein solches erworben sind), bedürfen, wenn sich der Bergwerksbesitzer in ihrem Besitz befindet, nicht der Eintragung im Grundbuch zur Erhaltung der Wirksamkeit gegenüber dem öffentlichen Glauben, Art. 22 A. G. z. B. G. v. 20. Sept. 1899 (G. S. S. 177).

Die Grundabtretungen nach den §§ 135 ff. erfolgen zum privaten Nutzen des Bergbaubetreibenden, sind nicht gebührenfrei und unterliegen gegebenenfalls der Umsatzsteuer, O. B. G. E. v. 6./4. 00 Entsch. d. O. B. G. XXXVII. 133; s. auch Anm. 3 zu § 145.

§ 135.

Ist für den Betrieb des Bergbaues, und zwar zu den Grubenbauen selbst, zu Halden-, Ablade- und Niederlageplätzen, Wegen, Eisenbahnen, Kanälen, Maschinenanlagen, Wasserläufen, Teichen, Hilfsbauen, Zechenhäusern und anderen für Betriebszwecke bestimmten Tagegebäuden, Anlagen und Vorrichtungen, zu den im § 58 bezeichneten Aufbereitungsanstalten, sowie zu Solleitungen und Solbehältern die Benutzung eines fremden Grundstücks notwendig, so muß der Grundbesitzer, er sei Eigentümer oder Nutzungsberechtigter, dasselbe an den Bergwerksbesitzer abtreten.

1. Das Grundabtretungsrecht hat, wie die Entschädigungspflicht aus § 148, nur der Bergwerkseigentümer, nicht ein Muter, noch Nießbraucher oder Pächter, ebenso H. Achenbach, in Z. VIII. 509; a. Ans. Brassert S. 354, Fürst S. 413, Westhoff, Bergbau und Grundbesitz II. S. 19f., R.G. v. 4./7. 94 Z. XXXVI. 126. Wer ein Bergwerk pachtet, wird daher im Pachtvertrage sich zugleich die Vollmacht erteilen lassen, für den Eigentümer den Enteignungsantrag stellen zu dürfen, oder darin den Eigentümer verpflichten, diesen Antrag auf Verlangen des Pächters zu stellen. Das Grundabtretungsrecht steht auch ferner nur für die in § 135 namentlich bezeichneten Zwecke zu, also z. B. nicht zur Aufführung von Wohnungen oder Hüttenwerken. Das Recht des § 135 steht an sich nur für Zwecke eines verliehenen Bergbaues zu.

2. Als Eisenbahnen gelten auch Drahtseilbahnen, Z. XVIII. 115. Das Enteignungsrecht steht nicht bloß zu für solche Eisenbahnen, Kanäle, Wege, welche zur Verbindung der Förderpunkte miteinander oder mit einer Aufbereitungsanstalt oder einem Zubehör dienen, sondern auch für solche, welche diese Punkte mit einer öffentlichen Eisenbahn, Kanal, Weg u. s. w. zum Zwecke des besseren Absatzes verbinden, Z. VII. 263.

3. Das Enteignungsrecht steht nur für dem § 58 entsprechende Aufbereitungsanstalten und Zubehörungen zu, d. h. solche, welche vom Bergwerkseigentümer am Gewinnungsorte errichtet werden sollen.

4. Auch die Abtretung von Privat- und öffentlichen Gewässern kann im Enteignungswege verlangt werden, sei es, daß ihr Eigentümer sich das Einfließenlassen der Grubenwasser, sei es, daß er sich die Verlegung des Laufs oder gar die Trockenlegung für bergbauliche Zwecke gefallen lassen muß, s. Z. XXVII. 121, 129, 394, s. auch Westhoff, Bergbau und Grundbesitz II. S. 61.

5. Die Benutzung eines fremden Grundstücks gilt im Sinne des § 135 als notwendig, wenn der abzutretende Grund zu der beabsichtigten (an sich nicht notwendigen, aber vernünftigen, technisch-zweckmäßigen und deshalb für notwendig gehaltenen) Anlage notwendig ist, vgl. auch Z. IX. 214, XXVI. 132, 133, XXX. 404, XLII. 125, XLIII. 117. Eine absolute Notwendigkeit gibt es überhaupt nicht und

kann nicht gefordert werden. Die Enteignungsbehörden haben zu prüfen, ob eine Notwendigkeit in dem angegebenen Sinne besteht.

6. Die zwangsweise Abtretung zum Zwecke der Gewinnung von Versatzmaterial kann nicht verlangt werden, Z. XLIII. 117, wohl aber für eine Grubenbahn, mit der Versatzmaterial angefahren wird.

7. Auch für das planmäßige Zubruchebauen der Oberfläche gibt die Verwaltungspraxis dem Bergwerkseigentümer das Expropriationsrecht; s. Anm. 6 zu § 148 und Anm. zu § 67.

§ 136.

Die Abtretung darf nur aus überwiegenden Gründen des öffentlichen Interesses versagt werden.

Zur Abtretung des mit Wohn-, Wirtschafts- oder Fabrikgebäuden bebauten Grund und Bodens und der damit in Verbindung stehenden eingefriedigten Hofräume kann der Grundbesitzer gegen seinen Willen niemals angehalten werden.

1. Daß auf dem Grundstücke ein Vorkaufsrecht ruht, daß es Fideikommißqualität besitzt, daß es zuvor im Enteignungswege von einem anderen erworben ist (Z. XII 265), oder daß der Besitzer selbst dasselbe in Zukunft zum Bergbaubetriebe benutzen will (Z. XII. 266, XV. 532), schließen die Abtretungspflicht nicht aus. Die Abtretung von Kirchen-, Schul-, Dienst- und ähnlichen Gebäuden kann gleichfalls nicht gefordert werden.

2. Überwiegende Gründe des öffentlichen Interesses können z. B. vorliegen, wenn das Grundstück für Eisenbahnen, Kanäle, Stadterweiterungen dienen soll, vgl. auch Z. XXXIV. 281, 285, XXXII. 535.

3. Die Abtretungspflicht besteht nicht, wenn das Gebäude errichtet war, bevor die Notwendigkeit der bergbaulichen Benutzung durch Behändigung des Antrages des Bergwerkseigentümers oder der Vorladung zum Termine, § 143, bekannt gegeben war; Z. XIV. 265. Abs. 2 deckt sich mit § 4 A. B. G., Komm. B. des Abg. H. S. 67.

4. Als Grundbesitzer gelten auch Nießbraucher, Pächter, Mieter, s. Anm. 1 zu § 142.

§ 137.

Der Bergwerksbesitzer ist verpflichtet, dem Grundbesitzer für die entzogene Nutzung jährlich im voraus vollständige Entschädigung zu leisten und das Grundstück nach beendigter Benutzung zurückzugeben.

Tritt durch die Benutzung eine Wertsverminderung des Grundstücks ein, so muß der Bergwerksbesitzer bei der Rückgabe den Minderwert ersetzen. Für die Erfüllung dieser Verpflichtung kann der Grundbesitzer schon bei der Abtretung des Grundstücks die Bestellung einer angemessenen Kaution von dem Bergwerksbesitzer verlangen. Auch ist der Eigentümer des Grundstücks in diesem Falle zu fordern berechtigt, daß der Bergwerksbesitzer, statt den Minderwert zu ersetzen, das Eigentum des Grundstücks erwirbt.

1. Der Bergwerkseigentümer ist zur Entschädigung, nicht zur Wiederherstellung in den vorigen Zustand verpflichtet, Motive S. 85. Die Benutzung ist erst dann als beendigt anzusehen, wenn der Bergbaubetrieb gänzlich eingestellt ist, oder wenn sie beim Fortbetrieb des Bergbaues nicht wieder eintreten wird. Benutzt der Bergwerkseigentümer die abgetretene Fläche zu einem anderen Zwecke, so kann der Grundbesitzer nur auf Unterlassung dieser Benutzungsart klagen; vgl. B.G.B. § 1004 (O.Tr. 29./5. 76, Entsch. Bd. 77 S. 251, Z. XVIII. 234, 22./1. 77, Entsch. Bd. 77 S. 251, Z. XVIII. 389, R.G. 30./4. 95, Z. XXXVI. 365). Was vollständige Entschädigung ist, bestimmt sich jetzt nach dem B. G. B., also nach den §§ 249 ff., d. h. dahin, daß sie allen Schaden umfaßt, der dem Grundbesitzer durch die Abtretung entsteht, s. auch Anm. 4 zu § 148. Westhoff, Bergbau und Grundbesitz II. S. 170 nimmt an, daß zur Ergänzung des A.B.G. hier nicht das B. G. B., sondern das Enteignungsges. v. 11./6. 74 und A. L. R. und demgemäß der „außerordentliche Wert" zur Anwendung kommen.

2. Der Bergwerkseigentümer seinerseits kann nicht die Abtretung des Grundstücks zu Eigentum fordern. Das zu Eigentum Erworbene braucht er nach Beendigung der bergbaulichen Nutzung nicht zurückzugeben; s. jedoch § 145.

3. Das Verlangen des Grundeigentümers ist zunächst stets an die Enteignungsbehörden zu richten, an keine Form (z. B. § 313 B. G. B.) gebunden, kann noch bis zur Rückgabe des Grundstücks und Bezahlung des Minderwerts gestellt werden, ist aber nicht widerruflich (kein jus variandi!), s. Planck, Anm. 1 zu § 262 und Anm. 3 zu § 249 B. G. B., Rechbein, Entsch. d. Reichsgerichts II., S. 73, Westhoff, Bergbau und Grundbesitz II. S. 152 f., s. auch B. G. B. § 263 Abs. 2.

4. Nur der Eigentümer, nicht der Pächter des Grundstücks kann Eigentumserwerb verlangen. Dieses Verlangen kann schon vor der Rückgabe gestellt werden, and. Ans. Brassert S. 367, Fürst Anm. 11 zu § 137, Oppenhoff Anm. 777.

5. Das Verlangen kann auch gestellt werden, wenn die Benutzung freihändig abgetreten ist; vgl. R.G. 9./2. 89 Z. XXX. 356.

6. Die Kautionsbestellung nach § 137 Abs. 2 kann zu jeder Zeit während der Dauer der Benutzung des Grundstücks zu Bergbauzwecken von jedem Grundeigentümer gefordert werden, wenn durch Vertrag nichts anderes festgesetzt ist, R. G. 14./11. 94 Zivils. XXXIV. 217, Z. XXXVI. 104. Die Kaution kann nur für die Wertverminderung, nicht für die jährliche Entschädigung gefordert werden; vgl. R. G. 7./11. 85, 4./5. 87, 18./11. 93 in Z. XXVII. 215, XXVIII. 390, XXXV. 365. Über Form, Höhe der Kautions(Sicherheits)leistung s. B. G. B. §§ 232 ff.

§ 138.

Wenn feststeht, daß die Benutzung des Grundstücks länger als drei Jahre dauern wird, oder wenn die Benutzung nach Ablauf von drei Jahren noch fortdauert, so kann der Grundeigentümer verlangen, daß der Bergwerksbesitzer das Eigentum des Grundstückes erwirbt.

1. Die Forderung, daß Eigentum erworben werde, muß in erster Instanz gestellt werden, vgl. R. G. 3./11. 97, bei Daubenspeck, Sammlung bergrechtlicher Entscheidungen II. S. 109. Sie kann nach Ablauf der drei Jahre in einem besonderen Verfahren vom Grundeigentümer gestellt werden; s. auch Anm. 3, 4 und 5 zu § 137.

2. Als Benutzung im Sinne des § 138 gilt jede, auch die z. B. der Mitbenutzung eines Wasserlaufs, die durch eine Drahtseilbahn.

§ 139.

Wenn ein Grundstück durch die Abtretung einzelner Teile so zerstückelt werden würde, daß die übrigbleibenden Teile nicht mehr zweckmäßig benutzt werden können, so muß auch für letztere die jährliche Entschädigung (§ 137) auf Verlangen des Grundbesitzers von dem Bergwerksbesitzer geleistet werden.

Unter derselben Voraussetzung kann der Eigentümer eines solchen Grundstücks verlangen, daß der Bergwerksbesitzer das Eigentum des ganzen Grundstücks erwirbt.

§ 139 Abs. 2 kommt nur zur Anwendung, wenn der Bergwerkseigentümer wegen Wertsverminderung (§ 137) oder wegen der Dauer der Benutzung (§ 138) zur eigentümlichen Erwerbung überhaupt eines Teils des Grundstücks verpflichtet ist. Die Anm. zu §§ 137, 138 finden hier sinngemäße Anwendung.

§ 140.

Bei der zwangsweisen Abtretung oder Erwerbung eines Grundstücks zu einer bergbaulichen Anlage kommen diejenigen

Wertserhöhungen, welche das Grundstück erst infolge dieser Anlage erhält, bei der Entschädigung nicht in Anschlag.

§ 140 enthält einen allgemeinen Rechtsgrundsatz.

§ 141.

Wegen aller zu Zwecken des Bergbaubetriebes veräußerten Teile von Grundstücken findet ein Vorkaufs- und Wiederkaufsrecht statt, wenn in der Folge das Grundstück zu den Zwecken des Bergbaues entbehrlich wird.

Das Vorkaufs- und Wiederkaufsrecht steht dem zeitigen Eigentümer des durch die ursprüngliche Veräußerung verkleinerten Grundstücks nach denselben gesetzlichen Grundsätzen zu, welche in dieser Beziehung den Eisenbahngesellschaften gegenüber gelten.

1. Es ist nicht erheblich, ob die Abtretung freihändig oder zwangsweise erfolgt ist, Motive S. 85.

2. Das Wiederkaufsrecht ist durch § 57 des Enteignungsges. vom 11./6. 74 (G. S. 221) auch für ältere Fälle aufgehoben, O. Tr. 22./1. 77, Entsch. Bd. 79 S. 45 Z. XIX. 93. Über die Voraussetzungen des Vorkaufsrechts entscheiden die Gerichte; s. O. Tr. 29./5. 76, Z. XVIII. 239.

3. Das Vorkaufsrecht bedarf zur Wirksamkeit gegenüber dem öffentlichen Glauben nicht der Eintragung im Grundbuche, Art. 22 A. G. z. B. G. B. v. 20. Sept. 1899 (G. S. 177). Zu seiner Geltendmachung ist gerichtliche oder notarielle Form nicht erforderlich (also nicht B. G. B. § 313), im übrigen kommen die §§ 504 ff. und 1094 ff. B. G. B. darauf zur Anwendung. Es kann im Verwaltungs- wie im Rechtswege geltend gemacht werden; vgl. O. Tr. 29./5. 76 in Z. XVIII. 379. Auf die Geltendmachung kann vertragsmäßig verzichtet werden, Westhoff, Bergbau und Grundbesitz II. S. 203.

§ 142.

Können die Beteiligten sich in den Fällen der §§ 135 bis 139 über die Grundabtretung nicht gütlich einigen, so erfolgt die Entscheidung darüber, ob, in welchem Umfange und unter welchen Bedingungen der Grundbesitzer zur Abtretung des Grundstücks oder der Bergwerksbesitzer zum Erwerbe des Eigentums verpflichtet ist, durch einen gemeinschaftlichen Beschluß des Oberbergamts und der Regierung.

1. Als Beteiligte gelten auf der einen Seite der Bergwerkseigentümer, auf der anderen alle, welche der Benutzung widersprechen, d. h. der Eigentümer, Pächter, Nießbraucher. (Vgl. auch O. Tr. 30./11. 74, Entsch. Bd. 73 S. 205, Z. XVI. 238). Die Einigung bedarf auch im Falle bergrechtlicher Enteignung der gerichtlichen oder notariellen Form (B.G.B. § 313), wenn es sich um Eigentumserwerb handelt, R.G. 23./12. 03 in Z. XLV. 85.

2. Neben dem Oberbergamte wirkt an Stelle der Regierung jetzt der Bezirksausschuß mit, Zuständigkeitsges. v. 1./8. 83 (G. S. 237) § 150 Abs. 2. An den Rechtsmitteln des A. B. G. und deren Fristen ist durch das Zuständigkeitsgesetz nichts geändert.

3. Wechsel im Besitz auf seiten des Grundbesitzers nach Zustellung der behördlichen Mitteilung von der Einleitung des Enteignungsverfahrens sind auf den Fortgang des Verfahrens ohne Einfluß, vgl. R. G. 30./12. 05, Jur. Wochenschr. 1906 Nr. 4, Z. XLVII. 265, Westhoff, Bergbau und Grundbesitz II. S. 271, and. Ans. Fürst Anm. zu § 143.

§ 143.

Vor der Entscheidung müssen beide Teile gehört und die Verhältnisse durch Kommissarien der beiden entscheidenden Behörden an Ort und Stelle untersucht werden.

Die Ermittelung der für die vorübergehende Benutzung des Grundstücks oder für die Abtretung des Eigentums zu leistenden vollständigen Entschädigung, sowie der im § 137 erwähnten Kaution liegt beim Mangel einer gütlichen Einigung der Beteiligten ebenfalls den Kommissarien ob.

Zu dieser Ermittelung sind Sachverständige zuzuziehen.

Jeder Teil ist befugt, einen Sachverständigen zu bezeichnen. Geschieht dies binnen einer von den Kommissarien zu bestimmenden Frist nicht, so ernennen letztere die Sachverständigen.

In jedem Falle können die Kommissarien einen dritten Sachverständigen zuziehen.

1. Selbstredend sind auch die Parteien zu laden, der Antragsteller unter der Verwarnung, daß im Falle er weder in Person noch durch einen gehörig legitimierten Stellvertreter erscheint, angenommen werde, er ziehe seinen Antrag zurück, die Grundbesitzer (auch Pächter u. s. w.), daß im Falle ihres Ausbleibens nach Vorschrift der Gesetze (nach Lage des Falls) verfahren werde. S. auch Anm. 3 zu § 142.

2. An die Gutachten der Sachverständigen sind weder die Kommissarien, noch die Enteignungsbehörden, noch die Gerichte gebunden

§ 144.

Der Beschluß, durch welchen die zwangsweise Abtretung oder Erwerbung eines Grundstücks ausgesprochen wird, muß das Grundstück genau bezeichnen, die dem Grundbesitzer zu leistende Entschädigung, beziehungsweise Kaution festsetzen und die sonstigen Bedingungen der Abtretung oder Erwerbung enthalten.

1. Als Bedingungen im Sinne des § 144 gelten z. B. Beschränkungen, welche dem Bergwerkseigentümer in der Benutzung auferlegt werden oder Anlagen, welche er im Interesse des Grundbesitzers machen muß (Wege, Überfahrten, Einfriedigungen, Vorflutanlagen, Wasserversorgung u. s. w.).

2. Wenn sich Oberbergamt und Bezirksausschuß nicht einigen, gilt der Antrag als abgelehnt, unbeschadet des Rekursrechtes.

3. Der Bergwerksbesitzer wird den Kaufpreis für das Grundstück, falls und solange auf diesen Schulden eingetragen sind, an der Hinterlegungsstelle (Anm. 2 zu § 6) einzahlen. Die Auflassung bzw. Abschreibung des enteigneten Grundstücks vom Stammgrundstück und die Umschreibung des enteigneten Grundstücks auf den Namen des Bergwerkseigentümers wird letzterer erst beantragen, wenn sie frei von Privatlasten erfolgen, was der Enteignete zu bewirken hat. Den Gläubigern haftet der hinterlegte Kaufpreis; s. auch E. G. z. B. G. B. Art. 109, Art. 52, 53.

§ 145.

Gegen den Beschluß des Oberbergamts und der Regierung steht beiden Teilen der Rekurs an die betreffenden Ressortminister zu. Derselbe muß nach näherer Vorschrift der §§ 192 und 193 bei dem Oberbergamte eingelegt werden. Gegen die Festsetzung der Entschädigung und der Kaution findet der Rekurs nicht statt.

Über die Verpflichtung zur Abtretung eines Grundstücks ist der Rechtsweg nur in dem Falle zulässig, wenn die Befreiung von dieser Verpflichtung auf Grund des zweiten Absatzes des § 136 oder eines speziellen Rechtstitels behauptet wird.

1. Die Ressortminister sind der Minister für Handel und Gewerbe und der Minister für Landwirtschaft, Domänen und Forsten. Können sich diese untereinander nicht einigen, so ist der Rekurs abgelehnt. Das Gesamtministerium ist keine Instanz über den einzelnen Ministern;

Arndt, Komm. z. Preuß. Verf.-Urk. Aufl. 5 S. 216; nach Ansicht von Westhoff, Bergbau u. Grundbesitz II. 332 entscheidet in solchem Falle das Gesamtministerium; s. auch Z. XXXV. 270. Wenn es sich fragt, ob die Befreiung von der Abtretungspflicht auf Grund des zweiten Absatzes des § 136 oder eines speziellen Rechtstitels begründet wird, ist auf seiten des Bergwerksbesitzers nur der Rekurs statthaft, auf seiten des Grundbesitzers in diesen Fällen der Rekurs neben dem Rechtswege; ebenso Westhoff, Bergbau u. Grundbesitz II. 326, vgl. auch Fürst S. 444, Brassert S. 381 u. Z. VIII. 134, XXXII. 269. Der Rekurs ist statthaft, der Rechtsweg dagegen ausgeschlossen, über die nicht in Geld ausgedrückten Bedingungen der Abtretung, ferner auf Seiten des Bergwerksbesitzers über die Verpflichtung zu Eigentumserwerb. Im letzteren Falle steht dem Grundbesitzer auch der Rechtsweg offen, Komm. des Herrenh. S. 51, des Abg. H. S. 73, s. auch R. G. 9./2. 89, Z. XXX. 357.

2. Ein besonderer Rechtstitel würde vorliegen, wenn in einem besonderen Vertrage die Befreiung von der Abtretungspflicht ausdrücklich vereinbart wurde. An eine besondere Frist ist die Beschreitung des Rechtswegs nicht gebunden.

3. Daß durch einen rechtskräftigen Enteignungsbeschluß das Eigentum ohne weiteres übergeht, nehmen u. a. an Dernburg, Preuß. Privatrecht I. S. 653, Westhoff, Bergbau und Grundbesitz II. S. 348, 353, Fürst Anm. 4 zu § 146, Brassert u. a.; dagegen Arndt, Komm. S. 269 und in Gruchot's Beiträgen Bd. 33 S. 24, Kammerger. 8./2. 04, Entsch. XXVII. B. S. 54; s. auch Turnau-Förster, Liegenschaftsrecht I. 234 II. S. 451, Jaeckel, Zwangsvollstreckungsordnung 2. Aufl. S. 169 u. a. Die Ab- bzw. Umschreibung auf den Namen des Bergwerkseigentümers erfolgt auf dessen Antrag (nach Ansicht von Turnau-Förster II. 451) auf Grund der mit Rechtskraftzeugnis versehenen Ausfertigung des Enteignungsbeschlusses; s. auch Anm. 3 zu § 144; nach K. G. (Entsch. XXVII. B. 54), ferner Arndt l. c. u. R. G. 30./12. 05 in der Jur. Wochenschr. 1906 Nr. 4, Z. XLVII. 265, ist Auflassung nötig, doch kein Auflassungsstempel, bei sonst bestehender Gebührenpflicht.

§ 146.

Durch Beschreitung des Rechtsweges wird, wenn dieselbe nur wegen der Festsetzung der Entschädigung oder Kaution erfolgt, die Besitznahme des Grundstücks nicht aufgehalten, vorausgesetzt, daß die festgesetzte Entschädigung an den Berechtigten gezahlt oder bei verweigerter Annahme gerichtlich deponiert, desgleichen die gerichtliche Deposition der festgesetzten Kaution geschehen ist.

1. Die Besitzübertragung des Grundstücks kann vor der Rechtskraft des Enteignungsbeschlusses nicht gefordert werden; wird sie auch dann noch geweigert, so erfolgt sie auf Anrufen des Bergwerkseigentümers durch einen oder mehrere Kommissarien der Enteignungsbehörde, s. Z. VII. 410, Z. XXII. 133. Auch kann auf Besitzeinweisung eventl. wegen Besitzstörung nach erlangter Rechtskraft des Enteignungsbeschlusses vor Gericht geklagt werden.

2. Die Hinterlegung erfolgt jetzt bei der Regierungshauptkasse, Hinterlegungsordnung v. 14./3. 79 (G. S. 249), s. Anm. 2 zu § 6 und zu § 9.

§ 147.

Die Kosten des Expropriationsverfahrens hat für die erste Instanz der Bergwerksbesitzer, für die Rekursinstanz der unterliegende Teil zu tragen.

Zweiter Abschnitt.

Von dem Schadensersatze für Beschädigungen des Grundeigentums.

§ 148.

Der Bergwerksbesitzer ist verpflichtet, für allen Schaden, welcher dem Grundeigentume oder dessen Zubehörungen durch den unterirdisch oder mittels Tagebaues geführten Betrieb des Bergwerks zugefügt wird, vollständige Entschädigung zu leisten, ohne Unterschied, ob der Betrieb unter dem beschädigten Grundstücke stattgefunden hat oder nicht, ob die Beschädigung von dem Bergwerksbesitzer verschuldet ist, und ob sie vorausgesehen werden konnte oder nicht.

Den Hypotheken-, Grundschuld- und Rentenschuldgläubigern wird eine besondere Entschädigung nicht gewährt.

1. Die Verpflichtung folgt lediglich aus dem Gesetz, R. G. 9./10. 82, Z. XXIV. 500, s. auch R. G. 10./11. 92 Zivils. XXX. 228, s. ferner Z. XXXV. 403. Der Bergwerkseigentümer hat diese Verpflichtung (ex lege) als solcher, schon weil er zur Zeit des Schadens Eigentümer ist. Das Vorhandensein eines Verschuldens des Bergwerksbetreibers ist nicht notwendig. Die Verpflichtung ruht, auch wenn das Bergwerk verpachtet ist, stets auf dem Eigentume (Arndt, Komm. S. 156), R. G. 16./11.

92 Zivilſ. XXX. 228, Z. XXXV. 403, R. G. 2./6. 94, Z. XXXV. 373, and. Anſ. u. a. Weſthoff, Braſſert. Sie hat in ſubjektiver und in objektiver Hinſicht lediglich perſönlichen Charakter. Daher wird der Eigentümer des Bergwerks durch deſſen Veräußerung von der Verpflichtung nicht befreit (O. Tr. 26./6. 72, Entſch. Bd. 67 S. 239, 244 ff. Z. XIII. 547) und andrerſeits geht der Anſpruch des Grundbeſitzers beim freiwilligen oder unfreiwilligen Verluſt des Grundeigentums ohne beſondere Ceſſion nicht auf den neuen Erwerber über, ſ. O. Tr. 24./6. 73 Z. XIV. 253, 30./3. 74 Z. XVI. 101, R. G. 1./5. 80 Z. XXII. 118. Dem Pfand- und Hypothekengläubiger am Grundſtücke haftete auch nach älterem Recht der Schadenserſatzanſpruch nicht, G. 5./5. 72 (G. S. 411) § 30. Der Grundeigentümer kann daher auch nur den Schaden erſetzt verlangen, der während ſeiner Beſitzzeit entſteht und der Bergwerkseigentümer haftet nur für den, aber auch für allen Schaden, der während der Dauer ſeines Eigentums in die Erſcheinung tritt (Mot. S. 88, R. G. 25./2. 82, Z. XXIV. 105, O. Tr. 26./6. 72 Z. XIII. 281 a. a. O.). Der Verzicht des Grundeigentümers auf Erſatz des Bergſchadens iſt nicht im Grundbuche eintragungsfähig, Z. XLIII. 246, oben S. 34.

2. Schadenserſatzberechtigt ſind (vgl. Motive S. 88, Weſthoff in Z. XLIII. 304 f.) der Grundeigentümer, unter Umſtänden der Eigenbeſitzer, der Nießbraucher (alſo auch der Pfarrer bezüglich des Pfarrguts, R. G. 15./6. 95 Zivilſ. XXXVII. 218), der Grunddienſtbarkeitsberechtigte, der Erbbauberechtigte, der Leiher, der Mieter und Pächter (obwohl ſie nach B. G. B. kein dingliches Recht haben), unter Umſtänden ſogar, wer ein ſog. Recht auf die Sache hat, wie der Käufer, jeder von dieſen jedoch nur in Höhe des ihm wirklich entſtandenen Schadens. Die Haftung beſteht für alle Vermögensnachteile, aber nur für die, welche dem Grundeigentume (nicht z. B. einem anderen verliehenen Bergwerke, O. Tr. 20./11. 71, Z. XIII. 116) und deſſen Zubehörungen zugefügt werden. Dazu gehört der Schade, der entſteht, wenn in dem beſchädigten Gebäude nicht mehr das Gewerbe betrieben werden kann, wenn das durch den Bergbau zum Einſtürzen gebrachte Gebäude die darin befindlichen lebenden oder toten Gegenſtände begräbt, ſ. auch R. G. 20./12. 82, Z. XXV. 396, 24./6. 85, Z. XXVII. 100, nicht aber der Schaden, welcher unmittelbar Perſonen oder beweglichen Sachen (die nicht Zubehörungen zum Grundeigentum ſind) zugefügt wird, z. B. wenn (nicht zum Grundeigentum zugehörige, fremde) Pferde und Wagen in einen Tagebruch verſinken, Mot. S. 88, in welchem letzteren Fall nur nach Zivilrecht, d. i. nur bei Nachweis eines Verſchuldens gehaftet wird, z. B. nach dem Haftpflichtgeſetz, Anm. 5 zu § 80.

3. Die Verpflichtung beſteht nur für die durch den Betrieb des Bergwerks herbeigeführten Schäden, alſo nicht für Immiſſion von Rauch, Exploſion von Keſſeln (Komm. Ber. des Abg. H. S. 78), R. G. 10./4. 80, Z. XXII. 528, 752, 190 Zivilſ. XXVI. 224, auch nicht z. B.

für den Schaden durch eine Wasserversorgungsanstalt, die zur Ausgleichung eines durch den Bergbau verursachten Schadens entstanden ist, R. G. 2./2. 95 Zivils. XXXV. 170 u. Z. XXXVI. 356. Dagegen haftet der Bergwerkseigentümer, auch wenn der Betrieb nicht für sich allein, sondern auch dann, wenn er nur mittelbar den Schaden verursacht hat (R. G. 3./4. 86, Z. XXVII. 369, 23./1. 86, Z. XXVII. 380, s. auch R. G. 7./3. 96, Z. XXXVII. 348, 11./11. 96, Z. XXXVIII. 228). Auch für früheren Betrieb wird (für noch nicht verjährten Schaden) gehaftet.

4. Die vom Bergwerkseigentümer zu leistende vollständige Entschädigung richtet sich nach den allgemeinen Rechtsgrundsätzen des B. G. B. §§ 249 ff. Danach ist im allgemeinen die Entschädigung als Kapitalabfindung zu gewähren und ist der Beschädigte nicht befugt, die Wiederherstellung des alten Zustandes zu verlangen, wohl aber der Bergwerkseigentümer in der Regel befugt, solche vorzunehmen. Es heißt nämlich: § 249: „Wer zum Schadensersatze verpflichtet ist, hat den Zustand herzustellen, der bestehen würde, wenn der zum Ersatze verpflichtende Umstand nicht eingetreten wäre. Ist wegen Verletzung einer Person oder wegen Beschädigung einer Sache Schadensersatz zu leisten, so kann der Gläubiger statt der Herstellung den dazu erforderlichen Geldbetrag verlangen.“ § 250: „Der Gläubiger kann dem Ersatzpflichtigen zur Herstellung eine angemessene Frist mit der Erklärung bestimmen, daß er die Herstellung nach dem Ablaufe der Frist ablehne. Nach dem Ablaufe der Frist kann der Gläubiger den Ersatz in Geld verlangen, wenn nicht die Herstellung rechtzeitig erfolgt; der Anspruch auf die Herstellung ist ausgeschlossen.“ § 251: „Soweit die Herstellung nicht möglich oder zur Entschädigung des Gläubigers nicht genügend ist, hat der Ersatzpflichtige den Gläubiger in Geld zu entschädigen. Der Ersatzpflichtige kann den Gläubiger in Geld entschädigen, wenn die Herstellung nur mit unverhältnismäßigen Aufwendungen möglich ist.“ § 252: Der zu ersetzende Schaden umfaßt auch den entgangenen Gewinn. Als entgangen gilt der Gewinn, welcher nach dem gewöhnlichen Laufe der Dinge oder nach den besonderen Umständen, insbesondere nach den getroffenen Anstalten und Vorkehrungen, mit Wahrscheinlichkeit erwartet werden konnte“.

5. Bei Klagen aus §§ 148 f. A. B. G. ist der Gerichtsstand auch bei dem Gericht begründet, in dessen Bezirk das beschädigte Grundstück liegt, Z. P. O. § 26, s. R. G. 6./2. 95 in Daubenspeck's Samml. bergrechtlicher Entscheidungen II. 147. Wegen des Vorhandenseins und der Höhe eines Schadens besteht freie Beweiswürdigung des Gerichts, Z. P. O. § 287.

6. Ob das planmäßige Zubruchebauen der Tagesoberfläche als Benutzung oder als Beschädigung des Oberflächeneigentums anzusehen ist, erscheint fraglich. Im ersteren Falle darf es nur nach zuvoriger Erwerbung des Rechts dazu, also nötigenfalls nach vorhergehendem Zwangsverfahren §§ 135 ff., im letzteren dagegen ohne weiteres, vorbehaltlich der Pflicht zum Schadensersatz, stattfinden. Das R. G.

27./10. 88, Z. XXXI. 248, vgl. auch R. G. 7./5. 90 Z. XXXII. 127 u. R. G. 29./10. 04 Entsch. LIX. 117 findet eine Benutzung nur vorliegend, wenn der Bergwerksbetreiber nicht bloß das Hangende, sondern die Oberfläche als solche niederziehen will, um seinen Betrieb planmäßig fortzusetzen. Dies ist nie der Fall. In der Verwaltungspraxis wird jedes planmäßige Zubruchebauen als Benutzung behandelt, vgl. R. G. 7./11. 85, Z. XXVII. 215, Erl. v. 10./2. 82, Z. XXIII. 278, Rek. B. 6./6. 82, Z. XXIV. 125, Arndt, Komm. S. 146, S. 158, Westhoff, Bergbau u. Grundbesitz II. 54 ff.

7. Abs. 2 beruht auf Art. 37 XI, A. G. z. B.G.B. v. 20./9. 99 G. S. S. 177. Hierzu Art. 67 Abs. 2 E. G. z. B. G. B.: „Ist nach landesgesetzlicher Vorschrift wegen Beschädigung eines Grundstücks durch Bergbau eine Entschädigung zu gewähren, so finden die Vorschriften der Art. 52, 53 Anwendung, soweit nicht die Landesgesetze ein anderes bestimmen." Nach Art. 52 tritt der Entschädigungsanspruch an Stelle des geschmälerten Rechts. Durch den neuen Zusatz zu § 148 ist bestimmt, daß der Hypothekengläubiger sich nicht an den Bergwerksbesitzer, sondern an den dem Grundstückseigentümer gezahlten Schadensbetrag halten muß (Verhdl. des Abg. H. S. 45) s. auch Z. XLI. 13. Der Bergwerksbesitzer kann gemäß § 1128 B. G. B. die Entschädigungssumme für Bergschäden mit Wirkung gegen die Hypotheken-, Grundschuld- und Rentenschuldgläubiger an den Grundeigentümer erst zahlen, wenn er oder der Grundbesitzer den Eintritt des Schadens diesen Gläubigern angezeigt hat und seit dem Empfange dieser Anzeige ein Monat verstrichen ist. Die genannten Gläubiger können bis zum Ablaufe dieser Frist der Zahlung der Entschädigung an den Grundbesitzer widersprechen. Die Anzeige darf unterbleiben, wenn sie untunlich ist; in diesem Falle wird der Monat von dem Zeitpunkt an berechnet, in welchem die Entschädigungssumme fällig wird. Im Falle rechtzeitigen Widerspruchs ist ein Verteilungsverfahren nach Maßgabe des Gesetzes über die Zwangsversteigerung v. 24./3. 97 (Fassung R. G. 1898 S. 713) herbeizuführen. Im Falle der Beschädigung eines Grundstücks durch Entziehung oder Benachteiligung seiner Früchte oder Zubehörstücke infolge des Bergbaues kommen die zugunsten der Hypotheken-, Grund- und Rentenschuldgläubiger in § 1123 Abs. 2 Satz 1 und § 1124 Abs. 1 und 3 B. G. B. gegebenen Vorschriften zur Anwendung.

8. Um den Bergbau zu schützen (auch vor Schadensersatzansprüchen) bestimmt § 15a des Ges. v. 25. Aug. 1876 über die Gründung neuer Ansiedelungen in Fass. des Ges. v. 16. Sept. 1899 (G. S. S. 497), daß die Ansiedelung versagt werden kann, wenn durch den Betrieb eines Bergwerks in absehbarer Zeit Beschädigungen der Oberfläche des zu besiedelnden Grundstücks eintreten können, denen im Interesse der persönlichen Sicherheit und des öffentlichen Verkehrs durch bergpolizeilich anzuordnendes Stehenlassen von Sicherheitspfeilern vorzubeugen sein würde. Doch ist nach § 17a alsdann der Bergwerksbesitzer schadensersatzpflichtig, s. auch Z. XLI. 132 f.

§ 149.

Ist der Schaden durch den Betrieb zweier oder mehrerer Bergwerke verursacht, so sind die Besitzer dieser Bergwerke als Gesamtschuldner, zur Entschädigung verpflichtet.

Unter sich haften die Besitzer der als Schädiger ermittelten Bergwerke zu gleichen Teilen. Dabei ist jedoch der Nachweis eines anderen Teilnahmeverhältnisses nicht ausgeschlossen.

Diese Bestimmungen finden auch dann Anwendung, wenn bei ihrem Inkrafttreten der Schaden schon verursacht war, die Klage auf Ersatz des Schadens aber noch nicht erhoben worden ist.

1. Der § beruht in jetziger Fassung auf Art. I G. v. 7. Juli 1902 G. S. 255, er ist am 7. Juli 1902, dem Tage der Verkündigung in Kraft getreten.

2. § 149 tritt nur ein, wenn der Schaden durch den Betrieb gemeinschaftlich verursacht ist; R. G. 10./3. 83, Z. XXV. 122.

§ 150.

Der Bergwerksbesitzer ist nicht zum Ersatze des Schadens verpflichtet, welcher an Gebäuden oder anderen Anlagen durch den Betrieb des Bergwerks entsteht, wenn solche Anlagen zu einer Zeit errichtet worden sind, wo die denselben durch den Bergbau drohende Gefahr dem Grundbesitzer bei Anwendung gewöhnlicher Aufmerksamkeit nicht unbekannt bleiben konnte.

Muß wegen einer derartigen Gefahr die Errichtung solcher Anlagen unterbleiben, so hat der Grundbesitzer auf die Vergütung der Wertsverminderung, welche sein Grundstück dadurch etwa erleidet, keinen Anspruch, wenn sich aus den Umständen ergibt, daß die Absicht, solche Anlagen zu errichten, nur kundgegeben wird, um jene Vergütung zu erzielen.

1. Nur grobes Versehen des Grundstücksbesitzers (oder dessen Vorbesitzers R. G. 22./9. 94 Z. XXXVI. 342, Z. XLI. 218, 219), der die persönliche (wenn auch nicht durch Gerichtsurteil bewirkte) Überzeugung hat oder haben muß, die ihm bekannte Unsicherheit des Bodens sei auf den Bergbau zurückzuführen, R. G. 15./2. 1902, Z. XLIII. 358, befreit den Bergwerkseigentümer von der Leistung

des Schadensersatzes (vgl. Komm. Ber. d. Herren H. S. 54, des Abg. H. S. 79ff., R. G. 24./5. 82, Z. XXIII. 511, 4./2. 85, Z. XXVII. 109). Den in § 153 bezeichneten Anlagen gegenüber kommt Abs. 1 überhaupt nicht in Anwendung.

2. § 150 Abs. 2 gibt dem Grundbesitzer schon dann einen Interesseanspruch, wenn ihm infolge der durch den Bergbau drohenden Gefahr die Gelegenheit entzogen wird, ein zum Bauplatz geeignetes Grundstück durch Bebauung für sich zu verwerten, vgl. R. G. 15./1. 1902, Z. XLIII. 355. § 150 Abs. 2 ist nicht Ausdehnung, sondern Anwendung des § 148, R. G. 21./12. 92, Zivils. XXX. 250, Z. XXXIV. 508; vgl. auch R. G. 10./12. 04 Zivils. LIX. 387.

§ 151.

Ansprüche auf Ersatz eines durch den Bergbau verursachten Schadens (§§ 148, 149), welche sich nicht auf Vertrag gründen, müssen von dem Beschädigten innerhalb drei Jahren, nachdem das Dasein und der Urheber des Schadens zu seiner Wissenschaft gelangt sind, durch gerichtliche Klage geltend gemacht werden, widrigenfalls sie verjährt sind.

1. Ansprüche auf Ersatz der nicht in den §§ 148, 149 behandelten Schäden z. B. wegen Immission von Rauch, Versinken von Pferd und Wagen im Tagebruch, verjähren nach Zivilrecht (also nach B. G. B. § 852, wenn der Schaden durch eine unerlaubte Handlung entstanden, in drei Jahren von dem Zeitpunkt an, in welchem der Verletzte von dem Schaden und der Person des Ersatzpflichtigen Kenntnis erlangt, ohne Rücksicht auf diese Kenntnis in dreißig Jahren von der Begehung der Handlung an), nach dem Haftpflichtgesetz — Anm. 5 zu § 80 — in zwei Jahren.

2. Dasein des Schadens ist nicht das erste sichtbare Vorhandensein von schädlichen Wirkungen des Bergbaues, sondern erst der Zeitpunkt, wo der Schaden existent geworden ist, O. Tr. 30./9. 72, Z. XV. 115. Jede neue Beschädigung (d. i. jeder neu in die Erscheinung tretende Schaden) begründet eine neue Verpflichtung und verjährt für sich. Wissenschaft ist die sichere Kenntnis, vgl. auch R. G. 14./12. 92 Zivils. XXX. 241 und Z. XXXIV. 253. Die Verjährung der Ansprüche aus einem Schadensersatz zusprechenden Urteile läuft nicht nach § 151, also nach B. G. B. § 218 in 30 Jahren, vgl. O. Tr. 22./6. 63, Z. V. 234.

3. Die Verjährung kann nach § 225 B. G. B. durch Rechtsgeschäft weder ausgeschlossen noch erschwert werden. Erleichterung der Verjährung, insbesondere Abkürzung der Verjährungsfrist, ist zulässig. S. auch § 222 B. G. B.

§ 152.

Auf Beschädigungen des Grundeigentums oder der Zubehörungen desselben durch die von Schürfern und Mutern ausgeführten Arbeiten finden die §§ 148—151 ebenfalls Anwendung.

Dritter Abschnitt.

Von dem Verhältnisse des Bergbaues zu öffentlichen Verkehrs-Anstalten.

§ 153.

Gegen die Ausführung von Chausseen, Eisenbahnen, Kanälen und anderen öffentlichen Verkehrsmitteln, zu deren Anlegung dem Unternehmer durch Gesetz oder besondere landesherrliche Verordnung das Expropriationsrecht beigelegt ist, steht dem Bergbautreibenden ein Widerspruchsrecht nicht zu.

Vor Feststellung der solchen Anlagen zu gebenden Richtung sind diejenigen, über deren Bergwerke dieselben geführt werden sollen, seitens der zuständigen Behörde darüber zu hören, in welcher Weise unter möglichst geringer Benachteiligung des Bergwerkseigentums die Anlage auszuführen sei.

1. Abs. 1 will ausdrücken, daß die dort bezeichneten Straßen dem Bergwerkseigentume vorgehen.
2. Abs. 2 hat rein instruktionelle Bedeutung.

§ 154.

War der Bergbautreibende zu dem Bergwerksbetriebe früher berechtigt, als die Genehmigung der Anlage (§ 153) erteilt ist, so hat derselbe gegen den Unternehmer der Anlage einen Anspruch auf Schadensersatz. Ein Schadensersatz findet nur insoweit statt, als entweder die Herstellung sonst nicht erforderlicher Anlagen in dem Bergwerke oder die sonst nicht erforderliche Beseitigung oder Veränderung bereits in dem Bergwerke vorhandener Anlagen notwendig wird.

Können die Beteiligten sich über die zu leistende Entschädigung nicht gütlich einigen, so erfolgt die Festsetzung derselben nach Anhörung beider Teile und mit Vorbehalt des Rechtsweges durch einen Beschluß des Oberbergamts, welcher vorläufig vollstreckbar ist.

1. Der Schadensersatzanspruch steht dem Bergwerkseigentümer nur für solche Anlagen zu, welche lediglich im Interesse und zum Schutze der öffentlichen Verkehrsanstalt von ihm zu errichten sind, nicht aber für solche, welche er machen muß, um neben dem Bestehen der Verkehrsanstalt seinen Betrieb fortsetzen zu können, R.G. 9./7. 81, Entsch. V. 266, Z. XXIV. 211; s. auch Entsch. R.G. in Zivils. XXVIII. S. 341. Über die frühere Berechtigung entscheidet das Alter der Verleihung, bezw. der Eisenbahnkonzession. § 154 betrifft auch die vor A.B.G. entstandenen Bergwerke wie Eisenbahnen.

2. Der Zweck des § 154 war keineswegs, ein privileginm odiosum dem Bergbau aufzuerlegen (R.G. 17./5. 04, Zivils. LVIII. 149), eher umgekehrt (R.G. 9./7. 81, Zivils. V. 266), sondern das allgemeine Recht zur Anwendung zu bringen (vgl. Druckschr. des Herr.H. 1865 S. 249, Generalstaatsanwalt Grimm im Herrenhause in Z. VI. 344, Arndt, Deutsche Juristen-Zeitung 1906 Nr. 6): nach allgemeinem Recht hat der Bergbau kein Widerspruchsrecht und keinen Schadensersatzanspruch, wenn infolge von Handlungen des Oberflächeneigentümers (also auch der in dessen Rechte eingetretenen Eisenbahn) er in der Ausbeutung seines Bergwerkes gehindert wird; nur aus diesem Grunde ist ein über § 154 hinausgehender Schadensersatzanspruch versagt.

3. Anders liegt der Fall, wenn der Bergbaubetreibende zugleich Grundbesitzer ist und er sein Grundeigentum gemäß dem Enteignungsgesetz vom 11. Juni 1874 (G.S. S. 221), zwangsweise, z.B. für Erbauung einer Eisenbahn, abtreten und nunmehr wegen dieser Eisenbahn Sicherheitspfeiler anstehen lassen muß, die er ohne die Eisenbahn nicht anstehen zu lassen brauchte. Hier steht ihm als expropriierten Grundbesitzer sowohl nach allgemeinen Rechtsgrundsätzen wie nach dem Enteignungsgesetz vom 11. Juni 1874, s. auch Erk. d. R.G. v. 26./5. 1880, 14./5. und 24./5. 82 bei Loebell, das preußische Enteignungsgesetz, Leipzig 1884 S. 156f., s. auch R.G. 21./9. 82 in Zivils. VII. 258 und Art. 9 der Verf. Urk. v. 31. Januar 1850, der Anspruch auf volle Entschädigung zu. Ebenso Westhoff, Bergbau und Grundbesitz II. 414; and. Ans. R.G. 17./5. 04, Entsch. LVIII. S. 49, von seiner in Anm. 2 hervorgehobenen (unzutreffenden) Ansicht ausgehend. Das R.G. berücksichtigt nicht, daß der Erwerb von Grundstücken z.B. um ihre Bebauung wegen der Aussicht, der Vermeidung von Schadensersatzansprüchen (§ 148) oder zur Errichtung eines Konkurrenzunternehmens zu verhüten, durchaus loyal ist (B.G.B. § 903).

§ 155.

Wenn Bergbautreibende, welche vor Eintritt der Gesetzeskraft des gegenwärtigen Gesetzes zu dem Bergwerksbetriebe berechtigt waren, Entschädigungsansprüche erheben, welche über den ihnen nach § 154 zu gewährenden Schadensersatz hinausgehen, so ist über diese Ansprüche nach den bisherigen Gesetzen zu entscheiden.

Solche weitergehende Schadensersatzansprüche bestehen nicht, s. R.G. 9./7. 81, 11./11. 91 Zivils. V. 266 XXVIII. 341, Z. XXIII 428, XXXIII. 232; vgl. indes Anm. 3 zu § 154.

Sechster Titel.

Von der Aufhebung des Bergwerkseigentums.

§ 156.

Wird amtlich festgestellt, daß ein Bergwerkseigentümer die nach Vorschrift des § 65 an ihn erlassene Aufforderung zur Inbetriebsetzung des Bergwerks oder zur Fortsetzung des unterbrochenen Betriebes nicht befolgt hat, so kann das Oberbergamt die Einleitung des Verfahrens wegen Entziehung des Bergwerkseigentums durch einen Beschluß aussprechen.

1. Die §§ 156—160 sind bisher nicht praktisch geworden, s. Anm. zu § 65.

2. §§ 156—164 beziehen sich nur auf verliehenes Bergwerkseigentum.

§ 157.

Der Bergwerkseigentümer ist befugt, binnen vier Wochen vom Ablaufe des Tages, an welchem ihm der Beschluß, beziehungsweise der Rekursbescheid (§ 191) zugestellt ist, bei dem Gerichte, in dessen Bezirk das Bergwerk liegt, gegen das Oberbergamt auf Aufhebung des Beschlusses zu klagen. Geschieht dies nicht, so ist das Einspruchsrecht erloschen.

1. Nur der Bergwerkseigentümer, nicht ein bloßer Realberechtigter hat das Klagerecht.

2. Die Klage kann nicht auf ein besonderes Privileg oder Recht, noch darauf, daß die Voraussetzungen des § 65 fehlen, ge-

stützt werden (Mot. S. 94), sondern nur darauf, daß die Aufforderung (§ 65) nicht gehörig zugestellt oder nicht an den wirklichen Eigentümer gerichtet war und ähnliches, d. h. eine ernsthafte gerichtliche Klage ist nahezu unmöglich; s. auch Anm. 2 zu § 65.

3. Der Gerichtsstand ist, § 14 E. G. z. Z. P. O., der sich aus §§ 24 bezw. 36 Z. 4 ergebende dingliche.

§ 158.

Erhebt der Bergwerkseigentümer keinen Einspruch oder ist derselbe rechtskräftig verworfen, so wird der Beschluß von dem Oberbergamte den aus dem Hypothekenbuche oder den Rheinischen Hypothekenregistern ersichtlichen Gläubigern und anderen Realberechtigten zugestellt und außerdem durch das Amtsblatt der Regierung, in deren Bezirk das Bergwerk liegt, unter Verweisung auf diesen und den folgenden Paragraphen, zur öffentlichen Kenntnis gebracht.

§ 159.

Jeder Hypothekengläubiger oder sonstige Realberechtigte, sowie jeder privilegierte Gläubiger des Rheinischen Rechts ist befugt, binnen drei Monaten vom Ablaufe des Tages, an welchem der Beschluß zugestellt, beziehungsweise an welchem das die Bekanntmachung enthaltende Amtsblatt ausgegeben worden ist, behufs seiner Befriedigung die notwendige Subhastation des Bergwerks bei dem zuständigen Richter auf seine Kosten zu beantragen, vorbehaltlich der Erstattung derselben aus den Kaufgeldern.

Wer von diesem Rechte binnen der angegebenen Frist keinen Gebrauch macht, hat bei der demnächstigen Aufhebung des Bergwerkseigentums das Erlöschen seines Realanspruchs zu erleiden (§ 160).

Auch der seitherige Eigentümer des Bergwerks kann innerhalb jener Präklusivfrist von drei Monaten die Subhastation auf seine Kosten beantragen.

Wegen der Subhastation s. unten §§ 247, 248.

§ 160.

Wird die Subhastation nicht beantragt, oder führt dieselbe nicht zu dem Verkaufe des Bergwerks, so spricht das Oberbergamt durch einen Beschluß die Aufhebung des Bergwerkseigentums aus.

Mit dieser Aufhebung erlöschen alle Ansprüche auf das Bergwerk, von welcher Art sie auch sein mögen.

§ 161.

Erklärt der Eigentümer eines Bergwerks vor der Bergbehörde seinen freiwilligen Verzicht auf dasselbe, so wird mit dieser Erklärung nach § 158 ebenso verfahren wie mit dem dort bezeichneten Beschlusse.

Die den Hypothekengläubigern und anderen Realberechtigten, sowie den privilegierten Gläubigern des Rheinischen Rechts im § 159 eingeräumte Befugnis steht denselben auch in diesem Falle zu, und hinsichtlich der Aufhebung des Bergwerkseigentums finden die Bestimmungen des § 160 ebenfalls Anwendung.

1. § 161 bezieht sich auf den Bergwerkseigentümer, nicht den Muter, dessen Verzicht ohne weiteres wirksam ist, Anm. 1 zu § 19, s. auch Z. XXXIV. 553.

2. Die Erklärung ist an keine Form gebunden.

3. Durch bloße Dereliktion wird das Bergwerkseigentum nicht aufgehoben.

4. Erst der oberbergamtliche Beschluß, nicht schon der Verzicht hebt das Bergwerkseigentum auf, Z. IX. 221.

§ 162.

Nach § 161 ist auch dann zu verfahren, wenn der freiwillige Verzicht auf das Bergwerkseigentum nur einzelne Teile eines Feldes betrifft.

1. Wenn das freizugebende Feld den Fundpunkt in sich schließt, oder wenn sonst die beabsichtigte Feldesfreiheit zur Einlegung einer neuen Mutung, also zur Umgehung der Vorschriften über die Maximalgröße der Bergwerksfelder (§ 27), dienen soll, wird die Aufhebung des Bergwerkseigentums auf Grund des Verzichtes von den Oberbergämtern abgelehnt, s. Z. XVI. 526, XVIII. 141.

2. Die Realberechtigten sind, da ihnen das ganze Bergwerk haftet, befugt, auch wenn nur auf einen Teil desselben verzichtet wird, den notwendigen Verkauf des ganzen Bergwerkes (§ 159) zu verlangen.

§ 163.

Bei jeder Aufhebung eines Bergwerkseigentums darf der bisherige Eigentümer die Zimmerung und Mauerung des Grubengebäudes nur insoweit wegnehmen, als nach der Entscheidung der Bergbehörde nicht polizeiliche Gründe entgegenstehen.

Zuwiderhandlungen sind nach § 207 Abs. 1 strafbar.

§ 164.

Die Kosten, welche durch das im gegenwärtigen Titel angeordnete Verfahren bei der Bergbehörde erwachsen, hat der Bergwerkseigentümer zu tragen.

Siebenter Titel.

Von den Knappschaftsvereinen.

Die staatliche Fürsorge für die Bergleute ist, wenn auch nicht schon, wie behauptet, in der Kuttenberger Bergordnung vorhanden, so doch viele Jahrhunderte alt. Diese Fürsorge erfolgte in den Knappschaftskassen, auch Bruderladen genannt. An diese Kassen mußten von den Bergleuten und nach vielen Bergordnungen auch von den Werksbesitzern Beiträge geleistet werden. Das A. L. R. II. 16 § 134 bestimmte für die Knappschaftskassen zwei Freikuxe. In Krankheitsfällen erhielten die Bergleute ihren Lohn weiter, und zwar bei Zubuß- und Verlagszechen auf 4, bei Ausbeutezechen auf 8 Wochen. Nach diesem Zeitraum trat die Knappschaftskasse ein (A. L. R. II. 16, §§ 214—216, 217—220. Im rheinischen Recht (Dekret v. 3. Jan. 1813 Art. 15) waren die Bergwerksbesitzer verpflichtet, für die ärztliche Behandlung der erkrankten Bergleute zu sorgen. Allgemein in Preußen wurde der Versicherungszwang eingeführt durch G. v. 10./4. 54 (G. S. 139. Das A. B. G. weicht davon in soweit ab, als es die Selbstverwaltung der Knappschaftskassen erweitert.

Die Knappschaftskassen (Knappschaftsvereine) sind Korporationen des öffentlichen Rechts, Zwangsgenossenschaften. Es besteht für die Bergleute Kassenzwang und Zwangskasse. Jeder Bergmann darf und muß dem Knappschaftsvereine beitreten, in deren Bezirk er Bergarbeit verrichtet. Daß er anderen Kassen angehört, hindert seinen Eintritt in den Knappschaftsverein nicht, und der Vereinsgenosse kann durch den Anschluß an eine andere Kasse sich der Zugehörigkeit zum Knappschaftsvereine nicht entziehen. Jedoch bezieht sich der unmittelbare gesetzliche Kassenzwang nur auf die gesetzlichen Mindestleistungen (§ 171 letzt. Abs.). Er bezieht sich grundsätzlich nur auf die in verliehenen Bergwerken und Aufbereitungsanstalten beschäftigten Personen, also z. B. nicht auf die Eisenerzbergleute in Schlesien; doch ist der Knappschaftszwang, d. i. der siebente Titel des A. B. G. eingeführt durch G. v. 14. Juli 1895 G. S. S. 295, beim Stein- und Kalisalzbergbau in Hannover, ferner beim Braunkohlenbergbau in den vormals sächsischen Landesteilen (G. v. 22. Febr. 1869, G. S 401 § 9e) und in Westpreußen schon durch A. B. G. § 210.

Für die linksrheinischen Dachschieferbrüche usw. besteht der Knappschaftszwang bereits seit Inkrafttreten des A. B. G., s. § 214 in seiner alten Fassung.

Der Knappschaftszwang beruht auf Gesetz, durch Statut kann er (z. B. für den Eisenerzbergbau in Schlesien) nicht eingeführt werden.

Dem Reichsgesetze über die privaten Versicherungsunternehmungen vom 12. Mai 1901 (R. G. Bl. 139) unterliegen nicht (§ 122) die auf Grund berggesetzlicher Vorschriften errichteten Knappschaftskassen.

Mit dem 1. Januar 1908 wird der VII. Titel die in der Anlage zu diesem Buche abgedruckte Fassung erhalten, s. auch Z. XLVII. 1 ff.

§ 165.

Für die Arbeiter aller dem gegenwärtigen Gesetze unterworfenen Bergwerke und Aufbereitungsanstalten, desgleichen für die Arbeiter der Salinen sollen Knappschaftsvereine bestehen, welche den Zweck haben, ihren Teilnehmern und deren Angehörigen nach näherer Bestimmung des Gesetzes Unterstützungen zu gewähren.

Sind mit den vorbezeichneten Werken zugleich Gewerbsanlagen verbunden, welche nicht unter der Aufsicht der Bergbehörde stehen, so können die bei diesen Gewerbsanlagen beschäftigten Arbeiter auf den gemeinschaftlichen Antrag der letzteren und der Werksbesitzer durch den Knappschaftsvorstand in den Knappschaftsverein aufgenommen werden.

Die Knappschaftsvereine erlangen durch die Bestätigung ihrer Statuten die Eigenschaft juristischer Personen.

Nach Ansicht des K. G. 28./3. 04 Entsch. XXVII. 266 u. Z. XLV. 486 bedürfen Knappschaftsvereine gemäß Art. 7 § 1 A. G. z. B. G. B. v. 20./9. 99 (G. S. S. 177) zum Erwerb von Grundstücken im Werte von mehr als 5000 Mark der Genehmigung der staatlichen Aufsichtsbehörde (des Oberbergamts).

§ 166.

Die bereits bestehenden Knappschaftsvereine bleiben in Wirksamkeit. Der gegenwärtige Titel findet jedoch auch auf sie Anwendung. Ihre Statuten sind mit den Vorschriften der §§ 170, 176 und 181 bis 186 in Übereinstimmung zu bringen.

Die Besitzer und Arbeiter der Hüttenwerke und der dem gegenwärtigen Gesetze nicht unterworfenen Aufbereitungsanstalten, welche bereits einem Knappschaftsvereine angehören, scheiden auf ihren gemeinschaftlichen Antrag aus dem Vereine aus.

1. Der Knappschaftszwang erstreckt sich auch auf die „Zubehörungen zum Bergbau" (s. Anm. zu § 58) und auf die Schürfunternehmungen. Letzteres ist nicht unbestritten und juristisch anfechtbar.

2. Das Ausscheiden der Besitzer und Arbeiter eines Hüttenwerks, das nicht mehr dem VII. Titel des A. B. G. untersteht (wohl aber dem G. v. 10./4. 54 unterstanden hat), ist nur statthaft nach zuvoriger statutarischer Regelung der Pflichten und Rechte des ausscheidenden Werks in Ansehung der Aktiva und Passiva und nach Sicherstellung der Ansprüche der Knappschaftsgenossen, O. Tr. 9./9. 73, Z. XV. 361 und Z. XIX. 398, R. G. 11./11. 87 Z. XXIX. 239.

§ 167.

Die Bestimmung der Bezirke, für welche neue Knappschaftsvereine gegründet werden sollen, hängt zunächst von dem Beschlusse der Beteiligten ab. Kann hierüber eine Einigung nicht erzielt werden, so entscheidet das Oberbergamt nach Anhörung der Werksbesitzer und eines von den Arbeitern zu wählenden Ausschusses.

§ 168.

Alle in dem Bezirke eines bereits bestehenden oder neu gegründeten Knappschaftsvereins belegenen Bergwerke, Aufbereitungsanstalten und Salinen (§ 165) und die auf denselben beschäftigten Arbeiter sind dem Vereine nach näherer Bestimmung des Statuts beizutreten berechtigt und verpflichtet.

Berechtigt zum Beitritt sind auch die Werksbeamten, sowie die Verwaltungsbeamten des Knappschaftsvereins.

1. Der Knappschaftszwang und die Pflicht, Beiträge, Eintrittsgelder zu leisten, beziehen sich nur auf die betriebenen Bergwerke, R. G. 26./10. 92 Zivils. XXX. 208. Z. XXXIV. 397.

2. Knappschaftspflichtig sind z. Z. nur die Arbeiter; die Werks- und die Knappschaftsbeamten sind berechtigt, nicht verpflichtet zum Eintritt in einen Knappschaftsverein. Statutarische Vorschriften, welche Beamte (auch nur solche bis 2000 Mk. Jahresverdienst) als knappschaftspflichtig vor 1./1. 08 erklären, sind ungültig.

3. Der Austritt aus der bergmännischen Beschäftigung berechtigt zum Austritt aus dem Knappschaftsverein und hat diesen in Ansehung der Versicherung bei der Knappschaftsberufsgenossenschaft ohne weiteres zur Folge. Im übrigen sind die statutarischen Vorschriften entscheidend, welche bei Austritt aus dieser Beschäftigung die Zugehörigkeit zum Knappschaftsvereine nicht unbedingt verbieten. „Nach näherer Vorschrift des Statuts" will sagen, daß z. B. vorübergehend Beschäftigte, nicht im Besitz der Ehrenrechte Befindliche, nicht in den Knappschaftsverein einzutreten brauchen oder eintreten dürfen, s. auch Motive S. 98.

4. Ohne weiteres (ipso jure) werden z. Z. die knappschaftspflichtigen Personen nicht Mitglieder, vielmehr nur durch besondere Erklärung oder ausdrückliche statutarische Vorschrift. Gegen Krankheit und Unfall sind sie ev. durch die versicherungspflichtige Beschäftigung nach Maßgabe der Reichsgesetze ohne weiteres versichert. Vom 1. Okt. 1908 ab ist die Beitrittserklärung (abgesehen von der Pensionskasse) nicht mehr erforderlich.

§ 169.

Für jeden neu gegründeten Knappschaftsverein haben die Werksbesitzer unter Mitwirkung eines von den Arbeitern zu wählenden Ausschusses ein mit dem Gesetz in Übereinstimmung stehendes Statut aufzustellen. Dasselbe unterliegt der Bestätigung des Oberbergamts, welche nur versagt werden darf, wenn das Statut den gesetzlichen Bestimmungen zuwiderläuft.

Wird das Statut nach vorgängiger Aufforderung nicht innerhalb Jahresfrist vorgelegt, so hat das Oberbergamt dasselbe aufzustellen.

Durch die Bestätigung des Statuts werden die gesetzwidrigen Bestimmungen desselben nicht verbindlich, O. Tr. 9./2. 77, Z. XX. 94, and. Ans. Z. XIII. 290. Das Statut ist stempelfrei, s. Z. XXXVI. 482.

§ 170.

Zu allen Abänderungen von Knappschaftsstatuten ist erforderlich, daß dieselben von den Beteiligten nach den hierüber in das Statut aufzunehmenden näheren Bestimmungen beschlossen werden und sodann die Bestätigung des Oberbergamts nach Maßgabe des § 169 erlangen.

Nur gültige Beschlüsse können durch die Bestätigung des Oberbergamts verbindlich werden, O. Tr. 9./2. 77, Z. XX. 94. Zur Gültigkeit gehört die Übereinstimmung der Beteiligten, d. i. der Arbeitgeber und Arbeitnehmer. Statutarische Vorschriften, wonach bei Dissens zwischen diesen ein dritter, z. B. das Oberbergamt, entscheidet, sind ungültig.

§ 171.

Die Leistungen, welche jeder Knappschaftsverein nach näherer Bestimmung des Statuts seinen vollberechtigten Mitgliedern mindestens zu gewähren hat, sind:

1) in Krankheitsfällen eines Knappschaftsgenossen freie Kur und Arznei für seine Person,
2) ein entsprechender Krankenlohn bei einer ohne eigenes grobes Verschulden entstandenen Krankheit,
3) ein Beitrag zu den Begräbniskosten der Mitglieder und Invaliden,
4) eine lebenslängliche Invalidenunterstützung bei einer ohne grobes Verschulden eingetretenen Arbeitsunfähigkeit,
5) eine Unterstützung der Witwen auf Lebenszeit, beziehungsweise bis zur etwaigen Wiederverheiratung,
6) eine Unterstützung zur Erziehung der Kinder verstorbener Mitglieder und Invaliden bis nach zurückgelegtem vierzehnten Lebensjahre.

Für die Mitglieder der am wenigsten begünstigten Klasse sind mindestens die unter 1 und 2 genannten Leistungen und, wenn sie bei der Arbeit verunglücken, auch die unter 3 und 4 genannten zu gewähren.

1. Bezüglich der Krankenversicherung gelten folgende Vorschriften:

Krankenversicherungsg. v. 15. Juni 1883, Fassung v. 10./4. 92 (R. G. Bl. 417), geändert durch Ges. v. 25. Mai 1903 (R. G. Bl. 233).

§ 74. „Für die Mitglieder der auf Grund berggesetzlicher Vorschriften errichteten Krankenkassen (Knappschaftskassen) tritt weder die Gemeinde-Krankenversicherung noch die Verpflichtung einer nach Maßgabe der Vorschriften dieses Gesetzes errichteten Krankenkasse anzugehören, ein.

Die statutenmäßigen Leistungen dieser Kassen in Krankheitsfällen müssen die für die Betriebs-(Fabrik-) Krankenkassen vorgeschriebenen Mindestleistungen erreichen.

Die Vorschriften des § 20 Abs. 5, § 26 Abs. 1 und Abs. 2 Satz 1, § 56 Abs. 2 bis 4, § 56a und § 57a finden auch auf Knappschaftskassen Anwendung, und zwar die Vorschriften des § 56 Abs. 2 bis 4 auch hinsichtlich aller den Knappschaftskassen berggesetzlich obliegenden Leistungen.

Im übrigen bleiben die landesgesetzlichen Vorschriften über die Knappschaftskassen unberührt."

Die Mindestleistungen ergeben sich aus nachfolgenden Bestimmungen:

§ 6. „Als Krankenunterstützung ist zu gewähren:

1. vom Beginn der Krankheit ab freie ärztliche Behandlung, Arznei, sowie Brillen, Bruchbänder und ähnliche Heilmittel;
2. im Falle der Erwerbsunfähigkeit, vom dritten Tage nach dem Tage der Erkrankung ab für jeden Arbeitstag ein Krankengeld in Höhe der Hälfte des ortsüblichen Tagelohnes gewöhnlicher Tagearbeiter.

Die Krankenunterstützung endet spätestens mit dem Ablauf der sechsundzwanzigsten Woche nach Beginn der Krankheit, im Falle der Erwerbsunfähigkeit spätestens mit dem Ablauf der sechsundzwanzigsten Woche nach Beginn des Krankengeldbezuges. Endet der Bezug des Krankengeldes erst nach Ablauf der sechsundzwanzigsten Woche nach dem Beginn der Krankheit, so endet mit dem Bezuge des Krankengeldes zugleich auch der Anspruch auf die in Absatz 1 unter Ziffer 1 bezeichneten Leistungen.

Das Krankengeld ist nach Ablauf jeder Woche zu zahlen."

§ 6a gestattet u. a. zu beschließen, daß gewisse Versicherten für gewisse verschuldete oder zu bald wiederkehrende Krankheiten kein oder zeitlich beschränktes Krankengeld erhalten und daß Arznei, Kur und Verpflegung nur durch bestimmte Ärzte, Apotheken und Krankenhäuser zu gewähren sind.

§ 7 gestattet an Stelle freier Kur und Krankengeldes in gewissen Fällen Kur und Verpflegung in einem Krankenhause.

Nach § 20 soll das Krankengeld nach dem durchschnittlichen Tagelohn derjenigen Klasse der Versicherten bemessen werden, für welche die Kasse errichtet ist, soweit er vier Mark für den Arbeitstag nicht überschreitet. Ferner ordnet § 20 an:

„2. eine Unterstützung in Höhe des Krankengeldes an Wöchnerinnen, welche innerhalb des letzten Jahres, vom Tage der Entbindung ab gerechnet, mindestens sechs Monate hindurch einer auf Grund dieses Gesetzes errichteten Kasse oder einer

Gemeinde-Krankenversicherung angehört haben, auf die Dauer von sechs Wochen nach ihrer Niederkunft;

3. für den Todesfall eines Mitgliedes ein Sterbegeld im zwanzigfachen Betrage des durchschnittlichen Tagelohnes (Ziffer 1)."

Absatz III in § 20 bestimmt:

„Verstirbt ein als Mitglied der Kasse Erkrankter nach Beendigung der Krankenunterstützung, so ist das Sterbegeld zu gewähren, wenn die Erwerbsunfähigkeit bis zum Tode fortgedauert hat, und der Tod infolge derselben Krankheit vor Ablauf eines Jahres nach Beendigung der Krankenunterstützung eingetreten ist."

Absatz V in § 20 bestimmt:

„In den Fällen, in welchen auf Grund der Reichsgesetze über Unfallversicherung gleichfalls ein Anspruch auf Sterbegeld begründet ist, ist der Kasse bis zur Höhe des von ihr gewährten Sterbegeldes durch Überweisung des auf Grund der Unfallversicherungsgesetze zu gewährenden Sterbegeldes Ersatz zu leisten."

§§ 26 Abs. 1 und Abs. 2 Satz 1 verbieten eine Karenzzeit bezüglich der Mindestleistungen und der vom Militärdienst Zurückkehrenden. § 56a gestattet dem Oberbergamte auf Antrag von mindestens 30 Genossen weitere Ärzte, Apotheken und Krankenhäuser zu bestimmen. Nach § 57a kann die Unterstützung von Mitgliedern, welche außerhalb des Kassenbezirks erkranken, durch fremde Ortskrankenkassen oder durch die Gemeindeversicherung bewirkt werden.

§ 56 Abs. 2 bis 4 lauten: „Die Übertragung der dem Unterstützungsberechtigten zustehenden Ansprüche auf dritte, sowie die Verpfändung oder Pfändung hat nur insoweit rechtliche Wirkung, als sie erfolgt:

1. zur Deckung eines Vorschusses, welcher den Berechtigten auf seine Ansprüche vor Anweisung der Unterstützung von dem Arbeitgeber oder einem Organe der Kasse oder dem Mitglied eines solchen Organs gegeben worden ist;
2. zur Deckung der in § 850 Abs. 4 der Z. P. O. bezeichneten Forderungen.

Die Ansprüche dürfen auf geschuldete Eintrittsgelder und Beiträge, auf gezahlte Vorschüsse, auf zu Unrecht gezahlte Unterstützungsbeträge und auf die von den Organen der Kassen verhängten Geldstrafen aufgerechnet werden. Die Ansprüche dürfen ferner aufgerechnet werden auf Ersatzforderungen für Beträge, welche der Unterstützungsberechtigte in den Fällen des § 57 Abs. 4 oder auf Grund der Reichsgesetze über Unfallversicherung bezogen, aber an die Kasse zu erstatten hat. Ansprüche auf Krankengeld dürfen jedoch nur bis zur Hälfte aufgerechnet werden.

Ausnahmsweise darf der Berechtigte den Anspruch ganz oder zum Teil auf andere übertragen, sofern dies von der unteren Verwaltungsbehörde genehmigt wird."

2. Bezüglich der Unfallversicherung gilt das Gewerbe-Unfallversicherungsges. v. 30./6. 1900 (R. G. Bl. 573). § 25 desselben bestimmt: „die Verpflichtung der — — — Unterstützungskassen, den von Unfällen betroffenen Arbeitern und Betriebsbeamten sowie deren Angehörigen und Hinterbliebenen Unterstützungen zu gewähren, — wird durch dieses Gesetz nicht berührt. Wenn auf Grund solcher Verpflichtung Unterstützungen für einen Zeitraum geleistet werden, für welchen den Unterstützten nach Maßgabe dieses Gesetzes ein Entschädigungsanspruch zustand oder noch zusteht, so ist hierfür den die Unterstützung gewährenden Kassen — durch Überweisung von Rentenbeträgen Ersatz zu leisten. In Fällen dieser Art gilt für die unter das Krankenversicherungsgesetz fallenden Kassen als Ersatz der im § 6 Abs. 1 Z. 1 des Krankenversicherungsgesetzes bezeichneten Leistungen die Hälfte des gesetzlichen Mindestbetrages des Krankengelds dieser Kassen, sofern nicht höhere Aufwendungen nachgewiesen werden. Ist die — Unterstützung eine vorübergehende, so können als Ersatz höchstens drei Monatsbeträge der Rente, und zwar mit nicht mehr als der Hälfte in Anspruch genommen werden. Ist die Unterstützung eine fortlaufende, so kann als Ersatz, wenn die Unterstützung in der Gewährung des Unterhalts in einer Anstalt besteht, für dessen Dauer und in dem zur Ersatzleistung erforderlichen Betrage die fortlaufende Überweisung der vollen Rente, im übrigen die fortlaufende Überweisung von höchstens der halben Rente beansprucht werden." Es können nur gleichartige Leistungen, also nicht z. B. Unfallrente mit Kindergeld verrechnet werden, R. G. 1./3. 1902, Zivils. LIV. 232, Z. XLIV. 136.

3. Die Versicherung nach dem Reichsgesetze, betreffend die Invalidenversicherung v. 13. Juli 1899 (R. G. Bl. 463) erfolgt entweder bei der Versicherungsanstalt (§ 65) oder bei einer Kasseneinrichtung (§§ 8—10). § 52 des Ges. v. 13./7. 99 gibt den Knappschaftsvereinen das Recht, für solche Personen, welche auf Grund des gen. Gesetzes einen Anspruch auf Invaliden- oder Altersrente haben, die von ihnen für den Fall der Invalidität oder des Alters in Aussicht gestellten seit dem 1. Januar 1891 bewilligten Renten um den Wert der ersteren oder zu einem geringeren Betrage zu ermäßigen.

§ 172.

Für die Leistungen unter 1, 2 und 3 des § 171 oder für einzelne derselben können nach dem gemeinschaftlichen Beschlusse der Werksbesitzer, der Knappschaftsältesten und des Knappschaftsvorstandes besondere Krankenkassen auf sämtlichen zu einem Knappschaftsvereine gehörigen Werken, und zwar auf jedem einzelnen Werke oder gruppenweise auf mehreren, eingerichtet werden.

Die für die Krankenkassen nach Vorschrift des § 169 aufzustellenden Statuten unterliegen der daselbst erwähnten Bestätigung.

Die Beaufsichtigung der Krankenkassen gehört zu den Obliegenheiten des Knappschaftsvorstandes. In den Statuten des Knappschaftsvereins sind die näheren Bestimmungen hierüber, sowie über die bei der Abzweigung der Krankenkassen eintretende Herabsetzung der Beiträge zur Hauptkasse zu treffen.

Versicherungsunternehmungen, auch auf Versicherung beruhende Unterstützungskassen, die nicht Knappschafts- oder Krankenkassen im Sinne des VII. Titels des A. B. G. sind und ihren Mitgliedern Rechtsanspruch auf Unterstützung genehmigen, unterliegen dem Reichsges. über die privaten Versicherungsunternehmungen v. 12. Mai 1901 (R. G. Bl. 139).

§ 173.

Die Ansprüche der Berechtigten auf die Leistungen der Knappschafts- und der Krankenkassen können weder an dritte übertragen, noch auch mit Arrest belegt werden.

S. hierzu § 74 Abs. 3 und § 56 Abs. 2 bis 4 des Reichs-Krankenversicherungsgesetzes (Anm. 1 zu § 171).

§ 174.

Sowohl die Arbeiter als auch die Werksbesitzer haben zu den Knappschafts- und den Krankenkassen Beiträge zu leisten.

1. Werksbesitzer ist jeder, der den Betrieb für eigene Rechnung führt, auch der Pächter. Die Beiträge für die Unfallversicherung haben die Besitzer allein aufzubringen, Gewerbe-Unfallversicherungsgesetz 30./6. 1900 (R. G. Bl. 585, §§ 29, 30).

2. Die Beiträge nach § 174 gelten als gemeine Lasten im Sinne Art. 1 Abs. 1 Nr. 2 des A. G. z. Zwangsversteigerungsges. v. 23./9. 99 (G. S. 291), s. unten zu §§ 247, 248 A. B. G.

§ 175.

Die Beiträge der Arbeiter sollen in einem gewissen Prozentsatze ihres Arbeitslohns oder in einem entsprechenden Fixum bestehen.

Die Beiträge der Werksbesitzer sollen mindestens die Hälfte des Beitrags der Arbeiter ausmachen.

S. Anm. 2 zu § 174.

§ 176.

Die Werksbesitzer sind bei Vermeidung des gegen sie selbst zu richtenden Zwangsverfahrens verpflichtet, für die Einziehung und Abführung der Beiträge ihrer Arbeiter aufzukommen.

Auch haben die Werksbesitzer ihre Arbeiter regelmäßig an den durch das Statut festzusetzenden Zeitpunkten bei dem Knappschaftsvorstande anzumelden.

Unterbleibt die Anmeldung, so ist der Vorstand befugt, die Zahl der Arbeiter, für welche die Beiträge zur Knappschaftskasse eingezogen werden sollen, nach seinem Ermessen zu bestimmen oder bei dem Oberbergamte den Erlaß eines Strafbefehls gegen den säumigen Werksbesitzer in Antrag zu bringen.

1. Das Zwangsverfahren richtet sich jetzt nach der Königl. Verordnung v. 15./11. 99 (G. S. 545).

2. Die Verpflichtung der Werksbesitzer, für die Beiträge ihrer Arbeiter aufzukommen, schafft eine eigene, keine bloß übernommene Verbindlichkeit. Es steht daher den Knappschaftsvereinen auch wegen der Arbeiterbeiträge (der laufenden und aus den beiden letzten Jahren) das Vorrecht nach Art. 17 A. G. zum Zwangsvollstreckungsgesetze v. 23. Sept. 1899 (G. S. S. 291) zu. Die Verpflichtung besteht auch für die Arbeiter des Unternehmers, dem bergmännische Arbeiten (z. B. die Abraumbeseitigung, ein Schachtabteufen) nur im Verding gegeben sind, s. auch Z. XI. 366.

3. S. auch Anm. 2 zu § 174.

§ 177.

Alle Beiträge zur Knappschaftskasse wie zu den Krankenkassen können auf vorgängige Festsetzung durch das Oberbergamt im Wege der Verwaltungs-Exekution eingezogen werden.

Durch Beschreitung des Rechtsweges wird die Exekution nicht aufgehalten.

1. Strafgelder, die auf Grund des Knappschaftsstatuts verwirkt sind, können z. B. nicht durch Verwaltungszwangsverfahren beigetrieben werden.

2. Der Rechtsweg ist statthaft, sowohl wenn die Verpflichtung zu den Beiträgen, als auch wenn deren Höhe bestritten sind; s. Z. XVII. 117.

§ 178.

Die Verwaltung eines jeden Knappschaftsvereins erfolgt unter Beteiligung von Knappschaftsältesten durch einen Knappschaftsvorstand.

Da alle Beschlüsse des Knappschaftsvorstandes bezw. Vereins oberbergamtlich beanstandet und aufgehoben werden können (§ 184), so hat der Grundbuchrichter, ehe er Beschlüssen bezw. Anträgen über unbewegliches Eigentum nachgibt, die Bescheinigung einzufordern, daß der bezügliche Beschluß nicht suspendiert bezw. die Suspension vom Oberbergamt aufgehoben ist; s. auch Anm. zu § 165.

§ 179.

Die Knappschaftsältesten werden von den zum Vereine gehörigen Arbeitern und Beamten in einer durch das Statut bestimmten Zahl aus ihrer Mitte gewählt.

Auch den invaliden Arbeitern und Beamten kann die Wählbarkeit durch das Statut beigelegt werden.

Die Knappschaftsältesten vertreten die Knappschaftsmitglieder bei der Wahl des Vorstandes und haben im allgemeinen das Recht und die Pflicht, einerseits die Befolgung des Statuts durch die Knappschaftsmitglieder zu überwachen und andererseits die Rechte der letzteren gegenüber dem Vorstande wahrzunehmen.

Das Statut oder eine besondere Instruktion (§ 181) regelt ihre Dienstobliegenheiten.

§ 180.

Die Mitglieder des Knappschaftsvorstandes werden nach näherer Bestimmung des Statuts zur einen Hälfte von den Werksbesitzern, beziehungsweise von den Repräsentanten, und zur anderen Hälfte von den Knappschaftsältesten je aus ihrer Mitte oder aus der Zahl der Königlichen oder Privat-Bergbeamten gewählt.

§ 181.

Der Knappschaftsvorstand vertritt den Verein nach außen, leitet die Wahlen der Knappschaftsältesten, erwählt die Beamten und Ärzte des Vereins, schließt die Verträge mit denselben, sowie mit den Apothekern ab, erläßt die erforderlichen Instruktionen, verwaltet das Vermögen des Vereins und besorgt alle übrigen ihm durch das Statut übertragenen Geschäfte.

Die für den Vorstand erforderliche Legitimation stellt das Oberbergamt aus.

§ 182.

Die jährlich zu legenden Rechnungen müssen nach vorgängiger Prüfung durch den Vorstand den Knappschaftsältesten und den Werksbesitzern zur Einsicht und etwaigen Erklärung offen gelegt werden, bevor der Vorstand dem Kassenbeamten die Entlastung erteilt.

§ 183.

Die Oberbergämter haben die Beobachtung der Statuten und insbesondere die statutenmäßige Verwaltung des Vermögens zu überwachen.

Auch auf die Beobachtung der Gesetze hat das Oberbergamt zu halten. Es kann exekutivische Maßnahmen gegen die Mitglieder des Knappschaftsvorstandes ergreifen; s. § 190.

§ 184.

Zur Ausübung dieses Aufsichtsrechts ernennt das Oberbergamt für jeden Knappschaftsverein einen Kommissar.

Derselbe ist befugt, allen Sitzungen des Knappschaftsvorstandes, welche ihm zu diesem Zwecke mindestens drei Tage vorher anzuzeigen sind, beizuwohnen und jeden statutenwidrigen Beschluß zu suspendieren. Von einer solchen Suspension muß er dem Oberbergamte sofort Anzeige machen.

Das Oberbergamt entscheidet, ob die Suspension aufrecht zu erhalten ist.

§ 185.

Der Knappschaftsvorstand ist jederzeit verpflichtet, dem Oberbergamte und dessen Kommissar auf Verlangen die Einsicht der über seine Verhandlungen zu führenden Protokolle, der Kassenbücher und der gelegten Rechnungen, sowie die Revision der Kasse zu gestatten.

Auch hat derselbe dem Oberbergamte die zur Statistik des Knappschaftswesens erforderlichen Nachrichten zu geben.

§ 186.

Beschwerden über die Verwaltung des Vorstandes sind bei dem Oberbergamte und in der weiteren Instanz bei dem Handelsminister anzubringen.

1. Die Entscheidung der Bergbehörden über vermögensrechtliche Ansprüche der Knappschaftsgenossen sind im zivilrechtlichen Sinne nicht vollstreckbar; doch können diese Behörden die Befolgung ihrer Entscheidung durch Verwaltungsexekution gegen die Vorstandsmitglieder erzwingen, s. § 190.

2. Die Entscheidung über das Vorhandensein oder das Aufhören der knappschaftlichen Invalidität kann mit Ausschluß der richterlichen Entscheidung vom Ausspruch des Knappschaftsvorstandes abhängig gemacht werden, R. G. 27./9. 1881 und 19./1. 87, Daubenspeck I S. 412, 413, 426, 427, s. auch R. G. 5./2. 87 in Z. XXX. 229, ferner R. G. 25./9. 80 Zivils. II. 311. Im allgemeinen ist über alle Ansprüche aus dem Knappschaftsverhältnisse zur Zeit noch der ordentliche Rechtsweg zulässig.

Achter Titel.

Von den Bergbehörden.

§ 187.

Die Bergbehörden sind:
die Revierbeamten,
die Oberbergämter,
der Handelsminister.

1. Die Bergbehörden sind nicht bloß für alle verliehenen, sondern für alle der Bergpolizei unterstehenden Anlagen, s. §§ 196,

210, 211b, G. v. 22. Febr. 1869 § 9e, 214, 214a, G. v. 14./7. 95 § 1 Z. 9 u. s. w., zuständig.

2. Auch auf den fiskalischen Bergwerken und Salinen, wenn dieselben der Bergpolizei unterstehen, sind jetzt nicht mehr die Werksdirektoren zugleich die Revierbeamten, Bek. v. 25./4. 92, Z. XXXIV. 45, s. auch Z. XXXV. 419.

3. Als Zentralbehörde für den Bergbau und die Salzfabrikation war durch das Publikandum vom 16. Dez. 1808 das Ministerium des Innern, durch Kab. O. v. 13./12. 13 (G. S. 1814 S. 3) das Finanzministerium bestellt. Mit Gründung des Ministeriums für Handel, Gewerbe und öffentliche Arbeiten durch Allerh. Erl. v. 17./4. 48 (G. S. 109) ist das Berg-, Salinen- und Hüttenwesen diesem Ministerium übertragen worden. Bei der Teilung dieses Ministeriums durch Allerh. Erl. v. 7./8. 78 (G. S. 1879 S. 25) und des Ges. v. 13./3. 79 (G. S. 123) ist es dem Ministerium für öffentliche Arbeiten zugewiesen worden, und untersteht jetzt seit A. Erl. v. 17./2. 90 (G. S. 35) und G. v. 26./3. 90 (G. S. 37) dem Minister für Handel und Gewerbe.

4. Die Vorschriften über die Ausbildung und Prüfung für den höheren Staatsdienst in der Berg-, Hütten- und Salinenverwaltung vom 18. Sept. 1897 sind in der minister. Zeitschrift für Berg-, Hütten- und Salinenwesen Bd. 45 S. 96 abgedruckt. Für infolge von Betriebsunfällen verunglückte Beamte gilt Ges. v. 2. Juni 1902 (G. S. S. 153).

§ 188.

Die Bezirke der Oberbergämter werden durch Königliche Verordnung, diejenigen der Revierbeamten durch den Handelsminister festgestellt.

Nach dem Allerh. Erl. v. 29./6. 61 (G. S. 429), abgeändert durch Allerh. Erl. v. 28./11. 1900 (G. S. 375), sind bestimmt:

1. das Oberbergamt zu Breslau für die Provinzen Schlesien, Posen, (Ost- und West-) Preußen;
2. das Oberbergamt zu Halle a. S. für die Provinzen Sachsen, Brandenburg, Pommern, gemäß V. v. 30./9. 70 (G. S. 573) auch für das Amt Neustadt in der Grafschaft Hohenstein u. V. v. 24./6. 67 (G. S. 884) für die Enklave Caulsdorf;
3. das Oberbergamt zu Dortmund für die Provinz Westfalen mit Ausnahme des Herzogtums Westfalen, jedoch einschließlich der ganzen Kreise Iserlohn, Soest und Lippstadt, mit ferneren Ausnahmen der Grafschaften Wittgenstein-Wittgenstein und Wittgenstein-Berleburg, des Fürstentums Siegen und der Ämter Burbach und Neuenkirchen, sodann von der Rheinprovinz für die Kreise Rees, Mülheim a. d. Ruhr, Duisburg, Stadt und Landkreis Essen, sowie für die nördlich der

Düsseldorf-Schwelmer Staatsstraße belegenen Teile der Kreise Düsseldorf und Elberfeld, endlich gemäß V. v. 25./5. 67 (G. S. 735) für die Regierungsbezirke Osnabrück und Aurich;

4. das Oberbergamt zu Bonn für die nicht zum Oberbergamt Dortmund gelegten Teile der Rheinprovinz und Westfalen, die Hohenzollernschen Lande, sodann gemäß V. vom 6./3. und 24./6. 67 (G. S. 351, 884) für den Regierungsbezirk Wiesbaden, die abgetretenen Teile von Hessen-Darmstadt, die Landgrafschaft Hessen-Homburg einschließlich des Oberamtes Meisenheim und das Gebiet von Frankfurt a. M., endlich für Waldeck und Pyrmont.

II. Für alle übrigen Teile der preußischen Monarchie ist nach der V. v. 3./2. 68 (G. S. 69) das Oberbergamt Clausthal bestellt (also für Hannover außer Osnabrück, Aurich und Amt Neustadt, für Schleswig-Holstein und Regierungsbezirk Kassel außer dem ehemaligen großherzoglich hessischen Kreise Vöhl).

§ 189.

Die Revierbeamten bilden für die ihnen überwiesenen Bergreviere die erste Instanz in allen Geschäften, welche nach dem gegenwärtigen Gesetze der Bergbehörde obliegen und nicht ausdrücklich den Oberbergämtern übertragen sind.

Sie handhaben insbesondere die Bergpolizei nach Vorschrift des Gesetzes. In Beziehung auf die ihrer Aufsicht unterworfenen Anlagen und Betriebe stehen ihnen, insbesondere bei der Überwachung der Ausführung dieses Gesetzes die Befugnisse und Obliegenheiten der im § 139b der Reichsgewerbeordnung bezeichneten Aufsichtsbeamten zu.

Auch gehört zu ihrem Geschäftskreise die Wahrnehmung der Rechte des Staates hinsichtlich der Bergwerksabgaben.

1. Den Bergrevierbeamten sind unter dem Titel „Königliche Einfahrer" Staatsbeamte als Hilfsbeamte zugeordnet zum Zwecke der Mitwirkung in der Ausübung der staatlichen Berg- und Gewerbepolizei, s. Z. XL. 407, XLI. 304 u. XLII. 274. Zu den Befugnissen der Revierbeamten gehören auch die in Anm. 2 zu § 80h aufgeführten.

Die Befugnisse der Bergrevierbeamten, insbesondere deren Zwangsbefugnisse s. bei Arndt Komm. S. 178ff.

Durch die Anweisung zur Ausführung der Gew. O. v. 4./9. 69 (B.M.Bl. 202) ersetzt durch Anw. v. 9./8. 99, letztere ersetzt durch Anw. v. 1./5. 04, bei Karl Heymann, auch abgedruckt Z. XLV. 132 sowie die Erlasse vom 24./12. 78 und 1./9. 79 (Z. XXI. 2) ist den Revierbeamten noch besonders die Aufsicht über die Vorschriften der

Gew. O. übertragen worden, insoweit diese an den der Bergpolizei unterworfenen Werken stattfindet. Durch die Berggesf.-Nov. v. 24./6. 92 sind, nachdem noch die Bestimmungen über die Beschäftigung von Arbeiterinnen und über das Verbot der Arbeit an Sonn- und Feiertagen neu geregelt wurden, den Revierbeamten allgemein die Obliegenheiten und Befugnisse eines Gewerberats (Fabrikinspektors) bezüglich der ihrer Aufsicht unterworfenen Betriebe (s. Regierungsentwurf S. 44 ff., auch Komm. Br. des Abg. H. S. 32) gegeben worden. Bezüglich der in ihren Revieren gelegenen Staatsbergwerke und Salinen haben sie seit dem Erl. v. 4./3. 92 B. M. Bl. 115, Z. XXXIII. 302 gleichfalls die Obliegenheiten und Befugnisse eines Aufsichtsbeamten, s. auch Anm. 2 zu § 187.

2. Durch gemeinschaftliche Verfügung des Justizministers und des Ministers des Innern v. 15./9. 79 (B. M. Bl. 349, Z. XXI. 4) sind auf Grund § 153 des deutschen Gerichtsverfassungsgesetzes die Revierbeamten zu Hilfsbeamten der Staatsanwaltschaft bestellt worden. Im Sinne des Gewerbe-Unfallversicherungsgesetzes v. 30./6. 1900 (R. G. Bl. 573) sind sie bezüglich der ihrer Aufsicht unterstellten Betriebe „untere Verwaltungsbehörde" und „Ortspolizeibehörde", Bek. v. 2./8. 1900, Z. XLII. 245.

3. Zum Erlasse von exekutorischen Strafbefehlen sind die Revierbeamten sind befugt, und zur Betriebseinstellung oder anderen unmittelbaren Eingriffen in den Betrieb nur, soweit ihnen diese Befugnis durch Gesetz besonders beigelegt ist, §§ 199, 205 A. B. G. S. indes auch § 202 a. a. O.

4. Der zweite Satz in Abs. 2 ist eingefügt durch G. v. 24./6. 92. S. hierzu den Abschnitt C. der Ausführungsanweisung v. 27./12. 92 (B. M. Bl. 1893 S. 13; s. auch Z. XXXIV. 51).

§ 190.

Die Oberbergämter bilden die Aufsichts- und Rekursinstanz für die Revierbeamten.

Unter ihrer Aufsicht stehen die Markscheider.

Durch sie erfolgt die Prüfung und Konzessionierung der letzteren, sowie die Wiederentziehung erteilter Konzessionen.

Sie überwachen die Ausbildung derjenigen Personen, welche sich für den Staatsdienst im Bergfache vorbereiten.

Außerdem liegen den Oberbergämtern die denselben im gegenwärtigen Gesetze ausdrücklich übertragenen Geschäfte ob.

Innerhalb ihres Geschäftskreises haben die Oberbergämter die gesetzlichen Befugnisse und Verpflichtungen der Regierungen.

1. Da in § 190 die Befugnisse der Oberbergämter gesetzlich bestimmt sind, sowie nach der K. V. v. 27. Okt. 1810 (G. S. 3) ist der Handelsminister nicht zum Erlasse von organisatorischen Vorschriften und allgemeinen Verwaltungsnormen (Geschäftsinstruktionen) für die Oberbergämter, und am allerwenigsten zur Änderung des Inhalts der Königlichen Geschäftsinstruktion für die Kgl. Regierungen v. 23. Okt. 1817 (G. S. 248) befugt, unbeschadet der Verpflichtung der Oberbergämter, im internen Geschäftsverkehr die Vorschriften des vorgesetzten Ministers zu befolgen.

2. Die Zwangsbefugnisse der Oberbergämter ergeben sich aus § 48 der V. wegen verbesserter Einrichtung der Provinzial- &c. Behörden v. 26. Dez. 1808, der Geschäfts-Instruktion für die Regierungen vom 23./10. 17 (G. S. 248); näheres bei Arndt, Komm. S. 182 ff.

3. Bezüglich der Markscheider kommen hauptsächlich in Betracht Gew. O. §§ 34, 40, 47, 53, 54 und die Allgemeinen Vorschriften für die Markscheider v. 21./12. 71 (B. M. Bl. 1872 S. 9; S. 258 ff., Z. XIII. 2. Nachtrag v. 2./7. 1900, Z. XLII. 16). Ferner Tagegelder- und Gebührenordnung für Markscheider v. 22./10. 94, abgeändert 13./9. 95 in der Zeitschr. f. Berg-, Hütten- und Salinenwesen Bd. 42 A S. 67 und Bd. 43 A S. 102, endlich die Vorschriften über die Prüfung der Markscheider v. 24. Oktober 1898 (veröffentlicht in den Regierungsamtsblättern und Z. XL. 129).

4. Außer den vorstehenden und den im A. B. G. besonders hervorgehobenen Funktionen, z. B. §§ 8, 12 f., 28 f., 33 f., 61, 65, 68, 94, 235 a, 87, 142 f., 154, 156 f., 186, 197, 198, sind die Oberbergämter befugt zur Erhebung des Kompetenzkonflikts (V. v. 1./8. 79 G. S. 573, § 113 G. v. 30./7. 83 G. S. 197, des Konflikts (G. v. 13./2. 54 G. S. 86 in Verbindung mit § 11 E. G. z. G. V. G., sie sind endlich Disziplinarinstanz gemäß §§ 24—26 des G. v. 21./7. 52 (G. S. 465).

§ 191.

Gegen Verfügungen und Beschlüsse des Revierbeamten ist der Rekurs an das Oberbergamt, gegen Verfügungen und Beschlüsse des letzteren der Rekurs an den Handelsminister zulässig, insofern das Gesetz denselben nicht ausdrücklich ausschließt.

§ 192.

Der Rekurs muß binnen vier Wochen vom Ablaufe des Tages, an welchem die Verfügung oder der Beschluß zugestellt oder sonst bekannt gemacht worden ist, eingelegt werden, widrigenfalls das Rekursrecht erlischt.

Widersprechen Verfügungen oder Beschlüsse des Revierbeamten oder des Oberbergamts den von der zuständigen Berufsgenossenschaft erlassenen Vorschriften zur Verhütung von Unfällen, so ist zur Einlegung des Rekurses binnen der vorstehend bezeichneten Frist auch der Vorstand der Berufsgenossenschaft oder Berufsgenossenschafts-Sektion befugt.

1. Erfolgt die Entscheidung auf Grund der Gew. O., z. B. über Genehmigung eines Dampfkessels, der Stauanlage für ein Wassertriebwerk oder bezüglich der Markscheider, so kommt die in § 20 derselben vorgeschriebene Rekursfrist von 14 Tagen zur Anwendung.

2. Bei Berechnung der Frist des § 192 kommt es auf den Tag an, wo der Rekurs bei der zuständigen Behörde eingeht, Z. VII. 266, XVI. 253. Übrigens brauchen die Rekursfristen von der Bergbehörde nur dort, wo Privatinteressen kollidieren können (bei Mutungen, Enteignungen) beachtet zu werden, nicht dagegen z. B. in Polizeisachen. Im Zweifel, insbesondere bei Mutungs- und Enteignungssachen, suspendiert der Rekurs die Wirkung der angefochtenen Entscheidung, bei polizeilichen Verfügungen auf Grund des § 199 (nicht des § 198) gilt das Gegenteil.

3. Abs. 2 ist in der Fassung der Novelle vom 24. Juni 1892 abgedruckt. Diese führte einen dem § 120d Abs. 4 der Gew. O. entsprechenden Zusatz ein, nämlich das Rekursrecht der Berufsgenossenschaft. Unfallverhütungsvorschriften sind keine Rechtsnormen im Sinne des Art. 2 der Reichsverfassung, sondern autonomische Festsetzungen, und gehen daher den bergpolizeilichen An- und Verordnungen nicht vor; s. auch R. G. in Straff. 12./2. 1904. S. zu Abs. 2 Motive z. Ges. v. 24. Juni 1892 S. 50.

§ 192a.

Er beruht auf Art. III des Gesetzes vom 14. Juli 1905 (G. S. S. 307).

(Abs. 1.) Gegen die Entscheidung des Oberbergamts in den Fällen des § 80f Abs. 3 und Abs. 4, Ziffer 4, findet innerhalb zwei Wochen von der Zustellung an die Klage im Verwaltungsstreitverfahren bei dem Bezirksausschusse statt. Die Anrufung des Bezirksausschusses steht dem Bergwerkseigentümer, seinem Stellvertreter und in den Fällen des § 80f Abs. 3 den durch die Entscheidung betroffenen, in den übrigen Fällen des § 80f den wahlberechtigten Arbeitern zu.

(Abs. 2.) Gegen die Entscheidung des Oberbergamts auf Grund des § 197 Abs. 1 findet innerhalb zwei Wochen von der

Zustellung an die Klage im Verwaltungsstreitverfahren bei dem Bergausschusse statt.

(Abs. 3.) Gegen die Entscheidung des Bezirksausschusses sowie des Bergausschusses ist das Rechtsmittel der Revision bei dem Oberverwaltungsgericht gegeben.

1. Für das Verwaltungsstreitverfahren gelten die Vorschriften in den §§ 28 ff., §§ 61 bis 114 des Ges. über die Allgemeine Landesverwaltung vom 30. Juli 1883 (G. S. S. 195). Anwaltzwang besteht nicht im Verwaltungsstreitverfahren. Klage ist innerhalb zwei Wochen nach Zustellung der oberbergamtlichen Entscheidung bei dem Bezirksausschusse vorzulegen, in dessen Bezirk das Bergwerk liegt.

2. Die Revision kann gemäß § 94 des in Anm. 1 angezogenen Ges. vom 30. Juli 1883 nur darauf gestützt werden: 1. daß die angefochtene Entscheidung auf der Nichtanwendung oder auf der unrichtigen Anwendung des bestehenden Rechts, insbesondere auch der von den Behörden innerhalb ihrer Zuständigkeit erlassenen Verordnungen beruhe; 2. daß das Verfahren an wesentlichen Mängeln leide. In der Revisionsschrift ist (§ 96 d. Ges. v. 30./7. 83) anzugeben, worin die behauptete Nichtanwendung oder die unrichtige Anwendung des bestehenden Rechts oder worin die behaupteten Mängel des Verfahrens gefunden werden. Das Oberverwaltungsgericht (§ 97 das.) ist bei seiner Entscheidung an diejenigen Gründe nicht gebunden, welche zur Rechtfertigung der gestellten Anträge geltend gemacht werden. Erachtet (§ 98) das Oberverwaltungsgericht die Revision für begründet, so hebt es die angefochtene Entscheidung auf und entscheidet in der Sache selbst, wenn diese spruchreif erscheint. Ist die Sache nicht spruchreif (§ 99), so weist es dieselbe zur anderweitigen Entscheidung an die dazu nach der Sachlage geeignete Instanz zurück und verordnet die Wiederholung oder Ergänzung des Verfahrens, soweit es nach seinem Ermessen mit einem wesentlichen Mangel behaftet ist.

3. Das Verwaltungsstreitverfahren für die politischen Fragen, z. B. wegen Auflösung eines Arbeiterausschusses, beginnt mit der Klage beim Bezirksausschusse, das für die mehr technischen Fragen beim Bergausschuß (Spahn, in den Sten. Ber. des Abg. H. 1905 S. 13461).

§ 193.

In den Fällen, wo nach dem gegenwärtigen Gesetze ein Beschluß des Oberbergamts erforderlich ist, desgleichen gegen Verfügungen, welche eine Entscheidung zwischen streitenden Parteien enthalten, muß der Rekurs innerhalb der im § 192 bestimmten Frist bei derjenigen Behörde eingelegt werden, von welcher die beschwerende Entscheidung getroffen worden ist. Durch Einlegung bei einer anderen Behörde wird das Rekursrecht nicht gewahrt.

In den Fällen, wo eine Gegenpartei vorhanden ist, wird derselben die Rekursschrift zur Beantwortung binnen einer vierwöchentlichen, vom Ablaufe des Tages der Behändigung beginnenden Frist mitgeteilt. Geht innerhalb dieser Frist die Beantwortung nicht ein, so werden die Verhandlungen ohne weiteres zur Rekursentscheidung eingesendet.

Fälle, wo ein oberbergamtlicher Beschluß erforderlich, sind z. B. §§ 8, 31, 68, 142, 154, 156, 160, 198, 216. Geht der Rekurs an eine unzuständige Behörde ein, so hat diese das nobile officium ihn sofort an die zuständige abzugeben. Geht er da noch innerhalb der gesetzlichen Frist ein, so gilt diese als gewahrt.

§ 194.

Die bei den Bergbehörden in Bergbauangelegenheiten erwachsenden Kosten können von denjenigen Personen, welchen dieselben nach dem gegenwärtigen Gesetze zur Last fallen, im Wege der Verwaltungsexekution eingezogen werden.

Die Verwaltungsexekution erfolgt jetzt nach der Allerh. V. betreffend das Zwangsverfahren wegen Beitreibung von Geldbeträgen v. 15. Nov. 1899 (G. S. S. 545).

§ 194a.

Er beruht auf Art. III des Gesetzes vom 14. Juli 1905 (G. S. S. 307).

(Abs. 1.) Bei dem Oberbergamte besteht für dessen Bezirk der Bergausschuß; er ist für diejenigen Angelegenheiten zuständig, welche seiner Entscheidung im Verwaltungsstreitverfahren gesetzlich überwiesen sind.

(Abs. 2.) Der Bergausschuß besteht aus Abteilungen. Für jede Provinz, in der innerhalb des Oberbergamtsbezirks Bergbau umgeht, besteht eine Abteilung. Jede Abteilung des Bergausschusses besteht aus dem Berghauptmann, bei Verhinderung des Berghauptmanns dessen amtlichen Stellvertreter als Vorsitzenden und aus 6 Mitgliedern. Zwei dieser Mitglieder werden ernannt, und zwar aus den Mitgliedern des Oberbergamts durch den Minister für Handel und Gewerbe. Die Ernennung erfolgt auf die Dauer des Hauptamts. In gleicher Weise erfolgt die Ernennung je eines Stellvertreters.

(Abs. 3.) Der Vorsitzende und, sofern nicht für die verschiedenen Abteilungen besondere Ernennungen erfolgen, die ernannten Mitglieder gehören allen Abteilungen an.

(Abs. 4.) Die 4 anderen Mitglieder werden für jede Abteilung aus den Einwohnern der Provinz, für welche die Abteilung besteht, durch den Provinzialausschuß gewählt. Eines dieser Mitglieder muß einem Oberlandesgerichte der Provinz angehören.

(Abs. 5.) In gleicher Weise wählt der Provinzialausschuß 4 Stellvertreter, über deren Einberufung das Geschäftsregulativ bestimmt.

(Abs. 6.) Wählbar ist mit Ausnahme des Oberpräsidenten, der Regierungspräsidenten, der staatlichen Bergbeamten, der Vorsteher Königlicher Polizeibehörden, der Landräte und der Beamten des Provinzialverbandes jeder zum Provinziallandtage wählbare Angehörige des Deutschen Reiches.

(Abs. 7.) Auf den Bergausschuß und seine Mitglieder finden die §§ 11, 12, 32 bis 34 des Gesetzes über die Allgemeine Landesverwaltung vom 30. Juli 1883 (Gesetzsamml. S. 195) und auf das Verfahren der I. und II. Abschnitt des dritten Titels im gleichen Gesetze mit der Maßgabe sinngemäße Anwendung, daß der Bergausschuß an die Stelle des Bezirksausschusses, der Berghauptmann an die Stelle des Regierungspräsidenten und der Minister für Handel und Gewerbe an die Stelle des Ministers des Innern tritt.

(Abs. 8.) In den Hohenzollernschen Landen kommen die vorstehenden Bestimmungen mit der Maßgabe zur Anwendung, daß die zu wählenden Mitglieder von dem Landesausschusse aus der Zahl der zum Kommunallandtage wählbaren Angehörigen des Landes-Kommunalverbandes gewählt werden, und daß auch die Oberamtmänner und die Beamten des Landes-Kommunalverbandes von der Wählbarkeit ausgeschlossen sind.

§ 195.

Die Bergbeamten des Staates, deren Frauen und unter väterlicher Gewalt stehenden Kinder können im Verwaltungsbezirke der ersteren durch Mutung keine Bergwerke oder Kuxe erwerben.

Zu solchen Erwerbungen durch andere Rechtsgeschäfte unter Lebenden ist die Genehmigung des Handelsministers erforderlich.

1. Weder konzessionierte Markscheider noch Knappschaftsbeamte sind Bergbeamte des Staates; sie haben daher auch nicht die den Staatsbeamten zustehenden Steuerprivilegien O. V. G. 4./11. 90 Preuß. Verw. Bl. XII. 229, sowenig wie die Pflichten des § 195.

2. Den Bergbeamten des Staates kann der Erwerb von Aktien nicht untersagt werden. Bei der Gründung und Verwaltung von Aktien-, Kommandit- und Bergwerks-Gesellschaften dürfen sie sich gegen Remuneration oder andere Vermögensvorteile nicht beteiligen, G. v. 10./6. 74 (G. S. 244).

3. Die Folgen der Zuwiderhandlungen gegen § 195 bestehen nicht in der Nichtigkeit, sondern nur in der Ungültigkeit des Rechtsgeschäfts; s. Arndt Komm. Anm. 4 zu § 195; vgl. ferner O. Tr. 3./12. 58, Striethorst, Arch. f. Rechtsfälle XXXI. 304.

Neunter Titel.

Von der Bergpolizei.

Erster Abschnitt.

Von dem Erlasse bergpolizeilicher Vorschriften.

Unter Bergpolizei versteht man die Polizei, soweit sie von den Bergbehörden ausgeübt wird. Sie erstreckt sich grundsätzlich nur auf die (aber auch auf alle) vom Verfügungsrechte des Grundeigentümers ausgeschlossenen Mineralien (§ 1, s. auch Anm. 6 zu § 1), auf andere nur, soweit sie ausdrücklich für zuständig erklärt ist, z. B. § 210 Abs. 2, § 211b, G. v. 22. Febr. 1869 § 9e, bezw. 212, 213, § 214a Ziffer 4, V. v. 8./5. 67 G. S. 601 Art. XIII, G. v. 14. Juli 1895 (G. S. 295). Die Bergpolizei ist wie die allgemeine Polizei im Zweifel nur Sicherheits-, nicht Wohlfahrts- oder Schönheitspolizei (vgl. Arndt, Preuß. Verf. Urk. Aufl. 5 S. 107; s. auch O. V. G. XXXIX. 278, 415). Die Begriffsbestimmung der Sicherheitspolizei findet sich in § 10 Teil II, Tit. 17 A. L. R.: „die nötigen Anstalten der öffentlichen Ruhe, Sicherheit und Ordnung und zur Abwendung der dem

Publiko, oder einzelnen Mitgliedern desselben bevorstehenden Gefahr zu treffen, ist das Amt der Polizei." Das Oberverwaltungsgericht hat durch eine umfangreiche Judikatur den Begriff der Sicherheitspolizei und damit das Recht der Polizeibehörden, ohne ausdrückliche spezialgesetzliche Ermächtigung Anordnungen zu treffen, begrenzt. Wenn auch der Prüfung durch das Oberverwaltungsgericht die polizeiliche Tätigkeit der Bergbehörden nicht untersteht, so sind doch folgende beiden Grundsätze des Oberverwaltungsgerichts von Interesse: Der polizeiliche Eingriff in das Eigentum ist (möglichst) gegen das Eigentum dessen zu richten, der (oder dessen Betrieb) die Gefahr hervorgerufen hat oder der ihr vorzubeugen verpflichtet ist; gegen das Eigentum eines anderen nur, wenn einerseits die Gefahr in anderer Weise nicht abwendbar ist und andererseits der zugefügte Schaden zurücktritt gegen den dem gemeinen Wohl dadurch gebotenen Vorteil (Entsch. XII. 397 ff., 401 ff.). Die Androhung und Festsetzung einer Exekutivstrafe (also auch die Androhung und Einstellung des Betriebes) durch die Polizeibehörde sind nach der konstanten Rechtsprechung des O. V. G. unstatthaft, wenn die zu erzwingende Handlung oder Unterlassung bereits durch eine allgemeine Polizeivorschrift, sei diese in einem Gesetze oder einer Polizeiverordnung enthalten, mit Strafe bedroht ist; es sei denn, daß eine solche Exekutivmaßregel ausnahmsweise und ausdrücklich neben der Strafvorschrift in einem Gesetze (z. B. in § 147 der Gew. O.) für statthaft erklärt ist (Entsch. V 278, VIII 363, IX 280 a. a. O.). Bei Anwendung dieses zweiten Grundsatzes auf die Bergpolizei wäre diese nur in dem Falle zur Einstellung eines Betriebes befugt, wenn solches (neben der allgemeinen Strafvorschrift der §§ 207, 207a, b, c, d, e und 208) ausdrücklich im A. B. G. (wie in §§ 70, 75, 76 für die dort vorgesehenen Fälle) für zulässig erklärt ist. Deshalb war die Rechtsanschauung, aus welcher die Staatsregierung in einem Zusatze zu § 202 die Zulassung der Betriebseinstellung forderte, derjenigen des Oberverwaltungsgerichts entsprechend. Indes nahmen alle Faktoren der Gesetzgebung (Sten. Ber. d. Abg. H. 1892 S. 1687 und 1693, d. Herrenhauses S. 257 und 260) an, daß auch ohne lex specialis, soweit die Bergpolizei reicht, auch von dieser nötigenfalls (unabhängig und neben der etwaigen gerichtlichen Bestrafung) die Betriebseinstellung angedroht und verhängt werden kann (s. auch Arndt, Komm. zu den §§ 196, 202, 208 und 209). Die Bergpolizei ist im allgemeinen nur die Polizei des bergbaulichen Betriebes, sie hat daher nicht alle Angelegenheiten der Bergleute und Bergwerksbetreiber, sondern regelmäßig nur die Folgen und alle Folgen zu berücksichtigen, welche der Bergwerksbetrieb hervorruft. Es unterstehen daher der Bergpolizei die Wohnungs- und Gesundheitsverhältnisse der Bergleute regelmäßig nicht, vielmehr nur soweit, als der bergbauliche Betrieb auf dieselben einwirkt. Die Bergpolizei ist auch nur in dem Falle bei Wohlfahrtseinrichtungen für Bergleute zuständig, wenn diese Zuständigkeit in einer besonderen gesetzlichen Vorschrift zum Ausdruck gebracht ist. Zuständig sind daher die Bergbehörden auf Grund der Vorschriften in den §§ 165 ff. A. B. G. für Knappschaftsvereine, nicht aber für sonstige Unterstützungskassen. Sie sind auch nicht zuständig bei Abkehrscheinen und Führungszeugnissen (§§ 84, 85a) und Arbeitsbüchern minderjähriger Arbeiter (§§ 85b ff.). Bergpolizei ist die Polizei des bergbaulichen Betriebes in dem Sinne, daß auch der Betrieb der Aufbereitungsanstalten und Zubehörungen (Anm. zu § 58) hierher gehört. Bergbauliche Anlagen sind auch die Grubeneisenbahnen, d. h. solche nicht dem allgemeinen, öffentlichen Verkehre dienende Eisenbahnen, welche überwiegend bergbaulichen Zwecken dienen und zu diesem Behufe von dem Bergwerksbesitzer oder für denselben auf Grund der berggesetzlichen Bestimmungen hergestellt sind und somit keine allgemeinen, öffentlichen Verkehrsanlagen, sondern Zubehör zum Bergbau bilden (§ 51 des G. über Kleinbahnen und Privatanschlußbahnen v. 28./7. 92 (G. S. 225), Min. Erl. v. 16./5. 92, Z. XXXIII. 308, s. auch Z. XXIV. 145, XXV. 289, ferner Erl. v. 30./8. 98 Z. XL. 1). Die Zuständigkeit der Bergpolizei ist, soweit sie überhaupt begründet, gesetzlich eine ausschließliche, O. V. G. XXXVI. 281 ff., Z. XLI. 349.

Der Bergpolizei, oder genauer dem Titel IX, untersteht nach der Judikatur des Kammergerichts das Schürfen nicht, da Schürfen kein Bergbau, nur dessen Vorbereitung ist, die Gegenstände der Bergpolizei auch in § 196 erschöpfend aufgezählt sind (Z. VI. 198). Für dieses kommen nur die Vorschriften in §§ 4 ff. zur Anwendung, d. h. die Bergbehörde, der Revierbeamte (§ 189), kann nur für den Einzelfall Anordnungen treffen, nicht das Oberbergamt auf Grund der §§ 196, 197, so auch K. G. 31./5. 94 in Z. XXXVI. 392. Insbesondere unterliegt der Schutz der noch nicht verliehenen, unaufgeschlossenen im Boden ruhenden Mineralien nicht der Berg-, noch überhaupt der Polizei, K. G. 13./6. 01, Entsch. XXII C. 8; es sei denn, daß solches durch Spezialgesetze vorgeschrieben ist, wie im Erdölges. v. 6./6. 04 (G. S. S. 105) § 1 und im G. v. 26./6. 04 (G. S. S. 135) für Salz in Hannover. Auch kann die Verpflichtung zur Anzeige der Schürfarbeiten nach dem bestehenden Recht nicht auferlegt werden.

Die Aufsicht über die Ausführung der in den §§ 105a, 105b, Abs. 1, 105c bis 105h, 120a bis 120e, 134 bis 139a der Gewerbeordnung, also insbesondere über Sonntags-, Kinder- und Frauenarbeit, ist in der Nov. v. 24./6. 92 noch ausdrücklich (und zwar in teilweiser Anerkennung bezw. Wiederholung des bisherigen Rechtszustandes) den Revierbeamten bei den ihrer Aufsicht unterworfenen Anlagen und Betrieben übertragen worden. Sie üben ferner allgemein die Bergpolizei auf den bergbaulichen Betrieben aus, auch z. B. bezüglich des Auslohnungswesens, der Dampfkessel u. s. w. S. auch Anm. 1 zu § 189. Bei Kesselhäusern, ebenso für Pulverhäuser an der Verbrauchsstätte, sind die Bergbehörden allein zuständig (Arndt, Komm. S. 190, 191; s. auch §§ 32, 33 der Min. Pol. Ver. v. 14./9. 05 (B. M. Bl. S. 173), s. auch Z. XLVII. 100), bei anderen Häusern nur neben den allgemeinen Polizeibehörden; s. Arndt, Komm. S. 190, 191.

§ 196.

Der Bergbau steht unter der polizeilichen Aufsicht der Bergbehörden.

Dieselbe erstreckt sich auf

die Sicherheit der Baue,

die Sicherheit des Lebens und der Gesundheit der Arbeiter,

die Aufrechterhaltung der guten Sitten und des Anstandes durch die Einrichtung des Betriebes,

den Schutz der Oberfläche im Interesse der persönlichen Sicherheit und des öffentlichen Verkehrs,

den Schutz gegen gemeinschädliche Einwirkungen des Bergbaues.

Dieser Aufsicht unterliegen auch die in den §§ 58 und 59 erwähnten Aufbereitungsanstalten, Dampfkessel und Triebwerke, sowie die Salinen.

1. Die in § 196 geordnete polizeiliche Aufsicht der Bergbehörden ist zwar eine ausschließliche (O. Tr. 12./9. 72 E. Bd. 68 S. 284, s. auch O. V. G. 4./11. 76 E. I. 273, O. V. G. XXXVI 281, 286), indes findet eine gemeinschaftliche Mitwirkung oder nebenhergehende Tätigkeit anderer (allgemeiner, Wasser- oder Eisenbahn-Polizeibehörden) statt, wenn deren Interessenkreis berührt wird, z. B. der Bergbaubetrieb Wasserläufe verunreinigt, Erl. v. 7./4. 76, Z. XVII. 298, eine Grubenbahn Vorflut verändert, öffentliche Wege überschreitet u. s. w. Polizeiverordnungen über den Betrieb von Grubeneisenbahnen erlassen jetzt die Bergbehörden allein, Z. XL. 1 und XXXVI. 300. Ebenso können diese allein (nach außen hin) über Einrichtung und Handhabung der Bahnschranken einer Grubenbahn Anordnungen treffen, O. V. G. XXXVI 281, 286. Die Gegenstände, die der Bergpolizei unterliegen, sind in § 196 erschöpfend aufgezählt, s. Z. VI. 198.

2. Baue im Sinne des § 196 sind nicht bloß die eigentlichen Grubenbaue, sondern das ganze Bergwerk mit Einschluß der Hilfsbaue, der Betriebsvorrichtungen unter und über Tage, der Aufbereitungsanstalten und Zubehörungen.

3. Der Satz „die Aufrechterhaltung der guten Sitten und des Anstandes durch die Einrichtung des Betriebes" ist eingeschaltet durch G. v. 24./6. 92. Während der Bundesrat in § 120 b der Gew. O. die allgemeine Befugnis besitzt, Vorschriften zur Aufrechterhaltung der guten Sitten und des Anstandes zu erlassen, ist die besondere für bergbauliche

Betriebe den Bergbehörden übertragen worden. Bundesratsver- und Anordnungen über diesen Gegenstand, wenn sie erlassen werden, gehen nach Art. 2 der Reichs-Verfassung bergbehördlichen vor.

4. Gemeinschädlich sind die Einwirkungen des Bergbaues, bei welchen der der Gesamtheit durch den Bergbau erwachsende Nutzen wesentlich durch den Schaden überwogen wird, welchen der Bergbau verursacht. Es ist eine Tatfrage, die gleiche wie in § 51 der Gew.O., vgl. z. B. Z. XV. 77, 97, XVII. 124, XVIII. 414, XIX. 137, XXI. 403, 406, XXIII. 276, XXXI. 133, vgl. auch Z. VI. 198.

5. Soweit nicht A. B. G. — sondern Bürgerliches Recht in Anwendung kommt, wie zum Schutze von Salzgerechtsamen in der Provinz Hannover, können nach O. V. G. XXXVIII. 291 Eigentumsrechte anderer Personen durch eine polizeiliche Verfügung nicht schon deshalb beschränkt werden, weil der Betrieb einer größeren Anzahl von Personen Arbeitsgelegenheit bietet; s. jedoch Z. XLV. 25 bezüglich Salzen in Hannover.

6. Die Bergbehörden haben zwar das Recht, auch für Nichtbergleute An- und Verordnungen zu geben, z. B. das Betreten von gefährlichen Stellen zu verbieten, s. Anm. 2 zu § 207, dagegen dürfen sie in das Grundeigentum, das vom Bergbau bedroht oder beschädigt ist, nicht unmittelbar eingreifen (also z. B. nicht selbst durch den Bergbau gefährdete oder geschädigte Häuser räumen oder abreißen lassen), vielmehr müssen sie dazu die allgemeinen Polizeibehörden requirieren.

§ 197.

Ist nachstehend in der Fassung des Art. IV des Gesetzes vom 14. Juli 1905 (G. S. S. 307) abgedruckt.

Dieser beruht auf den Beschlüssen des Abgeordnetenhauses (III. Lesung) und setzt an die Stelle der in Satz 2 Abs. 1 des § 197 in der Fassung des Ges. v. 24./6. 92 gegebenen Ermächtigung („können") eine Verpflichtung; die auf Grund derselben ev. getroffenen Anordnungen sind grundsätzlich generelle, d. h. sie müssen sich (soweit nicht besondere Ausnahmen zugelassen sind) auf den ganzen Oberbergamtsbezirk oder Teile desselben erstrecken, d. h. sie dürfen nicht für spezielle Bergwerke getroffen werden. Die von der Regierung vorgeschlagene gesetzliche Festlegung eines Sanitätsmaximalarbeitstages ist abgelehnt worden; s. jedoch § 93b Abs. 1, oben S. 79.

Die Oberbergämter sind befugt, für den ganzen Umfang ihres Verwaltungsbezirks oder für einzelne Teile desselben Polizeiverordnungen über die im § 196 bezeichneten Gegenstände zu erlassen. Sie sind verpflichtet zu prüfen, ob mit Rücksicht auf die den Gesundheitszustand der Arbeiter beeinflussenden Betriebsverhältnisse eine Festsetzung der Dauer, des

Beginnes und des Endes der täglichen Arbeitszeit geboten ist. Gegebenenfalls trifft das Oberbergamt nach Anhörung des Gesundheitsbeirats die hierzu erforderlichen Festsetzungen für den Oberbergamtsbezirk oder Teile desselben und erläßt die zur Durchführung erforderlichen Anordnungen. Aus besonderen Gründen können einzelne Bergwerke auf ihren Antrag durch das Oberbergamt von der Beobachtung dieser Vorschriften gänzlich oder teilweise, dauernd oder zeitweise entbunden werden.

Die Verkündigung dieser Verordnungen erfolgt durch das Amtsblatt der Regierungen, in deren Bezirk dieselben Gültigkeit erlangen sollen.

Der Gesundheitsbeirat wird für den Umfang des Oberbergamtsbezirkes gebildet und besteht aus dem Berghauptmann als Vorsitzenden und 4 Beisitzern, die zu gleichen Teilen aus der Zahl der Bergwerksbesitzer oder ihrer Stellvertreter und der Zahl der aus den Arbeitern gewählten Knappschaftsältesten zu entnehmen sind. Die Auswahl der Beisitzer erfolgt durch den Provinzialausschuß derjenigen Provinz, in der sich der Sitz des Oberbergamtes befindet. An den Verhandlungen des Gesundheitsbeirates nimmt ein vom Oberbergamte zu berufender Knappschaftsarzt mit beratender Stimme teil.

Vor dem Erlaß von Polizeiverordnungen, welche sich auf die Sicherheit des Lebens und der Gesundheit der Arbeiter und auf die Aufrechterhaltung der guten Sitten und des Anstandes im Betriebe beziehen, ist dem Vorstande der beteiligten Berufsgenossenschaft oder Berufsgenossenschaftssektion Gelegenheit zu einer gutachtlichen Äußerung zu geben. Auf diese finden die Bestimmungen des § 79 Absatz 1 des Unfallversicherungsgesetzes vom 6. Juli 1884 (Reichs-Gesetzbl. S. 69) Anwendung.

1. Der vierte (früher dritte) Absatz wurde eingeschaltet durch das G. v. 24./6. 92.

2. Polizeiverordnungen, auch die gemäß § 197 erlassenen, sind im materiellen Sinne Gesetze. Bergpolizeiverordnungen sind nur gültig, wenn und soweit sie nicht mit Reichs- oder Landesgesetzen, Reichsverordnungen oder Verordnungen vorgesetzter Landesbehörden in Wider-

spruch stehen. Unfallverhütungsvorschriften sind in diesem Sinne keine Reichsverordnungen, Anm. 3 zu § 192.

3. Satz 2 in Abs. 1, eingeschaltet durch G. v. 24./6. 92 u. abgeändert durch G. v. 14./7. 05, betrifft den sog. Sanitätsmaximalarbeitstag und enthielt keine Änderung des damaligen Rechtszustandes. Schon früher konnten Bergpolizeiverordnungen gültig erlassen werden, welche die übermäßige Arbeitszeit der Anschläger, Kesselwärter oder der in überheißen Räumen Arbeitenden einschränkten. Diese Befugnis, welche Satz 2 wiederholt, konnte nach der Nov. v. 24./6. 92 generell für alle derartige Betriebe oder für einen speziellen Betrieb ausgeübt werden. Abweichend anscheinend war die Ansicht des Berichterstatters Frh. von Stumm im Herrenhause, Sten. Ber. 1892 S. 257, s. auch Sten. Ber. des Abg. H. S. 1542 und des Herrn-H. S. 260 Spalte 2. Durch Art. IV des G. v. 14./7. 05 (G. S. 307) ist aus der Berechtigung, wenn die Voraussetzungen gegeben sind, eine Verpflichtung geworden, die ev. generell ausgeübt werden muß. Der Bundesrat kann über die in Satz 2 genannten Gegenstände nicht auf Grund § 120 Gew.-O. Verordnungen erlassen, s. § 154a der Gew.-O. Die Befugnis, allgemein für den Bergbau einen Normal- (Maximal-) Arbeitstag vorzuschreiben, ist in Satz 2 nicht enthalten, Sten. Ber. d. Abg. H. 1892 S. 1542, des Herren-H. 1892 S. 269. S. auch Vorbemerkung zu § 197.

4. Die auf Grund des § 197 erlassenen Polizeiverordnungen treten, wenn kein anderer Anfangspunkt bezeichnet wird, mit dem achten Tage nach dem Ablauf desjenigen Tages in Kraft, an welchem das Stück des Amtsblattes ausgegeben worden ist; s. auch Ges. über die allgemeine Landesverwaltung vom 30. Juli 1883 (G. S. 195) § 141. Arndt Komm. S. 9.

5. § 117 des Gewerbe-Unfallversicherungsges. v. 30./6. 1900 (R.G.Bl. 573) schreibt vor: „Die von den Landesbehörden“ (also auch vom Oberbergamte) „für bestimmte Gewerbszweige oder Betriebsarten zur Verhütung von Unfällen zu erlassenden Anordnungen sollen, sofern nicht Gefahr im Verzuge ist, den beteiligten Genossenschafts- oder Sektionsvorständen zur Begutachtung nach Maßgabe des § 115 Abs. 4 vorher mitgeteilt werden. — —“ Abs. 3 in § 197 dehnt diese Vorschrift für bergbauliche Betriebe dahin aus, daß alle Polizeiverordnungen, welche sich auf die Sicherheit des Lebens und der Gesundheit der Arbeiter und auf die Aufrechterhaltung der guten Sitten beziehen, dem Genossenschafts- oder Sektionsvorstande zur vorherigen gutachtlichen Äußerung mitzuteilen sind. § 113 Abs. 2 des Gewerbe-Unfallversicherungsgesetzes schreibt die Zuziehung der Arbeitervertreter zur Beratung und Beschlußfassung des Vorstandes mit vollem Stimmrechte vor.

6. Zur Gültigkeit der zur Verhütung von Unfällen erlassenen Polizeiverordnungen gehört zwar die zuvorige Anhörung der Sektionsvorstände, doch braucht diese nicht in den Verordnungen erwähnt zu werden, R.G. 26./5. 1902 Straff. XXXV. 262, Z. XLIII. S. 480, Arndt, Reichsverordnungsrecht S. 210, Komm. zu Art. 106 der Preuß.

Verf. Allgemeiner Rechtsgrundsatz ist, daß, sofern das Gesetz (z. B. Ges. über die Polizeiverwaltung v. 11. März 1850 G. S. 265) nichts Abweichendes vorschreibt, der Verordnungsberechtigte die Wahl der Art und des Orts der Publikation hat, also auch bestimmen kann, ob im Eingange einer Verordnung das dazu ermächtigende Gesetz (z. B. § 197 A. B. G.) angezogen wird, s. Arndt l. c., ebenso R. G. Zivils. XLII. 314, XL. 76, XLIV. 84, Straff. XXXV. 262. Anderer Ansicht ist in ständiger Rechtsprechung das K. G., z. B. 30./5. 04 Entsch. XXVII. I. C. Nr. 1, s. dagegen Arndt im Recht 1905, S. 121. Daher empfiehlt sich zwar die Anziehung z. B. der § 196, 197 A. B. G., bzw. § 9 G. vom 22./2. 1869, notwendig für die Gültigkeit ist sie nicht. Betreffs Polizeiverordnungen für Grubenbahnen vgl. Anm. 1 zu § 196.

§ 198.

Tritt auf einem Bergwerke in Beziehung auf die im § 196 bezeichneten Gegenstände eine Gefahr ein, so hat das Oberbergamt die geeigneten polizeilichen Anordnungen nach Vernehmung des Bergwerksbesitzers oder des Repräsentanten durch einen Beschluß zu treffen.

1. Bergwerk umfaßt hier alles, was der Bergpolizei untersteht. Was Gefahr, ist Tatfrage, s. auch Z. XXI. 405.

2. Für die in § 198 vorgeschriebene Vernehmung ist eine Form nicht vorgeschrieben.

3. Die Zustellung des Beschlusses erfolgt gemäß § 200.

§ 199.

Ist die Gefahr eine dringende, so hat der Revierbeamte sofort und selbst ohne vorgängige Vernehmung des Bergwerksbesitzers oder des Repräsentanten die zur Beseitigung der Gefahr erforderlichen polizeilichen Anordnungen zu treffen, gleichzeitig aber dem Oberbergamte hiervon Anzeige zu machen.

Das Oberbergamt hat die getroffenen Anordnungen durch einen Beschluß zu bestätigen oder wieder aufzuheben. Vorher ist die Vernehmung der genannten Personen nachzuholen.

1. Der Revierbeamte hat die Anordnung schriftlich zu treffen, mit Gründen und unter ausdrücklicher Erwähnung, daß eine dringende Gefahr vorliegt. Es empfiehlt sich die Bezugnahme auf § 199. Die Verfügung ist gemäß § 200 bekannt zu machen. Wenn dies nicht schon vorher geschehen, hat der Revierbeamte alsdann den Besitzer oder

Repräsentanten zu vernehmen (Anm. 2 zu § 198) und sodann die Verhandlungen dem Oberbergamt einzureichen.

2. Im Falle einer dringenden Gefahr kann auch das Oberbergamt ohne vorgängige Vernehmung die zur Beseitigung der Gefahr erforderlich erscheinenden polizeilichen Anordnungen treffen. Es ist jedoch zur Gültigkeit derselben notwendig, daß darin die dringende Gefahr im Sinne des § 199 ausdrücklich festgestellt ist.

3. Die auf Grund des § 199 erlassenen Anordnungen sind sofort vollstreckbar und bleiben bis zur Wiederaufhebung in Kraft, § 201.

§ 200.

Die Bekanntmachung der auf Grund der §§ 198 und 199 getroffenen polizeilichen Anordnungen an den Bergwerksbesitzer oder den Repräsentanten erfolgt durch Zustellung des Beschlusses des Oberbergamts beziehungsweise der Verfügung des Revierbeamten.

Die Bekanntmachung an den Betriebsführer und die Grubenbeamten wird von dem Revierbeamten oder auf dessen Anweisung durch Eintragung in das Zechenbuch bewirkt, welches zu diesem Zwecke auf jedem Bergwerke gehalten werden muß.

Soweit eine Bekanntmachung an die Arbeiter erforderlich ist, geschieht dieselbe auf Anweisung des Revierbeamten durch Verlesen und durch Aushang auf dem Werke.

Wenn die Bekanntmachung vorschriftsmäßig verlesen ist und aushängt, ist es unerheblich, ob der einzelne Arbeiter von ihr Kenntnis erlangt hat; s. auch Z. XXVIII. 522.

§ 201.

In den Fällen des § 199 muß mit der Ausführung der polizeilichen Anordnungen des Revierbeamten ohne Rücksicht auf die vorbehaltene oberbergamtliche Bestätigung oder Wiederaufhebung sofort begonnen werden.

Die Ausführung dieser Anordnungen wird durch Einlegung des Rekurses nicht aufgehalten.

Zuwiderhandlungen gegen § 201 bleiben nach §§ 207, 208 strafbar, auch wenn die ergangene vorläufige Anordnung hinterher aufgehoben wird.

§ 202.

Werden die auf Grund der §§ 198 und 199 getroffenen polizeilichen Anordnungen nicht in der bestimmten Frist durch den Bergwerksbesitzer ausgeführt, so wird die Ausführung durch den Revierbeamten auf Kosten des Bergwerksbesitzers bewirkt.

1. Der Bergwerksbesitzer hat wegen der Kosten keinen unbedingten und vollständigen Rückgriff, wenn die bergpolizeiliche Anordnung zum Schutze der Oberfläche geschieht; eine Ausnahme bildet der Fall des § 154 Abs. 1. Fraglich ist, ob ein Regreßanspruch besteht, wenn die Anordnung zum Schutze eines anderen Bergwerksbesitzers erfolgt. Diese Frage ist, wenn es sich um eine Anordnung im Sinne der §§ 198, 199 A. B. G. handelt, unbedingt (unter Umständen auch im Falle des § 197 A. B. G., nämlich, wenn es sich um eine nicht allen derartigen Bergwerken allgemein, sondern nur einem einzelnen Bergwerkseigentum besonders gemachte polizeiliche Auflage handelt) zu bejahen; s. Staatsmin. Beschl. v. 16./11. 31, Kab. O. vom 4./12. 31, G. S. 1831 S. 255, R.G. 17./1. 05 in der Jur. Wochenschrift 1905 S. 130, Rehbein, Entsch. d. O.Tr. I. 100, Oppenhoff, Ressortgesetze S. 90, auch Arndt, Komm. z. Preuß. Verf. 5. Aufl. S. 107, Westhoff, Z. XLIII. 450. Der Grund für die Verschiedenheit, je nachdem es sich um den Schutz der Oberfläche oder eines anderen Bergwerkseigentumes handelt, liegt darin, daß der Bergwerksbesitzer dem Grundeigentümer nach § 148 allen durch den Bergbau verursachten Schaden ersetzen muß, nicht aber den einem andern Bergwerksbesitzer zugefügten. Anordnungen zum Schutze des Grundeigentums liegen also zugleich mehr oder minder im Interesse des dadurch vor Schadensersatzansprüchen gesicherten Bergwerksbesitzers; dies trifft nicht zu auf Anordnungen zum Schutze eines anderen Bergwerksbesitzers. Nur soweit der dem Bergwerksbesitzer verursachte Schaden größer ist, als der dadurch vom Grundeigentümer abgewendete hat der erstere wegen einer besonderen polizeilichen Auflage einen Schadensersatzanspruch gegen den Grundeigentümer.

2. Bergwerksbesitzer im Sinne des § 202 ist jeder, für dessen Rechnung der Betrieb geführt wird, auch ein Pächter.

3. Ein von der Regierung beantragter Zusatz zu § 202 wollte dem Revierbeamten die ausdrückliche Befugnis beilegen, im Falle des § 202, sowie wenn einer auf Grund des § 197 erlassenen Polizeiverordnung zuwidergehandelt wird, bis zur Herstellung des der Verordnung oder Verfügung entsprechenden Zustandes die Einstellung des Betriebes, soweit derselbe durch die Verordnung oder Verfügung getroffen wird, anzuordnen, falls dessen Fortsetzung erhebliche Nachteile oder Gefahren herbeizuführen geeignet sein würde. Dieser Zusatz

wurde als bereits gültiges Recht enthaltend abgelehnt (Sten. Ber. d. Abg. H. 1892 S. 1687, 1693, des Herrenhauses S. 257 und 260 a. a. O.).

§ 203.

Sobald auf einem Bergwerke eine Gefahr in Beziehung auf die im § 196 bezeichneten Gegenstände eintritt, hat der Betriebsführer und im Verhinderungsfalle der denselben vertretende Grubenbeamte dem Revierbeamten Anzeige hiervon zu machen.

1. Es genügt auch die Anzeige durch den Besitzer, Repräsentanten u. dgl. Es ist gleich, ob die Gefahr eine dringende ist oder nicht.

2. Die Verjährung der in § 203 bezeichneten Übertretung beginnt, da es sich um ein Unterlassungsdelikt handelt, nicht schon mit dem Tage des Eintritts der Gefahr, sondern erst mit dem Tage, wo der in § 203 vorgeschriebenen Pflicht genügt ist. Strafbestimmung zu § 203 in § 207.

3. Zu §§ 203 u. 204 s. auch den Min. Erl. v. 2./12. 98 in Z. XL. 131.

Zweiter Abschnitt.

Von dem Verfahren bei Unglücksfällen.

§ 204.

Ereignet sich auf einem Bergwerke unter oder über Tage ein Unglücksfall, welcher den Tod oder die schwere Verletzung einer oder mehrerer Personen herbeigeführt hat, so sind die im § 203 genannten Personen zur sofortigen Anzeige an den Revierbeamten und an die nächste Polizeibehörde verpflichtet.

1. Bergwerk ist hier jede der Bergpolizei unterstehende Anlage.

2. Was eine schwere Verletzung im Sinne des § 204 ist, enthält eine Tatfrage. Neben § 204 kommt auch § 63 des Gewerbe-Unfallversicherungsgesetzes v. 30./6. 1900 (R. G. Bl. 573) zur Anwendung.

3. Die nach § 58 Abs. 2 des Gesetzes über die Beurkundung des Personenstandes v. 6./2. 75 (R. G. Bl. 23) zuständige Behörde, an welche die Anzeige eines Todesfalles zu erstatten, ist nicht der Revierbeamte, sondern die Ortspolizeibehörde (Min. Erl. v. 8./3. 75, Z. M. Bl. 64).

§ 205.

Der Revierbeamte ordnet die zur Rettung der verunglückten Personen oder zur Abwendung weiterer Gefahr erforderlichen Maßregeln an.

Die zur Ausführung dieser Maßregeln notwendigen Arbeiter und Hilfsmittel hat der Besitzer des Bergwerks zur Verfügung zu stellen.

Die Besitzer benachbarter Bergwerke sind zur Hilfeleistung verpflichtet.

1. Die Anordnung aus § 205 fällt nicht unter § 199 und bedarf nicht der dort vorgeschriebenen Formen.

2. Die Strafbarkeit der Besitzer benachbarter Bergwerke tritt erst dann ein, wenn sie ausdrücklich zur Hilfeleistung polizeilich aufgefordert sind. Neben § 205 kann auch § 360 Ziffer 10 R. Str. G. B. zur Anwendung kommen; s. auch R. O. H. G. 25./6. 77, E. XXII. 315.

§ 206.

Sämtliche Kosten für die Ausführung der im § 205 bezeichneten Maßregeln trägt der Besitzer des betreffenden Bergwerks, vorbehaltlich des Regreßanspruchs gegen dritte, welche den Unglücksfall verschuldet haben.

Die Bergbehörde zieht die ihr erwachsenen Kosten im Verwaltungs-, Privatpersonen ziehen diese ev. im Rechtswege ein.

Dritter Abschnitt.

Strafbestimmungen.

§ 207.

Übertretungen der Vorschriften in den §§ 4, 10, 66, 67, 69, 71, 72, 73, 74, 77, 93, 163, 200, 201, 203, 204, 205 werden mit Geldstrafe bis zu einhundertfünfzig Mark und im Unvermögensfalle mit Haft bestraft.

In den Fällen der §§ 67 und 69, sowie 73 und 74 tritt diese Strafe auch dann ein, wenn auf Grund der §§ 70 und 75 der Betrieb von der Bergbehörde eingestellt wird.

1. Die Einschaltung des § 77 und der Worte „Geldstrafe bis zu einhundertfünfzig Mark und im Unvermögensfalle mit Haft" beruht auf G. v. 24./6. 92.

2. Strafbar ist jeder, an den sich die Vorschrift richtet, also je nach Umständen der Bergwerksbesitzer (d. i. der, für dessen Rechnung der Betrieb erfolgt), der Repräsentant, Grubenvorstand, Betriebsführer, verantwortliche Betriebsaufseher (Entsch. des Kammergerichts IV. 312), und zwar gleichfalls nach den Umständen einer von diesen oder alle nebeneinander. Unter Umständen kann jeder, z. B. der Grundbesitzer, der über ein bergpolizeilich abgesperrtes Gebiet geht, darauf jagt, jeder Arbeiter, der eine Verordnung über Nichtbetreten von Räumen, Aufbewahrung von Sprengstoffen, Öffnen von Sicherheitslampen übertritt, strafbar sein; s. auch Anm. zu § 76, oben S. 46.

§ 207a.

Mit Geldstrafe bis zu zweitausend Mark und im Unvermögensfalle mit Gefängnis bis zu sechs Monaten werden Bergwerksbesitzer bestraft, welche den §§ 84 Absatz 4 und 85f Absatz 3 zuwiderhandeln.

§ 207a entspricht § 146 Abs. 1 Ziffer 3 der Gew. O. und beruht auf G. v. 24./6. 92. Die Strafen fließen in die § 92 bezeichnete Knappschaftskasse. Über die Auslegung der §§ 84 Abs. 4 und 85f. Abs. 3 vgl. R. G. Straff. XXII. 200.

§ 207b.

Mit Geldstrafe bis dreihundert Mark und im Unvermögensfalle mit Haft wird bestraft, wer ein Bergwerk betreibt, für welches eine Arbeitsordnung (§ 80a) oder der im § 80f vorgeschriebene ständige Arbeiterausschuß nicht besteht, oder wer der endgültigen Anordnung der Behörde wegen Ersetzung oder Abänderung der Arbeitsordnung (§ 80h) nicht nachkommt.

§ 207b entspricht § 147 Abs. 1 Ziffer 5 der Gew. O. und beruht in jetziger Fassung auf G. v. 24./6. 92 u. Art. V des Ges. v. 14./7. 05 (G. S. S. 307).

§ 207c.

Mit Geldstrafe bis zu einhundertfünfzig Mark und im Unvermögensfalle mit Haft bis zu vier Wochen wird bestraft:

1) wer der Bestimmung des § 80e Absatz 2 zuwider gegen Arbeiter Strafen verhängt, welche in der Arbeitsordnung nicht vorgesehen sind oder den gesetzlich zulässigen Betrag übersteigen, oder wer Strafgelder oder die im § 80b Ziffer 6 bezeichneten Beträge in einer dem Gesetze oder der Arbeitsordnung widersprechenden Weise verwendet;
2) wer es unterläßt, den durch die §§ 80c Absatz 2, 80g Absatz 1, 80i und 80k für ihn begründeten Verpflichtungen nachzukommen.

§ 207c entspricht dem § 148 Abs. 1 Ziffer 11 und 12 der Gew. O. und beruht auf G. v. 24./6. 92. Das Wort „Lohnabzüge" ist durch Art. V des Ges. v. 14./7. 05 in Fortfall gekommen.

§ 207d.

Mit Geldstrafe bis zu dreißig Mark und im Unvermögensfalle mit Haft bis zu acht Tagen wird bestraft, wer es unterläßt, der durch § 80g Absatz 2 für ihn begründeten Verpflichtung nachzukommen.

§ 207d beruht auf G. v. 24./6. 92 und entspricht § 149 Abs. 1 Ziffer 7 der Gew. O.

§ 207e.

Mit Geldstrafe bis zu zwanzig Mark und im Unvermögensfalle mit Haft bis zu drei Tagen für jeden Fall der Verletzung des Gesetzes wird bestraft:

1) wer den Bestimmungen der §§ 85 und 85b bis 85g zuwider einen Arbeiter in Beschäftigung nimmt oder behält;
2) wer außer dem im § 207a vorgesehenen Falle den Bestimmungen dieses Gesetzes in Ansehung der Arbeitsbücher zuwiderhandelt;
3) wer vorsätzlich ein auf seinen Namen ausgestelltes Arbeitsbuch unbrauchbar macht oder vernichtet;
4) wer den Bestimmungen des § 87 Absatz 1 oder einer auf Grund des § 87 Absatz 3 erlassenen statutarischen Bestimmung zuwiderhandelt;

5) wer es unterläßt, den durch § 80e Absatz 3 für ihn begründeten Verpflichtungen nachzukommen.

1. § 207e beruht auf G. v. 24./6. 92 und entspricht § 150 Abs. 1 der Gew. O.

2. Die Strafe bei Zuwiderhandlung gegen § 85 und 85f Abs. 3 (im letzteren Fall ideale Konkurrenz mit Vergehen wider § 207a) fließt in die durch § 92 bezeichnete Knappschaftskasse.

3. Zuwiderhandlungen gegen Z. 4 sind bei Unmöglichkeit der Beschaffung der Lehrmittel seitens der gesetzlichen Vertreter und Schüler straflos.

§ 207f.

Mit Geldstrafe bis zu zweitausend Mark und im Unvermögensfalle mit Gefängnis bis zu sechs Monaten wird bestraft, wer den Vorschriften der §§ 93b, 93c, 93d zuwiderhandelt.

§§ 207f und 207g sind durch Art. V des Gesetzes vom 14. Juli 1905 (G. S. S. 307) eingeschaltet.

§ 207g.

Mit Geldstrafe bis zu einhundertundfünfzig Mark, im Unvermögensfalle mit Haft, wird bestraft, wer es unterläßt, der durch § 93e für ihn begründeten Verpflichtung nachzukommen.

§ 208.

Zuwiderhandlungen gegen die von den Bergbehörden bereits erlassenen, sowie die von den Oberbergämtern auf Grund des § 197 noch zu erlassenden Bergpolizeiverordnungen werden mit Geldstrafe bis zu dreihundert Mark und im Unvermögensfalle mit Haft bestraft.

Dieselbe Strafe findet bei Zuwiderhandlungen gegen die auf Grund der §§ 198 und 199 getroffenen polizeilichen Anordnungen Anwendung.

1. § 208 ist in der Fassung des G. v. 24./6. 92 wiedergegeben. Die sachliche Änderung besteht darin, daß das Strafmaximum von 150 auf 300 Mark erhöht worden ist.

2. Trotz und neben der gerichtlichen Bestrafung kann und muß ev. die Beseitigung eines polizeiwidrigen Zustandes (§§ 198, 199) im administrativen Zwangswege (A. B. G. § 202) herbeigeführt werden, s. oben Vorbem. z. Titel IX, oben S. 147.

§ 209.

Über die Zuwiderhandlungen gegen die vorstehenden Vorschriften (§ 207, § 207a bis 207e, § 208) sind von den Revierbeamten Protokolle aufzunehmen.

Diese Protokolle werden der Staatsanwaltschaft zur Verfolgung übergeben.

Die Entscheidung steht den ordentlichen Gerichten zu. Dieselben haben hierbei nicht die Notwendigkeit oder Zweckmäßigkeit, sondern nur die gesetzliche Gültigkeit der von den Bergbehörden erlassenen polizeilichen Vorschriften zu prüfen.

1. § 209 ist in der Fassung des G. v. 24./6. 92 wiedergegeben. Abs. 1 ist ohne materielle Bedeutung, Erk. des Kammergerichts v. 19./11. 83, Entsch. in streitigen Fällen IV. 309, Z. XXVII. 234.

2. Vorläufige Straffestsetzungen (Strafprozeßordnung §§ 453 bis 458) wegen bergpolizeilicher Übertretungen können weder von den Bergpolizeibehörden, noch von den Behörden der allgemeinen Polizei erlassen werden (G. betr. den Erlaß polizeilicher Strafverfügungen wegen Übertretungen v. 23./4. 83 [G. S. 65] § 2 Ziffer 3).

3. Die Entscheidung kann auch in der Weise ergehen, daß der Amtsrichter in den gesetzlich (Gerichtsverfassungsges. § 27 Ziffer 1 und 2) zur Zuständigkeit der Schöffengerichte gehörigen Sachen (d. h. alle Zuwiderhandlungen gegen das A. B. G. mit Ausnahme der wider § 207a) auf Antrag der Staats-(Amts-)Anwaltschaft einen Strafbefehl erläßt, gegen welchen binnen einer Woche Einspruch zulässig ist (Strafprozeßordnung §§ 447ff.).

4. Bezüglich der Prüfung der gesetzlichen Gültigkeit kommt namentlich in Frage, ob die Verordnung gehörig publiziert wird, ob sie von einer zuständigen Stelle ergangen ist und ob ihr Gegenstand überhaupt der bergpolizeilichen Kompetenz (namentlich § 196 A.B.G.) untersteht. Ergibt die Prüfung die Nichtgesetzmäßigkeit, so hat das Gericht (nur) von Strafe freizusprechen und die Kosten der Staatskasse aufzulegen.

§ 209a.

Die Strafverfolgung der in den §§ 207b und 208 mit Strafe bedrohten Handlungen verjährt innerhalb drei Monaten von dem Tage an gerechnet, an welchem sie begangen sind.

1. § 209a beruht auf G. v. 24./6. 92.

2. Die Zuwiderhandlungen gegen die §§ 207a, 207b, 197, 198 und 199 sind Vergehen, alle übrigen Übertretungen (R.Str.G.B. § 1). Nach § 67 R. Str. G. B. verjährt die Strafverfolgung von

Übertretungen in drei Monaten, die von Vergehen, wenn sie im Höchstbetrage mit einer längeren als dreimonatlichen Gefängnisstrafe bedroht sind, in fünf, von anderen Vergehen in drei Jahren. § 209a läßt abweichend hiervon die Strafverfolgung auch der Vergehen wider §§ 207b und 208, nicht des § 207a A. B. G., in drei Monaten verjähren.

3. Die Verjährung der Unterlassungsdelikte beginnt erst mit dem Tage, an welchem der (unterlassenen) Verpflichtung genügt ist, oder die Verpflichtung aufgehört hat.

Zehnter Titel.

Provinzialrechtliche Bestimmungen.

§ 210.

In denjenigen Landesteilen, in welchen das unter dem 19. April 1844 publizierte Provinzialrecht für Westpreußen Anwendung findet, sind nur Steinsalz und Solquellen den Bestimmungen des gegenwärtigen Gesetzes unterworfen.

Auf den Braunkohlenbergbau in diesen Landesteilen sollen jedoch der dritte Abschnitt des dritten Titels (von den Bergleuten), der siebente Titel (von den Knappschaftsvereinen) und der neunte Titel (von der Bergpolizei) Anwendung finden.

Das Westpreußische Provinzialrecht gilt für die 1806 zu Westpreußen gerechneten Landesteile mit Einschluß der Thorner und mit Ausschluß des früher Marienwerderschen Kreises (Patent v. 19./4. 44 [G. S. 103]) und für die Stadt Danzig und deren Gebiet (G. v. 16./2. 57 [G. S. 87]). Auch für die pommerschen Kreise Lauenburg, Bütow und die früher zu Westpreußen gehörigen Ortschaften der pommerschen Kreise Belgard, Dramburg und Neustettin sind die in § 210 A. B. G. getroffenen Bestimmungen maßgebend, G. v. 4./8. 65 (G. S. 873).

§ 211.

Von den Bestimmungen des gegenwärtigen Gesetzes sind ausgenommen die Eisenerze

1) in Neuvorpommern und der Insel Rügen und
2) in den Hohenzollernschen Landen.

§ 211a.

In dem Herzogtum Schlesien und der Grafschaft Glatz unterliegen die Eisenerze wie bisher dem Verfügungsrecht des Grundeigentümers, und es werden die bestehenden Berechtigungen zur Gewinnung dieser Erze aufrecht erhalten.

1. §§ 211a, 211b, 211c beruhen auf Ges. betr. die Abänderung des § 211 des Allgemeinen Berggesetzes vom 8. April 1894 (G. S. S. 41). Vor dem B. G. B. bedurfte das Recht auf Förderung von Eisenerz zur Wirksamkeit gegen dritte der Eintragung im Grundbuche, Daubenspeck, Samml. I. 469. Seit B. G. B. ist das Recht nicht mehr eintragungsbedürftig noch — außer wenn es als Grunddienstbarkeit bestellt ist, — eintragungsfähig; s. oben S. 34 und Anm. 2 zu § 1 Ges. v. 22./2. 69, unten S. 167.

2. §§ 153f. A. B. G. gelten für die Eisenerze Schlesiens u. s. w. nicht, O. Tr. 11./11. 72, Strieth, Arch. Bd. 86 S. 353, Z. XV. 272, R. G. 30./9. 96 und 11./12. 97 bei Daubenspeck, Samml. II. S. 267.

§ 211b.

Auf den Eisenerzbergbau in den im § 211a bezeichneten Landesteilen mit Ausnahme der Gewinnung von Raseneisenerzen kommen die nachfolgenden Vorschriften zur Anwendung:

1) aus Titel III, erster Abschnitt, „Von dem Bergwerkseigentum im allgemeinen," die §§ 58 und 59,
2) aus Titel III, zweiter Abschnitt, „Von dem Betriebe und der Verwaltung," die §§ 66 bis 79,
3) Titel III, dritter Abschnitt, „Von den Bergleuten und den Betriebsbeamten," §§ 80 bis 93 unter Ausscheidung der auf die Knappschaftsvereine bezughabenden Bestimmungen in den §§ 80d Absatz 2, 80f Absatz 2 Ziffer 2, § 89 Absatz 2 und unter der Maßgabe, daß die im § 92 bezeichneten Geldstrafen derjenigen Hilfskasse zufallen, welcher der Arbeiter angehört, in Ermangelung einer solchen einer anderen zum Besten der Arbeiter an dem Orte bestehenden, von der Gemeindebehörde zu bestimmenden Kasse und in deren Ermangelung der Ortsarmenkasse,

4) Titel VIII, „Von den Bergbehörden," §§ 187 bis 195,

5) Titel IX, „Von der Bergpolizei," §§ 196 bis 209a.

§ 211c.

Wird der Eisenerzbergbau in den im § 211a bezeichneten Landesteilen von mehreren Personen betrieben, so sind dieselben, sofern ihre Vertretung nicht durch die allgemeinen Gesetze geordnet ist, verpflichtet, mittels notarieller oder gerichtlicher Urkunde einen innerhalb des Deutschen Reiches wohnenden Repräsentanten zu bestellen, welchem die Befugnis zusteht, alle Vorladungen und andere Zustellungen an die Beteiligten mit voller rechtlicher Wirkung in Empfang zu nehmen und letztere bei den Verhandlungen mit den Bergbehörden und den auf den Bergbau Bezug habenden Instituten und Korporationen zu vertreten.

Dasselbe gilt, wenn der Alleineigentümer eines Eisenerzbergwerks außerhalb des Deutschen Reichs wohnt.

Wird ein Repräsentant auf die Aufforderung der Bergbehörde nicht innerhalb einer Frist von drei Monaten bestellt und unter Einreichung der Bestallungsurkunde namhaft gemacht, so ist die Bergbehörde befugt, bis dahin, daß dies geschieht, einen Repräsentanten zu bestellen und diesem eine angemessene, von den Beteiligten aufzubringende und nötigenfalls im Verwaltungswege exekutivisch einzuziehende Belohnung zuzusichern. Die Aufforderung gilt für zugestellt, wenn sie mindestens zwei Beteiligten behändigt ist.

Der von der Bergbehörde bestellte interimistische Repräsentant hat die vorstehend angegebenen Befugnisse eines gewählten Repräsentanten, sofern die Bergbehörde keine Beschränkungen eintreten läßt.

[Die §§ 212 und 213 sind ersetzt durch das:]

Gesetz vom 22. Februar 1869,

betreffend

die Rechtsverhältnisse des Stein- und Braunkohlen-Bergbaues in denjenigen Landesteilen, in welchen das Kurfürstlich Sächsische Mandat vom 19. August 1743 Gesetzeskraft hat (G. S. 401)
(in der Fassung des A. G. z. B. G. B. v. 20. September 1899, G. S. 177, Art. 38.)

Dieses Gesetz ist keine revisibele Rechtsnorm im Sinne der Z. P. O., s. Kais. V. v. 28./9. 79 (R. G. Bl. 299) und R. G. Zivilsen. VII. v. 7./11. 1905, Arndt in Nr. 3 Jahrg. 1906 der Deutsch. Juristen-Zeitung. S. auch Sehling, die Rechtsverhältnisse an den der Verfügung des Grundeigentümers nicht entzogenen Mineralien. Leipzig 1904.

§ 1. In den nachbenannten Landesteilen, nämlich:

1) in den vormals zum Königreich Sachsen gehörigen Landesteilen der Provinz Sachsen, mit Ausschluß der Grafschaften Mansfeld und Barby und der standesherrlichen Gebiete der Grafen von Stolberg-Stolberg und Stolberg-Roßla,
2) in den vormals zum Königreich Sachsen gehörigen Landesteilen der Provinz Brandenburg, insbesondere in der Standesherrschaft Baruth und den Ämtern Jüterbogk, Dahme, Belzig und Rabenstein nebst enklavierten ritterschaftlichen Orten, sowie in den vormals zum Kreise Wittenberg gehörigen Orten Blankensee und Stangenhagen,
3) in dem Markgrafentum Oberlausitz,
4) in dem Markgrafentum Niederlausitz, mit Einschluß der Herrschaft Sonnenwalde, sowie der Ämter Dobrilugk, Finsterwalde und Senftenberg,

unterliegen die Stein- und Braunkohlen fernerhin lediglich dem Verfügungsrechte des Grundeigentümers.

Die bestehenden Berechtigungen zum Betriebe des Stein- oder Braunkohlenbergbaues bleiben jedoch aufrecht erhalten. Gründet sich die Berechtigung auf eine zur Gewinnung der Stein- oder Braunkohlen auf fremden Grund und Boden erteilte Konzession des Staates, so kommen hinsichtlich der Verbindlichkeit zum Betriebe und der Aufhebung der Konzession die Vorschriften der §§ 65 und 156 bis 164 des Allgemeinen Berggesetzes vom 24. Juni 1865 in Anwendung.

1. Die unter Ziffer 1 bezeichneten Gebiete bilden den sogenannten „Regulativbezirk“, die übrigen den „Mandatsbezirk“. Das Mandat v. 19./8. 1743 in Brasserts Bergordnungen S. 473 galt für alle in § 1, das Regulativ v. $\frac{\text{19. Okt.}}{\text{30. Nov.}}$ 1843 nur für die in Ziffer 1 bezeichneten, ehemals kursächsischen Landesteile. Grundsätzlich gehörten die Stein- und Braunkohlen in diesen Landesteilen dem Grundeigentümer. Doch konnte im Mandatsbezirk der Staat auf die Meldung eines dritten Unternehmungslustigen den Grundeigentümer auffordern, den Kohlenbergbau binnen Jahresfrist zu beginnen, widrigenfalls er die Konzessionierung des dritten Bergbaulustigen zu gewärtigen habe. Im Regulativbezirk war der Staat hierzu nur in dem Falle befugt, daß sonst Kohlenmangel vorliegen würde (v. Rynsch, Z. X. 120ff.). Wohlerworbene Rechte sind durch das G. v. 22./2. 69 nicht aufgehoben; die auf Grund des älteren Rechts erteilten „Konzessionen“ sind also in Geltung geblieben.

2. Die Überlassung einer nach dem Gesetze v. 22./2. 69 begründeten Kohlenabbauberechtigung zur Ausbeutung gegen Entgelt ist rechtlich als Pachtvertrag anzusehen, R. G. 7./3. 1901 Z. XLIII. 49, ist somit der Eintragung in dem Grundbuch des belasteten Grundstücks zugunsten einer bestimmten Person weder bedürftig noch fähig. Nach Inbesitznahme wirkt es gegen jeden dritten Erwerber des Grundstücks; s. auch oben S. 34.

§ 2. Das Recht zum Stein- oder Braunkohlen-Bergbau kann von dem Eigentume an dem Grundstücke, in welchem die Stein- oder Braunkohlen anstehen, abgetrennt und als selbständige Gerechtigkeit für den Grundeigentümer oder für einen dritten bestellt werden.

§ 3. Zur Bestellung einer selbständigen Kohlenabbau-Gerechtigkeit für den Grundeigentümer ist dessen Erklärung gegenüber dem Grundbuchamte, daß die Gerechtigkeit für ihn in das Grundbuch eingetragen werden soll, und die Eintragung erforderlich, die Vorschrift des § 878 des Bürgerlichen Gesetzbuches findet Anwendung.

Zur Bestellung der selbständigen Kohlenabbau-Gerechtigkeit für einen dritten ist die Einigung des Grundeigentümers und des Erwerbers über die Bestellung der Gerechtigkeit und die Eintragung im Grundbuch erforderlich. Die Einigung muß bei gleichzeitiger Anwesenheit beider Teile vor dem Grundbuchamt erklärt werden.

§ 4. Die Eintragung der selbständigen Gerechtigkeit in das Grundbuch soll nur erfolgen, wenn dem Grundbuchamt ein Situationsriß vorgelegt wird; auf den Situationsriß finden die Vorschriften des § 17 des Allgemeinen Berggesetzes vom 24. Juni 1865, mit Ausschluß der Bestimmung über die Angabe des Fundpunktes, Anwendung.

§ 5. Für die nach § 1 bestehenden und die später vom Grundeigentum abgetrennten Kohlenabbau-Gerechtigkeiten gelten die sich auf Grundstücke beziehenden Vorschriften des Bürgerlichen Gesetzbuchs.

Die für den Erwerb des Eigentums und die Ansprüche aus dem Eigentum an Grundstücken geltenden Vorschriften finden entsprechende Anwendung.

§ 6. Die Vorschriften über die Erteilung von Unschädlichkeitszeugnissen finden mit der Maßgabe Anwendung, daß das Zeugnis auch dann erteilt werden darf, wenn die vorhandenen Eintragungen im Grundbuche nach Abtrennung der Kohlenabbau-Gerechtigkeit noch innerhalb der ersten zwei Drittel des Wertes ländlicher oder der ersten Hälfte des Wertes städtischer Grundstücke versichert sind.

§ 7. Eine Kohlenabbau-Gerechtigkeit kann nur dann einer anderen als Bestandteil zugeschrieben oder mit ihr vereinigt werden, wenn die Gerechtigkeiten mit ihren Feldern aneinandergrenzen und zu einem einheitlichen Baue zusammengefaßt sind und wenn außerdem die auf den einzelnen Gerechtigkeiten haftenden Belastungen auf Grund einer die Rangordnung regelnden Einigung mit den Berechtigten auf das aus den Gerechtigkeiten gebildete Ganze übertragen werden.

§ 8. Ist ein Kohlenfeld vollständig abgebaut, so kann die Kohlenabbau-Gerechtigkeit auf Antrag eines beteiligten Grundeigentümers oder desjenigen, welchem ein Recht an dem Grundstücke zusteht, im Grundbuche gelöscht werden.

Zur Begründung des Antrages ist ein Zeugnis der Bergbehörde darüber beizubringen, daß das Kohlenfeld gänzlich abgebaut ist und daß auf dem Felde Gebäude oder sonstige zur Grube gehörende unbewegliche Bestandteile nicht mehr vorhanden sind. Vor der Erteilung des Zeugnisses sind diejenigen, welchen ein Recht an der Gerechtigkeit zusteht, zu hören.

Auf Grund des Zeugnisses schließt das Grundbuchamt das für die Gerechtigkeit angelegte Blatt und löscht die auf diesem eingetragenen Rechte. Zur Löschung einer Hypothek, Grundschuld oder Rentenschuld ist die Vorlegung des Briefes nicht erforderlich; das Grundbuchamt hat den Besitzer des Briefes zur Vorlegung anzuhalten, um nachträglich die Löschung auf dem Briefe zu vermerken.

Die Löschung erfolgt ohne und gegen den Willen und Antrag des Abbauberechtigten, s. auch Turnau-Förster, Liegenschaftsrecht II. 471.

§ 9. Auf den Betrieb des Stein- oder Braunkohlen-Bergbaues im Bereiche dieses Gesetzes, einerlei, ob eine vom Grund und Boden abgetrennte selbständige Kohlenabbau-Gerechtigkeit besteht oder nicht, kommen die nachfolgenden Vorschriften des Allgemeinen Berggesetzes vom 24. Juni 1865 zur Anwendung:

a. Tit. III. Abschnitt 1 (von dem Bergwerkseigentume im allgemeinen) die §§ 58 und 59, sowie die §§ 60 bis 63 einschließlich hinsichtlich der Anlage von Hilfsbauen im Felde eines anderen Kohlenabbau-Berechtigten;

b. Tit. III. Abschnitt 2 (von dem Betriebe und der Verwaltung) die §§ 66 bis 79 einschließlich und ferner Abschnitt 3 dieses Titels (von den Bergleuten);

c. Tit. V. Abschnitt 1. nebst der zugehörigen Übergangsbestimmung des § 241, Tit. XI. (von der Grundabtretung) mit der Maßgabe, daß die Grundabtretung nur insoweit gefordert werden kann, als die Benutzung eines fremden Grundstückes zur Anlage von Wegen, Eisenbahnen, Kanälen, Wasserläufen und Hilfsbauen zum Zwecke des Grubenbetriebes und des Absatzes der Kohlen notwendig ist;

d. Tit. V. Abschnitt 2 (vom Schadenersatze für Beschädigungen des Grundeigentums), mit Ausnahme des § 152, soweit daselbst von „Arbeiten der Muter" die Rede ist, und Abschnitt 3 (von dem Verhältnisse des Bergbaues zu den öffentlichen Verkehrsanstalten); ferner

e. Titel VII. (von den Knappschaftsvereinen), Tit. VIII. (von den Bergbehörden), Tit. IX. (von der Bergpolizei) und die §§ 242 und 244 des XII. Titels (Schlußbestimmungen).

1. Der Abbauberechtigte kann von jedem Grundeigentümer, welcher die Berechtigung zum Kohlenabbau noch nicht übertragen hat, unter der Voraussetzung des § 60 A. B. G. im Geltungsgebiete des G. v. 22./2. 69 die Gestattung eines Hilfsbaues verlangen, R. B. 6./3. 74, Z. XV. 406; 1./9. 88, Z. XXX. 409.

2. Das Enteignungsrecht steht dem Abbauberechtigten nur bezüglich der Grundstücke eines dritten (nicht dessen, der ihm die Berechtigung übertragen hat) zu, so auch O. Tr. 26./6. 76. Z. XVIII. 241 u. Oppenhoff, Anm. 1317, vgl. auch Z. XXXVI. 432 und XLII. 190, and. Ans. Sehling S. 222, Westhoff, Bergbau u. Grundbesitz II. 25, Brassert, Komm. S. 551, Fürst S. 633. Er braucht das Expropriationsrecht auch nicht, da er aus dem Auskohlungsvertrage den Grundeigentümer zwingen kann, ihm die erforderlichen Wege zu verschaffen, B. G. B. § 157. Er hat es auch nicht für Aufbereitungsanstalten und sogenannte Zubehörungen (Anm. zu § 58 A. B. G.). Dagegen steht das Enteignungsrecht auch gegenüber einem solchen Grundeigentümer zu, der selbst Kohlenbergbau betreiben will. Auch bezüglich der außerhalb des Geltungsgebietes des G. v. 22./2. 69 gelegenen Grundstücke gilt das Enteignungsrecht zugunsten des Kohlenabbauberechtigten.

3. Ob der Kohlenabbauberechtigte einen Schadenersatzanspruch hat, wenn er im Interesse der Sicherheit einer öffentlichen Verkehrsanlage sein Feld nicht oder nicht vollständig benutzen kann, ist streitig, s. Arndt, Komm. S. 329ff. dafür, dagegen Fürst S. 633, Brassert S. 553. Selbst wenn die Frage an sich zu verneinen wäre, so hat der Abbauberechtigte, wenn er zugleich Oberflächeneigentümer ist, aus den in Anm. 2 zu § 154 angeführten Gründen Schadensersatzanspruch, vgl. hierzu Arndt in Nr. 3 der Deutschen Jur.-Ztg. 1906, ferner die dort zitierten Urteile des Oberlandesgerichts Naumburg und des R. G. vom 7./11. 1905 u. Sehling S. 81 ff.

§ 10. Wird der Stein- oder Braunkohlen-Bergbau von mehreren Personen betrieben, so sind dieselben, sofern deren Vertretung nicht durch die allgemeinen Gesetze geordnet ist, verpflichtet, mittels notarieller oder gerichtlicher Urkunde einen im Inlande wohnenden Repräsentanten zu bestellen, welchem die Befugnis zusteht, alle Vorladungen und andere Zustellungen an die Beteiligten mit voller rechtlicher Wirkung in Empfang zu nehmen und letztere bei den Verhandlungen mit der Bergbehörde, mit dem Knappschaftsvereine und mit anderen auf den Bergbau bezüglichen Instituten zu vertreten.

Dasselbe gilt, wenn der Alleineigentümer einer Stein- oder Braunkohlengrube im Auslande wohnt.

Wird ein Repräsentant auf die Aufforderung der Bergbehörde innerhalb einer Frist von drei Monaten nicht bestellt und unter Einreichung der Bestallungsurkunde namhaft gemacht, so ist die Bergbehörde befugt, bis dahin, daß dies geschieht, einen Repräsentanten zu bestellen und diesem eine angemessene, von den Beteiligten aufzubringende und nötigenfalls im Verwaltungswege exekutivisch einzuziehende Belohnung zuzusichern.

Dieser interimistische Repräsentant hat die vorher angegebenen Befugnisse des gewählten Repräsentanten, insofern die Bergbehörde keine Beschränkungen eintreten läßt.

Bei Anwendung dieser Bestimmungen macht es keinen Unterschied, ob eine besondere Kohlenabbau-Gerechtigkeit besteht oder nicht.

1. Gewerkschaften können nicht errichtet werden; doch können Gewerkschaften für verliehene Bergwerke solche Gerechtigkeiten erwerben und betreiben, s. Anm. 3 zu § 96 A. B. G., oben S. 83 f.

2. Soweit in § 10 keine Vorschriften gegeben sind, gilt bezüglich der Rechte und Pflichten eines solchen Repräsentanten B. G. B. §§ 164—181, 662—674, s. auch oben S. 101.

§ 11. Das Kurfürstlich Sächsische Mandat vom 19. August 1743, das Regulativ vom $\frac{\text{19. Oktober}}{\text{13. November}}$ 1843, das Gesetz vom 1. Juni 1861 (Gesetzsammlung S. 353 ff.) und die §§ 212 und 213 des Allgemeinen Berggesetzes vom 24. Juni 1865 sind aufgehoben.

§ 214.

In den linksrheinischen Landesteilen sind die Dachschieferbrüche, die Traßbrüche und die Basaltlavabrüche der polizeilichen Beaufsichtigung durch die Bergbehörde unterworfen.

Dieser Paragraph ist Fassung des Ges. betr. die Abänderung einzelner Bestimmungen des Allgem. Berggesetzes v. 7. Juli 1902 (G. S. S. 255) in Art. II. Auf diesem Gesetze beruhen auch die nachstehenden Vorschriften in § 214a bis 214d. S. hierzu K. Jahn, Zusammenstellung der auf die Dachschieferbrüche, die Traßbrüche und die Basaltlavabrüche in den linksrheinischen Landesteilen geltenden Gesetze und Verordnungen bei W. Groos, Koblenz.

§ 214a.

Auf alle im § 214 bezeichneten Dachschiefer-, Traß- und Basaltlavabrüche kommen die nachfolgenden Vorschriften des gegenwärtigen Gesetzes zur Anwendung:

1) aus Titel III Abschnitt I „von dem Bergwerkseigentum im allgemeinen“ die §§ 58 und 59;
2) Titel VII „von den Knappschaftsvereinen“;
3) Titel VIII „von den Bergbehörden“;
4) Titel IX „von der Bergpolizei“;
5) aus dem Titel XII „Schlußbestimmungen“ der § 242.

§ 214b.

Auf die unterirdisch betriebenen Dachschiefer-, Traß- und Basaltlavabrüche (§ 214) kommen außerdem noch zur Anwendung:

Titel III Abschnitt 3 des gegenwärtigen Gesetzes „von den Bergleuten und den Betriebsbeamten“ mit der Maßgabe, daß, soweit Knappschaftsvereine nicht errichtet sind, die im § 92 bezeichneten Geldstrafen derjenigen Krankenkasse zufallen, welcher der Arbeiter angehört, in Ermangelung einer solchen einer anderen zum Besten der Arbeiter an dem Orte bestehenden, von der Gemeindebehörde zu bestimmenden Kasse und in deren Ermangelung der Ortsarmenkasse.

§ 214c.

Auf die unterirdisch betriebenen Dachschieferbrüche (§ 214) kommen ferner noch zur Anwendung:

1) Aus Titel III Abschnitt 1, „von dem Bergwerkseigentum im allgemeinen,“ die §§ 60 bis 63 einschließlich, und zwar auch hinsichtlich der Anlage von Hilfsbauen im Felde eines anderen zur Dachschiefergewinnung Berechtigten, wobei letzteres dem Felde eines anderen Bergwerkseigentümers gleichgeachtet wird;
2) aus Titel III Abschnitt 2, „von dem Betrieb und der Verwaltung,“ die §§ 66 bis 79 einschließlich;
3) Titel V Abschnitt 1, „von der Grundabtretung“ nebst der zugehörigen Übergangsbestimmung des § 241 mit der Maßgabe, daß die Grundabtretung nur insoweit gefordert werden kann, als die Benutzung eines fremden Grundstücks zur Anlage von Wegen, Eisenbahnen, Kanälen, Wasserläufen und Hilfsbauen zum Zwecke des Grubenbetriebs und des Absatzes der Bergwerkserzeugnisse notwendig ist;
4) Titel V Abschnitt 2, „von dem Schadensersatze für Beschädigungen des Grundeigentums“ mit Ausnahme des § 152, insoweit darin von den „Arbeiten der Muter“ die Rede ist.

§ 214d.

Wird ein Dachschiefer-, Traß- oder Basaltlavabruch in den linksrheinischen Landesteilen von mehreren Personen gemeinschaftlich betrieben, so finden die Bestimmungen des § 211c in der Fassung des Gesetzes vom 8. April 1894 (G. S. S. 41) entsprechende Anwendung.

Als provinzialrechtliche Bestimmungen kommen ferner zur Anwendung:

A. Im vormaligen Herzogtum Nassau wird der Dachschiefer den im § 1 des Berggesetzes aufgeführten Mineralien beigezählt, s. Verordnung betreffend Einführung des A. B. G. in das Gebiet des vormaligen Herzogtums Nassau v. 22./2. 67 (G. S. 237), Art. II.

B. In der V. betr. die Einführung des A. B. G. in das Gebiet des vormaligen Königreichs Hannover v. 8./5. 67 (G. S. 601) ist u. a. vorgeschrieben:

Artikel II.

Von den im § 1 des Allgemeinen Berggesetzes von dem Verfügungsrechte des Grundeigentümers ausgeschlossenen Mineralien kommen, vorbehaltlich der bestehenden Berechtigungen, Steinsalz nebst den mit demselben auf der nämlichen Lagerstätte vorkommenden Salzen und die Solquellen in Wegfall. Die §§ 135, 165, 168 und 196 des Allgemeinen Berggesetzes finden, insoweit sich dieselben auf Salzbergwerke, Salinen, Solleitungen und Solbehälter beziehen, keine Anwendung.

1. Bohrungen auf Salze in Hannover sind nicht Schürfarbeiten im Sinne des A. B. G. Die Polizei konnte nur aus allgemeinen polizeilichen Gründen eingreifen, nicht z. B. zum Schutze von bestehenden Salinen und Solbädern, O. V. G. 8./11. 1900 Entsch. XXXVIII. 295, Z. XLIII. 94, auch nicht im Interesse der noch nicht aufgeschlossenen Mineralien. K. G. 13./6. 01, Entsch. XXII. C. Nr. 3. Dies ist geändert seit 1./7. 1904 durch G. v. 26./6. 1904 (G. S. S. 135). Das Recht, auch das ausschließliche, Salz unter fremdem Grundstück zu gewinnen, ist seit Geltung des B. G. B. nicht eintragungsfähig, s. auch Z. XIII. 369, Z. XLIII. 49, ferner oben S. 34.

2. Die bestehenden Berechtigungen (Saline Lüneburg, Z. VIII. 170) unterstehen dem A. B. G. z. B. §§ 65ff., 196ff., haben auch den Schutz des G. v. 26./3. 56 (G. S. 203).

Artikel XII.

Die Besitz- und Rechtsverhältnisse in bezug auf die Stein- und Braunkohlen im Fürstentum Calenberg einschließlich der Grafschaft Spiegelberg, sollen wie bisher aufrecht erhalten werden.

Artikel XIII.

Auf den im vorstehenden Artikel bezeichneten Bergbau auf Stein- und Braunkohlen kommen jedoch der dritte Titel mit Ausnahme der §§ 50 bis 57, 63 und 65, der erste Abschnitt des fünften Titels, insofern es sich um die Grundabtretung behufs Anlage von Wegen, Eisenbahnen, Kanälen, Wasserläufen und Hilfsbauen handelt, der zweite Abschnitt des fünften Titels mit Ausnahme des § 152, ferner der siebente, achte und neunte Titel, § 241 des elften und § 242 des zwölften Titels des Allgemeinen Berggesetzes zur Anwendung.

Gesetz,

betreffend

die Ausdehnung verschiedener Bestimmungen des Allgemeinen Berggesetzes vom 24. Juni 1865 auf den Stein- und Kalisalzbergbau in der Provinz Hannover vom 14. Juli 1895 (G. S. S. 295).

(In Kraft seit 1. Januar 1896.)

§ 1. Auf den Stein- und Kalisalzbergbau in der Provinz Hannover kommen die nachfolgenden Vorschriften des Allgemeinen Berggesetzes vom 24. Juni 1865 (G. S. S. 705) in der Fassung der Novelle vom 24. Juni 1892 (G. S. S. 131) zur Anwendung:

1) aus Titel III Abschnitt 1, „von dem Bergwerkseigentum im allgemeinen," die §§ 58 und 59, sowie die §§ 60 bis 63 einschließlich;
2) aus Titel III Abschnitt 2, „von dem Betriebe und der Verwaltung," die §§ 66 bis 79 einschließlich;
3) Titel III Abschnitt 3, „von den Bergleuten und den Betriebsbeamten," §§ 80 bis 93;
4) Titel V Abschnitt 1, „von der Grundabtretung," §§ 135 bis 147 nebst der zugehörigen Übergangsbestimmung des § 241, mit der Maßgabe, daß die Grundabtretung nur insoweit gefordert werden kann, als die Benutzung eines fremden Grundstücks zur Anlage von Wegen, Eisenbahnen, Kanälen, Wasserläufen und Hilfsbauen zum Zwecke des Grubenbetriebes und des Absatzes der Bergwerkserzeugnisse notwendig ist;

5) Titel V Abschnitt 2, „vom Schadensersatz für Beschädigungen des Grundeigentums," §§ 148 bis 152, mit der Maßgabe, daß § 152 keine Anwendung findet, insoweit darin von Arbeiten des Muters die Rede ist;
6) Titel V Abschnitt 3, „von dem Verhältnisse des Bergbaues zu den öffentlichen Verkehrsanstalten," §§ 153 bis 155;
7) Titel VII, „von den Knappschaftsvereinen," §§ 165 bis 186, mit der Maßgabe, daß die Bestimmung der Bezirke, für welche neue Knappschaftsvereine gegründet werden sollen, oder derjenigen bereits bestehenden Knappschaftsvereinc, welchen die diesem Gesetze unterworfenen Bergwerke zugeteilt werden sollen, nach Anhörung der Werksbesitzer und eines von den Arbeitern zu wählenden Ausschusses durch den Minister für Handel und Gewerbe erfolgt;
8) Titel VIII, „von den Bergbehörden," §§ 187 bis 195;
9) Titel IX, „von der Bergpolizei," §§ 196 bis 209a;
10) aus Titel XII, „Schlußbestimmungen," § 242.

§ 2. Wird der Salzbergbau im Gebiete der Provinz Hannover von mehreren Personen gemeinschaftlich betrieben, so sind diese, sofern ihre Vertretung nicht durch die allgemeinen Gesetze geordnet ist, verpflichtet, mittels notarieller oder gerichtlicher Urkunde einen im Inlande wohnenden Repräsentanten zu bestellen, welchem die Befugnis zusteht, alle Vorladungen und anderen Zustellungen an die Beteiligten mit voller rechtlicher Wirkung in Empfang zu nehmen und letztere bei den Verhandlungen mit der Bergbehörde, mit den Knappschaftsvereinen und anderen auf den Bergbau bezüglichen Instituten und Korporationen zu vertreten.

Dasselbe gilt, wenn der Alleineigentümer eines Salzbergwerks im Auslande wohnt.

Wird ein Repräsentant auf die Aufforderung der Bergbehörde nicht innerhalb einer Frist von drei Monaten bestellt und unter Einreichung der Bestallungsurkunde namhaft gemacht, so ist die Bergbehörde befugt, bis dahin, daß dies geschieht, einen Repräsentanten zu bestellen und ihm eine angemessene, von den Beteiligten aufzubringende und nötigenfalls im Verwaltungswege exekutivisch einzuziehende Belohnung zuzusichern. Die Aufforderung gilt für zugestellt, wenn sie mindestens zwei Beteiligten behändigt ist.

Der von der Bergbehörde bestellte interimistische Repräsentant hat die Befugnisse des gewählten Repräsentanten, sofern die Bergbehörde keine Einschränkungen eintreten läßt.

S. hierzu Anm. 3 zu § 96, oben S. 83 f.

Gesetz,

betreffend

die Ausdehnung einiger Bestimmungen des Allgemeinen Berggesetzes vom 24. Juni 1865 auf die Arbeiten zur Aufsuchung von Stein- und Kalisalz und von Solquellen in der Provinz Hannover, vom 26. Juni 1904 (G. S. 135).

Motive in Z. XLV. 25f.

§ 1. Auf die Arbeiten, welche in der Provinz Hannover zur Aufsuchung von Stein- und Kalisalz und von Solquellen vorgenommen werden, finden die Titel VIII und IX des Allgemeinen Berggesetzes vom 24. Juni 1865 (G. S. 705) in der Fassung des Gesetzes vom 24. Juni 1892 (G. S. 131) entsprechende Anwendung.

Nicht bloß die Gewinnungs-, sondern auch die Aufsuchungsarbeiten sind durch dieses Gesetz für den Salzbergbau in Hannover unter die Polizei und insbesondere die Bergpolizei gestellt, s. Vorbem. zum IX. Titel, oben S. 147.

§ 2. Auf die zum Betrieb der in § 1 bezeichneten Arbeiten dienenden Dampfkessel und Triebwerke finden die Vorschriften des § 59 des genannten Allgemeinen Berggesetzes Anwendung.

§ 3. Bedrohen Arbeiten der im § 1 bezeichneten Art die Sicherheit der Baue oder den ungestörten Betrieb eines fremden Bergwerks, so finden die Vorschriften des § 10

Abs. 2, 3 und 4 des genannten Allgemeinen Berggesetzes Anwendung.

§ 4. Dies Gesetz tritt am 1. Juli 1904 in Kraft.

Gesetz
über
die Bestellung von Salzabbaugerechtigkeiten in der Provinz Hannover vom 4. August 1904 (G. S. S. 235).

Motive Z. XLV. 12 f., sowie in Nr. 53 der Drucksachen des Herrenhauses.

§ 1. Das Recht zur Gewinnung von Stein- und Kalisalzen kann von dem Eigentum an dem Grundstück, in welchem die genannten Mineralien anstehen, abgetrennt und als selbständige Gerechtigkeit für den Grundeigentümer oder einen anderen bestellt werden (Salzabbaugerechtigkeit).

§ 2. Zur Bestellung einer Salzabbaugerechtigkeit für den Grundeigentümer ist dessen Erklärung gegenüber dem Grundbuchamte, daß die Gerechtigkeit für ihn in das Grundbuch eingetragen werden soll, und die Eintragung erforderlich; die Vorschrift des § 878 des Bürgerlichen Gesetzbuchs findet Anwendung.

Zur Bestellung der Salzabbaugerechtigkeit für einen anderen ist die Einigung des Grundeigentümers und des Erwerbers über die Bestellung der Gerechtigkeit und die Eintragung im Grundbuch erforderlich; die Einigung muß bei gleichzeitiger Anwesenheit beider Teile vor dem Grundbuchamt erklärt werden.

§ 3. Für die Salzbaugerechtigkeiten gelten die sich auf Grundstücke beziehenden Vorschriften des Bürgerlichen Gesetzbuchs, soweit nicht ein anderes bestimmt ist.

Die für den Erwerb des Eigentums und die Ansprüche aus dem Eigentum an Grundstücken geltenden Vorschriften finden entsprechende Anwendung.

§ 4. Die für die selbständigen Kohlenabbaugerechtigkeiten in den vormals Sächsischen Landesteilen geltenden Vorschriften der Artikel 22, 28 des Ausführungsgesetzes zur Grundbuchordnung vom 26. September 1899 (Gesetz-Samml. S. 307) der Artikel 15 bis 22 des Ausführungsgesetzes zum Reichsgesetz über die Zwangsversteigerung und die Zwangsverwaltung vom 23. September 1899 (Gesetz-Samml. S. 291), und des Artikels 76 des Preußischen Gesetzes über die freiwillige Gerichtsbarkeit vom 21. September 1899 (Gesetz-Samml. S. 249) finden auf die Salzabbaugerechtigkeiten Anwendung.

§ 5. Bei der Bestellung einer Salzabbaugerechtigkeit ist diese von dem Grundstück abzuschreiben und auf ein besonderes Grundbuchblatt zu übertragen.

Inwieweit die Abschreibung von der Vorlegung eines beglaubigten Auszugs aus dem Steuerbuche sowie einer von dem Fortschreibungsbeamten beglaubigten Karte abhängig ist, bestimmt der Justizminister.

§ 6. Die in der Provinz Hannover geltenden Vorschriften über die Erteilung von Unschädlichkeitszeugnissen in den Fällen entgeltlicher Veräußerung eines Teiles eines Grundstücks und über die Abschreibung des veräußerten Teiles finden auf die Bestellung einer Salzabbaugerechtigkeit entsprechende Anwendung.

§ 7. In bezug auf Reallasten, Hypotheken, Grundschulden und Rentenschulden kann ein Unschädlichkeitszeugnis auch in Ermangelung der allgemeinen gesetzlichen Voraussetzungen dann erteilt werden, wenn die Rechte nach Abtrennung der Salzabbaugerechtigkeit bei einem ländlichen Grundstücke noch innerhalb der ersten zwei Drittel, bei einem städtischen Grundstück innerhalb der ersten Hälfte des Wertes versichert sind. Die Erteilung des Unschädlichkeitszeugnisses ist in diesem Falle den eingetragenen Berechtigten, deren Bewilligung durch das Zeugnis ersetzt werden soll, von der Generalkommission nach Maßgabe des § 7 des Gesetzes, betreffend die Erleichterung der Abveräußerung einzelner Teile von Grundstücken in der Provinz Hannover, vom 25. März 1889 (Gesetz-Samml. S. 65) bekannt zu machen.

Erheben die Berechtigten nicht binnen sechs Wochen nach

der Bekanntmachung gegen die Erteilung des Unschädlichkeitszeugnisses bei der Generalkommission Widerspruch, so wird auf Grund einer von dieser hierüber ausgestellten Bescheinigung die Salzabbaugerechtigkeit frei von den Belastungen, in Ansehung deren ein Widerspruch nicht rechtzeitig erfolgt ist, im Grundbuch abgeschrieben. Auf diese Rechtsfolge ist in der Bekanntmachung hinzuweisen.

§ 8. Eine Salzabbaugerechtigkeit kann nur dann einer andern als Bestandteil zugeschrieben oder mit ihr vereinigt werden, wenn die Gerechtigkeiten nach Bescheinigung der Bergbehörde zu einem einheitlichen Baue zusammengefaßt werden können, und wenn außerdem die auf den einzelnen Gerechtigkeiten haftenden Belastungen auf Grund einer die Rangordnung regelnden Einigung mit den Berechtigten auf das aus den Gerechtigkeiten gebildete Ganze übertragen werden.

§ 9. Ist das Feld einer Salzabbaugerechtigkeit vollständig abgebaut, so kann die Abbaugerechtigkeit auf Antrag eines beteiligten Grundeigentümers oder desjenigen, welchem ein Recht an dem Grundstücke zusteht, im Grundbuche gelöscht werden.

Zur Begründung des Antrages ist ein Zeugnis der Bergbehörde darüber beizubringen, daß das Feld gänzlich abgebaut ist, und daß auf dem Felde Gebäude oder sonstige zur Grube gehörige unbewegliche Bestandteile nicht mehr vorhanden sind. Vor der Erteilung des Zeugnisses sind diejenigen, welchen ein Recht an der Gerechtigkeit zusteht, zu hören.

Auf Grund des Zeugnisses schließt das Grundbuchamt das für die Gerechtigkeit angelegte Blatt und löscht die hierauf eingetragenen Rechte. Zur Löschung einer Hypothek, Grundschuld oder Rentenschuld ist die Vorlegung des Briefes nicht erforderlich; das Grundbuchamt hat den Besitzer des Briefes zur Vorlegung anzuhalten, um nachträglich die Löschung auf dem Briefe zu vermerken.

§ 10. Ein in das Grundbuch eingetragenes vererbliches und veräußerliches Recht auf Gewinnung von Stein- und Kalisalzen kann, wenn es vor dem 1. Januar 1900 begründet worden ist, als Salzabbaugerechtigkeit, bei zeitlicher Begrenzung mit dieser, auf ein besonderes Grundbuchblatt übertragen werden. Auf die Übertragung finden die für die Bestellung einer Salzabbaugerechtigkeit geltenden Vorschriften dieses Gesetzes mit der Maßgabe Anwendung, daß an Stelle der nach § 2 Abs. 2 erforderlichen Einigung der Antrag des Berechtigten genügt.

Von der Anlegung des besonderen Grundbuchblatts an gilt das Recht als Salzabbaugerechtigkeit im Sinne dieses Gesetzes.

C. Art. XV der V., betr. die Einführung des A. B. G. in das Gebiet des vormaligen Kurfürstentums Hessen u. s. w. v. 1./6. 67 (G. S. 770):

„Den im § 1 des Berggesetzes aufgeführten Mineralien wird für die Herrschaft Schmalkalden der Schwerspat hinzugefügt."

D. G. betr. die Einführung des A. B. G. in das Gebiet der Herzogtümer Schleswig und Holstein v. 12./3. 69 (G. S. 453):

Art. II. „Das Schürfen (§ 4 des Allgemeinen Berggesetzes) ist auf See- und Flußdeichen und in einer Entfernung von denselben bis zu zweihundert Lachtern unbedingt untersagt. Durch Entscheidung der Bergbehörde kann das Schürfen auch in einer größeren Entfernung, sowie auf den Binnendeichen verboten werden, falls überwiegende Gründe des öffentlichen Interesses demselben entgegenstehen."

(200 Lachter = 418,5 Meter.)

Elfter Titel.

Übergangsbestimmungen.

§ 215.

Die Felder der bei dem Eintritt der Gesetzeskraft des gegenwärtigen Gesetzes eingelegten Mutungen und bestehenden Bergwerke sind nach Maßgabe desselben (§§ 26 ff.) auf den Antrag des Berechtigten, wenn sie gestreckte sind, in gevierte

Felder umzuwandeln, und wenn sie gevierte Felder sind, bis zu der zulässigen Ausdehnung (§ 27) zu erweitern.

Ein solcher Antrag gilt in Beziehung auf das begehrte freie Feld als Mutung.

Bei konsolidierten Bergwerken kann der Antrag für jedes einzelne Feld gestellt werden.

Ein Erweiterungsantrag ist nicht mehr zulässig, wenn er nicht binnen sechs Monaten nach Eintritt der Gesetzeskraft dieses Gesetzes bei der zur Annahme von Mutungen befugten Bergbehörde (§ 12) gestellt worden ist.

1. Die Umwandlung oder Erweiterung ist nur statthaft, wenn die Mineralien auch nach heutigem Rechte, § 1, vom Verfügungsrechte des Grundeigentümers ausgeschlossen sind, R. B. 29./12. 66, 14./2. 68 Z. VIII. 142, IX. 230.
2. Gestreckte und gevierte Felder s. A. L. R. II. 16 §§ 156, 157, § 177f., 352f., ferner Ges. die Verleihung des Bergeigentums auf Flötzen betreffend v. 1. Juli 1821 (G. S. S. 106), für Nassau Z. VII. 461, VIII. 20, X. 66.
3. Solche Anträge, zu deren Stellung nur der Eigentümer, nicht Pächter u. s. w., befugt ist, sind im allgemeinen wie Mutungen zu behandeln, zwischen ihnen und Mutungen kommt § 25 zur Anwendung; s. auch Z. X. 276. Bei Berggewerkschaften gilt hier § 114.
4. Erweiterungsfelder sind den auf dem Stammbergwerk haftenden dinglichen Lasten, auch den Freikuxberechtigungen, unterworfen, R. G. 17./6. 93 Z. XXXIV. 526. Ein neues Bergwerkseigentum entsteht nicht, s. Z. XIV. 394.

§ 216.

Von dem durch einen Umwandlungs- oder Erweiterungsantrag (§ 215) begehrten Felde dürfen die gestreckten Felder anderer Bergwerke nur dann ganz oder teilweise umschlossen werden, wenn die Eigentümer dieser Bergwerke auf eine desfallsige Aufforderung der Bergbehörde sich mit der Umschließung ihrer Felder ausdrücklich einverstanden erklären.

Tritt diese Voraussetzung nicht ein, so muß der Antragsteller sich eine entsprechende, nötigenfalls durch einen Beschluß des Oberbergamts festzustellende Beschränkung des begehrten gevierten Feldes gefallen lassen.

1. Das Einverständnis ist nur nötig, wenn die Bergwerke auf das nämliche Mineral verliehen sind; Z. VIII. 143, X. 77.

2. Ob die Voraussetzung vorliegt, entscheidet O.B.A., bezw. Handelsminister, mit Ausschluß des Rechtsweges.

§ 217.

Mehrere Umwandlungsanträge, welche auf das nämliche Feld gerichtet sind, begründen für jeden der Antragsteller ein gleiches Recht. Dasselbe gilt von mehreren Erweiterungsanträgen, welche auf das nämliche Feld gerichtet sind.

Bei einer solchen Kollision bildet, insoweit eine vertragsmäßige Einigung nicht zu erzielen ist, die Teilung in gleiche Teile die Regel.

Das Oberbergamt ist jedoch befugt, bei der Verleihung von diesem Teilungsverhältnisse abzuweichen, insoweit sich dies für einen zweckmäßigen Betrieb als erforderlich darstellt.

§ 218.

Diejenigen Umwandlungsanträge, welche innerhalb sechs Monaten nach Eintritt der Gesetzeskraft dieses Gesetzes bei der zur Annahme von Mutungen befugten Bergbehörde (§ 12) eingehen, gewähren den auf Grund dieses Gesetzes eingelegten Mutungen und Erweiterungsanträgen gegenüber ein Vorzugsrecht auf das im § 27 bestimmte Feld.

Von den gevierten Feldern der Mutungen, welche innerhalb dieser Frist eingelegt werden, dürfen die gestreckten Felder bereits bestehender Bergwerke ohne ausdrückliche Einwilligung der Eigentümer auch dann nicht umschlossen werden, wenn seitens der letzteren keine Umwandlungsanträge gestellt sind.

Bezüglich der nicht umgewandelten Längenfelder bleiben die alten Vorschriften u. a. über die Wirkungen der Längenvermessung, das Alter im Felde, Fiktionen, nicht über den Identitätsnachweis, letzteres wegen § 14 E. G. z. Z. P. O., in Geltung, s. auch R. G. 15./10. 1892, Z. XXXIV. 126; vgl. dagegen auch Z. XXXVIII. 81

§ 219.

Wird das Eigentum eines Bergwerks, dessen gestrecktes Feld von dem gevierten Felde eines anderen Bergwerks umschlossen ist, nach dem sechsten Titel des gegenwärtigen Gesetzes aufgehoben, so hat der Eigentümer des anderen Bergwerks, welchen die Bergbehörde von der Aufhebung in Kenntnis zu setzen hat, ein binnen vier Wochen nach dieser Bekanntmachung auszuübendes Vorzugsrecht auf die Vereinigung des gestreckten Feldes mit seinem gevierten Felde.

Die Vereinigung wird durch einen Nachtrag zur Verleihungsurkunde ohne weitere Förmlichkeiten ausgesprochen.

§ 220.

Den im Kreise Wetzlar auf Grund der §§ 156 und 157 Teil II Titel 16 des Allgemeinen Landrechts mit gevierten Feldern verliehenen Bergwerken steht die ewige Teufe nach senkrechten Ebenen zu.

S. hierzu Motive S. 118 f.

§ 221.

Wer auf Grund einer vor dem Eintritt der Gesetzeskraft des gegenwärtigen Gesetzes eingelegten Mutung auf das Feld eines zu derselben Zeit bereits bestehenden Bergwerks oder auf Teile desselben ein Vorzugsrecht zu haben glaubt, muß letzteres innerhalb eines Jahres, von jenem Zeitpunkte an, durch gerichtliche Klage gegen den Bergwerkseigentümer verfolgen.

Wer von dieser Frist keinen Gebrauch macht, ist seines etwaigen Vorzugsrechts auf das Feld verlustig.

§ 222.

Soweit das gegenwärtige Gesetz auf die bereits bestehenden Bergwerke überhaupt Anwendung findet, unterliegen den Bestimmungen desselben auch diejenigen Bergwerke, welche den seitherigen gesetzlichen Vorschriften gemäß auf Mineralien berechtigt sind, die der § 1 dieses Gesetzes nicht mehr aufführt.

Da das A. B. G. im allgemeinen sich nicht rückwirkende Kraft beilegt, so sind die vor Geltung desselben (1. Okt. 1865) erfolgten Verleihungen, auch Distriktsverleihungen und Feldesreservationen, in Kraft geblieben und gegen unbefugte Ausbeutung nach dem G. v. 26./3.

56 (G. S. 203) geschützt, O. Tr. 6./2. 72, 16./5. 79, Z. XIII. 541, XXI 388, und dies selbst dann, wenn sie solche Mineralien umfassen, welche nach dem A. B. G. zum Grundeigentume gehören. Erweitert und umgewandelt (§§ 215ff.) können indes solche Bergwerke nicht werden. S. auch Anm. 1 zu § 1.

§ 223.

Nach dem Eintritt der Gesetzeskraft des gegenwärtigen Gesetzes findet eine Verleihung von Erbstollenrechten nicht mehr statt.

In Ansehung der bereits bestehenden Erbstollengerechtigkeiten, insbesondere auch der Aufhebungsarten, verbleibt es bei den Bestimmungen der seitherigen Gesetze.

Im Gesetzesbereiche des Allgemeinen Landrechts bedarf es jedoch zur Befreiung eines Bergwerks von den Erbstollengebühren durch eine Wasserhaltungsmaschine einer besonderen Verleihung der Erbstollengerechtigkeit für diese Maschine nicht mehr; es genügt, wenn die sonstigen Bedingungen der Enterbung nach den §§ 468 ff. Teil II Titel 16 des Allgemeinen Landrechts vorhanden sind. Erbstollenrechte erwirbt eine solche Wasserhaltungsmaschine für sich nicht.

1. Das Erbstollenrecht (A. L. R. T. II Tit. 16 §§ 221 bis 237, 224 bis 247, 249, 251, 383 bis 471) ist Gegenstand eines besonderen Bergwerkseigentums und nach § 148 ev. schadensersatzpflichtig. Es ist kein dingliches Recht, ebensowenig sein Recht auf die überfahrenen Gänge und Klüfte, Z. X. 407. Es muß, um gegen dritte wirksam zu sein, bis 1. Okt. 1873 im Grundbuche eingetragen gewesen sein, §§ 12, 14 des Eigentumserwerbsges. v. 5. Mai 1872 (G. S. S. 433). Seine Rechtsgültigkeit beurteilt sich im übrigen nach der Zeit der Entstehung; s. auch Z. IX. 179.

2. Der Erbstöllner kann den Stollen durch freies wie fremdes Bergwerksfeld treiben. Die im unverliehenen Felde gewonnenen Mineralien kann er behalten. Im fremden Felde hat er den Stollenhieb, d. i. A. L. R. II 16 §§ 428, 429, nach seiner Wahl die beim Durchtreiben seines Stollens gefundenen Mineralien oder den 4. Pfennig d. i. den Ersatz des 4. Teils der Kosten, welche der Fortbetrieb des Stollens innerhalb des verliehenen Bergwerksfeldes verursacht. Ist der Stollen in die Erbteufe (10 Lachter und eine Spanne) gedrungen und löst er die Wasser oder führt Wetter zu, so gebührt ihm der 9. Teil des Ertrages der Grube nach Abzug des Bergzehnten. Unter Umständen behält er Bruchteile des Neunten, s. A. L. R. II 16

§§ 444 ff. Der Stollner muß den Stollen so lange forttreiben, bis dieser verstuft wird (l. c. § 236 f.). Ev. kann der Stollner durch Oberbergamtsbeschluß seines Rechts verlustig erklärt werden. Das Gleiche geschieht, wenn der Stollen nicht vorschriftsmäßig bauhaft gehalten wird (Freifahrung) (A. L. R. II 16 §§ 188 bis 198). Auch die Freifahrung geschieht durch Beschluß des Oberbergamts. Endlich wird der Erbstollner seines Rechts verlustig (enterbt), wenn ein anderer Erbstollner oder wenn eine Wasserhaltungsmaschine die Wasser mindestens 7 Lachter höher hebt als der Erbstollen (A. L. R. II 16 §§ 468 ff.).

3. Der Erbstöllner, der sein Stollenrecht aufgibt, wird dadurch dritten, zu denen er nicht in persönlichen Beziehungen steht, nicht verantwortlich, R.G. 11./12. 89 Z. XXXI. 253, Daubenspeck, Samml. I. 496.

§ 224.

Bei Bergwerkseigentum, welches nach dem Eintritt der Gesetzeskraft des gegenwärtigen Gesetzes verliehen wird, findet ein Anspruch auf Freikuxe irgend einer Art nicht mehr statt.

Den bereits vor diesem Zeitpunkte von Kirchen und Schulen, von dem Schlesischen Freikuxgelderfonds und von Grundbesitzern erworbenen Freikuxen steht nur eine Realberechtigung auf den durch die bisherigen Gesetze bestimmten Ausbeuteanteil an dem Bergwerke zu.

Durch die nach § 9 des Knappschaftsgesetzes vom 10. April 1854 erfolgte Aufhebung der beiden Freikuxe für die Knappschafts- und Armenkasse ist weder die Quote des Ausbeuteanteils der übrigen Freikuxberechtigten, noch die Zahl der gewerkschaftlichen Kuxe verändert worden.

Die Ablösung der Freikuxe bleibt der freien Vereinigung der Beteiligten vorbehalten.

1. Abs. 1 in § 224 hat keine rückwirkende Kraft. Daher sind nicht nur die Freikuxbedingungen aufrecht erhalten, welche beim Eintritt des A. B. G. bereits in Ausübung waren, sondern dieselben bestehen auch, wenn überhaupt nur vor diesem Zeitpunkte das Bergwerk verliehen war (O. Tr. 29./1. 75, E. Bd. 74 S. 98, Z. XVI. 387). Sie bestehen nur bei verliehenen, nicht bei fiskalisch reservierten Feldern, O. Tr. 15./5. 85, E. Bd. 54 S. 454.

2. Über den schlesischen Freikuxgelderfonds s. Kab. O. v. 9./3. 30 G. S. 48) und Regulativ vom 24./3. 68 Z. für das Berg-, Hütten- 2c. Wesen Bd. 16 Abt. A S. 13, Staatsanzeiger 1868 Nr. 78.

3. Die Zahl der Freikuxe s. in Anm. zu § 228.

4. Nach der deklaratorischen Vorschrift in Abs. 2 drücken die Freikuxe keinen ideellen Anteil am Bergwerke, sondern eine auf diesem ruhende Reallast aus; der Freikuxberechtigte ist nicht Miteigentümer am Bergwerke; Motive S. 122, R. G. 4./11. 82, E. Bd. 8 S. 220, Z. XXIV. 510 (in den Gründen), O. Tr. 5./2. 75, E. Bd. 74 S. 215, Z. XVI. 394. Die Freikuxberechtigungen sind „gemeine Lasten", „die nicht auf privatrechtlichem Titel beruhen" und bedürfen daher weder der Eintragung im Grundbuche, noch kann diese Eintragung von den Freikuxberechtigten gefordert werden (O. Tr. 5./2. 75 und 21./1. 78, E. Bd. 81 S. 195, Z. XX. 95). Sie sind heute auch nicht einmal mehr eintragungsfähig; s. Z. XLIV. 153. Die Freikuxe zur Erhaltung der Kirche und Schule haben die Natur öffentlicher Abgaben und ihre Beitreibung kann daher im Wege der Verwaltungszwangsvollstreckung erfolgen (Anm. zu § 194), welche von dem Kirchen- und Schulvorstande bei der Regierung zu beantragen ist. Die Bergbehörden haben der Regierung Auskunft zu erteilen, s. auch Erk. des Gerichtshofs zur Entsch. der Kompetenzkonflikte vom 28./6. 79, Z. XXI. 362.

5. Ausbeute ist der Überschuß, welcher von dem Ertrage eines Bergwerks nach Zurückerstattung sämtlicher zum Betriebe des Bergwerkes geleisteten Beiträge, des Verlags, von dem Zinsen nicht zu nehmen sind, nach Tilgung der etwa zum Betriebe aufgewendeten Schulden nebst Zinsen, sowie nach Abzug der für die nächste Zeit zum Betriebe erforderlichen Kosten übrig bleibt (Z. XXV. 136, s. auch R. G. 4./11. 82, E. VIII. 220, Z. XXIV. 550, R. G. 12./11. 84, E. XII. 208, Z. XXVI. 530). Es steht jedem einzelnen Freikuxberechtigten zu, Rechnungslegung von dem Bergwerksbesitzer zu verlangen (O. Tr. 21./1. 78, E. Bd. 81 S. 196, Z. XX. 353, R. G. 3./11. 82, E. VIII. 220, Z. XXIV. 310), s. auch R. G. 18./2. 93 Zivils. XXX. 296, Z. XXXIV. 520, s. auch Z. XXXIV. 523 über Form und Art der Rechnungslegung. Stimmrecht in Gewerkenversammlungen haben die Freikuxberechtigten nicht. Als Reallast geht die auf einem Bergwerke haftende Freikuxberechtigung bei der Konsolidation desselben mit anderen Bergwerken nach dem im Konsolidationsverhältnisse festgesetzten Anteilsverhältnisse auf das konsolidierte Werk über, O. Tr. 29./1. 77, Z. XIX. 114.

6. Auch nach Erlaß des A. B. G. ist die Trennung der Erbkuxe von dem Grund und Boden, auf welchem das Bergwerk betrieben wird, und die abgesonderte Veräußerung an einen dritten, außer an den Bergwerkseigentümer, bei Strafe der Nichtigkeit verboten, A. L. R. T. II, Tit. 16, § 118, O. Tr. 1./11. 72 E. Bd. 68 S. 106, 2./4. 75, Z. XVII. 65. Das Recht auf den Grundkux ist unverjährbar. (A. L. R. T. I, Tit. 9 § 664), O. Tr. 5./6. 57 und 11./1. 61, Striethorst, Archiv für Rechtsfälle Bd. 24 S. 354, Z. II. 394. Der Verzicht auf Geltendmachung der Freikuxe ist nicht fähig der Eintragung im Grundbuche, oben S. 34.

§ 225.

Nach dem Eintritt der Gesetzeskraft des gegenwärtigen Gesetzes kann ein Recht auf Mitbau zur Hälfte, wo solches bisher gesetzlich bestanden hat, nur noch alsdann in Anspruch genommen werden, wenn die Erklärung, mitbauen zu wollen, bereits vor jenem Zeitpunkte rechtzeitig abgegeben oder die dreimonatliche Frist zur Abgabe dieser Erklärung noch nicht abgelaufen ist.

Alle Ansprüche auf das Recht des Mitbaues zur Hälfte, bezüglich deren die vorgeschriebene Aufforderung zur Geltendmachung unterblieben ist, müssen bei Vermeidung der Präklusion innerhalb eines Jahres von dem vorbezeichneten Zeitpunkte an durch gerichtliche Klage geltend gemacht werden.

§ 226.

Die Rechtsverhältnisse der bei dem Eintritt der Gesetzeskraft des gegenwärtigen Gesetzes in den rechtsrheinischen Landesteilen bestehenden Gewerkschaften sind, soweit es an vertragsmäßigen Verabredungen fehlt und nicht in den nachfolgenden §§ 227 bis 239 etwas anderes bestimmt ist, nach den Vorschriften des vierten Titels zu beurteilen.

1. Die vor dem 1. Okt. 1865 vorhanden gewesenen Gewerkschaften sind „privilegierte Privatgesellschaften" im Sinne des A. L. R. Tl. II, Tit. 6, § 22, auf welche die allgemeinen Grundsätze vom Eigentum zur gesamten Hand (dominium pro partibus indivis), A. L. R. T. I, Tit. 17 Abschnitt 1 Anwendung finden, keine juristische Personen, s. oben S. 80f., O. Tr. 5./6. 58, E. Bd. 39 S. 34, 28./4. 65, E. Bd. 55 S. 166. Jedoch werden sie nach gewissen Richtungen als juristische Personen behandelt; so z. B. können sie muten (Z. XLI. 368), werden sie wie juristische Personen zur Einkommensteuer herangezogen, sind sie wechselfähig, werden sie durch die von ihrem gesetzlichen Vertreter (Repräsentant oder Grubenvorstand) in ihrem Namen abgeschlossenen Geschäfte berechtigt wie verpflichtet, haften sie wie Gewerkschaften neueren Rechts für Bergschäden § 148, können sie expropriieren und zweifellos verklagt werden § 50 Abs. 2 Z. P. O., auch klagen (and. Ans. Westhoff Gewerkschaftsrecht S. 312). Auch kann über das Vermögen einer Gewerkschaft älteren Rechts der Konkurs eröffnet werden, Konkursordnung § 213, R. G. 4./7. 99, Z. XLI. 102f. u. s. w.

2. Vertragsmäßige Abreden im Sinne des § 226 können nach Inkrafttreten des A. B. G. nicht mehr getroffen werden, s. Westhoff, Gewerkschaftsrecht S. 308.

§ 227.

Die §§ 94 bis 98, 101, 103, 105, 106, 108, 109 und 110 finden auf die bestehenden Bergwerke keine Anwendung.

1. Es muß statt „die bestehenden Bergwerke" „die bestehenden Gewerkschaften" heißen. Nicht das Alter der Entstehung des Bergwerkseigentums, sondern das der Gewerkschaft ist entscheidend, s. auch Z. XIX. 305.

2. Die Gewerkschaft älteren Rechts hört durch den Übergang aller Kuxe in eine Hand noch nicht ohne weiteres auf zu bestehen, R. G. 4./4. 92 Z. XXXVIII. 101, oben S. 81.

3. Die übrigen in § 227 nicht genannten Paragraphen des vierten Titels finden mit der aus § 230 sich ergebenden Beschränkung auf die bestehenden Gewerkschaften Anwendung, darunter § 99, da jedoch das A. B. G. keine rückwirkende Kraft besitzen will, nur für die nach dem 1. Okt. 1865 entstandenen Rechtsverhältnisse; für die früher entstandenen Schulden haften die Gewerken daher nach älterem Rechte auch mit ihrem sonstigen Vermögen und ferner solidarisch, wenn durch sie oder für sie kontrahiert ist, aber nur ratierlich, wenn ein besonderer Verpflichtungsgrund für sie nicht vorliegt, O. Tr. 5./11. 63, Striethorst Arch. Bd. 52 S. 75, 24./11. 73, Z. XV. 279.

4. Bezüglich der Auflösung und Liquidation der Gewerkschaft fehlen gesetzliche Bestimmungen; vgl. hierzu oben S. 2 und 81, ferner Westhoff, Gewerkschaftsrecht S. 230.

§ 228.

Die seitherige Kuxeinteilung bleibt bestehen. Jedoch kann von jetzt an ein Kux nur noch in Zehnteile geteilt werden.

1. Der zweite Absatz des § 228 wurde mit Bezug auf die neue Fassung in § 231 gestrichen durch Art. 37 XII A. G. z. B. G. B. v. 20. Sept. 1899 G. S. S. 177. Auch der Kux des älteren Rechts ist kein Anteil bloß am Bergwerke, sondern am ganzen Vermögen der Gewerkschaft.

2. Im Geltungsgebiete des A. L. R. T. II, Tit. 16, § 133 ist jedes verliehene Bergwerk in 128 (gewerkschaftliche oder verzubußende) Kuxe geteilt; außer diesen sind zwei Kuxe dem Grundherrn und zwei der Kirche und Schule, unter deren Sprengel die Zeche liegt, frei mitzubauen; § 134 das., im Geltungsgebiet der revidierten Cleve-Märkischen Bergordnung v. 29. April 1776 (Brassert, Berg-

ordnungen S. 817) in 128 (gewerkschaftliche oder verzubußende) Kuxe, dazu zwei Freikuxe für den, auf dessen Grund und Boden das Bergwerk liegt, und zwei Freikuxe zur Erhaltung der Kirche und Schule. Bei Steinkohlenbergwerken tritt an die Stelle der zwei Grundkuxe die Trabde, eine Bruttoabgabe, bestehend aus dem 65. oder 130. Fasse je nach Beschaffenheit des zum Bergbau benutzten Bodens. Die Trabde ist ein subjektiv- und objektiv dingliches Recht, das auf der Förderung ruht, zu deren Leistung jeder verpflichtet ist, der, gleichviel aus welchem Felde, durch den belasteten Schacht Kohlen fördert, R.G. 20./4. 95 bei Daubenspeck, Sammlung II. S. 281, s. auch ebendort S. 282, Bd. 1 S. 502. Im Geltungsgebiete der revidierten Schlesischen Bergordnung v. 5. Juni 1769 (Brassert, Bergordnungen S. 937) und der revidierten Magdeburg-Halberstädtischen Bergordnung v. 7. Dez. 1772 (Brassert S. 1073) bestehen die Bergwerke aus 122 gewerkschaftlichen, zwei Freikuxen für den Grundherrn und zwei Freikuxen zur Erhaltung der Kirche und Schule.

3. Die in den angezogenen Gesetzen angeordneten beiden Freikuxe für die Knappschafts- und Armenkasse sind durch § 9 des Knappschaftsges. v. 10./4. 54 (G. S. 139) aufgehoben und daher vorstehend bei der Angabe der Kuxzahl außer Betracht geblieben. Sie sind indes mitzuzählen bei Berechnung des Ausbeuteanteils der Freikuxe (§ 224); so daß dieser im Gebiete des A. L. R. und der Cleve-Märkischen Bergordnung $^{2}/_{134}$, im Gebiete der Schlesischen und Halberstädter Bergordnung $^{2}/_{128}$ beträgt.

§ 229.

Die einzelnen Gewerken werden, soweit die Einrichtung des Hypothekenwesens dies gestattet, als Eigentümer ihrer Kuxe in das Hypothekenbuch eingetragen.

S. § 231; vgl. Nr. XIII. Art. 37 des preuß. A. G. z. B. G. B. v. 20./9. 99 (G. S. 177); Art. 22, 28 des preuß. A. G. z. Reichsgrundbuchordnung v. 26./9. 99 (G. S. 307), § 25 der Just. Min. Verf. v. 20./11. 99 (J. M. Bl. S. 354).

§ 230.

Die einzelnen Gewerken können ihre Kuxe zur Hypothek stellen.

Eine Verpfändung des ganzen Bergwerks durch Mehrheitsbeschluß (§ 114) ist nur dann zulässig, wenn die einzelnen Kuxe nicht mit Hypotheken belastet sind. Anderenfalls ist Einstimmigkeit erforderlich.

S. § 231. Die auf dem Bergwerk lastenden Hypotheken und Grundschulden ruhen nicht auf den einzelnen Kuxen und die auf den einzelnen Kuxen lastenden ruhen nicht auf dem Bergwerk.

§ 231.

Für die Kuxe gelten die sich auf Grundstücke beziehenden Vorschriften des Bürgerlichen Gesetzbuches, soweit nicht ein anderes bestimmt ist.

Die für den Erwerb des Eigentums und die Ansprüche aus dem Eigentum an Grundstücken geltenden Vorschriften finden auf die Kuxe entsprechende Anwendung.

§ 231 beruht auf Art. 37 XIII A. G. z. B. G. B. v. 20. Sept. 1899 (G. S. 177) und ist dem § 1017 (Erbbaurecht) B. G. B. nachgebildet. Veräußerung, Auflassung, Belastung u. s. w. erfolgen bei unbeweglichen Kuxen wie bei Bergwerkseigentum s. zu § 50, oben S. 31 f.

§ 232.

Der § 107 findet mit der Maßgabe Anwendung, daß die Erhebung der Beiträge beschlossen sein muß, bevor der seitherige Eigentümer der Kuxe dieselben veräußert hat.

1. Die Vorschrift ist durch G. v. 5./5. 72 (G. S. 433) und nach heutigem Recht als dahin abgeändert anzusehen, daß an die Stelle der freiwilligen Veräußerung unter Lebenden die Eintragung im Grundbuche, bei Zwangsversteigerung der Zuschlagsbescheid, bei Erwerbungen von Todeswegen der Erbanfall (Tod des Erblassers) zu setzen ist.

2. Der neue Eigentümer der Kuxe wie der freiwillige Veräußerer haften beide für die Beiträge, auch wenn z. B. der Einforderung der Beiträge der seitherige Eigentümer das Eigentum an den Kuxen nicht mehr hat.

§ 233.

Soweit die bereits bestellten Repräsentanten und Grubenvorstände mit besonderen Vollmachten versehen sind, behält es bei denselben sein Bewenden.

Im übrigen ist von der Anwendung der §§ 119 bis 126 und 128 auf diese Repräsentanten und Grubenvorstände nur die Bestimmung des § 121 über die Führung des Gewerkenbuchs und die Ausfertigung der Kuxscheine ausgeschlossen.

Ein gemäß § 15 des G. v. 12./5. 51 (G. S. 265) gewählter Repräsentant ist auch nach Inkrafttreten des A. B. G. zur Anstellung von Klagen namens der Gewerkschaft befugt, vergl. O. Tr. 23./3. 77, Z. XIX. 117, ferner Anm. zu § 226. Soweit Abs. 2 nichts anderes bestimmt, haben Repräsentant und Grubenvorstand die nämlichen Rechte und Pflichten wie bei der neuen Gewerkschaft.

§ 234.

In den Fällen der §§ 130 bis 132 erfolgt der Verkauf des Anteils im Wege der notwendigen Subhastation und die Zuschreibung des unverkäuflichen Anteils im Hypothekenbuche, letzteres, soweit die Einrichtung des Hypothekenwesens dies gestattet.

1. Alle Kuxe sind jetzt dem G. über die Zwangsversteigerung und Zwangsverwaltung v. 24. März 1897, Fassung R. G. Bl. 1898 S. 713 und dem Preuß. A. G. dazu v. 23./9. 1899 (G. S. S. 291) unterworfen; unten zu §§ 247, 248. Die Anheimgabe des Verkaufs nach § 130 ist von der Hypothekenfreiheit des Kuxes nicht bedingt, O. Tr. 12./11. 77, Z. XIX. 388, 20./4. 79, Z. XXI. 378. Die Vorschriften über das geringste Gebot gelten, falls der Kux zwangsweise versteigert wird; nicht, wenn der Verkauf freiwillig anheimgestellt wird, Art. 23—27 A. G. v. 23./9. 99 (G. S. 291).

2. Die Zuschreibung des unverkäuflichen Kuxes an die Gewerkschaft erfolgt lastenfrei.

§ 235. [Aufgehoben durch das]

Gesetz vom 9. April 1873,

betreffend

die Abänderung des § 235 des Allgem. Berggesetzes vom 24. Juni 1865 (G. S. S. 181).

Artikel I.

In dem Allgemeinen Berggesetze vom 24. Juni 1865 wird der § 235, wie nachstehend angegeben, abgeändert:

§ 235a.

Durch einen von einer Mehrheit von wenigstens drei Vierteilen aller Kuxe gefaßten Beschluß kann, soweit nicht vertragsmäßige Verabredungen entgegenstehen, jede bereits bestehende Gewerkschaft sich denjenigen Bestimmungen des vierten

Titels, welche nach § 227 auf die bestehenden Bergwerke keine Anwendung finden, unterwerfen und insbesondere die Zahl der Kuxe auf Einhundert oder Eintausend mit der Wirkung bestimmen, daß die neuen Kuxe zum beweglichen Vermögen gehören.

Stehen der vorbezeichneten Einteilung außergewöhnliche Schwierigkeiten entgegen, so kann mit Genehmigung des Ministers für Handel, Gewerbe und öffentliche Arbeiten ausnahmsweise eine andere Zahl der Kuxe bestimmt werden.

1. § 235a bezieht sich auf die bereits am 1. Okt. 1865 bestandenen Gewerkschaften; s. oben zu den §§ 94, 226, 227. Vorausgesetzt ist, daß sich Gewerkschaft allen Bestimmungen des vierten Titels, welche nach § 222 auf die bestehenden Bergwerke keine Anwendung finden, unterwirft.

2. Die Worte „zum beweglichen Vermögen gehören" in § 235a sind durch Art. 37 XIV. A. G. z. B. G. B. v. 20./9. 1899 (G. S. S. 177) an die Stelle der Worte „die Eigenschaft der beweglichen Sachen haben" gesetzt worden.

3. Die Auflassung an die neue Gewerkschaft ist nicht nötig (and. Ans. Westhoff S. 340). Diese haftet ohne weiteres für die Schulden der alten, sie ist diese nur in veränderter Form.

4. Der Umwandlungsbeschluß unterliegt einem Stempel von 1,5 Mk. (Nr. 45 des Preuß. Stempeltarifs), die (neuen) Kuxscheine der Tarifstelle 1c des Reichsstempelges. v. 14./6. 1900, nicht dagegen dem Anschaffungsstempel aus Tarifstelle 4a Nr. 3 des Reichsges. v. 14./6. 1900 (R. G. Bl. 275) (and. Ans. Westhoff, Gewerkschaftsrecht S. 341).

§ 235b.

Der Beschluß der Gewerkschaft unterliegt der Bestätigung des Oberbergamts.

Das Protokoll über die Gewerkenversammlung, in welcher der Beschluß gefaßt wird, ist notariell oder gerichtlich aufzunehmen und in Ausfertigung dem Oberbergamte einzureichen. Wo die Einrichtung des Hypothekenwesens es gestattet, hat die Hypothekenbehörde den Beschluß auf Grund einer Ausfertigung des Protokolls im Hypothekenbuche zu vermerken und dem Oberbergamte eine beglaubigte Abschrift des Vermerks mitzuteilen. Die Löschung des Vermerks erfolgt auf Antrag des Oberbergamts.

Die Eintragung des Mobilisierungsbeschlusses hat einzig die Wirkung, daß alle später eingetragenen Berechtigungen demselben unterworfen sind, s. auch § 235f. Das O. B. A. war früher nicht verpflichtet dem Grundbuchamt den Mobilisierungsbeschluß mitzuteilen (Mot. S. 12), ob heute s. Westhoff S. 341, dagegen kann nur auf seinen Antrag der diesbezügliche Vermerk im Grundbuche gelöscht werden. Das Gericht hat Anträge des O. B. A. nicht auf ihre Rechtsgültigkeit zu prüfen.

§ 235c.

Wenn auf gewerkschaftlichen Anteilen Privilegien des Rheinischen Rechts oder Hypotheken haften, so wird der wesentliche Inhalt des Beschlusses, insbesondere die Zahl der neuen Kuxe durch das Oberbergamt den aus dem Hypothekenbuche oder aus den Rheinischen Hypothekenregistern ersichtlichen Berechtigten, insofern deren ausdrückliches Einverständnis mit dem Beschlusse nicht beigebracht ist, unter Verweisung auf diesen und die beiden nachstehenden Paragraphen bekannt gemacht.

In jedem Falle erfolgt diese Bekanntmachung durch das Amtsblatt der Regierung, in deren Bezirk das Bergwerk liegt.

1. Die Unterlassung der Bekanntmachung hat nur die Wirkung, daß ein gleichwohl vorhandener oder inzwischen entstehender Gläubiger den Mobilisierungsbeschluß nicht anzuerkennen braucht.

2. §§ 235ff. treten nicht ein, wenn nur auf dem Bergwerke, nicht auf den einzelnen Kuxen Schulden lasten.

§ 235d.

Die privilegierten Gläubiger des Rheinischen Rechts, sowie die Hypothekengläubiger können ihre Befriedigung vor der Verfallzeit verlangen, soweit dies die Natur ihres Anspruchs gestattet.

Dieses Recht muß binnen drei Monaten nach Ablauf des Tages, an welchem die Bekanntmachung zugestellt, beziehungsweise das die Bekanntmachung enthaltende Amtsblatt ausgegeben worden ist, durch gerichtliche Klage geltend gemacht und binnen derselben drei Monate muß dem Oberbergamte die erfolgte Klageanstellung nachgewiesen werden. Der eingeklagte Anspruch muß unausgesetzt gerichtlich weiter verfolgt werden. Die Nichtbeobachtung dieser Vorschriften zieht den Verlust des Rechts nach sich.

§ 235e.

Sind privilegierte Gläubiger des Rheinischen Rechts oder Hypothekengläubiger nicht vorhanden, oder haben dieselben von dem ihnen beigelegten Recht, ihre Befriedigung vor der Verfallzeit zu verlangen, keinen Gebrauch gemacht oder sind deren Rechte nach den vorstehenden Bestimmungen oder im Wege der gütlichen Einigung erledigt, so hat das Oberbergamt den Beschluß zu bestätigen und die erfolgte Bestätigung durch das Amtsblatt der Regierung, in deren Bezirk das Bergwerk liegt, bekannt zu machen.

Das O. B. A. muß ev. bestätigen.

§ 235f.

Privilegierte Gläubiger des Rheinischen Rechts sowie Hypothekengläubiger, deren Privilegium oder Realrecht erst nach dem Tage der Ausgabe des die Bekanntmachung des Beschlusses enthaltenden Amtsblattes, beziehungsweise nach der Eintragung des Vermerkes über den Beschluß im Hypothekenbuche entstanden ist, sind den rechtlichen Folgen des Beschlusses ohne weiteres unterworfen.

§ 235g.

Bleiben bei der neuen Einteilung überschießende Kuxteile zurück, so erfolgt nach geschehener Zusammenlegung zu ganzen Kuxen auf Grund des bestätigten Beschlusses die notwendige Subhastation derselben auf Antrag des Repräsentanten oder Grubenvorstandes durch den zuständigen Richter, insofern nicht die an den überschießenden Kuxteilen beteiligten Gewerken über die anderweitige Zusammenlegung dieser Kuxteile ein Übereinkommen getroffen und der Gewerkschaft vorgelegt haben. Mit der Subhastation erlöschen alle Privilegien des Rheinischen Rechts, Realrechte und Hypotheken, welche auf den überschießenden Kuxteilen haften.

Die Kosten der Subhastation fallen der Gewerkschaft zur Last.

1. Die Subhastation ist eine neuerer Kuxe; sie erfolgt jetzt nach dem R. G. v. 24. März 1897 §§ 172—189, Fassung R. G. Bl. 1898 S. 713, in Verbindung mit Art. 22 des Preuß. A. G. vom 23./9. 99 (G. S. S. 291), u. Anm. zu §§ 247, 248, s. Turnau-Förster, Liegenschaftsrecht II. 458.

2. Das in § 235g erforderte Übereinkommen kann gültig in einfacher schriftlicher Form erfolgen; s. auch Z. XVII. 530; vgl. jedoch § 29 der Reichsgrundbuchordnung v. 24./3. 97, Fassung R. G. Bl. 1898 S. 754.

§ 236.

Soweit nicht etwas anderes vereinbart ist, haften den seitherigen Hypothekengläubigern die neuen Kuxe, welche an die Stelle der verpfändeten Anteile treten, in der unter denselben durch ihre Hypothekenrechte begründeten Rangordnung als Pfand.

Wo nach der Einrichtung des Hypothekenwesens die auf den gewerkschaftlichen Anteilen haftenden Hypotheken und anderen Realansprüche in der zweiten und dritten Rubrik des Hypothekenfoliums eingetragen sind, werden dieselben von diesem Folium wörtlich in die Kuxscheine übertragen.

Die Löschung dieser Vermerke erfolgt nach den für die Löschung im Hypothekenbuche maßgebenden Vorschriften.

Die Abtretung und Verpfändung der Kuxe richten sich nach A. B. G. und B. G. B., namentlich §§ 104ff. A. B. G.

§ 237.

Ist ein Anteil nach § 236 mit Pfandrechten, welche an die Stelle seitheriger Hypotheken getreten sind, belastet, so wird der darüber ausgefertigte Kuxschein, sofern nur ein seitheriger Hypothekengläubiger vorhanden ist, diesem ausgehändigt, sofern aber zwei oder mehrere solche Gläubiger vorhanden sind, für diese von der Hypothekenbehörde (§ 239) in Gewahrsam genommen und aufbewahrt.

Der Grundbuchrichter hat hiernach die Scheine über belastete Kuxe aufzubewahren. Da einen solchen Schein also der Gewerke nicht überreichen kann, ist er in einem solchen Falle außer Stande sich gemäß § 130 seiner Haftbarkeit für Gewerkschaftsbeiträge zu entziehen; s. Z. XXVI 394. Die Abtretung, Zwangsversteigerung und Weiterveräußerung solcher Kuxe sind nicht ausgeschlossen.

§ 238.

Der Verkauf von Kuxscheinen behufs Befriedigung seitheriger Hypothekengläubiger erfolgt im Wege der Mobiliarversteigerung (§ 109).

Der Versteigerungstermin ist sämtlichen aus dem Kuxscheine ersichtlichen Realberechtigten bekannt zu machen.

Durch den Verkauf erlöschen alle Realansprüche auf den verkauften Anteil.

Der gelöste Kaufpreis wird unter die Gläubiger nach der Rangordnung ihrer Forderungen verteilt.

Die Bekanntmachung hat der Richter zu bewirken.

§ 239.

Wenn und solange infolge der Ausführung eines unter den § 235 fallenden Beschlusses Anteile einzelner Gewerken mit Pfandrechten, welche an die Stelle seitheriger Hypotheken getreten, belastet sind, erfolgt die Führung des Gewerkenbuchs und die Ausfertigung der Kuxscheine (§§ 103 und 121) durch die Hypothekenbehörde, welche das Hypothekenbuch über das Bergwerk selbst zu führen hat.

Die Behörde ist das Amtsgericht (Grundbuchamt), in dessen Bezirk das Bergwerk liegt. Bestehen nur noch Pfandrechte, die an Stelle anderer Realrechte getreten sind, so hört die Führung des Gewerkenbuchs durch den Amtsrichter auf, R. G. 31./1. 93, Z. XXXIV. 259.

§ 240.

In den Rechtsverhältnissen der Mitbeteiligten der bei dem Eintritt der Gesetzeskraft des gegenwärtigen Gesetzes in den linksrheinischen Landesteilen im Besitze mehrerer Personen befindlichen Bergwerke wird durch dieses Gesetz nichts geändert. Jedoch finden die Bestimmungen des § 134 auch auf diese Bergwerke Anwendung.

Durch einen von einer Mehrheit von wenigstens drei Vierteilen aller Anteile gefaßten Beschluß können die Mitbeteiligten eines solchen Bergwerks die im vierten Titel des gegenwärtigen Gesetzes (§§ 94 bis 132) enthaltene gewerkschaftliche Verfassung annehmen, soweit nicht vertragsmäßige Verabredungen entgegenstehen.

Der Beschluß ist gerichtlich oder notariell aufzunehmen.

In den linksrheinischen Landesteilen unterliegen die Rechtsverhältnisse der Mitbeteiligten eines Bergwerks beim Mangel eines besonderen Vertrags den allgemeinen Regeln des Zivilrechts, Motive S. 129.

§ 241.

Auf Fälle, in welchen vor Eintritt der Gesetzeskraft des gegenwärtigen Gesetzes für den Betrieb des Bergbaues Grund und Boden eigentümlich oder zur Benutzung abgetreten ist, kommen nicht die §§ 137 bis 141, sondern die bisherigen Gesetze zur Anwendung.

Dies sind im Geltungsgebiete des A. L. R. der § 109 A. L. R. T. II Tit. 10 und die Deklaration v. 27. Oktbr. 1810 (Rabe, Bd. VII S. 202), in dem des rheinischen Rechts die Art. 43, 44 des französischen Berggesetzes vom 21. April 1810. Nur die §§ 137 bis 141 A. B. G., nicht die §§ 189ff. oder §§ 148ff., sind für die in § 241 beregten Fälle ausgeschlossen. Die Vorschrift in § 115 T. II Tit. 16 A. L. R. gilt nicht mehr; s. auch Z. XVII. 234.

Zwölfter Titel.

Schlußbestimmungen.

§ 242.

Wo in diesem Gesetze eine Frist nach Monaten bestimmt ist, fällt der Ablauf der Frist auf denjenigen Tag des letzten Monats, welcher durch seine Zahl dem Tage des Anfangs der Frist entspricht. Fehlt dieser Tag in dem letzten Monate, so läuft die Frist mit dem letzten Tage dieses Monats ab.

Die Frist wird nicht um einen Tag verlängert, auch wenn dieselbe an einem Sonn- oder Feiertage abläuft.

§ 243.

Das gegenwärtige Berggesetz tritt im ganzen Umfange der Monarchie mit dem 1. Oktober 1865 in Kraft.

In Nassau wie in den ehemals Hessen-Darmstädtischen und Hessen-Homburgischen Gebieten ist das A. B. G. mit dem 1. April 1867, in Hannover, Kurhessen, den früheren bayerischen Landesteilen und Frankfurt a. M. mit 1. Juli 1867, in Schleswig-Holstein mit 1. April 1869, nach den hinter § 214d angezogenen Einführungsvorschriften in Kraft getreten. Die Novelle vom 24. Juni 1892 mit der bei § 80k erwähnten Maßgabe ist am 1. Januar 1893 in Kraft getreten. S. auch Anm. zu §§ 149, 211a bis c, 214a bis d.

§ 244.

Mit diesem Zeitpunkte treten außer Kraft: die Provinzial-Bergordnungen, die §§ 6 und 69 bis 480 des sechzehnten Titels im zweiten Teile des Allgemeinen Preußischen Landrechts, das Gemeine Deutsche Bergrecht, die Deklaration vom 27. Oktober 1804, das Gesetz über die Verleihung des Bergeigentums auf Flötzen vom 1. Juli 1821, das Gesetz über die Verhältnisse der Miteigentümer eines Bergwerks vom 12. Mai 1851, das Knappschaftsgesetz vom 10. April 1854, das Gesetz über die Beaufsichtigung des Bergbaues und das Verhältnis der Berg- und Hüttenarbeiter vom 21. Mai 1860, (mit Ausschluß der §§ 16, 17 und 18 und des § 19, soweit derselbe sich auf § 18 bezieht), das Gesetz über die Kompetenz der Oberbergämter vom 10. Juni 1861, das linksrheinische Bergwerksgesetz vom 21. April 1810, das Dekret über die Organisation des Bergwerkskorps vom 18. November 1810, das Bergwerks-Polizeidekret vom 3. Januar 1813 und alle übrigen allgemeinen und besonderen Gesetze, Verordnungen und Gewohnheiten über Gegenstände, auf welche das gegenwärtige Gesetz sich bezieht.

1. Auch die §§ 16, 17, 18, 19 G. v. 10./6. 61 sind durch §§ 152, 153 Gew. O. aufgehoben.

2. Rückwirkende Kraft legt sich das A. B. G. im allgemeinen nicht bei und wohlerworbene Rechte sind durch dasselbe nicht aufgehoben, also so wenig wie die Erbstollen-, Mitbau- und Freikuxenrechte (§§ 223 bis 225), die Grundrenten, welche durch die auf Grund des französischen Berggesetzes v. 21. April 1810 den Bergwerkskonzessio-

nären auferlegt sind, O. Tr. 21./12. 75, Z. XVII. 524. Sind Rechte bereits aus dem Rechte vor Geltung des A. B. G. begründet, so kommt jenes Recht zur Anwendung, R. G. 4./2. 85, Z. XXVII. 109, O. Tr. 29./1. 75, E. Bd. 74 S. 104. Da das A. B. G. die Grundsätze über den Erwerb und Verlust des Bergwerkseigentums vollständig regeln wollte, so hat es ältere Verordnungen über die Unzulässigkeit solchen Erwerbs an gewissen Orten aufgehoben, R. B. 20./2. 73, Z. XV. 137.

§ 245.

Für die Verwaltung der Bergbauhilfskassen bleibt das Gesetz vom 5. Juni 1863 (Gesetz-Samml. S. 365) maßgebend.

Desgleichen wird an den Vorschriften über die Entrichtung, Ermittelung und Einziehung der Bergwerksabgaben durch das gegenwärtige Gesetz nichts geändert.

Die bisher von den Bergbehörden erlassenen Bergpolizei-Verordungen bleiben, soweit sie nicht mit dem gegenwärtigen Gesetze in Widerspruch stehen, in Kraft.

1. Die Bergbauhilfskassen (Oberschlesische, Niederschlesische, Märkische, Essen, Werdersche, Niedersächsisch-thüringische, Kamsdorfer) haben die Rechte juristischer Personen und dienen zur Hebung und Beförderung des Bergbaues, sowie zur Unterstützung solcher Anlagen und Unternehmungen, welche allen oder mehreren Beteiligten zum Vorteil gereichen (namentlich Bergschulen und Bergvorschulen).

2. Durch Ges. wegen Aufhebung direkter Staatssteuern v. 14. Juli 1893 (G. S. S. 119) sind die von den Bergwerken zu entrichtenden Aufsichtssteuern, Bergwerkssteuern und Bergwerksabgaben unter Inkraftbleiben der fr. Gesetze vom 1. April 1895 ab außer Hebung gesetzt.

3. Mit der Außerhebungssetzung der fiskalischen Bergwerksabgaben sind die Bergwerksabgaben an die Privatbergregalherren nicht außer Hebung getreten, und zwar selbst dann nicht, wenn deren Recht durch Regulativ auf das Recht der gesetzlich bestimmten landesherrlichen beschränkt ist, Arndt, Z. XXXVII. 65, R. G. Zivils. XLIV. 224. Die Verpflichtung des Staats die Regalitätsabgabe für die Privatregalherrn im Verwaltungszwangswege erheben zu lassen, ist bestehen geblieben; s. z. B. Z. XLIV. S. 30.

§ 246.

Die bisher von besonderen Berghypotheken-Kommissionen geführten Berghypothekenbücher sollen an die ordentlichen Gerichte abgegeben werden.

Der Zeitpunkt dieser Abgabe und die Auflösung der Berghypotheken-Kommission wird durch Königliche Verordnung bestimmt.

Die besonderen Bestimmungen über die Einrichtung und Führung der Berghypothekenbücher bleiben in Kraft, soweit nicht eine Abänderung durch den § 97 herbeigeführt wird.

Die Berghypothekenkommissionen sind aufgehoben.

§§ 247 und 248. (Subhastation.)

1. Statt der §§ 247, 248 gelten für die Zwangsversteigerung und Zwangsverwaltung von Bergwerkseigentum, unbeweglichen Bergwerksanteilen und selbständigen Kohlenabbaugerechtigkeiten im Wege der Zwangsvollstreckung die Vorschriften in Art. 15 bis 27 des Preuß. A. G. v. 23. Sept. 1899 (G. S. S. 291) z. Reichsges. über die Zwangsversteigerung und Zwangsverwaltung v. 24. März 1897, Fass. Bek. v. 20. Mai 1898 (R. G. Bl. 1898 S. 713), und dieses Reichsgesetz selbst, s. auch § 2 E. G. v. 24. März 1897 (R. G. Bl. 135), namentlich das folgende:

„Zu den Beteiligten gehört in jedem Falle der Repräsentant oder Grubenvorstand (Art. 16 A. G. v. 23./9. 99).

„Die Ansprüche der zum Betrieb des Bergbaues angenommenen, in einem Dienst- oder Arbeitsverhältnisse stehenden Personen, insbesondere der Bergleute und der Betriebsbeamten, auf Lohn und andere Bezüge, gewähren wegen der laufenden und der aus dem letzten Jahre rückständigen Beträge ein Recht auf Befriedigung in der zweiten Klasse.

„Die Beiträge, die der Werksbesitzer nach § 174, § 175 Abs. 2, oder § 176 Abs. 1 des Allgemeinen Berggesetzes zu den Knappschafts- und Krankenkassen zu leisten hat, gelten als gemeine Lasten im Sinne des Art. 1 Abs. 1 Nr. 2 dieses Gesetzes" (Art. 17) (d. h. sie sind öffentliche Lasten im Sinne des § 10 Abs. 1 Nr. 3 und des § 156 Abs. 1 des R. G. v. 24./3. 1897). (Also haben jetzt auch die von Werksbesitzern nur zu verauslagenden Arbeiterbeiträge das Vorrecht der gemeinen Lasten.)

„Dem Antrag auf Zwangsversteigerung oder Zwangsverwaltung ist eine oberbergamtlich, gerichtlich oder notariell beglaubigte Abschrift der Verleihungsurkunde des Bergwerks oder, wenn der Antrag eine Kohlenabbau-Gerechtigkeit betrifft, eine in gleicher Art beglaubigte Abschrift des Aktes beizufügen, durch den die Gerechtigkeit vom Eigentum an dem Grundstücke getrennt worden ist (Art. 18).

„Die Beschlagnahme im Zwangsversteigerungsverfahren umfaßt nicht die bereits gewonnenen Mineralien (Art. 19).

„Ist ein Bergwerkseigentum oder ein unbeweglicher Bergwerksanteil zu versteigern, so soll die Terminsbestimmung außer dem

Grundbuchblatte den Namen des Bergwerks sowie die Mineralien, auf die das Bergwerkseigentum verliehen ist, bezeichnen und im Falle der Versteigerung eines Bergwerksanteils auch die Zahl der Kuxe angeben, in welche das Bergwerk geteilt ist.

„Außerdem soll die Terminsbestimmung eine Angabe der Feldesgröße, des Kreises, in welchem das Feld liegt, und der dem Werke zunächst gelegenen Stadt enthalten. Diese Vorschrift findet auf Kohlenabbau-Gerechtigkeiten entsprechende Anwendung" (Art. 20). Feststellung des Wertes — Art. 21.

2. Art. 26 Preuß. A. G.: „Ist die Zwangsversteigerung eines Bergwerks auf Antrag des Bergwerkseigentümers oder die Zwangsversteigerung eines Bergwerksanteils auf Antrag der Gewerkschaft angeordnet oder hat der Bergwerkseigentümer nach den §§ 161, 162 des Allgemeinen Berggesetzes auf das Bergwerkseigentum verzichtet, so gilt der Beschluß, durch den das Verfahren angeordnet wird, nicht als Beschlagnahme. Im Sinne der §§ 13, 55 des Reichsgesetzes" (d. i. für die Bestimmung des Anfangstermins der laufenden Beträge bei wiederkehrenden Leistungen, sowie des für den Umfang der Beschlagnahme erheblichen Zeitpunkts „ist jedoch die Zustellung des Beschlusses an den Antragsteller als Beschlagnahme anzusehen." Art. 27: „Die Vorschriften über das geringste Gebot finden keine Anwendung. Das Meistgebot ist in seinem ganzen Betrage durch Zahlung zu berichtigen."

3. Preuß. Ges. über die freiwillige Gerichtsbarkeit v. 21./9. 1899 (G. S. 249) Art. 76: „Auf die freiwillige gerichtliche Versteigerung eines Bergwerkseigentums, eines unbeweglichen Bergwerksanteils, sowie einer selbständigen Kohlenabbau-Gerechtigkeit finden außer den Artikeln 33, 66—75 dieses Gesetzes die Artikel 18, 20 des Ausführungsgesetzes zu dem Gesetz über die Zwangsversteigerung und die Zwangsverwaltung entsprechende Anwendung."

§ 249. (Berggläubiger.)

1. Für den Konkurs gilt jetzt im ganzen Deutschen Reiche die Konkursordnung v. 10./2. 77, Fassung v. 17./5. 98 R.G.Bl. 230, Bek. v. 20./5. 98 (R.G.Bl. 612). § 61 Abs. 1 derselben schreibt vor:

„Die Konkursforderungen werden nach folgender Rangordnung, bei gleichem Range nach Verhältnis ihrer Beträge, berichtigt:

1. Die für das letzte Jahr vor der Eröffnung des Verfahrens oder dem Ableben des Gemeinschuldners rückständigen Forderungen an Lohn, Kostgeld oder anderen Dienstbezügen der Personen, welche sich dem Gemeinschuldner für dessen Haushalt, Wirtschaftsbetrieb oder Erwerbsgeschäft zur Leistung von Diensten verdungen hatten."

Die Lohnforderungen haben also den ersten Platz in der Rangordnung der Konkursgläubiger.

2. Bei der Subhastation eines Bergwerks kommen die bei §§ 247, 248 angezogenen Gesetze zur Anwendung. Nach diesen ergibt sich folgende Reihenfolge für die Befriedigung der Gläubiger:

1. Verwaltungskosten;
2. Arbeitslohn nach Art. 17 A. G. v. 23./9. 1899 (das laufende und Rückstände aus dem letzten Jahre vor der Einleitung);
3. öffentliche Lasten wegen der laufenden und der aus den letzten zwei Jahren (dazu gehören Knappschaftsbeiträge, s. Art. 17 A. G.);
4. Ansprüche aus Rechten an dem Grundstücke, soweit Hypotheken, Grundschulden nicht infolge der Beschlagnahme dem Gläubiger gegenüber unwirksam sind;
5. der Anspruch des Gläubigers, soweit er nicht in einer der vorgehenden Klasse zu befriedigen ist;
6. die Ansprüche der 4. Klasse (Hypothek, Grundschuld), soweit sie nicht infolge der Beschlagnahme dem Gläubiger gegenüber unwirksam sind;
7. die Ansprüche der 3. Klasse wegen der älteren Rückstände;
8. die Ansprüche der 4. Klasse wegen der älteren Rückstände.

Das Recht auf Befriedigung aus dem Grundstücke besteht auch für die Kosten der Kündigung und die der Befriedigung aus dem Grundstücke bezweckenden Rechtsverfolgung.

§ 250.

An den Rechten der früher reichsunmittelbaren Standesherren, sowie derjenigen, welchen auf Grund besonderer Rechtstitel das Bergregal in gewissen Bezirken allgemein oder für einzelne Mineralien zusteht, wird durch das gegenwärtige Gesetz nichts geändert.

Unbeschadet dieser Rechte unterliegt jedoch auch der Bergbau in jenen Bezirken den Bestimmungen des gegenwärtigen Gesetzes.

Die von den Berechtigten bestellten Bergbehörden bleiben in Wirksamkeit. Die Dienstinstruktionen derselben sollen mit diesem Gesetze, soweit es nach dem Vorstehenden Anwendung findet, in Übereinstimmung gebracht werden.

1. Der R. B. v. 26./11. 98, Z. XLI 245, 505 nimmt an, daß der Regalherr, um Bergbau zu betreiben, wie der Staat muten muß (§ 2). Dabei wird übersehen, daß das A. B. G. rechtlich ganz außer Stande gewesen wäre, die auf dem Rechte des Deutschen Bundes (Art. XIV. der Bundesakte v. 14. Juni 1815) beruhenden Rechte der

vormals Reichsunmittelbaren abzuändern, da Bundesrecht durch Landesrecht nicht abgeändert werden konnte. Der Deutsche Bund hatte den vormals Reichsunmittelbaren die Bergwerke (alle Bergwerksmineralien) zur freien Verfügung gelassen. Der Regalherr kann daher ohne Beleihung Bergbau betreiben; doch unterliegt sein Bergbau allen Vorschriften des A. B. G. über Betrieb, Polizei, Arbeiter, Bergschäden, Expropriation u. dgl. Ebenso Oppenhoff, Komm. Anm. 1239, Achenbach, Z. VIII. 388, and. Ans. Fürst, S. 721, Brassert, S. 614, wobei unbeachtet bleibt, daß bis zur Auflösung des Deutschen Bundes der Preußische Gesetzgeber gar nicht befugt war, die auf der Deutschen Bundesakte beruhenden Rechte der vormals Reichsunmittelbaren aufzuheben, s. Arndt, Reichsstaatsrecht S. 9.

2. Wegen der Abgaben s. auch Anm. 3 zu § 245.

3. Nach § 9 des Kurhessischen Ediktes v. 19./5. 1853 steht dem Standesherren im ehemaligen Kurfürstentum Hessen ein (durch A. B. G. nicht aufgehobenes) Vorrecht zum Muten zu, R. G. 3./1. 1900 Zivils. XLV. 257. Auch das in der Oberlausitz den Gutsherrschaften an niederen Metallen zustehende Recht ist durch § 250 aufrecht erhalten. Im übrigen ist zu beachten, daß der Inhalt der Privatregalrechte sehr verschieden ist — das unmittelbare Recht auf alle oder gewisse jetzt oder einst verleihbare Mineralien, nur ein jus excludendi alios, zuweilen nur ein Recht auf die Abgaben. Im ersteren Falle wenigstens umfaßt das Privatbergregal auch die Bergpolizei.

4. Über Inhalt, zuweilen Aufhebung, über die Ausübung des Privatbergregals, namentlich der Polizei, sind vielfach Rezesse mit dem Staate abgeschlossen.

Gewerbe-Ordnung für das Deutsche Reich.

in der Fassung der Bekanntmachung v. 26./7. 1900 (R.G.Bl. 871).

Nach Art. 4 Z. 1 der Reichsverfassung unterliegen der Beaufsichtigung und Gesetzgebung des Deutschen Reichs die Bestimmungen über den Gewerbebetrieb. Letzteres Wort ist hier (s. auch Art. 3 der Reichsverf.) im weitesten Sinne zu verstehen und umfaßt auch den Bergbaubetrieb (s. Arndt, Reichsstaatsrecht S. 165). Dies kann mit Recht um so weniger bestritten werden, als die Reichsgesetzgebung in ebenso häufigen wie wichtigen Fällen in der Gewerbeordnung und auch sonst über den Bergbaubetrieb Vorschriften gegeben hat, z. B. über Koalitionsfreiheit der Bergarbeiter, Trucksystem, Frauen-, Kinder-, Sonntagsarbeit, Versicherung von Bergarbeitern. Zweifellos ist Bergbaubetrieb Gewerbebetrieb im Sinne § 196 Ziff. 1 B. G. B. (Verjährung).

(Auszug.)

§ 6.

. . . Auf das Bergwesen . . . findet das gegenwärtige Gesetz nur insoweit Anwendung, als dasselbe ausdrückliche Bestimmungen darüber enthält.

„Bergwesen" im Sinne des § 6 der Gew. O. umfaßt alle in § 154a der Gew. O. bezeichneten Anlagen, auch die Aufsuchung und Gewinnung von Erdöl, auch das Schürfen, Entsch. d. R. O. H. G. v. 10./1. 81, Z. XXIV. 247. Daß auf das Bergwesen die Gew. O. nicht Anwendung finde, bedeutet, daß, soweit die Gew. O. wie z. B. in §§ 105b ff. und 154a nicht ausdrücklich Anwendung finden will, die Landesgesetzgebung weiter zuständig geblieben ist.

§ 16 (Anlagen, welche einer besonderen Genehmigung bedürfen).

§ 17 bis 22 (Verfahren bei der Genehmigung).

§ 24. Zur Anlegung von Dampfkesseln, dieselben mögen zum Maschinenbetriebe bestimmt sein oder nicht, ist die Genehmigung der nach den Landesgesetzen zuständigen Behörde erforderlich. Dem Gesuche sind die zur Erläuterung erforderlichen Zeichnungen und Beschreibungen beizufügen.

Die Behörde hat die Zulässigkeit der Anlage nach den bestehenden bau-, feuer- und gesundheitspolizeilichen Vorschriften sowie nach denjenigen allgemeinen polizeilichen Bestimmungen zu prüfen, welche von dem Bundesrat über die

Anlegung von Dampfkesseln erlassen werden. Sie hat nach dem Befunde die Genehmigung entweder zu versagen, oder unbedingt zu erteilen, oder endlich bei Erteilung derselben die erforderlichen Vorkehrungen und Einrichtungen vorzuschreiben.

Bevor der Kessel in Betrieb genommen wird, ist zu untersuchen, ob die Ausführung den Bestimmungen der erteilten Genehmigung entspricht. Wer vor dem Empfange der hierüber auszufertigenden Bescheinigung den Betrieb beginnt, hat die im § 147 angedrohte Strafe verwirkt.

Die vorstehenden Bestimmungen gelten auch für bewegliche Dampfkessel.

Für den Rekurs und das Verfahren über denselben gelten die Vorschriften der §§ 20 und 21.

§ 25. Die Genehmigung zu einer der in den §§ 16 und 24 bezeichneten Anlagen bleibt so lange in Kraft, als keine Änderung in der Lage oder Beschaffenheit der Betriebsstätte vorgenommen wird, und bedarf unter dieser Voraussetzung auch dann, wenn die Anlage an einen neuen Erwerber übergeht, einer Erneuerung nicht. Sobald aber eine Veränderung der Betriebsstätte vorgenommen wird, ist dazu die Genehmigung der zuständigen Behörde nach Maßgabe der §§ 17 bis 23 einschließlich beziehungsweise des § 24 notwendig. Eine gleiche Genehmigung ist erforderlich bei wesentlichen Veränderungen in dem Betrieb einer der im § 16 genannten Anlagen. Die zuständige Behörde kann jedoch auf Antrag des Unternehmers von der Bekanntmachung (§ 17) Abstand nehmen, wenn sie die Überzeugung gewinnt, daß die beabsichtigte Veränderung für die Besitzer oder Bewohner benachbarter Grundstücke oder das Publikum überhaupt neue oder größere Nachteile, Gefahren oder Belästigungen, als mit der vorhandenen Anlage verbunden sind, nicht herbeiführen werde.

Diese Bestimmungen finden auch auf gewerbliche Anlagen (§§ 16 und 24) Anwendung, welche bereits vor Erlaß dieses Gesetzes bestanden haben.

In Kraft geblieben ist auch G., den Betrieb der Dampfkessel betreffend, vom 3./5. 72 (G. S. 515). Hierzu ergingen auf Grund § 24 Gew. O. Allgemeine polizeiliche Bestimmungen über die Anlegung von Dampfkesseln v. 5./8. 1890 (R.G.Bl. 163) und die Anweisung betr. die Genehmigung und Untersuchung der Dampfkessel v. 9./3. 1900 (B. M. Bl. 142), auch in den Regierungsamtsblättern veröffentlicht.

Die im Nachstehenden abgedruckten Vorschriften in § 105b Abs. 1, 105c bis 105f, 105h Abs. 2, 115 bis 119a, 135 bis 139b, 152, 153 gelten auch für die Bergarbeiter; s. auch § 154a Abs. 1 der Gew. O.:

§ 105 b.

(Abs. 1.) Im Betriebe von Bergwerken, Salinen, Aufbereitungsanstalten, Brüchen und Gruben, von Hüttenwerken, Fabriken und Werkstätten, von Zimmerplätzen und anderen Bauhöfen, von Werften und Ziegeleien sowie bei Bauten aller Art dürfen Arbeiter an Sonn- und Festtagen nicht beschäftigt werden. Die den Arbeitern zu gewährende Ruhe hat mindestens für jeden Sonn- und Festtag vierundzwanzig, für zwei aufeinanderfolgende Sonn- und Festtage sechsunddreißig, für das Weihnachts-, Oster- und Pfingstfest achtundvierzig Stunden zu dauern. Die Ruhezeit ist von zwölf Uhr nachts zu rechnen und muß bei zwei aufeinanderfolgenden Sonn- und Festtagen bis sechs Uhr abends des zweiten Tages dauern. In Betrieben mit regelmäßiger Tag- und Nachtschicht kann die Ruhezeit frühestens um sechs Uhr abends des vorhergehenden Werktages, spätestens um sechs Uhr morgens des Sonn- oder Festtages beginnen, wenn für die auf den Beginn der Ruhezeit folgenden vierundzwanzig Stunden der Betrieb ruht.

1. Bergwerke im Sinne der Gew.O. sind alle Anlagen, vermittelst welcher nach Aufdeckung der Fundstätte, Mineralien (in der Verfügung des Grundeigentumes stehende oder andere) nach bergtechnischen Regeln aufgesucht oder gewonnen werden, auch z. B. Erdöl, s. auch Anm. zu § 6 Gew. O.

2. Das Verbot bezieht sich nicht nur räumlich auf die Betriebsstätte, sondern auf jede zu dem Gewerbe-(Bergbau-)Betrieb gehörige Tätigkeit (z. B. auf die eines Monteurs). Wegen der Zeitbestimmungen s. auch G. betr. die Einführung einer einheitlichen Zeitbestimmung vom 12. März 1893 (R. G. Bl. 93) und G. vom 31. Juli 1895 (R. G. Bl. 426).

3. Ruhen des Betriebes im Sinne dieses Paragraphen ist die objektive 24stündige Betriebsruhe, vergl. Z. XLIII. 114.

4. Betriebe mit regelmäßiger Tag- und Nachtschicht sind solche, welche ohne Unterbrechung arbeiten, R. G. 19./10. 1901, Z. XLIII. 114.

5. Strafvorschrift in § 146a Gew. O.

6. S. im übrigen Nr. 141 f. und 253 f. der Ausführungsanweisung v. 1. Mai 1904 zur Gew.O. Amtliche Ausgabe, Karl Heymanns Verlag, Berlin 1904, ferner abgedruckt Z. XLV. 132.

§ 105c.

Die Bestimmungen des § 105b finden keine Anwendung:

1) auf Arbeiten, welche in Notfällen oder im öffentlichen Interesse unverzüglich vorgenommen werden müssen;

2) für einen Sonntag auf Arbeiten zur Durchführung einer gesetzlich vorgeschriebenen Inventur;

3) auf die Bewachung der Betriebsanlagen, auf Arbeiten zur Reinigung und Instandhaltung, durch welche der regelmäßige Fortgang des eigenen oder eines fremden Betriebes bedingt ist, sowie auf Arbeiten, von welchen die Wiederaufnahme des vollen werktägigen Betriebes abhängig ist, sofern nicht diese Arbeiten an Werktagen vorgenommen werden können;

4) auf Arbeiten, welche zur Verhütung des Verderbens von Rohstoffen oder des Mißlingens von Arbeitserzeugnissen erforderlich sind, sofern nicht diese Arbeiten an Werktagen vorgenommen werden können;

5) auf die Beaufsichtigung des Betriebes, soweit er nach Ziffer 1 bis 4 an Sonn- und Festtagen stattfindet.

Gewerbetreibende, welche Arbeiter an Sonn- und Festtagen mit Arbeiten der unter Ziffer 1 bis 5 erwähnten Art beschäftigten, sind verpflichtet, ein Verzeichnis anzulegen, in welches für jeden einzelnen Sonn- und Festtag die Zahl der beschäftigten Arbeiter, die Dauer ihrer Beschäftigung sowie die Art der vorgenommenen Arbeiten einzutragen sind. Das Verzeichnis ist auf Erfordern der Ortspolizeibehörde sowie dem im § 139b bezeichneten Beamten jederzeit zur Einsicht vorzulegen.

Bei den unter Ziffer 3 und 4 bezeichneten Arbeiten, sofern dieselben länger als drei Stunden dauern, oder die Arbeiter am Besuche des Gottesdienstes hindern, sind die Gewerbetreibenden verpflichtet, jeden Arbeiter entweder an jedem dritten Sonntage volle sechsunddreißig Stunden, oder an jedem zweiten Sonntage mindestens in der Zeit von sechs Uhr morgens bis sechs Uhr abends von der Arbeit frei zu lassen.

Ausnahmen von den Vorschriften des vorstehenden Absatzes darf die untere Verwaltungsbehörde gestatten, wenn die Arbeiter am Besuche des sonntäglichen Gottesdienstes nicht gehindert werden und ihnen an Stelle des Sonntages eine vierundzwanzigstündige Ruhezeit an einem Wochentage gewährt wird.

Strafvorschrift in § 146a Gew. O. Was untere Verwaltungsbehörde s. in § 155 Abs. 2 Gew. O. Notfälle sind z. B. Explosionen, Zusammenbrüche von Schächten. Öffentliches Interesse ist nicht nur das des Staates oder anderer öffentlicher Korporationen, sondern auch das des Publikums, Ausführ.-Anweis. zur Gew. O. v. 1./5. 1904 Nr. 149.

§ 105d.

Für bestimmte Gewerbe, insbesondere für Betriebe, in denen Arbeiten vorkommen, welche ihrer Natur nach eine Unterbrechung oder einen Aufschub nicht gestatten, sowie für Betriebe, welche ihrer Natur nach auf bestimmte Jahreszeiten beschränkt sind, oder welche in gewissen Zeiten des Jahres zu einer außergewöhnlich verstärkten Tätigkeit genötigt sind, können durch Beschluß des Bundesrates Ausnahmen von der Bestimmung des § 105b Absatz 1 zugelassen werden.

Die Regelung der an Sonn- und Festtagen in diesen Betrieben gestatteten Arbeiten und der Bedingungen, unter welchen sie gestattet sind, erfolgt für alle Betriebe derselben Art gleichmäßig und unter Berücksichtigung der Bestimmung des § 105c Absatz 3.

Die vom Bundesrat getroffenen Bestimmungen sind durch das Reichs-Gesetzblatt zu veröffentlichen und dem Reichstag bei seinem nächsten Zusammentritt zur Kenntnisnahme vorzulegen.

§ 105d ist am 1. April 1895 in Kraft gesetzt (R. G. Bl. 1895 S. 11). Ausführungsvorschriften des Bundesrats betr. Ausnahmen v. 5./2. 95, s. im R. G. Bl. 1895 S. 12, Anweisung v. 1./5. 1904 Nr. 155 f.

§ 105e.

Für Gewerbe, deren vollständige oder teilweise Ausübung an Sonn- und Festtagen zur Befriedigung täglicher oder an diesen Tagen besonders hervortretender Bedürfnisse der Bevölkerung erforderlich ist, sowie für Betriebe, welche ausschließlich oder vorwiegend mit durch Wind oder unregelmäßige Wasserkraft bewegten Triebwerken arbeiten, können durch Verfügung der höheren Verwaltungsbehörde Ausnahmen von den im § 105b getroffenen Bestimmungen zugelassen werden. Die Regelung dieser Ausnahmen hat unter Berücksichtigung der Bestimmungen des § 105c Absatz 3 zu erfolgen.

Der Bundesrat trifft über die Voraussetzungen und Bedingungen der Zulassung von Ausnahmen nähere Bestimmungen; dieselben sind dem Reichstage bei seinem nächsten Zusammentritt zur Kenntnisnahme mitzuteilen.

Das Verfahren auf Anträge wegen Zulassung von Ausnahmen für Betriebe, welche ausschließlich oder vorwiegend mit durch Wind oder unregelmäßige Wasserkraft bewegten Triebwerken arbeiten, unterliegt der Vorschriften der §§ 20 und 21.

Abs. 2 ist am 1. Okt. 1900 auf Grund R. G. v. 30. Juni 1900 in Kraft getreten. Auf Grund dieses Abs. 2 erging die Bek. v. 3. April 1901 (R. G. Bl. 117); s. auch Anw. v. 1./5. 1904 Nr. 158 f. Übrigens hat § 105e der Gew. O. für den Bergbau kaum Bedeutung. Strafvorschrift in § 146a Gew. O.

§ 105f.

Wenn zur Verhütung eines unverhältnismäßigen Schadens ein nicht vorherzusehendes Bedürfnis der Beschäftigung von Arbeitern an Sonn- und Festtagen eintritt, so können durch die untere Verwaltungsbehörde Ausnahmen von der Bestimmung des § 105b Absatz 1 für bestimmte Zeit zugelassen werden.

Die Verfügung der unteren Verwaltungsbehörde ist schriftlich zu erlassen und muß von dem Unternehmer auf Erfordern dem für die Revision zuständigen Beamten an der Betriebsstelle zur Einsicht vorgelegt werden. Eine Abschrift der Verfügung ist innerhalb der Betriebsstätte an einer den Arbeitern leicht zugänglichen Stelle auszuhängen.

Die untere Verwaltungsbehörde hat über die von ihr gestatteten Ausnahmen ein Verzeichnis zu führen, in welchem die Betriebsstätte, die gestatteten Arbeiten, die Zahl der in dem Betriebe beschäftigten und der an den betreffenden Sonn- und Festtagen tätig gewesenen Arbeiter, die Dauer ihrer Beschäftigung, sowie die Dauer und die Gründe der Erlaubnis einzutragen sind.

Was untere Verwaltungsbehörde s. in § 155 Abs. 2 Gew. O. S. im übrigen zu § 105 f. auch Ausführ.-Anweis. v. 1./5. 1904 Nr. 179 f., wonach auf den der Aufsicht der Bergbehörden unterstellten Betrieben der Revierbeamte die Ausnahme zu gestatten und das Verzeichnis dem Oberbergamte einzureichen hat. Strafvorschrift in § 146a Gew. O.

§ 105h.

Die Bestimmungen der §§ 105a bis 105g stehen weitergehenden landesgesetzlichen Beschränkungen der Arbeit an Sonn- und Festtagen nicht entgegen.

Den Landes-Zentralbehörden bleibt vorbehalten, für einzelne Festtage, welche nicht auf einen Sonntag fallen, Abweichungen von der Vorschrift des § 105b Absatz 1 zu gestatten. Auf das Weihnachts-, Neujahrs-, Oster-, Himmelfahrts- und Pfingstfest findet diese Bestimmung keine Anwendung.

§ 115.

Die Gewerbetreibenden sind verpflichtet, die Löhne ihrer Arbeiter in Reichswährung zu berechnen und bar auszuzahlen.

Sie dürfen den Arbeitern keine Waren kreditieren. Doch ist es gestattet, den Arbeitern Lebensmittel für den Betrag der Anschaffungskosten, Wohnung und Landnutzung gegen die ortsüblichen Miet- und Pachtpreise, Feuerung, Beleuchtung, regelmäßige Beköstigung, Arzneien und ärztliche Hilfe, sowie Werkzeuge und Stoffe zu den ihnen übertragenen Arbeiten für den Betrag der durchschnittlichen Selbstkosten unter Anrechnung bei der Lohnzahlung zu verabfolgen. Zu einem höheren Preise ist die Verabfolgung von Werkzeugen und Stoffen für Akkordarbeiten zulässig, wenn derselbe den ortsüblichen nicht übersteigt und im voraus vereinbart ist.

1) §§ 115 bis 119a enthalten das Verbot des Trucksystems. Dieselben beziehen sich nur auf selbständige Gewerbetreibende (auch Bergwerksbesitzer), R. G. 30./3. 82 (Entsch. in Straff. Bd. VI S. 126). Die in § 119 der Gew. O. bezeichneten Personen sind ihnen in Ansehung des Trucksystems gleichgestellt. Voraussetzung der Anwendbarkeit der §§ 115ff. ist ein dauerndes Arbeitsverhältnis. Die in den §§ 115ff. ausgesprochene Verpflichtung ist eine absolute und positive. Der Gewerbetreibende, auch wenn er sich um den Betrieb im ganzen oder die Auslohnungsverhältnisse im besonderen nicht kümmert, ist für deren Befolgung verantwortlich; selbst nur fahrlässige Übertretung ist strafbar. Die Strafbarkeit wird auch durch die Zustimmung des Arbeiters nicht ausgeschlossen, vgl. auch R. G. 30./3. 82, Entsch. in Straff. V. 179, s. auch XXIX. 95. Zahlungen in Bons, Wechseln, Speisemarken oder in fremder Landesmünze sind strafbar, R. G. 19./4. 80, Entsch. in Straff. I 385, 23./11. 82, Entsch. in Straff. VII. 247, s. auch XXVII. 290, XXIX. 190. Auch Lohnabzüge, welche mit Zustimmung des Arbeiters erfolgen, um bei einem dritten Schulden des Arbeiters zu tilgen, sind bei Strafe verboten. Dagegen ist zulässig die Lohnzahlung des Arbeiters an dritte als deren Gläubiger oder Zessionare, R. G. 12./11. 82, Entsch. in Straff. VII. 197, vgl. jedoch § 115a. Zulässig ist auch, für Wohlfahrtseinrichtungen Abzüge zu machen oder einen Teil des Lohnes als Kaution zurückzubehalten. Statthaft ist der Verkauf von Waren gegen bar, selbst unmittelbar nach geschehener Lohnzahlung, unbeschadet der Vorschrift in § 117 (R. G. in Straff. XIII. 182). Die Lebensmittel, welche nach Abs. 2 an die Arbeiter verabfolgt werden dürfen, müssen unmittelbar an diese geliefert werden. Zu den Lebensmitteln gehören nicht Genußmittel, wie Tabak und Spirituosen (s. jedoch auch R. G. in Straff. XXX. 253 für Branntwein).

2. Zu den Anschaffungskosten gehören nicht die Zinsen, wohl aber Transportkosten, R. G. in Straff. XVIII. 224, desgl. Schwund, ebend. XXX. 253. Zu den Selbstkosten gehören auch Zinsen, Lagerungskosten u. s. w., s. R. G. Straff. XXVII. 321, XXX. 253.

3. Die Strafbestimmung bei Übertretung der §§ 115ff. ist in § 146 der Gewerbeordnung enthalten.

4. Weder Lohneinbehaltungen noch Lohnabzüge sind durch § 115 verboten (Sten. Ber. d. R. T. 1891 S. 1694f., 1701f., 2766.) § 115

Abs. 2 ist durch das Bürgerliche Gesetzbuch (z. B. § 394) nicht abgeändert.

§ 115a.

Lohn- und Abschlagzahlungen dürfen in Gast- und Schankwirtschaften oder Verkaufsstellen nicht ohne Genehmigung der unteren Verwaltungsbehörde erfolgen; sie dürfen an dritte nicht erfolgen auf Grund von Rechtsgeschäften oder Urkunden über Rechtsgeschäfte, welche nach § 2 des Gesetzes, betreffend die Beschlagnahme des Arbeits- oder Dienstlohnes, vom 21. Juni 1869 (Bundes-Gesetzbl. S. 242) rechtlich unwirksam sind.

Ausführungs-Anweisung v. 1. Mai 1904, Nr. 194.

§ 116.

Arbeiter, deren Forderungen in einer dem § 115 zuwiderlaufenden Weise berichtigt worden sind, können zu jeder Zeit Zahlung nach Maßgabe des § 115 verlangen, ohne daß ihnen eine Einrede aus dem an Zahlungsstatt Gegebenen entgegengesetzt werden kann. Letzteres fällt, soweit es noch bei dem Empfänger vorhanden oder dieser daraus bereichert ist, derjenigen Hilfskasse zu, welcher der Arbeiter angehört, in Ermangelung einer solchen einer andern zum Besten der Arbeiter an dem Orte bestehenden, von der Gemeindebehörde zu bestimmenden Kasse und in deren Ermangelung der Ortsarmenkasse.

Die Hilfskasse ist bei Bergleuten die Knappschaftskasse, welcher der Arbeiter angehört. Verjährung (2 Jahre vom 31. Dez. des Fälligkeitsjahres, B. G. B. § 196 Ziff. 8, 9) ist nicht ausgeschlossen.

§ 117.

Verträge, welche dem § 115 zuwiderlaufen, sind nichtig.

Dasselbe gilt von Verabredungen zwischen den Gewerbetreibenden und den von ihnen beschäftigten Arbeitern über die Entnahme der Bedürfnisse der letzteren aus gewissen Verkaufsstellen, sowie überhaupt über die Verwendung des Verdienstes derselben zu einem anderen Zweck als zur Beteiligung an Einrichtungen zur Verbesserung der Lage der Arbeiter oder ihrer Familien.

1. Z. B. Wohnung, Feuerung, Beleuchtung, Sparkassen, Bildung dienen zur Verbesserung; s. Sten. Ber. d. Reichst. 1890 S. 2768, 2806.

2. Zuwiderhandlungen sind nicht strafbar, R. G. Straff. XIII. 185.

§ 118.

Forderungen für Waren, welche dem § 115 zuwider kreditiert worden sind, können von dem Gläubiger weder eingeklagt, noch durch Anrechnung oder sonst geltend gemacht werden, ohne Unterschied, ob sie zwischen den Beteiligten unmittelbar entstanden oder mittelbar erworben sind. Dagegen fallen dergleichen Forderungen der im § 116 bezeichneten Kasse zu.

Die Vorschrift ist juris publici, von Amts wegen zu berücksichtigen.

§ 119.

Den Gewerbetreibenden im Sinne der §§ 115 bis 118 sind gleich zu achten deren Familienglieder, Gehilfen, Beauftragte, Geschäftsführer, Aufseher und Faktoren, sowie andere Gewerbetreibende, bei deren Geschäft eine der hier erwähnten Personen unmittelbar oder mittelbar beteiligt ist.

Gemeint sind Familienglieder, Gehilfen u. s. w. der selbständigen Gewerbetreibenden, nicht die Familienglieder, Gehilfen u. s. w. der Familienglieder, Gehilfen u. s. w., R. G. 20./3. 82, Entsch. in Straff. VI. 126. v. 14./6. 88 ebendort XVIII. 27. Zu den Beauftragten gehören auch Menagenwirte.

§ 119a.

Lohneinbehaltungen, welche von Gewerbeunternehmern zur Sicherung des Ersatzes eines ihnen aus der widerrechtlichen Auflösung des Arbeitsverhältnisses erwachsenden Schadens oder einer für diesen Fall verabredeten Strafe ausbedungen werden, dürfen bei den einzelnen Lohnzahlungen ein Viertel des fälligen Lohnes, im Gesamtbetrage den Betrag eines durchschnittlichen Wochenlohnes nicht übersteigen.

Durch statutarische Bestimmung einer Gemeinde oder eines weiteren Kommunalverbandes (§ 142) kann für alle Gewerbebetriebe oder gewisse Arten derselben festgesetzt werden:

1) daß Lohn- und Abschlagszahlungen in festen Fristen erfolgen müssen, welche nicht länger als einen Monat und nicht kürzer als eine Woche sein dürfen;
2) daß der von minderjährigen Arbeitern verdiente Lohn an die Eltern oder Vormünder und nur mit deren schriftlicher Zustimmung oder nach deren Bescheinigung über den Empfang der letzten Lohnzahlung unmittelbar an die Minderjährigen gezahlt wird;
3) daß die Gewerbetreibenden den Eltern oder Vormündern innerhalb gewisser Fristen Mitteilung von den an minderjährige Arbeiter gezahlten Lohnbeträgen zu machen haben.

Lohneinbehaltung ist von Lohnverwirkung verschieden.

Weitergehende Schadensersatzansprüche sind durch § 119a nicht ausgeschlossen. Zuwiderhandlungen gegen § 119a sind nicht strafbar, wohl aber solche gegen die auf Grund § 119a Abs. 2 erlassenen Bestimmungen nach § 148 Abs. 1 Z. 13 der Gew. O.

§ 135.

Kinder unter dreizehn Jahren dürfen in Fabriken nicht beschäftigt werden. Kinder über dreizehn Jahre dürfen in Fabriken nur beschäftigt werden, wenn sie nicht mehr zum Besuche der Volksschule verpflichtet sind.

Die Beschäftigung von Kindern unter vierzehn Jahren darf die Dauer von sechs Stunden täglich nicht überschreiten.

Junge Leute zwischen vierzehn und sechzehn Jahren dürfen in Fabriken nicht länger als zehn Stunden täglich beschäftigt werden.

1. Im Sinne des Ges. betr. Kinderarbeit in gewerblichen Betrieben v. 30./3. 1903 (R. G. Bl. 113) gelten nach § 2 Knaben und Mädchen unter dreizehn Jahren sowie solche Knaben und Mädchen über dreizehn Jahren, welche noch zum Besuche der Volksschule verpflichtet sind, als Kinder. Die Beschäftigung solcher im Bergbau ist schon durch das bisherige Recht (§§ 135 ff. Gew. O.) verboten.

2. Die in den §§ 135 ff. enthaltenen Vorschriften sind absolute und positive. Diesen Vorschriften zuwiderlaufende Verträge sind nichtig.

Selbst wider ihren Willen müssen die Arbeiter zu ihrer Befolgung gezwungen werden. Der Werksbesitzer bezw. sein Vertreter sind — auch wenn sie sich um den Betrieb im ganzen oder die Arbeiterverhältnisse im besonderen nicht kümmern — für die Befolgung dieser Vorschriften strafrechtlich verantwortlich, s. Entsch. des R. G. in Straff. II 321, IV 307, VI 111, XI 304 u. a. m. Auch dadurch wird die Strafbarkeit nicht aufgehoben, daß die Arbeiter freiwillig auf Pausen und dergl. verzichten bezw. fort- und länger arbeiten (auch R. G. in Straff. XXVII. 139). Repräsentanten und Grubenvorstandsmitglieder sind nach § 151 Gew. O. bei der nach den Verhältnissen möglichen eigenen Beaufsichtigung des Betriebs für die Befolgung der Gewerbeordnung verantwortlich, R. G. 3./5. 1900 Z. XLI. 492. Strafvorschrift in § 146 Abs. 1 Z. 1 der Gew. O. „Beschäftigen" ist auch das verbotwidrige Dulden von Arbeit R. G. Straff. XI. 304.

3. Gemeint ist die Beschäftigung im Fabrikbetriebe, also unter Umständen auch die Beschäftigung außerhalb des Fabrikraumes, R. G. 10./12. 83, Entsch. in Straff. IX. 264, s. ebend. XXXIII. 348. Die Beschäftigung für Fabriken, Bergwerke fällt dagegen nicht unter §§ 135 ff.

4. Dispensationen von Abs. 1 sind unstatthaft, von Abs. 2 u. 3 statthaft nach § 139 Gew. O.

5. „Kinder" im Sinne der Gew. O. sind alle Personen unter 14 Jahren, „junge Leute" sind die Personen zwischen 14 und 16 Jahren; die Kinder wie die jungen Leute werden unter dem Begriff „jugendliche Arbeiter" zusammengefaßt; s. auch Anm. 1.

6. S. im übrigen zu §§ 135 bis 139a Ausf. Anw. v. 1./5. 04 Nr. 223 ff.

§ 136.

Die Arbeitsstunden der jugendlichen Arbeiter (§ 135) dürfen nicht vor fünfeinhalb Uhr morgens beginnen und nicht über achteinhalb Uhr abends dauern. Zwischen den Arbeitsstunden müssen an jedem Arbeitstage regelmäßige Pausen gewährt werden. Für jugendliche Arbeiter, welche nur sechs Stunden täglich beschäftigt werden, muß die Pause mindestens eine halbe Stunde betragen. Den übrigen jugendlichen Arbeitern muß mindestens mittags eine einstündige sowie vormittags und nachmittags je eine halbstündige Pause gewährt werden. Eine Vor- und Nachmittagspause braucht nicht gewährt zu werden, sofern die jugendlichen Arbeiter täglich nicht länger als acht Stunden beschäftigt werden, und die Dauer ihrer durch eine

Pause nicht unterbrochenen Arbeitszeit am Vor- und Nachmittage je vier Stunden nicht übersteigt.

Während der Pausen darf den jugendlichen Arbeitern eine Beschäftigung in dem Fabrikbetriebe überhaupt nicht und der Aufenthalt in den Arbeitsräumen nur dann gestattet werden, wenn in denselben diejenigen Teile des Betriebes, in welchen jugendliche Arbeiter beschäftigt sind, für die Zeit der Pausen völlig eingestellt werden oder wenn der Aufenthalt im Freien nicht tunlich und andere geeignete Aufenthaltsräume ohne unverhältnismäßige Schwierigkeiten nicht beschafft werden können.

An Sonn- und Festtagen, sowie während der von dem ordentlichen Seelsorger für den Katechumenen- und Konfirmanden-, Beicht- und Kommunionunterricht bestimmten Stunden dürfen jugendliche Arbeiter nicht beschäftigt werden.

Für Kinder genügt nach Abs. 1 eine Pause, Motive S. 50, Komm.-Ber. des Reichstags, S. 87. Pausen sind Unterbrechungen der Arbeit, dürfen also nicht am Anfang oder Ende der Arbeitszeit liegen; der Arbeitgeber ist für die Innehaltung der Vorschriften verantwortlich; s. Entsch. d. R. G. in Straff. XXVII. 139, XXXII. 18. Die gesetzliche Zeit ist die mitteleuropäische Tageszeit s. § 105b Anm. 2 Strafvorschrift zu § 136 s. in § 146 Abs. 1 Z. 2. Der Arbeitgeber ist sogar dann strafbar, wenn freiwillig gegen die gesetzliche Vorschrift gearbeitet wird.

§ 137.

Arbeiterinnen dürfen in Fabriken nicht in der Nachtzeit von achteinhalb Uhr abends bis fünfeinhalb Uhr morgens und am Sonnabend sowie an Vorabenden der Festtage nicht nach fünfeinhalb Uhr nachmittags beschäftigt werden.

Die Beschäftigung von Arbeiterinnen über sechzehn Jahre darf die Dauer von elf Stunden täglich, an den Vorabenden der Sonn- und Festtage von zehn Stunden nicht überschreiten.

Zwischen den Arbeitsstunden muß den Arbeiterinnen eine mindestens einstündige Mittagspause gewährt werden.

Arbeiterinnen über sechzehn Jahre, welche ein Hauswesen zu besorgen haben, sind auf ihren Antrag eine halbe Stunde vor der Mittagspause zu entlassen, sofern diese nicht mindestens ein und eine halbe Stunde beträgt.

Wöchnerinnen dürfen während vier Wochen nach ihrer Niederkunft überhaupt nicht und während der folgenden zwei Wochen nur beschäftigt werden, wenn das Zeugnis eines approbierten Arztes dies für zulässig erklärt.

1. Unerheblich ist, ob die Wöchnerin ehelich oder unehelich niedergekommen ist, R. G. in Strafs. XXII. 343, O. V. G. XXIX. 348.

2. § 137 enthält den Maximalarbeitstag für weibliche Arbeiter. Die Beschäftigung dieser an Sonn- und Feiertagen unterliegt außerdem den Vorschriften der §§ 105b ff., s. auch § 139a Gew. O.

3. Die Arbeit muß in der verbotenen Zeit (auch in den Pausen) unterbleiben, auch wenn die Arbeiterin sich zur Arbeit erbietet, R. G. in Strafs. XXVII. 139.

4. Strafvorschrift in § 146 Abs. 1 Z. 2.

§ 138.

Sollen Arbeiterinnen oder jugendliche Arbeiter in Fabriken beschäftigt werden, so hat der Arbeitgeber vor dem Beginn der Beschäftigung der Ortspolizeibehörde eine schriftliche Anzeige zu machen.

In der Anzeige sind die Fabrik, die Wochentage, an welchen die Beschäftigung stattfinden soll, Beginn und Ende der Arbeitszeit und der Pausen, sowie die Art der Beschäftigung anzugeben. Eine Änderung hierin darf, abgesehen von Verschiebungen, welche durch Ersetzung behinderter Arbeiter für einzelne Arbeitsschichten notwendig werden, nicht erfolgen, bevor eine entsprechende weitere Anzeige der Behörde gemacht ist. In jeder Fabrik hat der Arbeitgeber dafür zu sorgen, daß in den Fabrikräumen, in welchen jugendliche Arbeiter beschäftigt werden, an einer in die Augen fallenden Stelle ein Verzeichnis der jugendlichen Arbeiter unter Angabe ihrer Arbeitstage, sowie des Beginns und Endes ihrer Arbeitszeit und der Pausen ausgehängt ist. Ebenso hat er dafür zu sorgen, daß in den betreffenden Räumen eine Tafel ausgehängt ist, welche in der von der Zentralbehörde zu bestimmenden Fassung und in deutlicher Schrift einen Auszug aus den Bestimmungen über die Beschäftigung von Arbeiterinnen und jugendlichen Arbeitern enthält.

1. Strafvorschrift in § 149 Abs. 1 Ziffer 7 Gew.O. Die Verjährung der Strafverfolgung beginnt erst, wenn die verbotene Beschäftigung weggefallen ist. Änderungen müssen, ehe sie in Kraft treten, angezeigt werden.

2. Früher mußten die in Fabriken beschäftigten Kinder eine Arbeitskarte haben. An deren Stelle ist das Arbeitsbuch § 107 Abs. 1 getreten; s. auch Ausf.-Anw. v. 1./5. 04, Nr. 181 f. und Nr 223 ff.

§ 138a.

Wegen außergewöhnlicher Häufung der Arbeit kann auf Antrag des Arbeitgebers die untere Verwaltungsbehörde auf die Dauer von zwei Wochen die Beschäftigung von Arbeiterinnen über sechzehn Jahre bis zehn Uhr abends an den Wochentagen außer Sonnabend unter der Voraussetzung gestatten, daß die tägliche Arbeitszeit dreizehn Stunden nicht überschreitet. Innerhalb eines Kalenderjahres darf die Erlaubnis einem Arbeitgeber für seinen Betrieb oder für eine Abteilung seines Betriebes auf mehr als vierzig Tage nicht erteilt werden.

Für eine zwei Wochen überschreitende Dauer kann die gleiche Erlaubnis nur von der höheren Verwaltungsbehörde und auch von dieser für mehr als vierzig Tage im Jahre nur dann erteilt werden, wenn die Arbeitszeit für den Betrieb oder die betreffende Abteilung des Betriebes so geregelt wird, daß ihre tägliche Dauer im Durchschnitt der Betriebstage des Jahres die regelmäßige gesetzliche Arbeitszeit nicht überschreitet.

Der Antrag ist schriftlich zu stellen und muß den Grund, aus welchem die Erlaubnis beantragt wird, die Zahl der in Betracht kommenden Arbeiterinnen, das Maß der längeren Beschäftigung, sowie den Zeitraum angeben, für welchen dieselbe stattfinden soll. Der Bescheid der unteren Verwaltungsbehörde auf den Antrag ist binnen drei Tagen schriftlich zu erteilen. Gegen die Versagung der Erlaubnis steht die Beschwerde an die vorgesetzte Behörde zu.

Die untere Verwaltungsbehörde hat über die Fälle, in welchen die Erlaubnis erteilt worden ist, ein Verzeichnis zu führen, in welches der Name des Arbeitgebers und die für den schriftlichen Antrag vorgeschriebenen Angaben einzutragen sind.

Die untere Verwaltungsbehörde kann die Beschäftigung

von Arbeiterinnen über sechzehn Jahre, welche kein Hauswesen zu besorgen haben und eine Fortbildungsschule nicht besuchen, bei den im § 105c Abs. 1 unter Ziffer 3 und 4 bezeichneten Arbeiten an Sonnabenden und Vorabenden von Festtagen nachmittags nach fünfeinhalb Uhr, jedoch nicht über achteinhalb Uhr abends hinaus, gestatten. Die Erlaubnis ist schriftlich zu erteilen. Eine Abschrift derselben ist in den Fabrikräumen, in welchen die Arbeiterinnen beschäftigt werden, an einer in die Augen fallenden Stelle auszuhängen.

S. Anm. 6 zu §. 135. Strafvorschrift in § 149 Abs. 1 Z. 7 der Gew. O.

§ 139.

Wenn Naturereignisse oder Unglücksfälle den regelmäßigen Betrieb einer Fabrik unterbrochen haben, so können Ausnahmen von den im § 135 Abs. 2, 3, in §§ 136, 137 Abs. 1 bis 3 vorgesehenen Beschränkungen auf die Dauer von vier Wochen durch die höhere Verwaltungsbehörde, auf längere Zeit durch den Reichskanzler zugelassen werden. In dringenden Fällen solcher Art, sowie zur Verhütung von Unglücksfällen kann die untere Verwaltungsbehörde, jedoch höchstens auf die Dauer von vierzehn Tagen, solche Ausnahmen gestatten.

Wenn die Natur des Betriebes oder Rücksichten auf die Arbeiter in einzelnen Fabriken es erwünscht erscheinen lassen, daß die Arbeitszeit der Arbeiterinnen oder jugendlichen Arbeiter in einer anderen als der durch §§ 136 und 137 Absatz 1, 3 vorgesehenen Weise geregelt wird, so kann auf besonderen Antrag eine anderweite Regelung hinsichtlich der Pausen durch die höhere Verwaltungsbehörde, im übrigen durch den Reichskanzler gestattet werden. Jedoch dürfen in solchen Fällen die jugendlichen Arbeiter nicht länger als sechs Stunden beschäftigt werden, wenn zwischen den Arbeitsstunden nicht Pausen von zusammen mindestens einstündiger Dauer gewährt werden.

Die auf Grund vorstehender Bestimmungen zu treffenden Verfügungen müssen schriftlich erlassen werden.

S. Anm. 6 zu § 135. Strafvorschrift in § 146 Abs. 1 Z. 2 Gew. O.

§ 139a.

Der Bundesrat ist ermächtigt:

1) die Verwendung von Arbeiterinnen, sowie von jugendlichen Arbeitern für gewisse Fabrikationszweige, welche mit besonderen Gefahren für Gesundheit oder Sittlichkeit verbunden sind, gänzlich zu untersagen oder von besonderen Bedingungen abhängig zu machen;
2) für Fabriken, welche mit ununterbrochenem Feuer betrieben werden, oder welche sonst durch die Art der Betriebes auf eine regelmäßige Tag- und Nachtarbeit angewiesen sind, sowie für solche Fabriken, deren Betrieb eine Einteilung in regelmäßige Arbeitsschichten von gleicher Dauer nicht gestattet oder seiner Natur nach auf bestimmte Jahreszeiten beschränkt ist, Ausnahmen von den im § 135 Abs. 2, 3, in §§ 136, 137 Abs. 1 bis 3 vorgesehenen Bestimmungen nachzulassen;
3) für gewisse Fabrikationszweige, soweit die Natur des Betriebes oder die Rücksicht auf die Arbeiter es erwünscht erscheinen lassen, die Abkürzung oder den Wegfall der für jugendliche Arbeiter vorgeschriebenen Pausen zu gestatten;
4) für Fabrikationszweige, in denen regelmäßig zu gewissen Zeiten des Jahres ein vermehrtes Arbeitsbedürfnis eintritt, Ausnahmen von den Bestimmungen des § 137 Abs. 1, 2 mit der Maßgabe zuzulassen, daß die tägliche Arbeitszeit dreizehn Stunden, an Sonnabenden zehn Stunden nicht überschreitet.

In den Fällen zu 2 darf die Dauer der wöchentlichen Arbeitszeit für Kinder sechsunddreißig Stunden, für junge Leute sechzig, für Arbeiterinnen fünfundsechzig, in Ziegeleien für junge Leute und Arbeiterinnen siebzig Stunden nicht überschreiten. Die Nachtarbeit darf in vierundzwanzig Stunden die Dauer von zehn Stunden nicht überschreiten und muß in jeder Schicht durch eine oder mehrere Pausen in der Gesamtdauer von mindestens einer Stunde unterbrochen sein. Die Tagschichten und Nachtschichten müssen wöchentlich wechseln.

In den Fällen zu 3 dürfen die jugendlichen Arbeiter nicht länger als sechs Stunden beschäftigt werden, wenn zwischen den Arbeitsstunden nicht eine oder mehrere Pausen von zusammen mindestens einstündiger Dauer gewährt werden.

In den Fällen zu 4 darf die Erlaubnis zur Überarbeit für mehr als vierzig Tage im Jahre nur dann erteilt werden, wenn die Arbeitszeit so geregelt wird, daß ihre tägliche Dauer im Durchschnitt der Betriebstage des Jahres die regelmäßige gesetzliche Arbeitszeit nicht überschreitet.

Die durch Beschluß des Bundesrats getroffenen Bestimmungen sind zeitlich zu begrenzen und können auch für bestimmte Bezirke erlassen werden. Sie sind durch das Reichs-Gesetzblatt zu veröffentlichen und dem Reichstag bei seinem nächsten Zusammentritte zur Kenntnisnahme vorzulegen.

1. Strafvorschrift in § 146 Abs. 1 Ziff. 2 der Gew.O.

2. Auf Grund der Ziffer 2 in diesem § 139a hat der Bundesrat die nachstehenden Bekanntmachungen erlassen:

a) Bekanntmachung, betreffend die Beschäftigung jugendlicher Arbeiter auf Steinkohlenbergwerken in Preußen, Baden und Elsaß-Lothringen.

Vom 24. März 1903.

(Reichs-Gesetzblatt 1903 S. 61.)

Auf Grund des § 139a der Gewerbeordnung hat der Bundesrat die nachstehenden Bestimmungen, betr. die Beschäftigung jugendlicher Arbeiter auf Steinkohlenbergwerken in Preußen, Baden und Elsaß-Lothringen, erlassen:

I. In Preußen, Baden und Elsaß-Lothringen dürfen auf Steinkohlenbergwerken, deren Betrieb auf achtstündige Schichten eingerichtet ist, bei der Beschäftigung derjenigen jugendlichen Arbeiter männlichen Geschlechts über vierzehn Jahre, welche über Tage mit den unmittelbar mit der Förderung der Kohlen zusammenhängenden Arbeiten beschäftigt sind, die Beschränkungen des § 136 Abs. 1, 2 der Gewerbeordnung mit folgenden Angaben außer Anwendung treten:

1. Die Beschäftigung darf nicht vor fünf Uhr morgens beginnen und, wo in zwei Tagesschichten gearbeitet wird, nicht nach 11 Uhr abends schließen. Keine Schicht darf einschließlich der Pausen länger als acht Stunden dauern.

Die Beschäftigung darf am Tage vor Sonn- und Festtagen um vier Uhr morgens beginnen und, wo in zwei Tagesschichten gearbeitet wird, am nächsten Werktag um ein Uhr nachts schließen.

2. Zwischen zwei Arbeitsschichten muß den jugendlichen Arbeitern eine Ruhezeit von mindestens fünfzehn Stunden gewährt werden. Die den Arbeitsschichten an Tagen vor Sonn- und Festtagen vorausgehende und die den Arbeitsschichten an Tagen nach Sonn- und Festtagen folgende Ruhezeit muß mindestens dreizehn Stunden dauern.

3. Zwischen den Arbeitsstunden müssen den jugendlichen Arbeitern an jedem Arbeitstag eine oder mehrere Pausen in der Gesamtdauer von mindestens einer Stunde gewährt werden; von diesen müssen zwei mindestens je eine Viertelstunde oder drei mindestens je zehn Minuten betragen. Während der Pausen darf den jugendlichen Arbeitern eine Beschäftigung im Betriebe nicht gestattet werden.

II. Auf Steinkohlenbergwerken dürfen jugendliche Arbeiter männlichen Geschlechts über vierzehn Jahre in höchstens sechsstündigen Schichten unter Wegfall der im § 136 Absatz 1 Satz 3 der Gewerbeordnung vorgeschriebenen Pause mit ihren Kräften angemessenen Arbeiten über Tage beschäftigt werden, sofern die Art des Betriebes an sich Unterbrechungen der Beschäftigung mit sich bringt.

Wegen des Beginns und des Schlusses dieser Beschäftigung und wegen der zwischen zwei Arbeitsschichten zu gewährenden Ruhezeit gelten die Bestimmungen unter I Ziffer 1 und 2.

III. In der bei I und II bezeichneten Art dürfen jugendliche Arbeiter nur beschäftigt werden, wenn durch das Zeugnis eines von der höheren Verwaltungsbehörde zur Ausstellung solcher Zeugnisse ermächtigten Arztes nachgewiesen ist, daß die körperliche Entwicklung des Arbeiters die für denselben in Aussicht genommene und genau anzugebende Beschäftigung auf dem Werke ohne Gefahr für seine Gesundheit zuläßt. Das ärztliche Zeugnis ist vor Beginn der Beschäftigung dem Arbeitgeber auszuhändigen, welcher es zu verwahren, auf amtliches Verlangen vorzulegen und bei Beendigung des Arbeitsverhältnisses dem jugendlichen Arbeiter beziehungsweise dessen gesetzlichem Vertreter wieder auszuhändigen hat.

IV. Auf Arbeitsstellen, wo jugendliche Arbeiter nach Maßgabe der Vorschriften unter Nr. I, II und III beschäftigt werden, muß neben der nach § 138 Absatz 2 der Gewerbeordnung auszuhängenden Tafel eine zweite Tafel ausgehängt werden, welche in deutlicher Schrift die Bestimmungen unter I, II und III wiedergibt.

(Ausnahmen durch die höhere Verwaltungsbehörde.)

V. Die vorstehenden Bestimmungen haben für zehn Jahre Gültigkeit. Sie treten am 1. April 1903 in Kraft.

b) Bekanntmachung, betreffend die Beschäftigung von Arbeiterinnen auf Steinkohlenbergwerken, Zink- und Bleierzbergwerken und auf Kokereien im Regierungsbezirk Oppeln.

Vom 24. März 1892 (auf Grund § 139a der Gew. O.)

Reichs-Gesetzblatt S. 331 (abgeändert durch V. v. 20. März 1902 R. G. Bl. 77), gültig bis 1. April 1907.

(Nr. I aufgehoben mit 1. April 1897.)

II.

Auf Steinkohlenbergwerken — — — — tritt für diejenigen Arbeiterinnen über achtzehn Jahre, welche mit den unmittelbar mit der Förderung der Kohlen — — zusammenhängenden Arbeiten beschäftigt sind, der § 137 Abs. 3 der Gewerbeordnung mit der Maßgabe außer Anwendung, daß zwischen den Arbeitsstunden den Arbeiterinnen eine oder mehrere Pausen in der Gesamtdauer von mindestens einer Stunde gewährt werden müssen und daß die Beschäftigung im ganzen nicht mehr als zehn Stunden betragen darf.

Werden mehrere Pausen gewährt, so muß eine derselben mindestens eine halbe Stunde betragen.

III.

1. Auf Steinkohlenbergwerken und Zink- und Bleierzbergwerken, deren Betrieb auf eine doppelte tägliche Arbeitsschicht eingerichtet ist, treten die Bestimmungen des § 137 Absatz 1 und 3 der Gewerbeordnung für Arbeiterinnen über sechzehn Jahre, welche mit Arbeiten der unter Nr. I Ziffer 1 bezeichneten Art beschäftigt sind, mit folgenden Maßgaben außer Anwendung.

2. Die erste Schicht darf nicht vor viereinhalb Uhr morgens beginnen, die zweite nicht nach 10 Uhr abends schließen, in keiner der beiden Schichten darf die Beschäftigung länger als acht Stunden dauern.

3. Zwischen der zweiten und der sechsten Arbeitsstunde muß den Arbeiterinnen eine Pause von mindestens einer halben Stunde gewährt werden.

4. Arbeiterinnen zwischen sechzehn und achtzehn Jahren dürfen in der vorstehend bezeichneten Weise nur beschäftigt werden, wenn durch das Zeugnis eines von der höheren Verwaltungsbehörde zur Ausstellung solcher Zeugnisse ermächtigten Arztes nachgewiesen ist, daß die körperliche Entwicklung der Arbeiterin die Beschäftigung ohne Gefahr für ihre Gesundheit zuläßt.

Das ärztliche Zeugnis ist vor Beginn der Beschäftigung dem Arbeitgeber auszuhändigen, welcher es zu verwahren, auf amtliches Verlangen vorzulegen und bei Beendigung des Arbeitsverhältnisses der Arbeiterin beziehungsweise deren gesetzlichem Vertreter wieder auszuhändigen hat.

5. Auf Arbeitsstätten, wo Arbeiterinnen nach den Bestimmungen

unter 1 bis 4 beschäftigt werden, muß neben der nach § 138 Absatz 2 der Gewerbeordnung auszuhängenden Tafel eine zweite Tafel angebracht werden, welche in deutlicher Schrift die Bestimmungen unter 1 bis 4 wiedergibt.

6. Die Gesamtzahl der nach Maßgabe der vorstehenden Bestimmungen auf den einzelnen Werken beschäftigten Arbeiterinnen darf die Höchstzahl der im Jahre 1891 beschäftigt gewesenen nicht überschreiten. Wegen der Nachweisung dieser Höchstzahl findet die Bestimmung in Nr. I Ziffer 5 Absatz 2 Anwendung.

IV

— — — — — — — — — — — — — — — — — — —

§ 139b.

Die Aufsicht über die Ausführung der Bestimmungen der §§ 105a, 105b Abs. 1, der §§ 105c bis 105h, 120a bis 120e, 134 bis 139a ist ausschließlich oder neben den ordentlichen Polizeibehörden besonderen von den Landesregierungen zu ernennenden Beamten zu übertragen. Denselben stehen bei Ausübung dieser Aufsicht alle amtlichen Befugnisse der Ortspolizeibehörden, insbesondere das Recht zur jederzeitigen Revision der Anlagen zu. Sie sind, vorbehaltlich der Anzeige von Gesetzwidrigkeiten, zur Geheimhaltung der amtlich zu ihrer Kenntnis gelangenden Geschäfts- und Betriebsverhältnisse der ihrer Revision unterliegenden Anlagen zu verpflichten.

Die Ordnung der Zuständigkeitsverhältnisse zwischen diesen Beamten und den ordentlichen Polizeibehörden bleibt der verfassungsmäßigen Regelung in den einzelnen Bundesstaaten vorbehalten.

Die erwähnten Beamten haben Jahresberichte über ihre amtliche Tätigkeit zu erstatten. Diese Jahresberichte oder Auszüge aus denselben sind dem Bundesrat und dem Reichstag vorzulegen.

Die auf Grund der Bestimmungen der §§ 105a bis 105h, 120a bis 120e, 134 bis 139a auszuführenden amtlichen Revisionen müssen die Arbeitgeber zu jeder Zeit, namentlich auch in der Nacht, während des Betriebes gestatten.

Die Arbeitgeber sind ferner verpflichtet, den genannten Beamten oder der Polizeibehörde diejenigen statistischen Mitteilungen über die Verhältnisse ihrer Arbeiter zu machen, welche vom Bundesrat oder von der Landes-Zentralbehörde unter Festsetzung der dabei zu beobachtenden Fristen und Formen vorgeschrieben werden.

Strafvorschrift in § 149 Abs. 1 Z. 7 der Gew. O. S. im übrigen Ziff. 253 bis 258 der Ausführ.-Anw. zur Gew. O. v. 1./5. 04. Vgl. wegen der Befugnisse der Polizeibehörden auch O. V. G. XXIX. 275 und XXXVI. 380.

§ 152.

Alle Verbote und Strafbestimmungen gegen Gewerbetreibende, gewerbliche Gehilfen, Gesellen oder Fabrikarbeiter wegen Verabredungen und Vereinigungen zum Behufe der Erlangung günstiger Lohn- und Arbeitsbedingungen, insbesondere mittelst Einstellung der Arbeit oder Entlassung der Arbeiter, werden aufgehoben.

Jedem Teilnehmer steht der Rücktritt von solchen Vereinigungen und Verabredungen frei und es findet aus letzteren weder Klage noch Einrede statt.

1. § 152 bezieht sich nur auf zukünftige individuelle Arbeits- oder Lohnbedingungen, R. G. 10./11. 87, 6./10. 90, Entsch. in Straff. XVI. 383, XXI. 114. Straffrei ist auch die Vereinbarung des Kontraktbruches, doch ist, da die allgemeinen Strafgesetze in Kraft geblieben sind, nach § 110 R.-Strafgesetzbuchs zu ahnden die öffentliche Aufforderung einer Menschenmenge zum Kontraktbruche, R. G. 3./12. 90, Entsch. in Straff. XX. 63. Das Verbot des Streikpostenstehens widerspricht dem § 152 Gew. O. R. G. 4./2. 1901, Straff. XXXIV. 121.

2. Konventionalstrafen sind unwirksam; s. auch B. G. B. § 344.

3. Vereinigungen von Bergbau(Gewerbe-)treibenden zur Herbeiführung und Erhaltung angemessener Preise für ihre Gewerbserzeugnisse (Kartelle, Syndikate) fallen nicht unter § 152. Gültigkeit, Klagbarkeit, Rücktritt richten sich nach dem allgemeinen Bürgerlichen Recht, R. G. 4./2. 97 E. in Zivils. XXXVIII. 155, vgl. auch LI. 383.

§ 153.

Wer andere durch Anwendung körperlichen Zwanges, durch Drohungen, durch Ehrverletzung oder durch Verrufserklärung bestimmt oder zu bestimmmen versucht, an solchen Verabredungen (§ 152) teilzunehmen, oder ihnen Folge zu leisten, oder andere durch gleiche Mittel hindert oder zu hindern versucht, von solchen Verabredungen zurückzutreten, wird mit Gefängnis bis zu drei Monaten bestraft, sofern nach dem allgemeinen Strafgesetz nicht eine härtere Strafe eintritt.

Streikpostenstehen und Boykott fallen an sich nicht unter § 153. Verrufserklärung ist jede Kundgebung, durch die bezweckt wird, jemanden in einem mehr oder minder beschränkten Kreise in den üblen Ruf eines des Verkehrs nicht würdigen Menschen zu bringen, Johow Jahrb. XII. 189. Über Drohung s. R. G. Strafs. XXVII. 307.

Andere im Sinne des § 153 sind auch Nichtvereinigungsgenossen, R. G. in Strafs. XXX. 37, XXXVI 236.

§ 154a.

Die Bestimmungen der §§ 115 bis 119a, 135 bis 139b, 152 und 153 finden auf die Besitzer und Arbeiter von Bergwerken, Salinen, Aufbereitungsanstalten und unterirdisch betriebenen Brüchen oder Gruben entsprechende Anwendung.

Arbeiterinnen dürfen in Anlagen der vorbezeichneten Art nicht unter Tage beschäftigt werden. Zuwiderhandlungen unterliegen der Strafbestimmung des § 146.

1. Unterirdisch betrieben im Sinne der Gewerbeordnung sind diejenigen Brüche und Gruben, bei denen die Hohlräume unterirdisch bestehen bleiben, nicht die, bei denen durch Unterschrämmen zwar Hohlräume geschaffen werden, aber nach dem bewirkten Zusammensturz wieder verschwinden. Die über Tage betriebenen Gruben, z. B. die Steinbrüche in Rüdersdorf sind „gewerbliche Anlagen" im Sinne der Gew. O. Über Bergwerke s. Anm. 1 zu § 105b.

2. Nicht Anwendung finden auf die in Abs. 1 genannten Betriebe u. a. die Vorschriften über die Arbeitsordnung §§ 134ff. und § 120 der Gew. O.

§ 155.

Wo in diesem Gesetz auf die Landesgesetze verwiesen ist, sind unter den letzteren auch die verfassungs- oder gesetzmäßig erlassenen Verordnungen verstanden.

Welche Behörden in jedem Bundesstaat unter der Bezeichnung: höhere Verwaltungsbehörde, untere Verwaltungsbehörde, Gemeindebehörde, Ortsbehörde, Unterbehörde, Polizeibehörde, Ortspolizeibehörde und welche Verbände unter der

Bezeichnung weitere Kommunalverbände zu verstehen sind, wird von der Zentralbehörde des Bundesstaats bekannt gemacht.

Für die unter Reichs- und Staatsverwaltung stehenden Betriebe können die den Polizeibehörden, unteren und höheren Verwaltungsbehörden durch die § 105 b Abs. 2, § 105 c Abs. 2, §§ 105e, 105f, 115a, 120d, 134e bis 134g, 138 Abs. 1, 138a, 139, 139b übertragenen Befugnisse und Obliegenheiten auf die der Verwaltung dieser Betriebe vorgesetzten Dienstbehörden übertragen werden.

1. Bekanntmachung der Preuß. Minister des Innern und für Handel und Gewerbe v. 4./3. 92 (B. M. Bl. 115) für die Staatsbergwerke u. s. w. (B. M. Bl. 116) v. 17./3. 92, für die staatlichen Hütten v. 2./4. 92 (B. M. Bl. 159), s. Anm. zu § 189 A. B. G. und B. 11. Jan. 93 B. M. Bl. 30, ferner Ausf.-Anw. v. 1./5. 04.

2. Als „höhere Verwaltungsbehörde" hinsichtlich der der bergbehördlichen Aufsicht unterworfenen Betriebe gilt das Oberbergamt, als „untere Verwaltungsbehörde" oder „Ortspolizeibehörde" gilt der Revierbeamte, Ausf.-Anw. v. 1./5. 04, Nr. 6. Die Gewerbeaufsicht (§ 139b der Gew. O.) wird auf den der Bergpolizei unterstellten Betrieben gleichfalls von den Bergrevierbeamten ausgeübt, mit der Maßgabe, daß sie dieselbe zugleich auf den in ihren Revieren gelegenen Staatsbergwerken ausüben; s. oben Anm. 2 zu § 187 und Anm. 1 zu § 189 A. B. G., Anm. zu § 105 f Gew. O.

Gesetz,

betreffend

die Ausdehnung einiger Bestimmungen des Allgemeinen Berggesetzes vom 24. Juni 1865 auf die Aufsuchung und Gewinnung von Erdöl vom 6. Juni 1904 (G. S. 105).

Motive s. Z. XLV. 1 f.

§ 1. Auf die Aufsuchung und Gewinnung von Erdöl kommen die nachfolgenden Vorschriften des Allgemeinen Berggesetzes vom 24. Juni 1865 (G. S. S. 705) in der Fassung der Novelle vom 24. Juni 1892 (G. S. S. 131) zur entsprechenden Anwendung:

1) aus Titel III Abschnitt 1 „von dem Bergwerkseigentum im allgemeinen" die §§ 58 und 59;

2) aus Titel III Abschnitt 2 „von dem Betriebe und der Verwaltung“ die §§ 66—79 einschließlich

3) Titel III Abschnitt 3 „von den Bergleuten und den Betriebsbeamten“ §§ 80—93, unter Ausscheidung der auf die Knappschaftsvereine bezughabenden Bestimmungen in den §§ 80d Absatz 2, 80f Absatz 2 Ziffer 2, 89 Absatz 2 und unter der Maßgabe, daß die im § 92 bezeichneten Geldstrafen derjenigen Hilfskasse zufallen, welcher der Arbeiter angehört, in Ermangelung einer solchen einer anderen zum Besten der Arbeiter an dem Orte bestehenden, von der Gemeindebehörde zu bestimmenden Kasse und in deren Ermangelung der Ortsarmenkasse;

4) Titel VIII „von den Bergbehörden“ §§ 187—195;

5) Titel IX „von der Bergpolizei“ §§ 196—209a.

1. Nicht bloß die zur Aufsuchung und Gewinnung benutzten, sondern auch die später außer Betrieb gesetzten Bohrlöcher fallen unter das Gesetz.

2. An Stelle des Bergwerkseigentums tritt der vom Grundbesitzer geführte oder der auf Vertrag mit diesem beruhende von einem dritten geführte Betrieb, die Unternehmung zur Aufsuchung und Gewinnung des Erdöls.

3. Daneben ist zu beachten, daß die Aufsuchung und Gewinnung des Erdöls als Gruben- bezw. Bergwerksbetrieb im Sinne des § 154a Gew. O. anzusehen ist, so daß u. a. die Vorschriften der §§ 105b ff., 115 ff., 135 ff., 152, 153 Gew. O. darauf Anwendung finden.

4. Zu beachten bleibt, daß das Erdöl zum Grundeigentum gehört, und daß nach den §§ 903 und 905 B.G.B. der Grundeigentümer auf seinem Grund und Boden Gewinnungsarbeiten vornehmen darf, auch wenn er dadurch dem Nachbar das Erdöl entzieht, s. jedoch auch § 907. Polizeilich kann das jedenfalls nicht verhindert werden, vielmehr darf die Polizei nur einschreiten, wenn die Einwirkung gemeinschädlich ist, z. B. das Erdöl im Nachbargebiet verwässert und entwertet.

§ 2. Wird die Aufsuchung oder Gewinnung von Erdöl von mehreren Personen betrieben, so sind diese, sofern ihre Vertretung nicht durch die allgemeinen Gesetze geordnet ist, verpflichtet, mittels notarieller oder gerichtlicher Urkunde einen im Inlande wohnenden Repräsentanten zu bestellen, welchem die Befugnis zusteht, alle Vorladungen und andere Zustellungen an die Beteiligten mit voller rechtlicher Wirksamkeit in Empfang zu nehmen und letztere bei den Verhandlungen mit der Bergbehörde zu vertreten.

Dasselbe gilt, wenn der alleinige Unternehmer der im Absatz 1 bezeichneten Arbeiten im Auslande wohnt.

Wird ein Repräsentant auf die Aufforderung der Bergbehörde nicht innerhalb einer Frist von drei Monaten bestellt und unter Einreichung der Bestellungsurkunde namhaft gemacht, so ist die Bergbehörde befugt, bis dahin, daß dies geschieht, einen Repräsentanten zu bestellen und ihm eine angemessene, von den Beteiligten aufzubringende und nötigenfalls im Verwaltungswege exekutivisch einzuziehende Belohnung zuzusichern. Die Aufforderung gilt für zugestellt, wenn sie mindestens zwei Beteiligten behändigt ist.

Der von der Bergbehörde bestellte interimistische Repräsentant hat die Befugnisse des gewählten Repräsentanten, insofern die Bergbehörde keine Beschränkungen eintreten läßt.

S. Anm. 1 u. 2 zu § 10 Ges. v. 22./2. 1869, oben S. 171.

§ 3. An die Stelle der im § 80f Absatz 2 Ziffer 3 und im § 80i des Allgemeinen Berggesetzes bestimmten Termine treten für die im § 1 dieses Gesetzes bezeichneten Betriebe der 1. Januar 1904 und der 1. April 1904.

§ 4. Dieses Gesetz tritt mit dem Tage seiner Verkündigung in Kraft.

Mit der Ausführung dieses Gesetzes wird der Minister für Handel und Gewerbe beauftragt.

Gesetz,

betreffend

die Abänderung des Allgemeinen Berggesetzes vom 24. Juni 1865/1892, vom 5. Juli 1905 (G. S. S. 265)

(Sperre der Mutungen auf Steinkohlen und Steinsalz).

Dieses Gesetz, aus der Initiative des Abgeordnetenhauses hervorgegangen (lex Gamp), will die noch jungfräulichen, d. i. die noch nicht durch Mutungen (ganz oder teilweise) bestrickten Gebiete für Mutungen sperren und der Allgemeinheit, der sie von Natur gehören, sichern.

(Vgl. besonders Sten. Ber. des Abg.H. vom 30. Mai und des Herr.H. vom 28. Juni 1905.) Als Ausnahmegesetz ist es nicht ausdehnend auszulegen; soweit in ihm ausdrückliche Vorschriften fehlen, kommen die des A.B.G. zur Anwendung.

Eine ausführliche Abhandlung über dieses Gesetz s. von Arndt in Glückauf 1905 S. 1133 u. S. 1239; selbständig, aber minder vollständig und überall mit gleichen Ansichten Eskens in Z. XLVI. 461.

§ 1.

Die Annahme von Mutungen auf Steinkohle sowie auf Steinsalz nebst den mit diesem auf der nämlichen Lagerstätte vorkommenden Salzen findet vom Tage der Verkündigung dieses Gesetzes an bis zu anderweiter gesetzlicher Regelung der Bestimmungen des Allgemeinen Berggesetzes vom 24. Juni 1865 (Gesetzsamml. S. 705 fg.) über das Muten und Verleihen, längstens aber auf die Dauer von zwei Jahren, bei den staatlichen Bergbehörden nur insoweit statt, als die Mutungen eingelegt werden auf Grund von Schürfarbeiten, welche

1. vor dem 31. März 1905 begonnen worden sind oder
2. im Umkreise von 4184,8 m um den Fundpunkt einer noch schwebenden Mutung unternommen werden, deren Mineral bei der amtlichen Untersuchung (§ 15 a. a. O.) bereits vor Verkündigung dieses Gesetzes nachgewiesen worden ist.

Die Annahme von Mutungen nach Abs. 1 Ziffer 2 ist ausgeschlossen, wenn der Muter innerhalb zwei Wochen nach Verkündigung dieses Gesetzes dem zuständigen Oberbergamt erklärt, daß er auf weitere Mutungen in dem in Ziffer 2 bezeichneten Umkreise verzichtet. Diese Erklärung ist unwiderruflich.

Das Feld einer Mutung nach Ziffer 2 darf sich an keiner Stelle über den dort bezeichneten Umkreis hinaus erstrecken.

Zwei Punkte der Begrenzung eines auf Grund des gegenwärtigen Gesetzes gestreckten Feldes dürfen bei einem zulässigen Flächeninhalt von 2189000 Quadratmetern nicht über 4150 m voneinander entfernt liegen.

Zu den Mutungen, welche vor der Verkündigung dieses Gesetzes eingelegt worden sind, muß innerhalb eines Jahres nach dem Tage der Verkündigung des Gesetzes, und zu den nach diesem Zeitpunkte einzulegenden Mutungen muß innerhalb sechs Monaten nach der amtlichen Untersuchung (§ 15 a. a. O.) von dem Muter der Schlußtermin beantragt werden. Ist dieser Antrag nicht innerhalb der vorgesehenen Fristen gestellt worden oder wird er zurückgenommen, so ist die Mutung von Anfang an ungültig. Auch darf in diesen Fällen ein Dritter auf denselben Fundpunkt eine neue Mutung nicht einlegen.

1. Der Tag der Verkündigung des Gesetzes ist der 8. Juli 1905. In Kraft getreten ist das Gesetz am 22. Juli 1905. Vom Tage der Verkündigung bedeutet von Beginn des Tages der Verkündigung; von der Verkündigung dieses Gesetzes bedeutet von dem Zeitpunkte dieser Verkündigung; nach dem Tage der Verkündigung bedeutet hier vom Beginn des 9. Juli 1905.

2. Tritt bis zum 8. Juli 1907 keine anderweite gesetzliche Regelung ein, so gelten auch bezüglich der Steinkohle und des Steinsalzes wieder uneingeschränkt die §§ 12ff. des A.B.G.; tritt eine anderweite gesetzliche Regelung ein, so kommt natürlich diese auf Steinkohlen- und Steinsalz-Mutungen zur Anwendung.

3. Ob die Schürfarbeiten der Bergbehörde angemeldet waren, ist selbst dann, wenn dieses bergpolizeilich vorgeschrieben war, für die Rechte aus diesem Gesetze unerheblich. Für die Einlegung von solchen Mutungen (und deren Schlußtermin), deren Schürfarbeiten vor dem 31. März 1905 begonnen sind, gilt die Vorschrift des letzten Absatzes, d. h. der Schlußtermin muß in der dort gesetzten Frist gestellt sein. Für die Mutung an sich ist keine Frist gesetzt. Der 31. März 1905 ist der Tag, an dem der Entwurf zu diesem Gesetze im Abgeordnetenhaus eingebracht worden ist. Schürfarbeiten auf Steinsalz oder Steinkohle, die in der Zeit nach dem 31. März 1905 begonnen sind, haben, soweit nicht Ziffer 2 in Frage kommt, keine Wirkung, wenn nicht auf Grund derselben bis zum Beginn des Tages der Verkündigung dieses Gesetzes ein Fund gemacht und Mutung eingelegt ist; doch hat der Handelsminister am 28. Juni 1905 (Sten. Ber. d. Herr.H. S. 1981) bei der späteren endgültigen gesetzlichen Regelung des Mutungswesens die tunlichste Berücksichtigung solcher Arbeiten der Schürfer zugesichert. Sind Schürfarbeiten vor dem 31. März 1905 begonnen, so kann jederzeit Mutung eingelegt werden, wenn der Schürfer fündig wird.

4. Eine Mutung ist so lange „schwebend", als die Verleihung auf Grund derselben noch nicht erteilt oder dieselbe als ungültig zurückgewiesen ist (vgl. Komm.-Ber. des Herr.H. Nr. 305 S. 10), falsch ist die Ansicht von Gamp am 30. Mai 1905 in den Sten. Ber. des Abg.H.

S. 13671, daß die Mutung nur so lange schwebend sei, bis der Antrag auf Schlußtermin gestellt ist. Auf persönliche Ansprüche oder zum Schein erhobene Ein- und Ansprüche, welche nur den Zweck haben können, die Verleihung hinauszuschieben, braucht das Oberbergamt die Verleihung nicht auszusetzen, s. auch Anm. 6 zu § 15 und Anm. 1 zu § 31 A.B.G. S. 14 u. 22. Es genügt (Ziffer 2), daß die Mutung, deren Fund vor Verkündigung des Gesetzes amtlich festgestellt war, bei Beginn der Schürfarbeiten schwebend war; es ist zulässig, daß die während des Schwebens begonnenen Schürfarbeiten nach Verzicht bzw. Verleihung der (Stamm-)Mutung fortgesetzt werden. Wird die Mutung von Anfang an ungültig erklärt, so kommt sie zur Geltendmachung der Rechte aus Ziffer 2 nicht in Betracht. Schürfarbeiten in ihrem Umkreise haben in solchem Falle nicht die bez. Rechte, auch wenn die Ungültigerklärung „von Anfang" der Mutung erst später erfolgt. Nicht bloß der Inhaber der „schwebenden Mutung", sondern auch jeder andere kann in dem fragl. Schlagkreise schürfen. Kollisionen werden nach Maßgabe der §§ 24, 25 A.B.G. entschieden, s. jedoch Anm. 5.

5. Die Erklärung im Sinne des Abs. 2 hat insoweit rückwirkende Kraft, als sie bewirkt, daß auch die vorher unternommenen Schürfarbeiten wirkungslos sind. Eine verspätete oder eine bedingte Abgabe der Erklärung ist wirkungslos. Trotz der Erklärung kann die Mutung aufgegeben bzw. erneuert werden, wobei jedoch der letzte Absatz in § 1 zu beachten bleibt; s. auch unten Anm. 8.

6. Durch die Vorschrift im dritten Absatz wird zum Ausdruck gebracht, daß ein Gebiet, welches im sog. Schlagkreise der schwebenden Mutung bezw. ihres Fundpunktes liegt (§ 27 A.B.G.), noch durch Mutung aus Ziffer 2 bestrickt werden kann; s. Sten. Ber. des Abg.H. S. 13659. „Nur, wo bereits gebohrt ist, soll weiter gebohrt werden dürfen."

7. Abs. 4 entspricht im wesentlichen § 27 A.B.G. Bei Verstößen gegen Abs. 3 und 4 tritt nicht die Ungültigkeit der Mutung ein, sondern der Muter hat den entsprechenden Feldesteil fallen zu lassen.

8. Es ist statthaft, auf die gemäß Abs. 1 Ziffer 1 und 2 eingelegten Mutungen zu verzichten; nötig ist nur, daß innerhalb der im letzten Absatze gestellten Fristen der Schlußtermin beantragt ist. Nur den „fortwährenden Mutungsverzichten und Mutungserneuerungen" sollte „ein Riegel" vorgeschoben werden (Berichterstatter König in den Sten. Ber. des Abg.H. S. 13659). Der Antrag auf Schlußtermin setzt die Einreichung eines Situationsrisses (§ 18) in den Fällen dieses Gesetzes notwendig voraus. Ist ein solcher Riß eingereicht, so steht es auch der Bergbehörde frei, den Schlußtermin anzuberaumen, unbeschadet des Rechts des Muters, die Mutung zurückzunehmen. Selbstredend hat der Muter unter allen Umständen den Schlußtermin innerhalb der gesetzten Fristen zu beantragen. Was tritt ein, wenn dieser Antrag rechtzeitig gestellt wird, indes kein Situationsriß (§§ 17, 18) bis

dahin eingereicht ist? Es liegt eine offenbare Lücke im Gesetze vor. Der Gesetzgeber hätte sagen sollen, daß das begehrte Feld innerhalb der betr. Fristen „hätte endgültig gestreckt sein sollen“. Gemeint hat er es offenbar, deshalb erscheint es, auch mangels einer diesbezüglichen ausdrücklichen Vorschrift, gerechtfertigt, die Ungültigkeit der Mutung auszusprechen, wenn der Antrag auf Schlußtermin rechtzeitig gestellt, der Situationsriß (§ 18) bis dahin aber noch nicht eingegangen ist.

9. War die Stamm-Mutung vor Verkündigung des Gesetzes vom 5. Juli 1905 eingelegt, so muß, auch wenn die Mutung inzwischen erneuert wird, der Schlußtermin innerhalb eines Jahres nach der Verkündigung beantragt sein, widrigenfalls die Mutung von Anfang an ungültig ist. War die Stamm-Mutung erst nach Verkündigung des Gesetzes eingelegt, so muß, auch wenn sie inzwischen erneuert ist, der Schlußtermin innerhalb sechs Monaten nach der Fundesfeststellung der eingelegten, nicht gerade der Stamm-Mutung, beantragt werden.

10. Wenn Schlagkreise verschiedener Mutungen einander überdecken und der Muter erklärt, daß er auf weitere Mutungen im Schlagkreise von 4184,8 Metern verzichtet, so schließt dies nicht aus, daß die übrigen Schlagkreise in ihrem ganzen Umfange für Neumutungen und bezw. Schürfarbeiten offen bleiben. Nur soweit kann in einem solchen Falle der Muter Schürfarbeiten Dritter in seinem Schlagkreise ausschließen, als er sie überdeckt.

11. Nach dem A.B.G. hat der Muter das Recht, auf seine Mutung ganz oder teilweise zu verzichten und sein Feld anders zu strecken (Anm. 1 zu § 19 A. B. G., oben S. 17), sowohl um dadurch Konkurrenz fernzuhalten, als um für sich im Schlagkreise seiner Mutung neue Funde zu machen und neue Felder zu erwerben. Ziffer 2 in § 1 hält dies mit der Maßgabe aufrecht, daß der Schlußtermin gemäß dem letzten Absatze beantragt sein und daß das begehrte Feld ganz in dem Schlagkreise der Stamm-Mutung liegen muß.

12. Es ist dem Ges. v. 5./7. 05 gegenüber unerheblich, ob Mutung und Stamm-Mutung von derselben oder verschiedenen Personen eingelegt sind. Es ergibt sich dies u. a. aus dem letzten Satze in § 1 dieses G., s. auch Anm. 3 u. 6 zu § 15 A. B. G., oben S. 14.

§ 2.

Unberührt von dieser Vorschrift bleiben diejenigen Mutungen, die die staatlichen Bergbehörden in Vertretung der Inhaber von Privat-Bergregalitätsrechten anzunehmen berechtigt sind.

S. hierzu § 250 A.B.G. In den Privatregalbezirken bleibt es also bei dem bisherigen Recht.

§ 3.

Der Handelsminister wird mit der Ausführung dieses Gesetzes beauftragt.

Die vom Handelsminister zu diesem Gesetze erlassenen Instruktionen binden nur die staatlichen Berg-, nicht die Gerichtsbehörden, vgl. Arndt, Komm. zu Art. 86 der Preuß. Verf.-Urk., Aufl. 5 S. 283 f.

Alphabetisches Sachregister.

A.

B.

C.

D.

F.

G.

H.

J.

K.

O.

P.

R.

T.

U.

V.

W.

Z.

Anhang.

Gesetz,

betreffend

die Abänderung des Siebenten Titels im Allgemeinen Berggesetze vom 24. Juni 1865.

Motive in Z. XLVII. 29 ff. Vgl. hierzu Arndt, Entwurf eines deutschen Berggesetzes, Halle 1889 S. 78 f., S. 168 f. Die Novelle bezweckt (Ber. der Herr.H.Komm. Drucks. Nr. 125 1906): 1. Sicherstellung der Leistungen. 2. Neuregelung der Beiträge (namentlich daß die sog. Unständigen nicht mehr zur Pensionskasse steuern). 3. Trennung (mindestens rechnungsmäßige) der Leistungen der Kranken- und der Pensionskasse. 4. Freizügigkeit. 5. Schiedsgerichtliches Verfahren.

Die Novelle ist nachstehend in der Form abgedruckt, wie sie aus den Verhandlungen des Landtags hervorgegangen ist und ganz unzweifelhaft als Gesetz verkündet werden wird.

Artikel I.

Der Siebente Titel im Allgemeinen Berggesetze für die Preußischen Staaten vom 24. Juni 1865 (Gesetzsammlung S. 705 ff.) erhält folgende Fassung

§ 165.

Für die Arbeiter, welche auf den dem gegenwärtigen Gesetze unterworfenen Bergwerken, Aufbereitungsanstalten, Salinen und den zugehörigen Betriebsanstalten beschäftigt sind, sollen, soweit das Gesetz nicht besondere Ausnahmen vorsieht, Knappschaftsvereine bestehen, welche den Zweck haben, ihren Mitgliedern und deren Angehörigen nach näherer Bestimmung des Gesetzes und der Satzungen (§ 169) Unterstützungen zu gewähren.

Inwieweit auch die Werksbeamten und die Verwaltungsbeamten der Knappschaftsvereine zum Beitritt verpflichtet und berechtigt sind, bestimmt sich nach den §§ 171 und 172.

Sind mit den in Abs. 1 bezeichneten Werken zugleich Gewerbsanlagen verbunden, welche nicht unter der Aufsicht der Bergbehörde stehen, so können die bei diesen Gewerbsanlagen beschäftigten Arbeiter und Beamten auf den gemeinschaftlichen Antrag der Werksbesitzer und der Mehrheit der künftigen beitrittspflichtigen Mitglieder durch den Knappschaftsvorstand in den Knappschaftsverein aufgenommen werden.

1. Knappschaftsvereine bestehen z. B. nicht für die in § 211 b A. B. G. erwähnten Betriebe; s. auch oben S. 164.

2. Solche Gewerbsanlagen, die nicht unter der Aufsicht der Bergbehörden stehen, sind z. B. Chlorkaliumfabriken, s. Arndt in Z. XXXV. 495 f.

§ 166.

Die bestehenden Knappschaftsvereine und knappschaftlichen Krankenkassen bleiben in Wirksamkeit. Der gegenwärtige Titel findet jedoch auch auf sie Anwendung.

Die Besitzer sowie die Beamten und Arbeiter der Hüttenwerke und der dem gegenwärtigen Gesetz nicht unterworfenen Aufbereitungsanstalten, welche bereits einem Knappschaftsvereine angehören, scheiden auf ihren gemeinschaftlichen Antrag aus dem Vereine aus.

Unter der gleichen Voraussetzung scheiden die Besitzer sowie die Beamten und Arbeiter der in § 165 Abs. 3 bezeichneten, nicht unter der Aufsicht der Bergbehörde stehenden Gewerbsanlagen aus dem Vereine aus, sofern ihre Verbindung mit knappschaftspflichtigen Werken gelöst wird.

Das Ausscheiden eines nach Abs. 2 oder 3 austrittsberechtigten Vereinswerks tritt erst in Wirksamkeit, wenn eine vermögensrechtliche Auseinandersetzung zwischen dem ausscheidenden Werke und dem Knappschaftsverein stattgefunden hat. Streitigkeiten, welche hinsichtlich der vermögensrechtlichen Auseinandersetzung zwischen dem austrittsberechtigten Vereinswerk und dem Knappschaftsverein entstehen, werden mangels Verständigung über eine schiedsrichterliche Entscheidung von dem Oberschiedsgericht entschieden (§ 186 m).

Abs. 4 entspricht dem bisherigen Rechtszustande, s. Anm. 2 zu § 166, oben S. 128.

§ 167.

Die Bestimmung der Bezirke, für welche neue Knappschaftsvereine gegründet, sowie die Bestimmung derjenigen bereits bestehenden Knappschaftsvereine, welchen die diesem Gesetze unterworfenen, außerhalb des Bezirks eines bestehenden Knappschaftsvereins belegenen Bergwerke, Aufbereitungsanstalten und Salinen bei der Eröffnung des Betriebes zugeteilt werden sollen, hängt zunächst von dem Beschlusse der Beteiligten ab. Kann hierüber eine Einigung nicht erzielt werden, so entscheidet nach Anhörung der Werksbesitzer und eines von den künftigen beitrittspflichtigen Mitgliedern zu wählenden Ausschusses auf den Vorschlag des Oberbergamts der Minister für Handel und Gewerbe.

Wo ein ständiger Arbeiterausschuß besteht, ist dieser zu hören. Die Wahl eines Ausschusses nach Abs. 1 findet alsdann nur durch die beitrittspflichtigen Beamten statt.

Da jetzt auch die Werksbeamten bis 2000 Mark Jahresverdienst beitrittspflichtig sind, § 171 Abs. 2, wählen auch diese (und nicht bloß die Arbeiter) den Ausschuß; s. Z. XLVII. 35.

§ 168.

Jeder Knappschaftsverein hat nach näherer Bestimmung des Gesetzes und der Satzung zu gewähren:

1. die Krankenversicherung seiner Mitglieder nach §§ 171b bis 171e (Krankenkassenleistungen);
2. Leistungen an die arbeitsunfähig gewordenen Mitglieder sowie an die Angehörigen verstorbener Mitglieder nach §§ 172a bis 172e (Pensionskassenleistungen).

Für diese beiden den Knappschaftsvereinen obliegenden Aufgaben ist die Rechnungsführung nach Krankenkasse und Pensionskasse getrennt vorzunehmen. Ausnahmen hiervon sind nur bei geringem Geschäftsumfange statthaft und unterliegen der besonderen Genehmigung durch die Aufsichtsbehörde.

1. Der Knappschaftsverein ist, trotz der getrennten Rechnungsführung und der (nur) fakultativ (§ 172) zugelassenen Abtrennung selbständiger Krankenkassen, als **Ganzes**, als **eine** alle in Betracht

kommenden Aufgaben umfassende Organisation beibehalten, s. Z. XLVII. 36.

2. Mitglieder der Kasse sind nicht die Werke oder Werksbesitzer, welch letztere beitragspflichtig und deshalb an der Verwaltung beteiligt sind, sondern nur die Arbeiter und beigetretenen Werks- bzw. Knappschaftsbeamten, ebend. S. 37.

§ 168a.

Innerhalb der einzelnen Knappschaftsvereine können nach dem gemeinschaftlichen Beschlusse der beteiligten Werksbesitzer und Knappschaftsältesten, sofern der Knappschaftsvorstand und die Generalversammlung zustimmen, besondere Krankenkassen für die zugehörigen Werke, und zwar für jedes einzelne Werk oder gruppenweise für mehrere Werke, errichtet werden. Die Errichtung besonderer Krankenkassen kann auch auf einen Teil der Vereinswerke beschränkt werden.

Die Errichtung einer besonderen Krankenkasse ist nur dann zulässig, wenn durch die Zahl der im Kassenbezirk regelmäßig beschäftigten Arbeiter oder durch sonstige Umstände die dauernde Leistungsfähigkeit der Krankenkasse ausreichend sichergestellt erscheint.

Die Geschäftsführung der besonderen Krankenkassen unterliegt der Beaufsichtigung durch den Knappschaftsvorstand. In der Satzung des Knappschaftsvereins sind eintretendenfalls die näheren Bestimmungen hierüber zu treffen.

1. Die Errichtung einer besonderen Krankenkasse hängt nicht allein von der Mitgliederzahl ab, vgl. §§ 16 u. 60 des Krankenversicherungsges. in Z. XLVII. 38.

2. Auch im vormaligen Herzogtum Nassau, wo die Knappschaftsnovelle gleichfalls gilt, brauchen nicht mehr auf sämtlichen Werken (wie nach Art. V Abs. 3 der V. v. 22./2. 67, G. S. S. 237) Krankenkassen zu bestehen.

§ 169.

Für jeden neu gegründeten Knappschaftsverein haben die Werksbesitzer unter Mitwirkung eines von den künftigen beitrittspflichtigen Mitgliedern zu wählenden Ausschusses eine mit dem Gesetze in Übereinstimmung stehende Satzung aufzustellen. Dieselbe unterliegt der Bestätigung des Oberbergamts, welche nur versagt werden darf, wenn die Satzung den gesetzlichen Vorschriften zuwiderläuft oder Bestimmungen enthält, welche mit dem gesetzlichen Zwecke des Knappschaftsvereins nicht im Zusammenhange stehen.

Mit dem Antrag auf Erteilung der Bestätigung sind die Unterlagen einzureichen, welche zur Beurteilung der dauernden Erfüllbarkeit der Leistungen der Pensionskasse (§ 175c Abs. 2) notwendig sind. Vor der Entscheidung über die Bestätigung hat das Oberbergamt eine sachverständige Prüfung der Unterlagen herbeizuführen. War mit den Unterlagen ein versicherungstechnisches Gutachten nicht eingereicht, so können die Kosten der Anfertigung eines solchen Gutachtens dem Knappschaftsverein auferlegt werden.

Wird die Bestätigung vom Oberbergamt versagt, so erfolgt die Entscheidung durch Beschluß. Gegen diesen Beschluß findet, insoweit die dauernde Erfüllbarkeit der Leistungen der Pensionskasse in Frage steht, binnen einer Frist von vier Wochen vom Tage der Zustellung an den Vorstand ab die Beschwerde an das Oberschiedsgericht statt (§ 186m). Im übrigen bewendet es bei den Vorschriften in §§ 191 bis 194.

Wo ein ständiger Arbeiterausschuß besteht, wählt dieser die Vertreter der Arbeiter zu dem im Abs. 1 bezeichneten Ausschuß.

Wird die Satzung nach vorgängiger Aufforderung nicht innerhalb sechs Monaten vorgelegt, so hat das Oberbergamt dieselbe rechtsverbindlich aufzustellen.

Für die Errichtung besonderer Krankenkassen finden die Bestimmungen in Abs. 1, 4 und 5 entsprechende Anwendung. Erfolgt die Errichtung in einem schon bestehenden Knappschaftsvereine, so werden die Mitglieder durch die gewählten Knappschaftsältesten vertreten.

Die Knappschaftsvereine und besonderen Krankenkassen erlangen durch die Bestätigung ihrer Satzung die Rechtsfähigkeit.

1. Da auch die Werksbeamten bis 2000 Mark beitritts- (knappschaftspflichtig (v. 1./1. 1908 ab) sind, so können auch sie den Ausschuß mit wählen.

2. Auch die besonderen Krankenkassen erhalten Rechtsfähigkeit. Für sie wie für die Knappschaftsvereine gilt Anm. 1 zu § 165, oben S. 127.

§ 170.

Zu allen Abänderungen von Satzungen der Knappschaftsvereine und besonderen Krankenkassen ist erforderlich, daß die Änderungen von der Generalversammlung nach den näheren Bestimmungen der Satzung beschlossen werden und sodann die Bestätigung des Oberbergamts nach Maßgabe des § 169 erlangen.

§ 170a.

Die Satzungen der Knappschaftsvereine und besonderen Krankenkassen müssen Bestimmung treffen:

1. über Namen, Sitz und Bezirk des Vereins;
2. über die Klassen der dem Beitrittszwange unterliegenden und über die zum Beitritt berechtigten Personen;
3. über die zur An- und Abmeldung derselben bestimmten Stellen und über den Zeitpunkt der An- und Abmeldung;
4. über die Bemessung, den Ort und die Zeit der Einzahlung etwa vorzuschreibender Eintrittsgelder sowie der Beiträge;
5. über Art und Umfang der einzelnen Leistungen;
6. über die Bildung und Zusammenberufung des Vorstandes, die Art seiner Beschlußfassung und die Entschädigung, welche den Vorstandsmitgliedern und Knappschaftsältesten für die ihnen infolge ihrer Teilnahme an den Generalversammlungen sowie an den Sitzungen des Vorstandes und der Ausschüsse erwachsenen Reise- und Zehrungskosten sowie den Knappschaftsältesten und den von diesen gewählten Vorstandsmitgliedern außerdem noch für den aus gleichem Anlaß entgangenen Arbeitsverdienst zu gewähren ist;
7. über die Zusammensetzung und Berufung der Generalversammlung, über die Art ihrer Beschlußfassung und den Umfang ihrer Befugnisse, soweit nicht § 181a maßgebend ist;
8. über die Verwaltung des Vereins, soweit nicht die §§ 181 und 182a maßgebend sind;

9. über die Aufstellung und Prüfung der Jahresrechnung;
10. über die Art rechtsverbindlicher Veröffentlichungen in Angelegenheiten des Vereins;
11. über die Abänderung der Satzung.

Jedes Mitglied des Knappschaftsvereins und der besonderen Krankenkasse erhält ein Exemplar der Satzung und etwaiger Abänderungen.

1. Der „Bezirk" des Vereins kann wie bisher, sowohl geographisch als auch nach Arten von Werken, abgegrenzt sein.

2. Der Ausdruck „Verein" umfaßt sowohl den Knappschaftsverein wie die besondere Krankenkasse.

3. Das Wort „Bemessung" ist gewählt, weil es, wie bisher, nicht unbedingt erforderlich sein soll, die Höhe der Beiträge in der Satzung so festzulegen, daß jede Änderung der Beiträge nur im Wege der Satzung erfolgen kann.

§ 171.

Die Arbeiter, welche im Betriebe der in dem Bezirke eines bereits bestehenden oder neu gegründeten Knappschaftsvereins belegenen Bergwerke, Aufbereitungsanstalten, Salinen und zugehörigen Betriebsanstalten sowie der zu dem Knappschaftsverein gehörigen Hüttenwerke und sonstigen Gewerbsanlagen beschäftigt werden, sind, sofern nicht die Beschäftigung durch die Natur ihres Gegenstandes oder im voraus durch den Arbeitsvertrag auf einen Zeitraum von weniger als einer Woche beschränkt ist, Mitglieder der Krankenkasse des Knappschaftsvereins oder der errichteten besonderen Krankenkasse. Einer Beitrittserklärung bedarf es nicht.

Mitglieder der Krankenkassen sind auch die Werksbeamten sowie die Verwaltungsbeamten der Knappschaftsvereine und besonderen Krankenkassen, wenn ihr Arbeitsverdienst an Lohn oder Gehalt sechszweidrittel Mark für den Arbeitstag oder, sofern Lohn oder Gehalt nach größeren Zeitabschnitten bemessen ist, zweitausend Mark für das Jahr gerechnet, nicht übersteigt. Als Gehalt oder Lohn gelten auch Tantiemen und Naturalbezüge; für sie wird der vom Revierbeamten festzusetzende Durchschnittswert in Ansatz gebracht.

Zum Beitritt berechtigt sind auch die übrigen Werksbeamten und Verwaltungsbeamten der Knappschaftsvereine und besonderen Krankenkassen.

In Staatsbetrieben mit Pensionsberechtigung angestellte Beamte unterliegen den Vorschriften in Abs. 2 und 3 nicht. Sie sind indessen zum Beitritt berechtigt, wenn die vorgesetzte Dienstbehörde zustimmt.

1. Wie zur Reichskranken- und Unfallversicherung, so tritt auch bei den Knappschaftsvereinen die Versicherung gegen Krankheit (und die Mitgliedschaft an der Knappschaftskrankenkasse) ohne weiteres durch die versicherungs(knappschafts)pflichtige Beschäftigung ein. Anders bei der Pensionskasse § 172.

2. Die Ausnahme bezüglich der nur vorübergehenden Beschäftigung entspricht § 1 des Reichskrankenversicherungsgesetzes.

3. Die (neu eingeführte) obligatorische Versicherung der Werksbeamten bis zu 2000 Mark Jahresverdienst (sog. kleinen Werksbeamten) entspricht gleichfalls dem Reichskrankenversicherungsgesetze.

4. Nur betriebene Werke und deren Arbeiter fallen unter das Gesetz (s. oben Anm. 1 zu § 168, S. 129).

5. Für die Beitrittspflicht ist bedeutungslos, ob der Arbeiter bzw. Werksbeamte im Dienste des Werksbesitzers selbst steht oder eines selbständigen Unternehmens, dem die Ausführung einer bestimmten, zum Betriebe des Vereinswerks gehörigen Arbeit vom Werksbesitzer übertragen ist, Z. XLVI. 42.

§ 171a.

Von dem Beitrittszwange sind auf ihren Antrag solche Personen zu befreien, welche infolge von Verletzungen, Gebrechen, chronischen Krankheiten oder Alter nur teilweise oder nur zeitweise erwerbsfähig sind, wenn der unterstützungspflichtige Armenverband der Befreiung zustimmt.

Wird der Antrag vom Vorstand abgelehnt, so entscheidet auf die Beschwerde des Antragstellers die Aufsichtsbehörde endgültig.

§ 171a entspricht § 3a Abs. 1 Z. 1 und Abs. 2 des Krankenversicherungsgesetzes.

§ 171b.

Die Leistungen, welche die Knappschaftsvereine und besonderen Krankenkassen ihren Mitgliedern und deren Angehörigen in Krankheits- und Sterbefällen zu gewähren haben, müssen die im Krankenversicherungsgesetze für die Betriebs-(Fabrik-)Krankenkassen vorgeschriebenen Mindestleistungen erreichen.

Eine Erhöhung und Erweiterung dieser Leistungen ist nach näherer Bestimmung der Satzungen in demselben Umfange zulässig, wie er im Krankenversicherungsgesetze für die Betriebs-(Fabrik-)Krankenkassen vorgesehen ist. Außerdem sind zulässig satzungsmäßige Bestimmungen, nach welchen den Knappschafts-Invaliden und deren Angehörigen gegen Entrichtung von Beiträgen freie Kur und Arznei in Krankheitsfällen sowie den Mitgliedern des Knappschaftsvereins oder der Krankenkasse und deren Angehörigen oder Hinterbliebenen in Fällen der Notlage nach dem Ermessen des Vorstandes außerordentliche Unterstützungen gewährt werden können. Steht nach der Satzung eines Knappschaftsvereins den Knappschafts-Invaliden und ihren Angehörigen freie Kur und Arznei in Krankheitsfällen zu, ohne daß die Invaliden hierfür Beiträge zu entrichten haben, so sind diese Leistungen für Rechnung der Pensionskasse zu gewähren.

Abänderungen der Satzung, durch welche die bisherigen Krankenkassenleistungen herabgesetzt werden, finden auf solche Mitglieder, welchen bereits zur Zeit der Abänderung ein Unterstützungsanspruch wegen eingetretener Krankheit zusteht, für die Dauer dieser Krankheit keine Anwendung. Abänderungen der Satzung, durch welche die bisherigen Krankenkassenleistungen erweitert werden, finden auf die vorbezeichneten Unterstützungsfälle dann Anwendung, wenn dies in der Satzung ausdrücklich bestimmt ist.

Der Höchstbetrag einer nach der Satzung wider ein Mitglied zu verhängenden Ordnungsstrafe darf den dreifachen Betrag des täglichen Krankengeldes und bei Knappschafts-Invaliden das Dreifache desjenigen Betrages, welchen sie als Krankengeld zuletzt zu beanspruchen hatten, für jeden einzelnen mit Ordnungsstrafe zu belegenden Fall nicht übersteigen.

Die mit Ärzten, Apothekern und Krankenhäusern über die ärztliche Behandlung, die Lieferung der Arznei und die

Kur und Verpflegung der Mitglieder abgeschlossenen Verträge sind dem Oberbergamt mitzuteilen.

1. Zu § 171b s. Krankenversicherungsgesetz; namentlich §§ 20 Abs. 5, 26 Abs. 1 u. 2 Satz 1, 26a, 56a, 57a, 74; s. auch § 56 Abs. 2—4. Vgl. hierzu Z. XLVII. 43.

2. Freie Kur und Arznei an Invaliden kann fortan aus der Krankenkasse nicht mehr, bezw. nur dann gewährt werden, wenn der Invalide Beiträge zu dieser Kasse als deren Mitglied entrichtet.

§ 171c.

Kassenmitglieder, welche aus der ihre Mitgliedschaft bei der Krankenkasse des Knappschaftsvereins oder bei einer besonderen Krankenkasse begründenden Beschäftigung freiwillig oder infolge Kündigung oder Entlassung durch den Werksbesitzer ausscheiden, verlieren, soweit das Gesetz nicht besondere Ausnahmen vorsieht, ihre Ansprüche auf die Leistungen der Kasse.

Nichtbeitrittspflichtige Kassenmitglieder verlieren außerdem ihre Ansprüche auf die Leistungen der Kasse, wenn sie dem Vorstand ihren Austritt anzeigen oder die Beiträge an zwei aufeinander folgenden Zahlungsterminen nicht geleistet haben.

1. Durch das Ausscheiden aus der knappschaftspflichtigen Beschäftigung werden die Kassenleistungen in einem bereits eingetretenen Unterstützungsfall nicht beendet.

2. Vgl. zu § 171c auch § 63 Abs. 4, § 19 Abs. 6, § 4 Abs. 4 des Krankenversicherungsgesetzes.

§ 171d.

Kassenmitglieder, welche vor ihrem Ausscheiden aus der die Mitgliedschaft begründenden oder zu derselben berechtigenden Beschäftigung mindestens zwei Jahre hindurch ununterbrochen der Krankenkasse eines Knappschaftsvereins oder einer besonderen Krankenkasse angehört haben, bleiben, solange sie sich im Gebiete des Deutschen Reiches aufhalten und nicht zu einer Beschäftigung übergehen, vermöge welcher sie Mitglieder einer anderen Knappschafts- oder einer Orts-, Betriebs- (Fabrik-), Bau- oder Innungs-Krankenkasse werden, Mitglieder der Kasse, sofern sie ihre dahingehende Absicht binnen einer Woche dem Vorstande anzeigen. Die Zahlung der vollen satzungsmäßigen Kassenbeiträge zum ersten Fälligkeitstermine ist der ausdrücklichen Anzeige gleich zu achten, sofern der Fälligkeitstermin innerhalb der für die letztere vorgeschriebenen einwöchigen Frist liegt.

Die Mitgliedschaft erlischt, wenn die Beiträge an zwei aufeinander folgenden Zahlungsterminen nicht geleistet werden.

Zur Erhaltung der Mitgliedschaft haben die in Abs. 1 erwähnten Mitglieder die vollen für andere Kassenmitglieder von diesen und von den Werksbesitzern aufzubringenden Beiträge (§§ 174 und 175) aus eigenen Mitteln zu leisten. Sie dürfen weder Stimmrechte ausüben, noch Kassenämter übernehmen.

S. hierzu § 27 Abs. 2 des Krankenversicherungsgesetzes.

§ 171e.

Personen, welche infolge eintretender Erwerbslosigkeit aus der Krankenkasse ausscheiden, verbleibt der Anspruch auf die gesetzlichen Mindestleistungen der Kasse in Unterstützungsfällen, welche während der Erwerbslosigkeit und innerhalb eines Zeitraums von drei Wochen nach dem Ausscheiden aus der Kasse (§ 171c) eintreten, wenn der Ausscheidende vor seinem Ausscheiden mindestens drei Wochen ununterbrochen einer Knappschafts-, oder einer Orts-, Betriebs- (Fabrik-), Bau- oder Innungs-Krankenkasse angehört hat.

Der Anspruch fällt fort, wenn der Beteiligte sich nicht im Gebiete des Deutschen Reiches aufhält, soweit nicht die Satzung Ausnahmen zuläßt.

S. hierzu § 28 des Krankenversicherungsgesetzes.

§ 172.

Diejenigen Arbeiter und Beamten, welche gemäß § 171 Abs. 1 und 2 der Krankenkasse des Knappschaftsvereins oder einer besonderen Krankenkasse als Mitglieder angehören, sind ohne Antrag als Mitglieder in die Pensionskasse des Knappschaftsvereins aufzunehmen, sofern sie den in den Satzungen aufgestellten Erfordernissen über Lebensalter und Gesundheit genügen. Als Erfordernis für die Aufnahme darf das Mindestlebensalter nicht über achtzehn Jahre und das Höchstlebensalter nicht unter vierzig Jahre festgesetzt werden.

Diejenigen Beamten, welche gemäß § 171 Abs. 3 berechtigt sind, den Krankenkassen beizutreten, sind unter den in Abs. 1 bezeichneten Voraussetzungen ebenfalls berechtigt, den Pensionskassen als Mitglieder beizutreten.

Für die Beamten kann eine besondere Abteilung der Pensionskasse eingerichtet werden.

Arbeiterinnen können durch die Satzung von der Mitgliedschaft in der Pensionskasse ausgeschlossen werden.

Personen, welche wegen Nichterfüllung der satzungsmäßigen Erfordernisse nicht als Mitglieder in die Pensionskasse aufgenommen werden, dürfen zur Zahlung von Pensionskassenbeiträgen nicht herangezogen werden. Indessen können Personen, welche durch ihr Verhalten die Feststellung nicht ermöglichen, ob die satzungsmäßigen Erfordernisse für ihre Aufnahmepflicht vorliegen, bis zur Ermöglichung dieser Feststellung bereits zur Zahlung der Pensionskassenbeiträge herangezogen werden. Auf die Leistungen der Pensionskasse erlangen diese Personen erst dann Anwartschaft, wenn ihre Aufnahmefähigkeit festgestellt ist, und zwar erst vom Zeitpunkt dieser Feststellung ab.

1. § 172 führt neu den ev. Zwang ein, der Pensionskasse anzugehören.

2. Die in Abs. 5 genannten Personen dürfen nicht mehr (wie früher) zu den Pensionskassenbeiträgen herangezogen werden.

3. Weitere Erfordernisse als in Abs. 1, z. B. Besitz der bürgerlichen Ehrenrechte, dürfen in der Satzung für die Aufnahme nicht vorgeschrieben werden.

4. Auch die beitrittsberechtigten Beamten müssen den in der Satzung für die Aufnahme aufgestellten Voraussetzungen über Lebensalter und Gesundheit genügen.

5. Der Beitritt der im Staatsbetriebe mit Pensionsberechtigung angestellten Beamten zur Pensionskasse ist grundsätzlich und selbst dann ausgeschlossen, wenn der betreffende Beamte nach § 171 Abs. 4 der Krankenkasse beigetreten ist.

6. Die Witwenunterstützung (§ 172a) ist als eine aus der Mitgliedschaft ihres Ehemanns herrührende Leistung anzusehen.

§ 172a.

Die Leistungen, welche die Pensionskassen der Knappschaftsvereine nach näherer Bestimmung der Satzung ihren Mitgliedern mindestens zu gewähren haben, sind:

1. eine lebenslängliche Invalidenpension bei eingetretener Unfähigkeit zur Berufsarbeit;
2. eine Pension der Witwen auf Lebenszeit oder bis zur Wiederverheiratung;
3. eine Beihilfe zur Erziehung der Kinder verstorbener Mitglieder und Invaliden bis zur Vollendung des vierzehnten Lebensjahres;
4. ein Beitrag zu den Begräbniskosten der Invaliden.

Dem Mitgliede steht ein Anspruch auf Pension nicht zu, wenn die Arbeitsunfähigkeit vorsätzlich herbeigeführt ist. Die Gewährung der Pension kann ganz oder teilweise versagt werden, wenn das Mitglied die Arbeitsunfähigkeit bei Begehung eines durch strafgerichtliches Urteil festgestellten Verbrechens oder vorsätzlichen Vergehens sich zugezogen hat. In Fällen der letzteren Art kann die Invalidenpension, sofern der Versicherte eine im Inlande wohnende Familie besitzt, deren Unterhalt er bisher aus seinem Arbeitsverdienste bestritten hat, ganz oder teilweise der Familie überwiesen werden.

Die Leistungen können durch die Satzung an die Zurücklegung einer bestimmten Wartezeit gebunden werden. Die Wartezeit darf auf einen längeren Zeitraum als fünf Jahre nicht festgesetzt werden.

Eine Rente nach Abs. 1 Ziffer 1 ist bereits vor zurückgelegter Wartezeit zu gewähren, wenn die Arbeitsunfähigkeit durch Verunglückung bei der Berufsarbeit verursacht ist.

Steht eine der in Abs. 1 unter Ziffer 1 bis 3 bezeichneten Leistungen einem Ausländer zu, so kann der Berechtigte, falls er einen Wohnsitz im Deutschen Reiche nicht besitzt oder seinen Wohnsitz im Deutschen Reiche aufgibt, mit dem dreifachen Jahresbetrage der Unterstützung abgefunden werden.

Tritt in den Verhältnissen des Empfängers einer Invalidenpension eine Veränderung ein, welche ihn nicht mehr als unfähig zur Berufsarbeit erscheinen läßt, so kann ihm die Pension entzogen werden.

1. „Unfähigkeit zur Berufsarbeit" identisch mit früher „Arbeitsunfähigkeit" liegt vor (Ber. des Herr.H. Komm. S. 6), wenn der Betreffende zu der Arbeit, die er bisher verrichtet hat, unfähig geworden war.

2. Zu Witwenunterstützung s. Anm. 6 zu § 172.

3. Die Vorschrift im bisherigen § 171 Abs. 2, wonach auch die Minderberechtigten (der Pensionskasse nicht Angehörenden) im Falle der Verunglückung bei der Werksarbeit eine Invalidenunterstützung erhalten, ist fortgefallen, schon wegen des Anspruchs an die Berufsgenossenschaft gemäß §§ 9 ff. des Gewerbe-Unfallversicherungsges., s. Z. XLVII. 48.

4. Bei Invalidität aus Betriebsunfall kommt § 25 des Gewerbe-Unfallversicherungsges. zur Anwendung; s. oben S. 133 Anm. 3 zu § 171; bei Invalidität auch gemäß dem Reichs-Invalidenversicherungsgesetze s. Anm. 4 zu § 171 A. B. G., oben S. 133.

5. Der letzte Absatz entspricht § 26 des Invalidenversicherungsges.

§ 172b.

Die Bemessung der Invalidenpensionen und der Witwenpensionen erfolgt durch die Satzung, und zwar lediglich nach alljährlich oder allmonatlich oder allwöchentlich eintretenden Steigerungssätzen, so daß der Betrag der im Einzelfalle zu gewährenden Unterstützung gleich der Summe der von dem Mitglied erdienten Steigerungssätze ist. Der Betrag der Steigerungssätze ist sowohl für die Invalidenunterstützungen wie für die Witwenunterstützungen und — soweit für die Pensionskassenleistungen Mitgliederklassen bestehen — auch für jede Mitgliederklasse besonders festzusetzen. Hierbei ist zulässig, die Steigerungssätze nach Dienstalterszeiten verschieden zu bemessen.

Die hiernach zu gewährenden Invalidenpensionen und Witwenpensionen sind in Tabellen ersichtlich zu machen, welche der Satzung beizufügen sind.

Die Bemessung der Beihilfen zur Erziehung der Kinder verstorbener Mitglieder und Invaliden erfolgt durch die Satzung entweder unter Berücksichtigung des von dem Mitglied zurückgelegten Dienstalters, und alsdann gleichfalls nach den vorstehenden Grundsätzen, oder ohne Berücksichtigung dieses Dienstalters in festen Monatssätzen für die einzelnen etwa bestehenden Mitgliederklassen.

§ 172c.

Mitglieder der Pensionskassen werden bei Übernahme von Beschäftigung im Bezirke eines anderen Knappschaftsvereins ohne Rücksicht auf ihr Lebensalter Mitglieder der Pensionskasse dieses Vereins mit ihrem bisherigen Dienstalter, sofern sie nicht erst zu einem Zeitpunkt Pensionskassenmitglied geworden sind, zu welchem sie das in der Satzung des neuen Vereins als Erfordernis für die Aufnahme aufgestellte Lebensalter bereits überschritten hatten, und sofern sie zur Berufsarbeit nicht bereits unfähig sind (§ 172a Abs. 1 Ziffer 1). Liegt zwischen dem Ausscheiden aus der die Mitgliedschaft im bisherigen Verein begründenden Beschäftigung im Bezirke des neuen Vereins ein Zeitraum von mehr als drei Monaten, so ist die Übernahme in die Pensionskasse des neuen Vereins an die weitere Voraussetzung gebunden, daß das Mitglied den in der Satzung des neuen Vereins für die Aufnahme in die Pensionskasse aufgestellten Erfordernissen über Gesundheit genügt.

Tritt ein solches Mitglied, welches zwei oder mehreren Pensionskassen angehört hat, oder seine Witwe in den Genuß der in § 172a Abs. 1 Ziffer 1 bezw. 2 bestimmten Leistungen, so hat jede beteiligte Pensionskasse für die Zeit, während welcher das Mitglied ihr angehört hat, die Summe der bei ihr erdienten Steigerungssätze zu gewähren. Hierbei kommen Mitgliedzeiten unter einem Jahre auch bei Pensionskassen mit Jahressteigerungssätzen, und zwar insoweit in Anrechnung, als diese Mitgliedzeiten in Verbindung mit den in anderen beteiligten Pensionskassen zurückgelegten Mitgliedzeiten sich zu vollen Jahren ergänzen lassen. Der Steigerungssatz für diese weniger als ein Jahr betragenden Mitgliedzeiten berechnet sich alsdann auf denjenigen Bruchteil des Jahressteigerungssatzes, welcher der Zahl der in Betracht kommenden vollen Beitragsmonate entspricht.

Die Berechnung, Festsetzung und Auszahlung der Leistungen der beteiligten Pensionskassen erfolgt durch denjenigen Knappschaftsverein, dessen Pensionskasse das Mitglied zuletzt angehört hat. Letzterer hat den übrigen beteiligten Vereinen die nach der Berechnung auf sie entfallenden Anteile alsbald mitzuteilen. Die demnach im Laufe eines Vierteljahres fällig werdenden Anteile sind zur Vermeidung des Verwaltungszwangsverfahrens spätestens bis zum Schlusse des ersten Monats des folgenden Vierteljahres zu erstatten.

Streitigkeiten über die Anteile an der Aufbringung der Leistungen entscheidet in diesen Fällen unter Ausschluß des Rechtsweges das Oberbergamt, wenn die Vereine verschiedenen Oberbergamtsbezirken angehören, der Minister für Handel und Gewerbe.

Die in § 172a Abs. 1 Ziffer 3 und 4 bestimmten Leistungen werden stets nach der Satzung desjenigen Knappschaftsvereins berechnet, welchem der Verstorbene zur Zeit seines Todes als Mitglied oder Invalide angehört hat, und von diesem Knappschaftsverein allein getragen.

1. §§ 172c und 172d führen gesetzlich die früher nur bei Gegenseitigkeitsverhältnis einzelner Knappschaftsvereine zugelassene Freizügigkeit der Knappschaftsmitglieder ein, s. Z. XLVII. 58 f. Zwischen preußischen und nichtpreußischen Knappschaftsvereinen können (auch in Zukunft) Gegenseitigkeitsverhältnisse bei Zuzug von Knappschaftsmitgliedern vereinbart werden (Komm.Ber. d. Herr.H. S. 9).

2. Die Übernahme erfolgt mit dem bisherigen Dienstalter, es kommen also für das übertretende Mitglied die Steigerungssätze in Betracht, die seinem bisherigen Dienstalter entsprechen.

3. Nach Satz 1 in Abs. 2 steht dem Knappschaftsmitglied ein besonderer Rechtsanspruch gegen jeden der beteiligten Knappschaftsvereine zu.

4. Die Knappschaftsvereine können im Verhältnis ihrer Teilleistungen zur Gesamtunterstützung die Kürzungen nach § 25 Gew.-Unfall- und § 52 Invalidenversicherungsges. (s. oben S. 133) vornehmen.

§ 172d.

Mitglieder der Pensionskassen, welche, ohne arbeitsunfähig zu sein, aus der die Mitgliedschaft begründenden oder zu derselben berechtigenden Beschäftigung ausscheiden und nicht Mitglieder einer anderen Knappschaftspensionskasse werden, sind bei einem Dienstalter von wenigstens fünf Jahren berechtigt, sich die bis dahin erworbenen Ansprüche auf die Pensionskassenleistungen durch Zahlung einer in der Satzung festzusetzenden Anerkennungsgebühr zu erhalten, deren monatlicher Betrag eine Mark nicht übersteigen darf.

Der Verlust der erworbenen Ansprüche tritt in diesem Falle erst ein, wenn die Zahlung der Anerkennungsgebühr für sechs aufeinander folgende Monate unterlassen ist.

Durch die Satzungen kann bestimmt werden, daß und unter welchen Bedingungen eine Steigerung der Ansprüche auch nach Ausscheiden aus der Beschäftigung eintreten kann.

1. Dienstalter im Sinne dieses § 172d ist hier wie § 172c Abs. 3 gebraucht, zählt also nicht nach der Dauer des Dienstverhältnisses als Arbeiter oder Beamter, sondern nach der Dauer der Zugehörigkeit zur Pensionskasse.

2. Mahnung ist nicht nötig für den Verlust der erworbenen Ansprüche.

§ 172e.

Insoweit die Voraussetzungen der §§ 172c und 172d nicht vorliegen, verlieren Mitglieder, welche aus der ihre Mitgliedschaft bei der Pensionskasse begründenden Beschäftigung freiwillig oder infolge Kündigung oder Entlassung durch den Werksbesitzer ausscheiden, ihre Ansprüche auf die Leistungen der Pensionskasse.

Nichtbeitrittspflichtige Mitglieder verlieren außerdem ihre Ansprüche auf die Leistungen der Pensionskasse, wenn sie dem Vorstand ihren Austritt anzeigen oder die Beiträge an sechs aufeinander folgenden Zahlungsterminen nicht geleistet haben.

Tritt ein früheres Pensionskassenmitglied wieder in eine Knappschaftspensionskasse als Mitglied ein, so leben seine früheren Pensionsansprüche nach einjähriger Mitgliedzeit wieder auf.

Abs. 3 entspricht dem Prinzipe im Reichs-Invalidenversicherungsgesetz. § 46 Abs. 4, s. Komm.Ber. d. Herr.H. S. 9.

§ 173.

Die Unterstützungsansprüche auf Grund dieses Gesetzes verjähren in zwei Jahren vom Tage ihrer Entstehung an.

Die Übertragung der dem Unterstützungsberechtigten zustehenden Ansprüche auf die Leistungen der Knappschaftsvereine und Krankenkassen an Dritte sowie die Verpfändung oder Pfändung hat nur insoweit rechtliche Wirkung, als sie erfolgt:

1. zur Deckung eines Vorschusses, welcher dem Berechtigten auf seine Ansprüche vor Anweisung der Unterstützung von dem Arbeitgeber oder einem Organe des Knappschaftsvereins oder der Krankenkasse oder dem Mitglied eines solchen Organs gegeben worden ist;
2. zur Deckung der in § 850 Abs. 4 der Zivilprozeßordnung bezeichneten Forderungen.

Die Ansprüche dürfen auf geschuldete Eintrittsgelder und Beiträge, auf gezahlte Vorschüsse, auf zu Unrecht gezahlte Unterstützungsbeträge und auf Geldstrafen aufgerechnet werden, welche nach näherer Vorschrift der Satzungen von den Organen der Knappschaftsvereine oder der Krankenkassen verhängt worden sind. Die Ansprüche dürfen ferner aufgerechnet werden auf Ersatzforderungen für Beträge, welche der Unterstützungsberechtigte auf Grund der Reichsgesetze über Unfallversicherung bezogen, aber an den Knappschaftsverein oder die Krankenkasse zu erstatten hat; Ansprüche auf Krankengeld dürfen jedoch nur bis zur Hälfte aufgerechnet werden.

Ausnahmsweise darf der Berechtigte den Anspruch ganz oder zum Teil auf andere übertragen, sofern dies von dem Revierbeamten genehmigt wird.

1. § 173 entspricht § 56 des Krankenversicherungsgesetzes.
2. Nur solche Beiträge sind aufrechenbar, die vom Unterstützungsberechtigten selbst einzuzahlen waren.
3. „Nach näherer Vorschrift der Satzungen“ bedeutet zugleich, daß die Befugnis der Organe zur Verhängung von Geldstrafen nur insoweit besteht, als sie durch ausdrückliche Vorschrift der (bestätigten) Satzung ihnen beigelegt ist.
4. Als untere Verwaltungsbehörde im Sinne des § 56 Abs. 4 des Krankenversicherungsges. gilt der Revierbeamte, s. Z. XLVI. 1.

§ 174.

Sowohl die Mitglieder als auch die Werksbesitzer haben zu den Krankenkassen und den Pensionskassen Beiträge zu leisten. Die Beiträge für Werksbesitzer für beitrittspflichtige Mitglieder dürfen nicht geringer als die Beiträge dieser Mitglieder sein.

Zur Beitragsleistung für die nichtbeitrittspflichtigen Mitglieder sind die Werksbesitzer indessen nicht verpflichtet. Soweit eine Beitragsleistung für ein nichtbeitrittspflichtiges Mitglied durch den Werksbesitzer nicht erfolgt, hat das nichtbeitrittspflichtige Mitglied neben dem Mitgliedbeitrag auch den auf den Werksbesitzer entfallenden Beitrag seinerseits zu entrichten.

Satz 2 in Abs. 1 enthält eine Neuerung gegenüber A. B. G., vgl. Komm.Ber. d. Herr.H. S. 9.

§ 175.

Die Beiträge der Mitglieder zur Krankenkasse sind in einem Bruchteile ihres Arbeitslohnes oder Gehalts oder in einem festen Satze so zu bemessen, daß sie unter Hinzurechnung der Beiträge der Werksbesitzer und der etwaigen sonstigen Einnahmen der Kasse ausreichen, um deren gesetzliche und satzungsmäßige Ausgaben zu decken und außerdem einen Reservefonds im Mindestbetrage der durchschnittlichen Jahresausgabe der letzten drei Jahre anzusammeln und erforderlichenfalls den Reservefonds bis zu dieser Höhe zu ergänzen.

§ 175a.

Reichen die Mittel einer besonderen Krankenkasse zur Deckung der laufenden Ausgaben nicht aus, so sind die Werksbesitzer zur Leistung der erforderlichen Vorschüsse verpflichtet.

§ 175b.

Werden die gesetzlichen Mindestleistungen einer besonderen Krankenkasse (§ 171b) durch die Beiträge, nachdem diese für die Mitglieder vier Prozent des durchschnittlichen Arbeitslohnes oder Gehalts erreicht haben, nicht gedeckt, so haben die Werksbesitzer die zur Deckung der gesetzlichen Mindestleistungen erforderlichen Zuschüsse aus eigenen Mitteln zu leisten.

Die §§ 175a und 175b entsprechen §§ 64 Ziff. 4 und 65 Abs. 2 des Krankenversicherungsges.

§ 175c.

Die Beiträge der Mitglieder zur Pensionskasse sind in einem Bruchteile ihres Arbeitslohnes oder Gehalts oder in einem festen Satze zu bestimmen.

Die Höhe der Beiträge ist derart zu bemessen, daß sie unter Hinzurechnung der etwaigen weiteren Einnahmen der Kasse und unter Berücksichtigung aller sonstigen für die Leistungsfähigkeit des Knappschaftsvereins in Betracht kommenden Umstände die dauernde Erfüllbarkeit der Pensionskassenleistungen ermöglichen.

In den verschiedenen Mitgliederklassen sind die Beiträge für die einzelnen Mitglieder gleich zu bemessen und lediglich nach der durchschnittlichen Höhe der in denselben zu gewährenden Invalidenunterstützungen abzustufen.

1. Als sonstige für die Leistungsfähigkeit in Betracht kommende Umstände gelten (s. Z. XLVII. 67) namentlich die größere oder geringere Nachhaltigkeit der Vereinswerke, die größere oder geringere Bedeutung und Ausdehnung der Betriebe, Zahl und Lebensalter der aktiven Mitglieder und der Unterstützungsempfänger überhaupt sowie der erfahrungsgemäß in Zugang und Abgang kommenden aktiven Mitglieder und Unterstützungsempfänger.

2. Ein bestimmtes Deckungsverfahren, insbesondere das Kapitaldeckungsverfahren, ist nicht vorgeschrieben. Unter Umständen genügt Umlageverfahren mit Reservefonds.

§ 175d.

Ergibt sich, daß die Beiträge zur Krankenkasse oder zur Pensionskasse den Bestimmungen des § 175 oder des § 175c Abs. 2 nicht genügen, so ist eine entsprechende Erhöhung der Beiträge oder eine entsprechende Minderung der Kassenleistungen herbeizuführen. Die Minderung kann sich auch auf die bereits bewilligten oder rechtskräftig festgestellten Pensionskassenleistungen erstrecken, soweit letztere nicht bereits vor Inkrafttreten der Minderung fällig geworden sind.

Unterläßt der Knappschaftsverein oder die besondere Krankenkasse, diese Abänderungen zu beschließen, so hat das Oberbergamt die Beschlußfassung anzuordnen und, falls dieser Anordnung keine Folge gegeben wird, seinerseits die erforderliche

Abänderung der Satzung von Amts wegen mit rechtsverbindlicher Wirkung zu vollziehen.

Wird zur Aufrechterhaltung oder Wiederherstellung der Leistungsfähigkeit eines Knappschaftsvereins oder einer besonderen Krankenkasse eine schleunige Vermehrung ihrer Einnahmen oder Verminderung ihrer Ausgaben erforderlich, so kann das Oberbergamt, vorbehaltlich des vorstehend vorgeschriebenen Verfahrens, eine sofortige vorläufige Erhöhung der Beiträge oder Herabsetzung der Leistungen verfügen. Die Beschwerde gegen diese Verfügung hat keine aufschiebende Wirkung.

1. Die Minderung der Krankenkassenleistungen ist genau (und nur) im Rahmen des § 33 Abs. 1 und 4 des Krankenversicherungsgesetzes zugelassen, wobei die in § 74 dieses Gesetzes und § 171 b Abs. 1 A.B.G. gesetzlich festgelegten Mindestleistungen (s. auch § 171 b Abs. 3 A.B.G.) nicht zu verkürzen sind.

2. Die Minderung auch der bereits bewilligten oder sonst festgestellten Pensionsleistungen entspricht nicht dem bisherigen Recht, Z. XXXVIII. 240, XXXVII. 350.

3. S. im allgemeinen Z. XLVII. 68 f.

§ 176.

Die Werksbesitzer haben jede von ihnen beschäftigte Person, für welche gemäß den §§ 171 und 172 die Zugehörigkeit zu dem Knappschaftsvereine begründet ist, an den durch die Satzungen festzusetzenden Zeitpunkten und auf dem darin bezeichneten Wege (§ 170 a Abs. 1 Ziffer 3) bei dem Knappschaftsvorstande und, wo besondere Krankenkassen bestehen, auch bei dem Vorstande der zuständigen Krankenkasse anzumelden und nach Beendigung des Arbeits- oder Dienstverhältnisses wieder abzumelden.

Unterbleibt die Anmeldung, so sind die Vorstände befugt, die Zahl der Personen, für welche die Beiträge zur Knappschaftskasse oder zur Krankenkasse eingezogen werden sollen, nach ihrem Ermessen zu bestimmen.

Werksbesitzer, die ihrer Anmeldepflicht vorsätzlich oder fahrlässigerweise nicht genügen, haben außerdem alle Aufwendungen zu erstatten, welche der Knappschaftsverein oder die Krankenkasse auf Grund gesetzlicher oder satzungsmäßiger Vorschrift in einem vor der Anmeldung durch die nichtangemeldete Person veranlaßten Unterstützungsfalle gemacht hat. Auch ist zulässig, die Unterlassung der Anmeldepflicht durch die Satzung mit einer Geldstrafe bis zu zwanzig Mark zu belegen.

Die bisherige Befugnis des Vorstandes, bei dem Oberbergamt den Erlaß eines Strafbefehls gegen den säumigen Werksbesitzer zu beantragen, ist nicht aufrecht erhalten.

§ 176a.

Die Werksbesitzer sind verpflichtet, die Mitgliederbeiträge, etwa vorgeschriebene Eintrittsgelder und auf Grund der Satzung verhängte Ordnungsstrafen von den bei ihnen beschäftigten Personen einzuziehen und zugleich mit ihren eigenen Beiträgen zu den in der Satzung bestimmten Zeitpunkten an die vorgeschriebenen Stellen abzuführen. Sie haften für die Einziehung und Abführung der Beiträge, Eintrittsgelder und Ordnungsstrafen der beitrittspflichtigen Mitglieder wie für eine eigene Schuld.

Die Mitglieder sind verpflichtet, sich ihre Beiträge, etwaige Eintrittsgelder und auf Grund der Satzung verhängte Ordnungsstrafen bei den Lohnzahlungen einbehalten zu lassen. Die Einbehaltungen für die Beiträge sind auf die Lohnzahlungszeiträume, auf welche sie entfallen, möglichst gleichmäßig zu verteilen.

Vgl. Z. XLVII. 70, § 53 Abs. 1 des Krankenversicherungsges., § 394 B. G. B. u. Ges. v. 21./6. 69 (oben S. 49).

§ 177.

Die im § 176a Abs. 1 Satz 1 bezeichneten Leistungen zu den Knappschaftskassen und zu den besonderen Krankenkassen können auf vorgängige Festsetzung durch das Oberbergamt im Wege des Verwaltungszwangsverfahrens eingezogen werden.

Durch Einlegung der nach § 186 Abs. 2 zulässigen Rechtsmittel wird die Zwangsvollstreckung nicht aufgehalten.

Rückständige Beiträge, Eintrittsgelder und Ordnungsstrafen verjähren binnen zwei Jahren nach der Fälligkeit.

1. Auch Eintrittsgelder und Ordnungsstrafen fallen unter Abs. 1.
2. Abs. 3 entspricht § 168 Reichs-Invalidenversicherungsgesetzes, s. auch § 55 Abs. 1 des Krankenversicherungsgesetzes und § 103 Abs. 2 des Gewerbe-Unfallversicherungsgesetzes. Bisher unterlagen Knappschaftsbeiträge der kürzeren Verjährung nach § 6 des Ges. v. 18./6. 40 (G. S. S. 140).

§ 177a.

Erscheint die dauernde Leistungsfähigkeit eines Knappschaftsvereins oder einer besonderen Krankenkasse durch andauerndes Sinken auf eine für diese Leistungsfähigkeit nicht ausreichende Mitgliederzahl oder aus anderen Gründen derart gefährdet, daß im Wege des § 175d eine dauernde Abhilfe nicht mehr zu erwarten ist, so kann die Aufsichtsbehörde den Knappschaftsverein oder die Krankenkasse auflösen und die Mitglieder einem anderen Knappschaftsverein oder einer anderen Krankenkasse mit der Maßgabe überweisen, daß gegen den letzteren Verein aus der bei dem aufgelösten Verein verbrachten Beitragszeit Ansprüche nicht geltend gemacht werden können, und daß die bisherigen Pensionskassenmitglieder im übrigen mit ihrem bisherigen Dienstalter auch der Pensionskasse angehören, sofern sie den in § 172c Abs. 1 für die Aufnahme aufgestellten Erfordernissen genügen. Dabei werden diejenigen bisherigen Pensionskassenmitglieder, welche in dem Zeitpunkt der Überweisung hinsichtlich des Lebensalters und der Gesundheit den durch die Satzung des neuen Knappschaftsvereins für die Aufnahme in die Pensionskasse aufgestellten Erfordernissen genügen, sofern sie bei der Übernahme auf eine Berücksichtigung ihres bisherigen Dienstalters für ihre Ansprüche an den neuen Knappschaftsverein ausdrücklich verzichten, ohne Berücksichtigung ihres bisherigen Dienstalters in die Pensionskasse des neuen Knappschaftsvereins übernommen.

Außerdem hat die Aufsichtsbehörde einen Knappschaftsverein oder eine besondere Krankenkasse aufzulösen:

1. wenn der Betrieb oder die Betriebe, für welche der Verein errichtet ist, aufgelöst werden;
2. wenn dem Knappschaftsverein lediglich Werke der in § 166 Abs. 2 bezeichneten Art angehören und die

Besitzer dieser Werke sowie die auf diesen Werken beschäftigten Mitglieder die Auflösung gemeinschaftlich beantragen;

3. wenn einer besonderen Krankenkasse lediglich Werke der in § 166 Abs. 2 bezeichneten Art angehören und das Ausscheiden dieser Werke aus dem Knappschaftsverein nach § 166 Abs. 2 und 4 mit Wirksamkeit erfolgt ist.

Die den bisherigen Mitgliedern bis zur Auflösung des Knappschaftsvereins oder der Krankenkasse erwachsenen Ansprüche bleiben gegen den aufgelösten Verein bestehen, können aber über den Zeitpunkt der Auflösung hinaus sich nicht erhöhen.

Das vorhandene Vermögen ist von der Aufsichtsbehörde in Verwahrung zu nehmen, zu verwalten und zur tunlichst gleichmäßigen Befriedigung der vorhandenen Ansprüche zu verwenden.

Bei Befriedigung der Ansprüche gegen die Pensionskasse eines aufgelösten Knappschaftsvereins sind die Ansprüche derjenigen Personen vorweg zu befriedigen, die sich zur Zeit der Auflösung bereits im Genusse einer Pension befanden. Später eintretende Ansprüche sind nach Maßgabe des vorhandenen Vermögensrestes zu befriedigen. Die Aufsichtsbehörde hat in diesen Fällen einen Liquidationsplan aufzustellen.

Werden nach Wegfall aller Berechtigten Ansprüche nicht mehr erhoben, so fällt ein etwa vorhandener Vermögensrest demjenigen Vereine zu, welchem die dem aufgelösten Vereine angehörig gewesenen Mitglieder überwiesen worden sind. Hat eine solche Überweisung nicht stattgefunden, so ist ein etwa vorhandener Vermögensrest in der dem bisherigen Zweck am meisten entsprechenden Weise zu verwenden.

§ 177a lehnt sich an die §§ 47 und 68 des Krankenversicherungsgesetzes.

§ 177b.

Nach Anhörung der Generalversammlungen der beteiligten Knappschaftsvereine kann die Aufsichtsbehörde im Interesse der dauernden Sicherstellung der Ansprüche der Mitglieder die Vereinigung von zwei oder mehreren Pensionskassen in der Weise anordnen, daß entweder die vollständige Vereinigung der Pensionskassen erfolgt oder daß sie ihre Selbständigkeit behalten und sich zu einem Rückversicherungsverbande vereinigen. Für die Aufstellung der Satzungen finden in diesen Fällen die §§ 169 bis 170a sinngemäße Anwendung. Die Rückversicherungsverbände erlangen durch die Bestätigung ihrer Satzungen die Rechtsfähigkeit.

Im Falle der Vereinigung durch Beschluß bleibt das vorhandene Vermögen im Knappschaftsvereine gesondert. Auch sind die Personen gesondert zu behandeln, welche bereits im Genuß von Leistungen der Pensionskassen stehen; desgleichen Eventualansprüche, die im Zeitpunkt der Vereinigung erworben sind, s. Z. XLVII. 74 f.

§ 177c.

Die Auflösung im Falle des § 177a Abs. 1 und die Anordnung der Vereinigung im Falle des § 177b erfolgt durch Beschluß. Handelt es sich um die Vereinigung von Pensionskassen, über welche verschiedene Oberbergämter die Aufsicht führen, so erfolgt die Anordnung durch gemeinschaftlichen Beschluß der beteiligten Oberbergämter. Gegen den Beschluß findet binnen einer Frist von einem Monat vom Tage der Zustellung an den Vorstand ab die Beschwerde an das Oberschiedsgericht statt (§ 186m).

§ 177d.

Erstreckt sich ein Knappschaftsverein oder ein Rückversicherungsverband über den Bezirk mehrerer Oberbergämter, so bestimmt der Minister für Handel und Gewerbe die Behörde, durch welche die den Oberbergämtern zugewiesenen Befugnisse hinsichtlich dieses Knappschaftsvereins oder Rückversicherungsverbandes wahrzunehmen sind.

§ 178.

Die Verwaltung eines jeden Knappschaftsvereins erfolgt unter Beteiligung von Knappschaftsältesten durch den Knappschaftsvorstand und die Generalversammlung.

Wo besondere Krankenkassen errichtet sind, muß für diese auch ein besonderer Vorstand bestehen.

§ 179.

Die Knappschaftsältesten werden von den beitragzahlenden, männlichen, volljährigen Vereinsmitgliedern, welche sich im Besitz der bürgerlichen Ehrenrechte befinden, in einer durch die Satzung bestimmten Zahl und unter den in der Satzung hinsichtlich der Wählbarkeit bestimmten besonderen Voraussetzungen auf Grund unmittelbarer Abstimmung aus ihrer Mitte gewählt. Insoweit innerhalb eines Knappschaftsvereins besondere Krankenkassen eingerichtet sind, kann durch die Satzung des Knappschaftsvereins bestimmt werden, daß die Wahl der Knappschaftsältesten bei den besonderen Krankenkassen erfolgt.

Die Verhältniswahl ist zulässig; dabei kann die Stimmabgabe auf Vorschlagslisten beschränkt werden, die bis zu einem in der Satzung festgesetzten Zeitpunkte vor der Wahl einzureichen sind.

Die Knappschaftsältesten haben im allgemeinen das Recht und die Pflicht, einerseits die Befolgung der Satzung durch die Knappschaftsmitglieder zu überwachen und andererseits die Rechte der letzteren gegenüber dem Vorstande wahrzunehmen. Die Knappschaftsältesten oder von ihnen gewählte Abgeordnete vertreten die Knappschaftsmitglieder in den Generalversammlungen.

Die Satzung oder eine besondere Dienstanweisung (§ 181) regelt ihre Dienstobliegenheiten.

1. Die geheime Wahl der Knappschaftsältesten, welche der Regierungsentwurf vorsah, ist nicht (unbedingt) gesetzlich vorgeschrieben; vielmehr ist, wie bisher, der Satzung überlassen, offene oder geheime, direkte oder indirekte Wahl vorzunehmen, bzw. Mächtigkeit der Knappschaftsältesten der deutschen Sprache vorzuschreiben.

2. Über Verhältniswahl s. oben S. 63, Anm. 3 zu § 80 f.

§ 180.

Die Mitglieder des Knappschaftsvorstandes werden zur einen Hälfte aus den Werksbesitzern oder aus deren Vertretern (§§ 117, 127, 134), zur anderen Hälfte aus den beitrittspflichtigen Knappschaftsältesten gewählt.

Die Verhältniswahl ist zulässig; dabei kann die Stimmabgabe auf Vorschlagslisten beschränkt werden, die bis zu einem in der Satzung festgesetzten Zeitpunkte vor der Wahl einzureichen sind.

Wählbar als Vertreter der Werksbesitzer sind auch solche Personen, welche mit der Leitung der zum Verein gehörigen Betriebe betraut oder in der Verwaltung dieser Betriebe angestellt sind.

Der Knappschaftsvorstand wählt seinen Vorsitzenden und dessen Stellvertreter aus der Zahl seiner aus den Werksbesitzern oder deren Vertretern gewählten Mitgliedern.

1. Das Wort „beitrittspflichtigen" bedingt, daß Werksbeamte mit mehr als 2000 Mark Jahresverdienst, sowie Knappschaftsbeamte und Invaliden nicht mehr zu Ältesten wählbar sind; s. auch unten Art. III Abs. 3.

2. Die Wahl erfolgt durch die Generalversammlung.

3. Knappschaftsälteste können nach Abs. 4 nicht (mehr) zu Vorsitzenden oder stellvertretenden Vorsitzenden des Vorstandes gewählt werden wegen der dazu erforderlichen großen Umsicht, Sachkenntnis und Verantwortlichkeit, Komm.Ber. d. Herr.H. S. 13.

§ 180a.

Die Beschlußfassungen im Vorstand erfolgen mit einfacher Stimmenmehrheit. Ergibt die Abstimmung über einen Antrag Stimmengleichheit, so ist der Antrag innerhalb eines Monats zur nochmaligen Beschlußfassung zu bringen.

Ergibt auch die wiederholte Abstimmung Stimmengleichheit und erscheinen durch Nichtannahme des Antrags erhebliche Interessen des Vereins gefährdet, so kann die Entscheidung des Oberbergamts über Annahme oder Ablehnung des Antrags angerufen werden. Diese Entscheidung kann von mindestens einem Drittel der Mitgliedervertreter oder der Vertreter der Werksbesitzer im Vorstand und nur innerhalb eines Monats vom Tage der wiederholten Abstimmung ab beantragt werden.

Die Entscheidung des Oberbergamts erfolgt durch Beschluß. Gegen diesen Beschluß findet binnen einer Frist von einem Monat vom Tage der Zustellung an den Vorstand ab die Beschwerde an das Oberschiedsgericht statt (§ 186m).

Vgl. hierzu Anm. zu § 170, oben S. 130. § 120a ist vom Abg.H. eingeschaltet worden.

§ 181.

Der Knappschaftsvorstand vertritt den Verein gerichtlich und außergerichtlich. Durch die Satzung kann einem Mitgliede oder mehreren Mitgliedern des Vorstandes die Vertretung nach außen übertragen werden. Der Vorstand führt die laufende Verwaltung, soweit diese nicht durch die Satzung einem oder mehreren Vorstandsmitgliedern oder Beamten übertragen ist. Die Entscheidung über Anträge auf Invaliditätserklärung sowie die Festsetzung der aus der Pensionskasse zu gewährenden Unterstützungen bleibt indessen stets dem Vorstande oder einem nach näherer Bestimmung der Satzung bestellten Ausschuß vorbehalten. Auf die Zusammensetzung solcher Ausschüsse findet § 180 Anwendung. Ihre Wahl erfolgt durch die Generalversammlung, sofern diese Wahl nicht durch die Satzung dem Knappschaftsvorstand übertragen ist.

Zum Nachweise seiner Vertretungsmacht erhält der Vorstand eine Bescheinigung der Aufsichtsbehörde über die den Vorstand bildenden Personen.

Zu den Obliegenheiten des Vorstandes gehört insbesondere:

1. die Leitung der Wahlen der Knappschaftsältesten, soweit diese nicht bei den besonderen Krankenkassen stattfinden, und erforderlichenfalls der Erlaß einer Dienstanweisung für die Knappschaftsältesten;
2. die Auswahl der Beamten und der Ärzte des Vereins und der Abschluß der Verträge mit ihnen sowie mit den Apothekern;
3. die Verwaltung des Vereinsvermögens und die Anlegung verfügbarer Gelder;
4. die Aufsicht über die Geschäftsführung der etwa bestehenden besonderen Krankenkassen.

Für die Anlegung verfügbarer Gelder gelten die für die Anlegung von Mündelgeldern bestehenden Vorschriften, soweit nicht im einzelnen Falle auf Antrag des Vorstandes durch die Aufsichtsbehörde eine andere Anlegung zugelassen ist.

Über Mündelsicherheit s. §§ 1807, 1808 B. G. B. und Art. 73—76 A. G. z. B. G. B. v. 20./9. 99 (G. S. S. 177).

§ 181a.

Soweit die Wahrnehmung der Vereinsverwaltung nicht nach Vorschrift des Gesetzes oder auf Grund der Satzung dem Knappschaftsvorstande obliegt, steht die Beschlußfassung der Generalversammlung zu.

Der Generalversammlung muß vorbehalten bleiben:

1. die Abänderung der Satzung;
2. die Wahl des Vorstandes;
3. die Wahl eines Ausschusses
   a) zur Prüfung und Abnahme der Jahresrechnung;
   b) zur Ausübung der Befugnis, Ansprüche des Knappschaftsvereins gegen Vorstandsmitglieder oder Beamte aus deren Geschäftsführung durch besondere Beauftragte zu verfolgen.

Die Generalversammlung, die bisher nur teilweise durch Satzung eingeführt war, ist jetzt gesetzliche Einrichtung, s. Z. XLVII. 30, 79 a. a. O.

§ 181b.

Die Generalversammlung besteht aus den Werksbesitzern oder ihren Vertretern (§ 180 Abs. 1) und aus den Knappschaftsältesten oder aus Abgeordneten der Knappschaftsältesten, welche nach näherer Bestimmung der Satzung von den Knappschaftsältesten aus ihrer Mitte gewählt werden. Sowohl die Werksbesitzer als auch die Knappschaftsältesten können sich in der Generalversammlung durch besonders hierzu bevollmächtigte Personen vertreten lassen. Als Vertreter eines Knappschaftsältesten kann indessen nur wiederum ein Knappschaftsältester bevollmächtigt werden.

Die Beschlußfassungen und die Wahlen erfolgen für jeden der beiden Teile besonders, und zwar nach einem durch die

Satzung zu regelnden Stimmverhältnis. Anträge, welchen nicht von beiden Teilen zugestimmt wird, gelten als abgelehnt.

Das Stimmverhältnis kann nach der Zahl der auf den einzelnen Werken beschäftigten bzw. den einzelnen Ältestensprengeln angehörenden Mitglieder verschieden abgestuft werden.

§ 182.

Den Kassenbeamten darf die Entlastung für die Jahresrechnung erst nach deren Prüfung und Abnahme (§ 181a Abs. 2 Ziffer 3a) erteilt werden.

§ 182a.

Die Mitglieder des Vorstandes sowie die Verwaltungs-, Rechnungs- und Kassenbeamten des Knappschaftsvereins haften für getreue Geschäftsführung wie Vormünder ihren Mündeln.

§ 182a entspricht z. B. § 42 Abs. 1 des Krankenversicherungsges.

§ 182b.

Die Bestimmungen der §§ 179 bis 182a finden für besondere Krankenkassen mit folgender Maßgabe Anwendung:

1. Sind die Wahlen der Knappschaftsältesten nicht durch die Satzung des Knappschaftsvereins den besonderen Krankenkassen übertragen, so finden besondere Wahlen der Knappschaftsältesten nicht statt, vielmehr gilt die in dem Knappschaftsverein erfolgte Wahl auch für die Krankenkasse.
2. Durch die Satzung kann bestimmt werden, daß an Stelle der Knappschaftsältesten sämtliche Kassenmitglieder, welche großjährig und im Besitze der bürgerlichen Ehrenrechte sind, an der Generalversammlung teilnehmen.

Gemäß Ziff. 1 müssen die Knappschaftsältesten für die besondere Krankenkasse wie für den Knappschaftsverein stets dieselben Personen sein, mag die Wahl bei der besonderen Krankenkasse oder bei dem Knappschaftsverein erfolgen.

§ 183.

Die Oberbergämter haben die Beobachtung der für die Tätigkeit der Knappschaftsvereine in Betracht kommenden Gesetze und der Satzungen zu überwachen. Sie können die Befolgung dieser Vorschriften durch Androhung, Festsetzung und Vollstreckung von Ordnungsstrafen gegen die Vorstandsmitglieder erzwingen.

Sie überwachen insbesondere die dauernde Leistungsfähigkeit der Vereine und die satzungsmäßige Verwaltung des Vermögens.

Sie sind befugt, Ansprüche, die den Vereinen etwa gegen Vorstandsmitglieder oder Beamte aus deren Geschäftsführung erwachsen, in Vertretung des Vereins selbst oder durch einen Beauftragten geltend zu machen.

Abs. 1 und 2 entsprechen im wesentlichen dem bisherigen Recht, s. Z. XLVII. 81 Abs. 3 dem § 66 Abs. 2 des Krankenversicherungsgesetzes.

§ 184.

Zur Ausübung dieses Aufsichtsrechts ernennt das Oberbergamt für jeden Knappschaftsverein einen Kommissar.

Der Kommissar ist befugt, allen Generalversammlungen und Sitzungen der Vorstände und Ausschüsse, welche ihm zu diesem Zwecke mindestens drei Tage vorher anzuzeigen sind, beizuwohnen und jeden gesetz- oder satzungswidrigen Beschluß zu beanstanden. Von einer solchen Beanstandung muß er dem Oberbergamte sofort Anzeige machen.

Das Oberbergamt entscheidet, ob der beanstandete Beschluß als gesetz- oder satzungswidrig aufzuheben oder die Beanstandung zurückzunehmen ist.

Diese Vorschriften beziehen sich sowohl auf den Knappschaftsverein wie die etwa gesonderten Krankenkassen.

§ 184a.

Das Oberbergamt kann die Berufung der Vorstände, Ausschüsse und Generalversammlungen zu Sitzungen verlangen und, falls diesem Verlangen nicht entsprochen wird, die Sitzungen selbst anberaumen.

In den durch das Oberbergamt anberaumten Sitzungen kann dessen Kommissar die Leitung der Verhandlungen übernehmen.

Solange die Wahl des Vorstandes oder der Ausschüsse oder die Generalversammlung nicht zustande kommt, oder die Organe des Vereins gesetzliche oder satzungsmäßige Obliegenheiten nicht erfüllen, kann das Oberbergamt die Befugnisse und Obliegenheiten dieser Organe selbst oder durch Beauftragte auf Kosten des Vereins wahrnehmen.

§ 184a ist § 45 Abs. 2—5 des Krankenversicherungsges. nachgebildet.

§ 185.

Der Vorstand ist jederzeit verpflichtet, dem Oberbergamte und dessen Kommissar auf Verlangen die Einsicht der über seine Verhandlungen sowie über die Verhandlungen der Ausschüsse und Generalversammlungen aufzunehmenden Niederschriften, der Kassenbücher und der gelegten Rechnungen sowie die Revision der Kasse zu gestatten.

Auch hat der Vorstand dem Oberbergamte innerhalb der vorzuschreibenden Fristen und nach den bestimmten Vordrucken die zur Statistik des Knappschaftswesens erforderlichen Nachrichten zu geben sowie alljährlich einen Rechnungsabschluß einzureichen.

Die Vorstände sind ferner verpflichtet, den Anordnungen des Oberbergamts über Art und Form der Rechnungsführung zu genügen.

1. Unter Vorstand ist sowohl der des Knappschaftsvereins wie der etwa gesonderten Krankenkasse verstanden.

2. Abs. 2 u. 3 entsprechen § 41 des Krankenversicherungsges.

§ 185a.

Alle schiedsgerichtlichen und außergerichtlichen Verhandlungen und Urkunden, die zur Begründung und Abwickelung der Rechtsverhältnisse zwischen den Knappschaftsvereinen oder besonderen Krankenkassen einerseits und den Werksbesitzern oder Mitgliedern und den Angehörigen der letzteren andererseits erforderlich werden, sind gebühren- und stempelfrei. Dasselbe gilt für die den Vorständen zum Nachweise ihrer Vertretungsmacht zu erteilenden amtlichen Bescheinigungen (§ 181 Abs. 2 und § 182b) und für die von Werksbesitzern oder Knappschaftsältesten zu ihrer Vertretung in den Generalversammlungen erteilten privatschriftlichen Vollmachten (§ 181b Abs. 1 und § 182b).

§ 185a lehnt sich an § 145 des Gewerbeunfall- und § 171 des Invalidenversicherungsgesetzes.

§ 186.

Beschwerden über die Verwaltung des Vorstandes sind bei dem Oberbergamte und in der weiteren Instanz bei dem Minister für Handel und Gewerbe anzubringen, insoweit nachstehend nichts anderes bestimmt ist.

Gegen die nachstehend unter Ziffer 1 bis 3 bezeichneten Entscheidungen der zuständigen Knappschaftsorgane finden die dort näher angegebenen Rechtsmittel statt:

1. gegen Entscheidungen, durch welche der Anspruch auf Krankenkassenleistungen abgewiesen, oder der Höhe oder der Zeitdauer nach festgestellt wird, oder welche das Mitgliederverhältnis zur Krankenkasse, oder die zu dieser Kasse zu entrichtenden Eintrittsgelder und Beiträge betreffen, die Beschwerde an das Oberbergamt. Die Entscheidung des Oberbergamts ist endgültig, sofern nicht binnen einem Monat nach ihrer Zustellung die Klage im ordentlichen Rechtswege erhoben wird;
2. gegen Entscheidungen, durch welche der Anspruch auf Pensionskassenleistungen abgewiesen, oder der Höhe oder der Zeitdauer nach festgestellt wird, oder welche das Mitgliedverhältnis zur Pensionskasse, oder die zu dieser Kasse zu entrichtenden Eintrittsgelder und Beiträge betreffen, unter Ausschluß des ordentlichen Rechtsweges die Berufung auf schiedsgerichtliche Entscheidung;
3. gegen alle sonstigen Entscheidungen unter Ausschluß des Rechtsweges die in Abs. 1 bezeichnete Beschwerde.

Die in Abs. 2 aufgeführten Rechtsmittel müssen bei Vermeidung des Ausschlusses innerhalb eines Monats nach der Bekanntgabe der Entscheidung des zuständigen Knappschaftsorgans eingelegt werden. Diese Entscheidung muß die Bezeichnung des nach Abs. 2 zulässigen Rechtsmittels, der Rechtsmittelfrist und der für das Rechtsmittel zuständigen Behörde enthalten. Insoweit Entscheidungen über Krankenkassenleistungen auf Grund von Krankenscheinen erfolgen, genügt es, daß die Bezeichnung des zulässigen Rechtsmittels, der Rechtsmittelfrist und der für das Rechtsmittel zuständigen Behörde auf dem Krankenschein enthalten ist.

1. Während nach dem A.B.G. in allen zum Rechtsweg geeigneten Sachen dieser neben der Beschwerde zulässig ist, findet nur noch das eine oder das andere Rechtsmittel statt.

2. Das schiedsgerichtliche Verfahren in Sachen der Pensionskasse entspricht den reichsgesetzlich bestehenden in Sachen der Arbeiterversicherung.

3. Für die Anbringung von Beschwerden (Abs. 1) ist keine Notfrist gesetzt.

4. Nur „Entscheidungen“, nicht etwa Maßnahmen bloß der Geschäftsführung, können Gegenstand des ordentlichen oder schiedsgerichtlichen Verfahrens bilden, s. Z. XLVII. 83 f.

§ 186a.

Für den Bezirk jedes Oberbergamts werden nach dem jeweiligen Bedürfnis ein Schiedsgericht oder mehrere Schiedsgerichte gebildet.

Die Zahl, der Sitz und der Bezirk der Schiedsgerichte wird vom Minister für Handel und Gewerbe bestimmt.

Die Bildung besonderer Schiedsgerichte unterbleibt insoweit, als die nach diesem Gesetz den Schiedsgerichten obliegenden Entscheidungen nach § 186i einem Schiedsgericht für Arbeiterversicherung übertragen sind.

S. hierzu § 186i. Im allgemeinen entspricht § 186a dem § 103 des Invalidenversicherungsgesetzes.

§ 186b.

Jedes Schiedsgericht besteht aus einem ständigen Vorsitzenden und aus Beisitzern. Die Zahl der Beisitzer muß mindestens zwölf betragen und wird im übrigen für jedes Schiedsgericht durch den Minister für Handel und Gewerbe bestimmt.

Der Vorsitzende wird vom Minister für Handel und Gewerbe aus der Zahl der öffentlichen Beamten des Bezirks, für welchen das Schiedsgericht gebildet ist, ernannt. Für den Vorsitzenden ist in gleicher Weise mindestens ein Stellvertreter zu ernennen.

Die Beisitzer werden von der Generalversammlung der Knappschaftsvereine zu gleichen Teilen in getrennter Wahlhandlung von den Werksbesitzern oder deren Vertretern (§ 180 Abs. 1) und von den Knappschaftsältesten nach einfacher Stimmenmehrheit aus ihrer Mitte gewählt. Als Vertreter der Werksbesitzer sind auch solche Personen wählbar, welche mit der Leitung der zum Verein gehörigen Betriebe betraut oder in der Verwaltung dieser Betriebe angestellt, indessen nicht selbst Mitglieder des Vereins sind. Die Wahlen erfolgen in geheimer Abstimmung. Mitglieder des Knappschaftsvorstandes und der in § 181 Abs. 1 bezeichneten Ausschüsse sind nicht wählbar.

Erstreckt sich ein Schiedsgericht über den Bezirk mehrerer Knappschaftsvereine, so erfolgt die Wahl der Beisitzer durch die Generalversammlungen der beteiligten Knappschaftsvereine nach einer von der Aufsichtsbehörde zu erlassenden Wahlordnung. Ergibt eine solche Wahl keine Stimmenmehrheit, so ist die Aufsichtsbehörde befugt, die Beisitzer aus der Zahl derjenigen Personen, welche Stimmen erhalten haben, zu bestimmen.

Die Beisitzer werden auf fünf Jahre gewählt. Die Gewählten bleiben nach Ablauf dieser Zeit so lange im Amte, bis ihre Nachfolger das Amt angetreten haben. Ausscheidende Beisitzer sind wieder wählbar.

Kommt eine Wahl nicht zustande, so ernennt das Oberbergamt die Beisitzer aus der Zahl der wählbaren Personen. Das gleiche gilt, wenn ein Beisitzer während der Wahlperiode ausscheidet; die Ernennung erfolgt alsdann für den Rest der Wahlperiode.

§ 186b entspricht § 104 des Invalidenversicherungsgesetzes.

§ 186c.

Wählbar zu Beisitzern sind nur männliche, im Bezirke der beteiligten Knappschaftsvereine wohnende Personen, welche die deutsche Reichsangehörigkeit besitzen, das dreißigste Lebensjahr zurückgelegt haben und der deutschen Sprache in Wort und Schrift mächtig sind. Nicht wählbar ist, wer zum Amte eines Schöffen unfähig ist (§ 32 des Gerichtsverfassungsgesetzes).

Die Ablehnung der Wahl ist nur aus denselben Gründen zulässig, aus welchen gemäß § 1786 Abs. 1 Ziffer 2 bis 4 und 8 des Bürgerlichen Gesetzbuchs das Amt eines Vormundes abgelehnt werden kann.

Die Wiederwahl kann für eine Wahlperiode ohne weiteres abgelehnt werden.

§ 186c entspricht §§ 104 Abs. 5, 88 Abs. 1 und 94 des Invalidenversicherungsgesetzes.

§ 186d.

Der Vorsitzende und dessen Stellvertreter sowie die Beisitzer sind auf die gewissenhafte Erfüllung der Obliegenheiten ihres Amtes eidlich zu verpflichten.

Der Vorsitzende und dessen Stellvertreter werden durch einen vom Minister für Handel und Gewerbe beauftragten Beamten, die Beisitzer durch den Vorsitzenden beeidigt.

Die Beeidigung der Beisitzer erfolgt bei ihrer ersten Dienstleistung in öffentlicher Sitzung; sie gilt für die Dauer der Wahlperiode. Im Falle der Wiederwahl genügt die Verweisung auf die frühere Beeidigung.

Im übrigen finden auf die Beeidigung die Vorschriften in § 51 des Gerichtsverfassungsgesetzes entsprechende Anwendung.

S. hierzu § 104 Abs. 5, § 83 Abs. 1 des Invalidenversicherungsgesetzes. § 1 der Kais. V., betreffend das Verfahren vor den Schiedsgerichten für Arbeiterversicherung v. 22./11. 1900 (R. G. Bl. S. 1017).

§ 186e.

Die Beisitzer erhalten Ersatz für die ihnen durch die Teilnahme an den Sitzungen des Schiedsgerichts erwachsenden Reisekosten und sonstige bare Auslagen, die Vertreter der Mitglieder außerdem Ersatz für einen ihnen entgangenen Arbeitsverdienst. Die Festsetzung der Reisekosten, baren Auslagen und des entgangenen Arbeitsverdienstes erfolgt durch den Vorsitzenden.

Die Oberbergämter sind befugt, Personen, welche die Wahl zu Beisitzern ohne zulässigen Grund (§ 186c) ablehnen, ohne genügende Entschuldigung zu den Sitzungen sich nicht rechtzeitig einfinden oder ihren Obliegenheiten in anderer Weise sich entziehen, mit Geldstrafe bis zu fünfhundert Mark zu belegen. Die Geldstrafen fließen zu derjenigen Knappschaftskasse, von deren Generalversammlung der Beisitzer gewählt ist. Ist die Wahl durch die Generalversammlungen mehrerer Knappschaftsvereine erfolgt, so wird der Betrag der Geldstrafe unter diese nach einem von dem Oberbergamte zu bestimmenden Verhältnis verteilt.

Verweigert ein Beisitzer dauernd seine Dienstleistung, oder werden hinsichtlich eines Beisitzers Tatsachen bekannt, welche dessen Wählbarkeit auf Grund dieses Gesetzes ausschließen, oder welche sich als grobe Verletzungen der Amtspflicht darstellen, so ist er, nachdem ihm Gelegenheit zur Äußerung gegeben worden ist, durch Beschluß des Oberbergamts seines Amtes zu entheben. Der nachträgliche Fortfall des Amtes als Knappschaftsälteſter hat die Amtsenthebung so lange nicht zur Folge, als die Voraussetzungen für die Wählbarkeit zum Knappschaftsältesten noch vorliegen. Der Rekurs gegen den Beschluß des Oberbergamts hat keine aufschiebende Wirkung.

S. § 104 Abs. 5, § 90 Abs. 2 u. §§ 91, 92 des Invalidenversicherungsges.

§ 186f.

Name und Wohnort der Vorsitzenden und ihrer Stellvertreter sowie der Schiedsgerichtsbeisitzer sind vom Minister für Handel und Gewerbe regelmäßig öffentlich bekannt zu machen. Die Bekanntmachung ist auf allen Vereinswerken zum Aushang zu bringen.

Vgl. § 105 des Invalidenversicherungsges.

§ 186g.

Der Vorsitzende beruft das Schiedsgericht und leitet dessen Verhandlungen.

Das Schiedsgericht ist befugt, Zeugen und Sachverständige zu vernehmen und ihre Aussagen eidlich erhärten zu lassen.

Das Schiedsgericht hat unter Berücksichtigung des gesamten Inhalts der Verhandlungen und des Ergebnisses einer etwaigen Beweisaufnahme sowie unter Würdigung aller Umstände nach freier Überzeugung über den Anspruch zu entscheiden.

Das Schiedsgericht entscheidet in der Besetzung von fünf Mitgliedern, unter denen sich je zwei Vertreter der Werksbesitzer und der Knappschaftsmitglieder befinden müssen.

Die Entscheidungen des Schiedsgerichts erfolgen nach Stimmenmehrheit und sollen spätestens innerhalb drei Wochen nach ihrer Verkündung den Parteien zugestellt werden.

Die Zuziehung der Beisitzer erfolgt in der Regel nach einer von dem Vorsitzenden im voraus aufgestellten Reihenfolge. Will der Vorsitzende aus besonderen Gründen von dieser Reihenfolge abweichen, so sind diese aktenkundig zu machen.

Vgl. hierzu § 106 Abs. 1—5 des Invalidenversicherungsges. u. §§ 286, 287 Z. P. O.

§ 186h.

Die Kosten des Schiedsgerichts trägt derjenige Knappschaftsverein, für dessen Bezirk das Schiedsgericht gebildet ist. Erstreckt sich das Schiedsgericht über den Bezirk mehrerer Knappschaftsvereine, so werden die Kosten durch das Oberbergamt auf diese im Verhältnis ihrer Mitgliederzahl verteilt.

Die Kosten des Verfahrens, welche durch die einzelnen Streitfälle erwachsen, sind von demjenigen Knappschaftsverein zu zahlen, gegen dessen Entscheidung die Berufung eingelegt ist. Das Schiedsgericht ist indessen befugt, den Beteiligten solche Kosten des Verfahrens zur Last zu legen, welche durch Mutwillen oder durch ein auf Verschleppung oder Irreführung berechnetes Verhalten derselben veranlaßt worden sind.

Als „Kosten des Schiedsgerichts" gelten u. a. die Bezüge der Hilfsbeamten und der Beisitzer, die Tagegelder und Reisekosten, welche für Abhaltung der Lokaltermine, die Auslagen für Geschäftsräume und Geschäftsbedürfnisse (Papier, Tinte usw.).

§ 186 i.

Wenn ein Knappschaftsverein als eine besondere Kasseneinrichtung im Sinne des Invalidenversicherungsgesetzes anerkannt ist oder einer solchen besonderen Kasseneinrichtung gemeinschaftlich mit anderen Knappschaftsvereinen angehört, so kann die schiedsgerichtliche Entscheidung der diesen Knappschaftsverein betreffenden Streitigkeiten (§ 186 Abs. 2 Ziffer 2) durch den Minister für Handel und Gewerbe einem Schiedsgericht für Arbeiterversicherung dieser Kasseneinrichtung übertragen werden. Einem solchen Schiedsgericht kann auch die schiedsgerichtliche Entscheidung von Streitigkeiten, welche einen an der Kasseneinrichtung nicht beteiligten Knappschaftsverein betreffen, durch den Minister für Handel und Gewerbe nach Anhörung des Knappschaftsvorstandes und des Vorstandes der Kasseneinrichtung übertragen werden.

Auf die Schiedsgerichte für Arbeiterversicherung, welchen die schiedsgerichtliche Entscheidung von Knappschaftsangelegenheiten übertragen ist, finden die Vorschriften in § 186 b bis § 186 h Abs. 2 keine Anwendung.

Das Verfahren in Knappschaftsangelegenheiten vor den Schiedsgerichten für Arbeiterversicherung regelt sich nach den für diese Gerichte geltenden Bestimmungen.

Die Kosten des Schiedsgerichts sind nach Ablauf des Rechnungsjahres der Kasseneinrichtung von den beteiligten Knappschaftsvereinen anteilig zu erstatten. Dabei wird das Verhältnis zugrunde gelegt, in welchem die Zahl derjenigen auf Grund dieses Gesetzes bei dem Schiedsgericht eingelegten Berufungen, welche in diesem Jahre erledigt worden sind, zur Gesamtzahl der vor dem Schiedsgericht in demselben Zeitraum erledigten Berufungen steht. Die Verteilung der Kosten auf die Kasseneinrichtung, die Berufsgenossenschaften und die Knappschaftsvereine erfolgt durch den Vorsitzenden des Schiedsgerichts.

Als besondere Kasseneinrichtung im Sinne der §§ 8 und 10 des Invalidenversicherungsgesetzes sind die vom Verfasser dieses Werks gegründete Norddeutsche Knappschaftspensionskasse in Halle a. d. S., der Allgemeine Knappschaftsverein in Bochum, der soweit er Kasseneinrichtung, genau der Norddeutschen Knappschaftspensionskasse nachgebildet ist, und der Saarbrücker Knappschaftsverein zu St. Johann a. d. Saar anerkannt; vgl. auch Z. XLVII. 91 f.

§ 186k.

Die Berufung auf schiedsgerichtliche Entscheidung ist bei dem zuständigen Schiedsgericht zu erheben.

Die Berufungsfrist gilt auch dann als gewahrt, wenn innerhalb derselben die Berufung bei einer anderen amtlichen Stelle oder einem Knappschaftsorgan eingegangen ist; diese haben die Berufungsschrift unverzüglich an das zuständige Schiedsgericht abzugeben.

Die Berufung hat keine aufschiebende Wirkung.

Die Entscheidung des Schiedsgerichts ist dem Berufenden sowie dem Vorstande des beteiligten Knappschaftsvereins in Ausfertigung zuzustellen.

§ 186k entspricht § 114 des Invalidenversicherungsgesetzes.

§ 186l.

Gegen die Entscheidungen der Schiedsgerichte steht beiden Teilen die Revision an das Oberschiedsgericht in Knappschaftsangelegenheiten zu. Die Revision der Knappschaftsvorstände hat aufschiebende Wirkung insoweit, als es sich um Beträge handelt, die für die Zeit vor dem Erlasse der angefochtenen Entscheidung nachträglich gezahlt werden sollen. Im übrigen hat die Revision keine aufschiebende Wirkung.

Die Revision ist bei dem Oberschiedsgericht zur Vermeidung des Ausschlusses innerhalb eines Monats nach der Zustellung der Entscheidung des Schiedsgerichts einzulegen. Die Vorschrift des § 186k Abs. 2 findet entsprechende Anwendung.

Die Revision kann nur darauf gestützt werden:

1. daß die angefochtene Entscheidung auf der Nichtanwendung oder der unrichtigen Anwendung des bestehenden Rechtes oder auf einem Verstoße wider den klaren Inhalt der Akten beruhe;
2. daß das Verfahren an wesentlichen Mängeln leide.

Bei Einlegung der Revision ist anzugeben, worin die Nichtanwendung oder die unrichtige Anwendung des bestehenden Rechtes oder der Verstoß wider den klaren Inhalt der Akten oder worin die behaupteten Mängel des Verfahrens gefunden werden. Das Oberschiedsgericht ist bei seiner Entscheidung an diejenigen Gründe nicht gebunden, welche zur Rechtfertigung der gestellten Anträge geltend gemacht worden sind.

Wird das angefochtene Urteil aufgehoben, so kann das Oberschiedsgericht zugleich in der Sache selbst entscheiden oder dieselbe an das Schiedsgericht oder an den Vorstand zurückverweisen. Dabei kann das Oberschiedsgericht bestimmen, daß dem Unterstützungsbewerber eine ihrem Betrage nach bestimmte Unterstützung vorläufig zu zahlen ist. Im Falle der Zurückverweisung ist die rechtliche Beurteilung, auf welche das Oberschiedsgericht die Aufhebung gestützt hat, den weiteren Entscheidungen zugrunde zu legen.

Das Rechtsmittel der Revision entspricht dem Invalidenversicherungsges.; s. §§ 114, 117 (ohne Abs. 2) dieses Ges. u. 48 der Kais. V. v. 22./11. 1900 (R. G. Bl. S. 1017 I).

§ 186m.

Das Oberschiedsgericht hat seinen Sitz in Berlin.

Für die Einrichtung des Oberschiedsgerichts und das Verfahren vor demselben finden die §§ 186b bis 186h entsprechende Anwendung mit folgenden Ausnahmen:

1 Die Beisitzer werden von den Generalversammlungen sämtlicher Knappschaftsvereine nach einer von dem Minister für Handel und Gewerbe zu erlassenden Wahlordnung gewählt.
2. Die den Oberbergämtern zugewiesenen Befugnisse werden von dem Minister für Handel und Gewerbe wahrgenommen.
3. Das Oberschiedsgericht entscheidet über die Beschwerden aus § 180a Abs. 3 in der Besetzung von drei Mitgliedern, nämlich dem Vorsitzenden und je einem Vertreter der Werksbesitzer und der Knappschaftsmitglieder. Im übrigen entscheidet das Oberschiedsgericht in der Besetzung von fünf Mitgliedern einschließlich des Vorsitzenden und je eines Vertreters

der Werksbesitzer und der Knappschaftsmitglieder. Die weiter zuzuziehenden zwei Mitglieder sind

a) bei den in § 166 Abs. 4 bezeichneten Streitigkeiten ein richterlicher Beamter und ein Versicherungsverständiger;

b) bei Beschwerden aus § 169 Abs. 3, § 175d Abs. 2 und § 177c ein Versicherungsverständiger und ein Bergbauverständiger;

c) bei Revisionen (§ 186l) zwei richterliche Beamte.

Die unter a bis c bezeichneten Mitglieder und ihre Stellvertreter werden von dem Minister für Handel und Gewerbe ernannt.

4. Die Kosten des Oberschiedsgerichts trägt der Staat.

§ 186n.

Im übrigen wird das Verfahren vor den Schiedsgerichten und vor dem Oberschiedsgerichte durch Königliche Verordnung geregelt.

Vgl. § 106 Abs. 6 des Invalidenversicherungsgesetzes.

§ 186o.

Die öffentlichen Behörden sind verpflichtet, den im Vollzuge dieses Gesetzes an sie ergehenden Ersuchen des Oberschiedsgerichts, der Schiedsgerichte, anderer öffentlicher Behörden, der Vorstände der Knappschaftsvereine und besonderen Krankenkassen sowie der Ausschüsse (§ 181 Abs. 1 und § 181a Abs. 2 Ziffer 3) zu entsprechen und den Organen der Knappschaftsvereine auch unaufgefordert alle Mitteilungen zukommen zu lassen, welche für deren Geschäftsbetrieb von Wichtigkeit sind. Die gleiche Verpflichtung liegt den Organen der Knappschaftsvereine gegeneinander und gegenüber den Behörden sowie den Organen der Versicherungsanstalten für Invalidenversicherung, der Berufsgenossenschaften und der Krankenkassen ob.

Die durch die Erfüllung dieser Verpflichtungen entstehenden Kosten sind von den Knappschaftsvereinen als eigene Verwaltungskosten insoweit zu erstatten, als sie in Tagegeldern und Reisekosten sowie in Gebühren für Zeugen und Sachverständige oder in sonstigen baren Auslagen bestehen.

§ 186o entspricht § 144 des Gewerbeunfall- und § 172 des Invalidenversicherungsgesetzes.

§ 186p.

Den Werksbesitzern ist untersagt, die Anwendung der Bestimmungen dieses Titels zum Nachteile der Arbeiter oder der beitrittspflichtigen Beamten durch Verträge (mittels Reglements, Arbeitsordnungen oder besonderer Übereinkunft) auszuschließen oder zu beschränken.

Vertragsbestimmungen, welche diesem Verbote zuwiderlaufen, haben keine rechtliche Wirkung.

§ 186p entspricht § 80 des Krankenversicherungsgesetzes.

Artikel II.

Soweit die Gesetze Hinweisungen auf die Vorschriften des Siebenten Titels im Allgemeinen Berggesetze vom 24. Juni 1865 enthalten, treten an deren Stelle die Bestimmungen des Artikels I.

Selbstredend erst vom 1. Jan. 1908 ab; s. Art. III.

Artikel III.

Dieses Gesetz tritt am 1. Januar 1908 in Kraft.

Auf diejenigen Fälle, in denen bereits vor Inkrafttreten dieses Gesetzes Knappschaftsmitglieder den Knappschaftsvereinsbezirk, in welchem ihre Beschäftigung stattfand, gewechselt haben, finden die Vorschriften in § 172c keine Anwendung.

Das Oberbergamt ist ermächtigt, auf Antrag der Mehrheit der Knappschaftsältesten eines Knappschaftsvereins, in welchem bisher auch invalide Mitglieder zu Knappschaftsältesten wählbar waren, zu genehmigen, daß die auf Grund der bisherigen Satzung gewählten Knappschaftsältesten und die aus diesen Knappschaftsältesten gewählten Vorstandsmitglieder bis zum Ablauf ihrer Wahlperiode im Amte bleiben, auch wenn die im § 179 für die Wahlen der Knappschaftsältesten aufgestellten Erfordernisse bei ihnen nicht sämtlich erfüllt sind.

Mit der Ausführung dieses Gesetzes ist der Minister für Handel und Gewerbe beauftragt.

Abs. 3 ist vom Abg.H. eingeschaltet.

Artikel IV.

Sofern bis zum 1. Januar 1908 die Satzung eines Knappschaftsvereins oder einer besonderen Krankenkasse die nach dem gegenwärtigen Gesetz erforderlichen Änderungen nicht erfahren haben sollte, werden diese Änderungen durch das zuständige Oberbergamt mit rechtsverbindlicher Wirkung von Aufsichtswegen vollzogen. Die Vorschriften in Abs. 2 finden hierbei entsprechende Anwendung.

Das Oberbergamt ist ermächtigt, zu den behufs Durchführung dieses Gesetzes erstmalig erfolgenden Satzungsänderungen die Bestätigung zu erteilen, auch wenn den Vorschriften in § 169 Abs. 2 nicht entsprochen oder die dauernde Erfüllbarkeit der Pensionskassenleistungen nicht festgestellt ist, sofern die neuen Sätze für die Pensionskassenleistungen die finanzielle Lage des Vereins im allgemeinen nicht ungünstiger erscheinen lassen als bisher. In diesen Fällen hat der Knappschaftsvorstand unverzüglich eine Prüfung der Vermögenslage durch einen Sachverständigen dahin vornehmen zu lassen, ob der Vorschrift in § 175c Abs. 2 genügt ist, und den Prüfungsbericht nebst seinen Unterlagen dem Oberbergamt binnen einer von diesem zu bestimmenden Frist einzureichen. Der Ablauf dieser Frist darf nur mit Genehmigung des Ministers für Handel und Gewerbe auf einen späteren Zeitpunkt, als den 31. Dezember 1908 festgesetzt werden.

Der Minister für Handel und Gewerbe ist ermächtigt, den einzelnen Knappschaftsvereinen Fristen zu gewähren, innerhalb deren den Vorschriften in § 175c Abs. 2 durch die Satzung Rechnung getragen sein muß. Über den 31. Dezember 1912 hinaus darf diese Frist nicht erstreckt werden.

1. Art. IV Abs. 1 entspricht u. a. § 194 Abs. 2 des Invalidenversicherungsgesetzes.

2. Zu Abs. 2 u. 3 vgl. Z. XLVII. 98.

FSC
www.fsc.org
MIX
Papier | Fördert gute Waldnutzung
FSC® C083411

Kolibri 360 GmbH
Ferdinand-Jühlke-Straße 7
99095 Erfurt, Deutschland
produktsicherheit@kolibri360.de